SaaS系列丛书

SaaS Business Practices
The Core Path for SaaS Companies from Growth to Profitability

SaaS 商业实践

SaaS企业从增长到盈利的秘密

代珂 ◎ 著

机械工业出版社
CHINA MACHINE PRESS

图书在版编目（CIP）数据

SaaS 商业实践：SaaS 企业从增长到盈利的秘密 / 代珂著. -- 北京：机械工业出版社，2025.2. -- (SaaS 系列丛书). -- ISBN 978-7-111-77385-6

Ⅰ. F272

中国国家版本馆 CIP 数据核字第 2025Z1F652 号

机械工业出版社（北京市百万庄大街 22 号　邮政编码 100037）
策划编辑：杨福川　　　　　　　　　　责任编辑：杨福川
责任校对：李可意　杜丹丹　景　飞　　责任印制：任维东
河北宝昌佳彩印刷有限公司印刷
2025 年 5 月第 1 版第 1 次印刷
170mm×230mm・28.75 印张・3 插页・433 千字
标准书号：ISBN 978-7-111-77385-6
定价：129.00 元

电话服务	网络服务
客服电话：010-88361066	机 工 官 网：www.cmpbook.com
010-88379833	机 工 官 博：weibo.com/cmp1952
010-68326294	金 书 网：www.golden-book.com
封底无防伪标均为盗版	机工教育服务网：www.cmpedu.com

前言

为什么要写本书

我始终认为，SaaS 是 21 世纪 IT 行业最重要的商业创新。国外 SaaS 的黄金十年，涌现了一大批像 Salesforce 那样传奇的 SaaS 企业。虽然我国的 SaaS 黄金时期才刚刚开始，但鉴于我国并不缺少 SaaS 应用的市场，如果能有更多可参考和可借鉴的成功经验或方法，SaaS 行业的发展势必会加速。

对于 SaaS 行业的从业者而言，最为直接有效的借鉴和参考方式还是阅读系统性的著作。然而非常遗憾的是，SaaS 领域经典、系统且实用的著作实在是太少了。这主要是因为 SaaS 领域太新了。虽然近年出现了一些介绍 SaaS 的书，但它们要么介绍比较浅显的入门知识，要么聚焦于 SaaS 的某个单独业务（如客户成功），并不具备系统性。

而问题是，SaaS 是关于客户整个生命周期的"长尾"形式，对其中任何一个业务来说，如果不能把它与其他业务联合起来看，很容易给人以管中窥豹的感觉，并不会对整个 SaaS 业务有什么实际作用。更为关键的是，有些书中总结的 SaaS 业务框架和基础原理是基于特定情况或有限条件的，很难像经典理论那样，经得起时间和实践的考验。还有一个问题是，我们现在看到的大部分 SaaS 书籍主要介绍的是国外的 SaaS 业务实践经验，它们大都针对成熟的 SaaS 企业。而国内 SaaS 公司大都处于创业的初级阶段，如果直接照搬，很难行得通。

所以，为我国 SaaS 从业者和创业者写一本由浅入深的、系统的、能涵盖整个 SaaS 业务生命周期的参考书，是我一直以来的愿望。虽然我之前写过

《SaaS商业实战：好模式如何变成好生意》^㊀一书，但它离我梦想的"教科书"级的目标还差得很远。

我已经进入SaaS行业15年，其间既从事过SaaS产品、营销、销售、客户成功和运营等工作，也担任过SaaS商业顾问，还投资和参与了SaaS创业公司，可以说，经历的沟沟坎坎不计其数。我想把其中有价值的知识和经验，包括失败的教训，都分享出来。

为了分享SaaS的知识和经验，我发表过演讲，做过培训，写过公众号，这些都不难，但我没想到，把SaaS的知识和经验整理成一本书，其难度根本就不在同一个量级。写这本书前前后后花了我将近5年的时间。这本书既涉及SaaS业务的框架模型、指标等理论内容，又包括对SaaS业务的实践活动和各种方法的探求，这些都需要大量的求证和验证工作，以确保所得出的结论和实践内容经得起反复推敲和实操考验。

由于工作量巨大，我一度觉得写不下去了，但凭着一种责任感的驱动，我才按照原定目标一路坚持了下来。幸好后来有了更多的学习、参与和沟通的机会，这些经历对于本书的完成起到了关键作用。

读者对象

本书的目标读者包括但不限于：

- SaaS领域的创业者；
- SaaS领域的各类从业者，如SaaS产品经理、营销人员、销售员、客户成功经理及运营人员；
- SaaS领域的各类管理人员，如CEO（首席执行官）、CPO（首席产品官）、CCO（首席客户官）、SVP（销售副总裁）、CFO（首席财务官）和CRO（首席营收官）等；
- SaaS领域的投资人或机构；
- 高等院校相关专业的师生；
- 科技媒体从业者。

㊀ 该书已由机械工业出版社出版，书号为978-7-111-67958-5。

本书特色

要想进入一个全新的行业或领域，理论和实践缺一不可。本着这样一个基本原则，在本书的写作过程中，我力求做到理论扎实和方法实用，阐述全面系统，而又不失业务深度。因此，本书的特点是，从基本概念、业务框架、衡量指标，到落地实践，均采用由浅入深的方式组织内容。

比如，在 SaaS 业务的理论部分，本书提炼了适用于不同类型 SaaS 业务的框架模型，既包括 SaaS 的产品管理、订阅销售、客户成功和客户增长 4 个核心业务模块，也包括 SaaS 业务的 ALAER 业务框架，并在每块业务的后面都给出相关的测量指标。

除了理论内容之外，本书还提供了很多可以拿来即用的实操方法。比如，如何为销售和客户成功经理（CSM）制订有激励作用的薪酬计划，怎样做季度业务回顾（QBR），如何找到客户增购的机会点等，这些方法不但非常实用和好用，而且可以马上看到效果。

对于目前 SaaS 行业中实践还不充分的业务领域，比如 SaaS 的渠道和生态，本书也用了两章的篇幅对其进行了全面细致的阐述和深入的探讨，并总结了现有的认知和经验，这对处于 SaaS 渠道和生态发展初期的我国 SaaS 公司具有重要的参考价值。

如何阅读本书

SaaS 作为一个新兴的领域，有些内容是相对确定的，比如 SaaS 的概念、业务框架、模型、指标等，但还有一部分实践内容仅在有限场景或条件下才有效，也就是说，未来它们可能会随着行业发展而产生变化。所以本书的写作原则之一就是把确定的内容和发展中的内容分开来写。这样组织内容的好处是，读者可以最大限度地掌握 SaaS 行业的先进理念和理论。而对于 SaaS 业务的实践、方法和做法，读者可以加进自己的经验。

因此，本书的内容结构如下。

第 1 和 2 章介绍 SaaS 的相关概念、业务和主要特点。这些内容构成 SaaS 业务的基本框架，也是所有 SaaS 业务的基础。此外，还从商业和业务的视角详细介绍 SaaS 的商业模式、价值和 4 个核心业务。

第 3 和 4 章介绍 SaaS 产品管理和产品实践，从理论到实践，完整地描述一个 SaaS 业务（产品）的开发过程。

第 5 章介绍 SaaS 营销的本质和框架，还包括线索生成通路和具体营销案例。

第 6 和 7 章讲解 SaaS 订阅业务的销售方法以及订阅销售的具体实践。

第 8 和 9 章介绍客户成功的方法和实践。

第 10 和 11 章详细阐述 SaaS 的渠道和生态。

第 12 章阐述以客户为中心的增长。这一章是前面所有内容的运营成果的具体体现，偏向综合运营。

这样的内容编排使读者不必从头开始阅读，而可以直接进入某一章节学习自己感兴趣的内容。但即便如此，还是建议读者依序阅读，因为在整个客户生命周期内，所有业务都是连续的。比如除了基本业务理论以外，客户成功经理最好也了解一些产品管理和订阅销售方面的内容，实践证明这对于提升业绩非常有用。同理，如果销售能够了解客户成功过程，那么所获客户的生命周期价值会更高。

当然，如果你是资深的从业者，完全可以直接进入你感兴趣的章节。另外，我衷心希望你能提供更好的经验和建议，帮助我改进本书。

致谢

感谢在这 5 年的漫长写作过程中给予我精神鼓励和物质支持的所有朋友，如果没有他们，这本书无法完成。

感谢我的微信公众号 ToBeSaaS 的读者，他们的真知灼见激发了我对更多问题的深入思考。

感谢钉钉渠道生态的各位伙伴们，因为有他们的输入和反馈，我才有更高的效率。

顺便感谢一下我的两只猫咪——"芒果"和"花花"，它们的陪伴让紧张的写作变得轻松而美好。

谨以此书献给我最慈爱的父亲——影响我一生的人！

代　珂

目录

前言

第 1 章 全面了解 SaaS   1
  1.1 如何理解 SaaS   1
  1.2 为什么是 SaaS   3
  1.3 为什么说 SaaS 是 21 世纪极为重要的商业创新   5
    1.3.1 SaaS给客户带来的益处   5
    1.3.2 SaaS给服务商带来的益处   6
  1.4 "一切即服务"时代的来临   6
  1.5 SaaS 结构金字塔模型   8
  1.6 SaaS 的分类   9
    1.6.1 工具类SaaS   10
    1.6.2 业务类SaaS   11
    1.6.3 双边市场   11
  1.7 SaaS 带来的 IT 革命   12
    1.7.1 穿过防火墙，连接新世界   12
    1.7.2 去IT化，让一线业务自己做主   13
    1.7.3 从IT产品到消费化的服务   13
    1.7.4 SaaS+AI的力量   14

  1.7.5 保持终身客户关系 14
  1.7.6 企业数字化转型中的优势 15
1.8 SaaS会不会"吃掉"软件 16
1.9 不要把ToB、软件与SaaS混为一谈 17
  1.9.1 不同的商业模式 17
  1.9.2 不同的成功逻辑 18
  1.9.3 不同的商业评价指标 18
  1.9.4 不同的业务模式 18
  1.9.5 不同的增长模式 19
  1.9.6 不同的业务组织结构 19
  1.9.7 软件与SaaS业务混做的危害 20
1.10 如何看待SaaS的"标准化"短板 20
  1.10.1 标准化其实是一种优势 20
  1.10.2 标准化的保护作用 21
  1.10.3 SaaS的个性化能力 22
1.11 国内外SaaS的发展比较 22
  1.11.1 信息化基础的差距 22
  1.11.2 IT使用习惯和依赖度的差距 23
  1.11.3 国内外企业面临的主要问题不同 23
  1.11.4 商业模式的认知与坚守 24
  1.11.5 "SaaS+"还是"+SaaS" 24
1.12 我国SaaS行业的未来 25
  1.12.1 为什么说我国SaaS的未来发展空间无限 25
  1.12.2 差距的反思 26
1.13 本章小结 27

第2章　从商业和业务的视角看SaaS 29

2.1 商业模式的变迁 29

- 2.2 如何理解服务   30
  - 2.2.1 服务的概念   30
  - 2.2.2 服务的4个重要特征   31
  - 2.2.3 服务的成交原理   33
- 2.3 如何理解订阅   34
  - 2.3.1 从交易到订阅   34
  - 2.3.2 订阅是一种新的商业思维   36
  - 2.3.3 订阅业务的4个特点   37
  - 2.3.4 订阅业务的优势   38
  - 2.3.5 订阅业务的3个缺陷   40
- 2.4 跳出传统企业软件的固有思维   41
- 2.5 SaaS 业务的 4 个显著特点   41
  - 2.5.1 收入的稳定性   41
  - 2.5.2 业务的可预测性   42
  - 2.5.3 业务过程的可测量性   42
  - 2.5.4 业务的敏捷性   43
- 2.6 SaaS 经济学   43
  - 2.6.1 单位经济学   44
  - 2.6.2 SaaS业务是如何获利的   44
  - 2.6.3 SaaS经济学的本质：降低客户的TCO   45
  - 2.6.4 SaaS经营的本质：降低TCS   45
  - 2.6.5 如何实现TCO与TCS的双降   46
  - 2.6.6 价格战的弊端   47
- 2.7 SaaS 价值三部曲   47
  - 2.7.1 SaaS的价值创造   48
  - 2.7.2 SaaS的价值实现   48
  - 2.7.3 SaaS的价值变现   49
- 2.8 SaaS 业务的价值基础：客户成果金字塔   49

2.9 SaaS 业务框架 … 53
    2.9.1 ALAER业务框架 … 54
    2.9.2 ALAER业务框架的作用 … 56
2.10 SaaS 企业的业务构成 … 58
    2.10.1 SaaS企业的4个核心业务 … 58
    2.10.2 SaaS业务结构的特征 … 59
2.11 SaaS 商业模式的 3 个缺陷 … 61
    2.11.1 难以避免的流失 … 61
    2.11.2 较长时间不能盈利 … 62
    2.11.3 业务的孤立性 … 63
2.12 SaaS 公司的管理 … 63
    2.12.1 为什么SaaS公司更需要管理 … 64
    2.12.2 管理是否会遏制创新 … 66
    2.12.3 SaaS公司的管理实践 … 67
2.13 本章小结 … 68

第 3 章 SaaS 产品管理

3.1 SaaS 产品的演进 … 69
3.2 什么是 SaaS 的产品管理 … 70
3.3 为什么 SaaS 需要产品管理 … 72
3.4 为什么良好的产品管理如此重要 … 74
3.5 SaaS 产品管理面临的 8 个挑战 … 75
    3.5.1 商业模式的变化 … 75
    3.5.2 产品管理内容的变化 … 75
    3.5.3 产品设计方式的改变 … 76
    3.5.4 增长驱动要素的变化 … 76
    3.5.5 产品定价策略的变化 … 77

3.5.6　产品绩效评价体系的变化　77
　　　3.5.7　客户体验方式的转变　77
　　　3.5.8　产品管理与客户成功　77
　3.6　SaaS 产品管理框架　78
　　　3.6.1　产品市场　78
　　　3.6.2　产品战略与财务回报　79
　　　3.6.3　服务组合与价值货币化　80
　　　3.6.4　产品路线图　82
　　　3.6.5　市场就绪　83
　　　3.6.6　产品成功评估　84
　3.7　SaaS 产品生命周期的管理范围　85
　3.8　重构产品团队　86
　3.9　技术产品经理和服务产品经理的区别　88
　3.10　SaaS 产品的定价策略　89
　3.11　重新认识 PLG　91
　　　3.11.1　PLG 的本质　91
　　　3.11.2　PLG 的售前作用　91
　　　3.11.3　PLG 的售后作用　92
　　　3.11.4　PLG 的更大潜力　92
　3.12　体验导向增长　93
　3.13　对 SaaS 产品经理的要求　94
　3.14　本章小结　95

第 4 章　SaaS 产品实践　97

　4.1　一个 SaaS 产品怎样才算成功　97
　4.2　SaaS 产品成功定位的秘密：垂直细分　98
　4.3　找到市场切入点　99

	4.3.1 切入点的重要性	99
	4.3.2 怎样找到切入点	100
	4.3.3 避免四面出击	101
4.4	选对细分市场才能事半功倍	102
	4.4.1 不要小看"熟悉"的力量	103
	4.4.2 确保所选市场的可控性	103
	4.4.3 确保所选市场中客户的一致性	104
4.5	如何知道所选择的细分市场是否合适	104
4.6	如何扩展切入点市场	106
	4.6.1 纵向扩展策略	106
	4.6.2 横向扩展策略	107
4.7	理解细分市场中的客户	107
	4.7.1 为什么要理解细分市场中的客户	107
	4.7.2 如何洞察和理解客户	108
4.8	描述细分市场中的客户	109
	4.8.1 ICP的概念	110
	4.8.2 如何刻画ICP	110
	4.8.3 如何发挥ICP的作用	111
4.9	设计产品的价值组合	111
	4.9.1 什么是价值组合	111
	4.9.2 产品价值量化	112
	4.9.3 如何设计价值组合	113
4.10	定义产品规格	113
4.11	定义 SaaS 产品的 MVBP	114
4.12	验证产品的价值	116
4.13	避开产品定价的陷阱	119
4.14	产品生命周期内的沙盘推演	121

4.15	将客户成功理念注入产品	123
4.16	产品的开发	123
4.17	AI 与 SaaS 产品	126
	4.17.1　生成式AI的工作原理	126
	4.17.2　如何实现AI SaaS的超能力	126
	4.17.3　从SaaS应用到SaaS AI Agent	127
4.18	SaaS 产品的试销售	128
4.19	本章小结	130

|第 5 章| 重新理解 SaaS 营销　　131

5.1	SaaS 营销的本质	131
5.2	SaaS 的营销与获客	133
5.3	SaaS 营销的利器：营销漏斗	134
	5.3.1　什么是营销漏斗	134
	5.3.2　营销漏斗的3个视图	136
	5.3.3　有效利用营销漏斗	137
5.4	SaaS 营销渠道的选择	137
	5.4.1　如何选择营销渠道	138
	5.4.2　如何评估渠道的有效性	139
5.5	线索生成的 5 种通路	140
	5.5.1　基础营销	140
	5.5.2　SDR	140
	5.5.3　渠道伙伴	141
	5.5.4　直销	141
	5.5.5　PLG	142
5.6	线索培育	142
	5.6.1　什么是线索培育	143

	5.6.2	为什么要进行线索培育	143
	5.6.3	如何实现线索培育	145
5.7	构建你的营销机器		145
5.8	写给市场人员		146
	5.8.1	从一道面试题说起	146
	5.8.2	成果营销是制胜的关键	147
	5.8.3	两种错误的极端营销	148
5.9	本章小结		149

第 6 章 SaaS 销售方法   151

6.1	SaaS 销售的困境		151
6.2	现有销售模式为什么不适合 SaaS		154
6.3	SaaS 销售世界的 6 个变化		156
	6.3.1	从卖产品到卖服务	157
	6.3.2	从赢在 RFP 到赢在客户成果	157
	6.3.3	从关注 IT 预算到加速价值实现	158
	6.3.4	从满足合同要求到对客户成果负责	158
	6.3.5	从 IT 采购者到业务采购者	159
	6.3.6	从技术决策到业务决策	159
6.4	销售模式转型的必要性		160
	6.4.1	为什么销售模式转型势在必行	161
	6.4.2	销售模式转型带来的 4 个好处	162
6.5	SaaS 销售的 5 个挑战指标		163
6.6	何谓订阅销售		165
	6.6.1	订阅销售的本质：价值销售	166
	6.6.2	订阅销售的核心：成果销售	167
	6.6.3	为什么解决方案销售不能代替成果销售	170

	6.6.4	订阅销售的理念：为客户成功而销售	171
6.7	SaaS 销售方法论		171
	6.7.1	销售方法论的重要性	172
	6.7.2	销售方法论的基础：买方旅程	173
	6.7.3	如何设计SaaS销售流程	176
	6.7.4	销售流程的应用	179
	6.7.5	如何评估一个客户的成交可能性	184
	6.7.6	通过正确的培训让销售方法论落地	189
6.8	如何向订阅销售转型		190
	6.8.1	从销售产品到销售服务	191
	6.8.2	从销售功能到销售成果	191
	6.8.3	从解决方案销售到订阅销售	191
	6.8.4	从单一价值到多元价值	192
	6.8.5	从POC到POV	193
	6.8.6	从销售人员到客户信赖的伙伴	194
	6.8.7	IT部门：从"守门员"到销售伙伴	195
6.9	订阅销售的指标与测量		195
	6.9.1	LTV/CAC	196
	6.9.2	CAC 投资回收期	197
	6.9.3	SaaS魔数	197
6.10	本章小结		198

|第 7 章| SaaS 销售实践　199

7.1	销售之旅启程前的准备		199
	7.1.1	重塑销售思维	200
	7.1.2	校准目标市场	200
	7.1.3	找到规模化路径	201
7.2	SaaS 销售组织中的角色		202

7.3 如何搭建 SaaS 销售团队　　203
7.4 大客户销售方法：POD　　205
7.5 SaaS 销售漏斗　　206
　　7.5.1 构建你的SaaS销售漏斗　　206
　　7.5.2 有效运行SaaS销售漏斗　　207
7.6 SaaS 销售计划　　208
　　7.6.1 SaaS销售计划的特点　　209
　　7.6.2 做SaaS销售计划的5个步骤　　209
　　7.6.3 如何用好销售计划　　212
7.7 SaaS 销售薪酬计划　　213
　　7.7.1 什么是SaaS销售薪酬计划　　213
　　7.7.2 SaaS销售薪酬计划的复杂性　　214
　　7.7.3 SaaS销售薪酬计划的重要性　　214
　　7.7.4 SaaS销售薪酬计划的关键要素　　216
　　7.7.5 如何设计SaaS销售薪酬计划　　218
7.8 通过渠道伙伴销售　　220
　　7.8.1 为什么需要渠道伙伴　　220
　　7.8.2 什么阶段需要渠道伙伴　　221
　　7.8.3 谁将是你的最佳渠道伙伴　　221
7.9 SaaS 销售管理　　222
　　7.9.1 SaaS销售管理的复杂性　　222
　　7.9.2 SaaS销售管理的核心：预测　　223
　　7.9.3 SaaS销售管理的利器：销售管道　　223
　　7.9.4 向正确的客户销售　　227
　　7.9.5 销售业务回顾　　228
　　7.9.6 销售转型成功的重要标志：SaaS销售文化的建立　　229
7.10 本章小结　　231

第 8 章 客户成功方法　　233

- 8.1　客户成功的历史　　233
- 8.2　业务组织的缺位　　234
- 8.3　客户成功的 3 个业务目标　　235
- 8.4　国内客户成功现状　　237
- 8.5　客户成功方程式　　238
  - 8.5.1　客户成功方程式的内容　　239
  - 8.5.2　客户期望的成果　　239
  - 8.5.3　适合的客户体验　　239
  - 8.5.4　客户成功方程式的作用　　240
- 8.6　一切为了留存　　241
  - 8.6.1　如何理解留存　　241
  - 8.6.2　客户流失对SaaS公司的6种伤害　　242
  - 8.6.3　客户流失的8个原因　　243
  - 8.6.4　客户流失预测方法与模型　　246
  - 8.6.5　预防流失的关键行动　　248
- 8.7　客户目标　　249
  - 8.7.1　为什么要明确客户目标　　250
  - 8.7.2　客户目标的重要性　　250
  - 8.7.3　如何发现客户目标　　250
  - 8.7.4　客户目标与客户成果的关系　　251
  - 8.7.5　如何利用客户目标　　252
  - 8.7.6　如何实现客户目标　　253
- 8.8　跨越"幻灭低谷"　　253
- 8.9　采用　　255
  - 8.9.1　什么是采用　　255
  - 8.9.2　采用的3种状态　　258

- 8.9.3 客户导入 　　259
- 8.9.4 采用的实施 　　261
- 8.9.5 避开采用的误区 　　262

8.10 扩展 　　264
- 8.10.1 什么是扩展 　　264
- 8.10.2 为什么扩展如此重要 　　265
- 8.10.3 扩展的业务原理 　　265
- 8.10.4 如何实现扩展 　　266
- 8.10.5 谁来执行扩展 　　267
- 8.10.6 国内SaaS公司的扩展 　　268

8.11 续约 　　269
- 8.11.1 续约面临的挑战 　　269
- 8.11.2 谁来执行续约 　　270
- 8.11.3 续约经理的职责 　　270
- 8.11.4 续约经理的价值 　　271
- 8.11.5 中小客户的续约 　　272

8.12 客户成功的能力框架 　　272
- 8.12.1 价值定义能力 　　273
- 8.12.2 价值交付能力 　　274
- 8.12.3 价值验证能力 　　275
- 8.12.4 客户智能能力 　　275
- 8.12.5 数字化采用能力 　　276
- 8.12.6 价值衡量能力 　　276

8.13 客户健康度管理 　　277
- 8.13.1 客户健康度的概念 　　277
- 8.13.2 客户健康度管理的重要性 　　278
- 8.13.3 关于CHS的5个关键问题 　　280
- 8.13.4 如何搭建CHS 　　283

8.13.5　CHS的价值输出　　　　　　　　　　　　　　　　283
　　　8.13.6　如何分析CHS数据　　　　　　　　　　　　　　　285
　　　8.13.7　根据CHS指示采取行动　　　　　　　　　　　　　287
　　　8.13.8　CHS的最佳实践　　　　　　　　　　　　　　　　288
　8.14　客户成功的评价指标　　　　　　　　　　　　　　　　　　289
　　　8.14.1　NRR　　　　　　　　　　　　　　　　　　　　　289
　　　8.14.2　GRR　　　　　　　　　　　　　　　　　　　　　292
　8.15　本章小结　　　　　　　　　　　　　　　　　　　　　　　294

第 9 章　客户成功实践　　　　　　　　　　　　　　　　　　　　　295

　9.1　客户成功从理论到实践　　　　　　　　　　　　　　　　　　295
　　　9.1.1　不要将客户成功复杂化　　　　　　　　　　　　　　296
　　　9.1.2　所有SaaS业务都需要客户成功吗　　　　　　　　　　296
　　　9.1.3　从解决关键问题入手　　　　　　　　　　　　　　　297
　9.2　客户成功的定位与地位　　　　　　　　　　　　　　　　　　298
　　　9.2.1　为什么客户成功成了尴尬职业　　　　　　　　　　　299
　　　9.2.2　对客户成功定位的10种误解　　　　　　　　　　　　300
　　　9.2.3　永远的售前　　　　　　　　　　　　　　　　　　　304
　　　9.2.4　客户成功在初创公司的定位　　　　　　　　　　　　305
　9.3　建立客户成功组织　　　　　　　　　　　　　　　　　　　　306
　　　9.3.1　何时开始建立客户成功组织　　　　　　　　　　　　306
　　　9.3.2　客户成功的中坚力量：CSM　　　　　　　　　　　　307
　　　9.3.3　优秀的客户成功领导者的特点　　　　　　　　　　　308
　　　9.3.4　不要盲目扩张　　　　　　　　　　　　　　　　　　310
　9.4　CSM 的招聘与薪酬　　　　　　　　　　　　　　　　　　　311
　　　9.4.1　CSM的招聘标准　　　　　　　　　　　　　　　　　311
　　　9.4.2　CSM的行为分类　　　　　　　　　　　　　　　　　313
　　　9.4.3　CSM的薪酬原则和要素　　　　　　　　　　　　　　313

	9.4.4	CSM的薪酬计划	314
	9.4.5	CSM的招聘与应聘技巧	315
9.5	客户分层与 CSM 资源配置		317
	9.5.1	为什么要进行客户分层	317
	9.5.2	为什么传统客户细分不再有效	318
	9.5.3	客户分层的新标准	318
	9.5.4	通过客户分层估算与配置CSM的数量	319
9.6	客户成功的业务要点		320
	9.6.1	转被动为主动	320
	9.6.2	提高客户参与度	322
	9.6.3	识别假象	324
	9.6.4	保持好奇心	326
9.7	客户成功与销售的"握手"		327
	9.7.1	为什么收入漏斗会阻塞	327
	9.7.2	销售能弥补流失吗	328
	9.7.3	客户成功始于正确的销售	328
	9.7.4	设计有效的从销售到CSM的接续流程	329
	9.7.5	CSM最好提前介入	330
9.8	CS 导向的客户旅程地图		331
	9.8.1	什么是客户旅程	331
	9.8.2	如何制作一张CS导向的客户旅程地图	332
	9.8.3	客户旅程地图的价值	333
9.9	开启客户旅程		334
	9.9.1	制订客户成功计划	334
	9.9.2	客户旅程中危险的交接点：从销售到CSM	335
	9.9.3	重新确认客户成果	336
	9.9.4	干系人管理	337
	9.9.5	业务汇报的重要性	338

9.9.6 利用工具和模板使客户旅程更顺畅 341
 9.9.7 客户旅程的数字化 342
 9.9.8 如何做好客户导入 342
 9.9.9 做好采用的重要性 344
 9.9.10 发现增购的机会点 345
 9.9.11 挽留行动 346
9.10 客户成功管理 347
 9.10.1 管理客户期望 347
 9.10.2 定义关键时刻 347
 9.10.3 测量客户成功趋势 348
 9.10.4 合理利用数据 349
 9.10.5 开发客户成功作业流程 349
9.11 如何让其他部门认识到客户成功的价值 350
9.12 如何让客户成功部门成为公司的利润中心 351
 9.12.1 改变认知观念 352
 9.12.2 围绕收入设计业务流程 353
 9.12.3 设置正确的KPI 354
 9.12.4 优秀CSM的晋升之路 354
9.13 本章小结 356

第 10 章　SaaS 渠道　359

10.1 为什么 SaaS 需要渠道 359
10.2 SaaS 渠道的 6 个固有缺陷 360
10.3 SaaS 渠道的特殊性 362
10.4 国内外 SaaS 渠道的差距 362
10.5 SaaS 渠道的 4 种类型 364
10.6 如何判断当前是否需要渠道 365

10.7	如何选择合适的渠道	366
10.8	渠道的协作方式	368
10.9	渠道的培训与赋能	368
10.10	渠道的考核与认证	369
10.11	共享信息和数据	370
10.12	渠道的激励与分润	371
10.13	渠道管理原则	373
10.14	渠道管理计划	375
10.15	考核渠道的 3 类指标	376
10.16	伙伴关系管理	377
10.17	对渠道经理的要求	379
10.18	本章小结	380

|第 11 章| SaaS 生态　　381

11.1	什么是 SaaS 生态	381
11.2	为什么需要 SaaS 生态	383
	11.2.1　生态对SaaS企业的重要性	383
	11.2.2　生态对客户的重要性	385
11.3	国内外 SaaS 生态的差异	387
	11.3.1　国内外SaaS处于不同的生态阶段	387
	11.3.2　产品思维差异	387
	11.3.3　生态技术差距	388
11.4	SaaS 生态的集成方式	388
	11.4.1　API集成	388
	11.4.2　通用集成	389
	11.4.3　原生集成	389

11.5　SaaS 生态与应用市场　390
 11.5.1　公共应用市场　390
 11.5.2　内部应用市场　390

11.6　如何构建应用市场　392
 11.6.1　确定构建的目标　392
 11.6.2　找到客户成果　393
 11.6.3　培养去中心化的意识　393
 11.6.4　构建应用市场的基本要求：产品达到稳定阶段　394
 11.6.5　开放API对SaaS生态的价值　394
 11.6.6　将构建应用市场作为一个项目　395

11.7　集成平台　396
 11.7.1　自研平台　396
 11.7.2　iPaaS　397
 11.7.3　iMaaS　397

11.8　如何选择理想的生态伙伴　398
 11.8.1　客户的集成需求　398
 11.8.2　GTM机会　400
 11.8.3　收入贡献　400

11.9　应用市场的发布和运营　402
 11.9.1　如何营销应用市场　402
 11.9.2　如何销售应用市场　403
 11.9.3　应用市场也需要客户成功　403

11.10　本章小结　404

第 12 章　以客户为中心的增长　405

12.1　SaaS 业务增长面临的挑战　406

12.2　SaaS 业务增长的特点　407
 12.2.1　多收入流的驱动与平衡　407

		12.2.2 增长驱动要素的迁移	408
		12.2.3 增长的扼杀者与加速器	409
12.3	SaaS 业务增长的重要目标		409
	12.3.1	规模化	409
	12.3.2	专业化	410
	12.3.3	高绩效	411
12.4	SaaS 业务的增长框架		411
12.5	谁来负责和组织增长		413
12.6	建立增长团队		415
	12.6.1	增长团队的挑战	415
	12.6.2	重构增长的业务角色	416
12.7	如何实现 SaaS 增长		417
	12.7.1	销售驱动的增长	417
	12.7.2	客户成功驱动的增长	418
12.8	增长与盈利		419
	12.8.1	靠增长掩盖"无利可图"的时代已经过去	419
	12.8.2	从成本入手扭转SaaS"无利可图"的困境	420
	12.8.3	从增长到盈利	421
	12.8.4	与增长有关的4项能力	422
	12.8.5	如何实现盈利	423
12.9	收入运营驱动的增长与盈利		424
	12.9.1	收入运营的概念	424
	12.9.2	收入运营的框架	425
	12.9.3	收入运营的价值	427
	12.9.4	收入运营的测量	428
12.10	SaaS CFO 的重要性		429
12.11	增长的指标与测量		430
12.12	本章小结		433

第 1 章 CHAPTER

全面了解 SaaS

无论从商业模式还是从业务实践的角度来看，SaaS 都是一种新兴事物，因此许多创业者可能对 SaaS 业务的背景知识缺乏足够的理解和深入的认知，这可能会导致 SaaS 创业从一开始便充满风险。

鉴于此，本章以结构化的方式对 SaaS 进行全面的概述。读者在阅读完本章后，不仅能对 SaaS 的相关内容有深刻的理解，还能在脑海中形成 SaaS 的完整认知结构，从而为顺利阅读本书的后续内容奠定坚实的基础。

1.1 如何理解 SaaS

根据字面意义，SaaS 即"软件即服务"（Software as a Service），这个术语看似意思明确，但实际上其含义并不是很清晰。特别是将 SaaS 放在一个具体的商业环境中时，许多创业者并不能从其深层的商业逻辑中获得创新的商业灵感和发现新的市场机会。或者更直白地理解，SaaS 就是存储于云端的标准化软件，用户通过年付费或月付费方式进行订阅。虽然这种认知并没有什么错误，但如果仅凭这些浅层的理解就去进行 SaaS 创业，那么成功的可能性不大。

因此，创业者需要跳出 SaaS 的表面概念，深入思考其商业模式。如果不能在创业前充分考虑清楚这些问题，就会在商业化运营中埋下走向平庸甚至失败的种子，创业者将难以从众多竞争对手中脱颖而出，也难以成就美好的未来。

实际上，SaaS 究竟是软件还是服务，一直都存在着争议。有人认为 SaaS 是一种服务，有人将其视为云端的订阅软件，还有人认为没必要区分它是软件还是服务，只要产品能销售出去，SaaS 就可以是任何形态。其实，你怎么看并不重要，重要的是你的客户怎么看。作为一个新兴事物，你对 SaaS 的理解与定位将直接影响甚至决定客户的认知。比如，如果你宣称你的 SaaS 是一种软件，那么客户就会按照软件的方式来购买和使用，你就不应期望你的 SaaS 能带来超出软件范畴的奇迹。迄今为止，SaaS 仍没有一个被广泛接受的准确定义，人们通常根据业务的复杂程度来对 SaaS 进行不同的描述。

对于简单的业务或功能，可以将 SaaS 视为以服务形式交付的软件，这弱化了 SaaS 的 IT 属性，而突出了其服务属性。这意味着，软件可以在用户几乎看不见甚至没有感知的情况下启动和运行。因为消除了用户与软件之间互操作的技术要求，所以用户不再需要对软件进行任何技术管理，只要熟悉自己的业务就能轻松使用。例如，SaaS 化的网络安全服务，借助 AI 和自动化技术，用户既无须进行复杂的设置，更不用理解复杂的安全机制和防御算法，只需订阅相应的服务，IT 系统就能获得安全保障。

对于复杂的业务，则需要一个系统化的解决方案，此时，SaaS 软件的系统化能力将发挥重要的作用。例如，在面对 MES 系统或 ERP 系统这类复杂的系统时，显然不能仅将其视作服务，而忽视软件作为系统或模块的存在，在 SaaS 模式下，其 IT 属性通常比服务属性更受用户重视。然而即便如此，一旦软件配置完成，用户即可根据作业流程来使用，无须深入理解和管理每个软件模块和接口等技术内容。

从用户角度来看，SaaS 实际上是如何看待应用的界面的问题，即是以软件系统作为应用的界面，还是以服务作为应用的界面。本质上，SaaS 将系统界面转化为服务界面，可最大限度地屏蔽对复杂技术的理解和管理相关的内容，这降低了用户使用的技术门槛，使得企业级软件也能进入大众用户市场。

如果将 SaaS 的两种描述结合起来，可以清晰地看到一个共同趋势：SaaS 可以被视为向服务转化的软件，只是转化的程度不同。理解 SaaS 的"软件向服务转化"的逻辑至关重要，通过降低或消除软件的技术特性，推动软件向消费化方向发展，使专业软件得以进入普及化的企业消费市场。这也是创业者从 SaaS 的定义中发现并创造超越传统软件的商业机会。

1.2 为什么是 SaaS

无论你是 SaaS 创业者、行业分析师还是投资人，仅了解"SaaS 是什么"是远远不够的，你还必须明白"为什么是 SaaS"。在面对互联网环境下的企业业务或商业问题时，为何首选的是 SaaS 方式，而不是传统软件或其他方式呢？

虽然软件与 SaaS 在产品形态上并没有太大的区别，但由于互联网的存在，SaaS 展现出了比软件更大的优势。互联网为 SaaS 带来的显著优势，可概括为以下 4 个方面。

1. 连接内外部业务的能力

虽然软件可以实现业务过程的自动化，但其业务范围局限于本地部署系统或集中的数据库。相比之下，SaaS 涵盖的业务范围要大得多，不同的业务通过连接，可以延伸到整个网络。例如，企业可以将招聘部署在外部招聘网站上，同时，采用 SaaS 化的人力资源（HR）业务作为内部应用。这样的部署并不会影响业务的连续性和流程的顺畅程度，对于传统软件来说，这一点通常是难以实现的。

实际上，由 SaaS 构成的业务过程并不限于企业内部，它还能连接外部的业务流程，甚至可以支持企业间的业务协作。例如，供应商可以根据客户的材料消耗数据，提前制订供应计划，甚至可以根据客户的库存数据直接为其补货。

2. 自动化的服务交付

传统企业软件大多需要物理部署和现场交付，需要为每个客户安装软件包及相关程序。此外，软件的运维无论对于厂商还是客户来说，都是一项繁重的工作，需要花费巨大的成本。

相比之下，SaaS 为客户提供了极大的便利，免去了部署和运维的麻烦。服务从初次交付到后续的迭代升级，都是通过互联网自动完成的，客户对服务的交付和升级几乎感知不到。

3. 创造规模经济效益

借助互联网进行自动化的服务交付，使 SaaS 供应商不仅可以像传统软件厂商那样，批量化地为少数客户提供服务，还能利用单一基础架构，服务更大量的客户。

随着所服务客户数量的递增，所有设施和服务的平均成本都将显著下降，客户的总体拥有成本（Total Cost of Ownership，TCO）也将大幅降低，从而可以创造出巨大的规模经济效益。

4. 强大的网络效应

说到 SaaS 的网络效应，大多数人首先想到的是品牌、价值和产品的传播及营销。但实际上，这种理解相当局限，SaaS 网络效应的实际效果远超这个范畴。

所谓 SaaS 的网络效应，不只是客户帮助你传播口碑，还意味着通过客户之间的业务联系，创造出新的网络价值。众所周知，一个软件的价值是有边界的，但具有网络效应的 SaaS 业务，所创造的价值可以超出其本身的价值边界。例如，一个 SaaS 化的服务中心，如果与一个客户关系管理（Customer Relationship Management，CRM）系统相连接，就能产生"1+1>2"的倍增效果和价值，这就是 SaaS 网络效应的真正内涵。因此，SaaS 的网络效应，不仅在于扩展价值主张，更在于创造新的网络经济价值。

1.3 为什么说 SaaS 是 21 世纪极为重要的商业创新

作为 SaaS 从业者，我始终认为 SaaS 是 21 世纪极为重要的商业创新。即使可以找出很多理由来支撑这个结论，但有一个重要理由就足够了，那就是 SaaS 是当前实现企业数字化极为经济和有效的方式。

虽然 21 世纪 IT 领域已经取得了巨大的技术进步，但是面对广泛的企业数字化市场，尤其是在面对中小企业（SMB）的数字化需求时，始终缺乏一个低成本、普惠且有效的商业方案。对于这样一个庞大而未被满足的企业服务市场来说，称 SaaS 为一项极为重要的商业创新并不为过。如果对这个创新的内容做进一步解析，你会更加相信这一点。

为节省篇幅，我把 SaaS 的各种优势尽可能详细地罗列在一起，这样也方便你对 SaaS 的益处有全面的理解，既可以避免你思考时的遗漏，又能加深你对 SaaS 商业逻辑的认知。

1.3.1 SaaS 给客户带来的益处

站在客户的角度，SaaS 可以提供企业软件所不具有的明显好处，比如：

- 既不需要采购硬件和网络设备，也不用采购软件运行平台和数据库，可以省下一大笔投资。
- 相比于企业软件动辄几十万的采购成本，SaaS 的订阅费要低得多，甚至可以不需要 IT 预算，而以运营费用支付。
- SaaS 的维护成本很低，因为几乎所有的维护和升级工作，都是 SaaS 服务商提供的，客户无须为此成立一个庞大的 IT 部门。
- SaaS 降低了用户的使用门槛，软件消费化的发展，使用户需要的培训更少，同时用户可以更快地上手，以及更早地看到价值的实现。
- SaaS 服务的访问不依赖特定终端，可以在任何时间、任何地点，通过 PC 或移动设备获取服务，所以更适合远程移动工作。
- 出于成本的考虑，企业软件通常只供少数业务人员使用，而 SaaS 可以通过所订阅的用户数，在客户内部分配给有需要的人员使用，当然也可以全员使用，这更符合企业全面数字化转型的发展趋势。
- 如果企业使用得当，SaaS 更能增强业务的敏捷性，并创造新的竞争优势。

1.3.2　SaaS 给服务商带来的益处

如果 SaaS 只是为客户带来益处，而对于服务商的经营没有帮助的话，那么 SaaS 就很难成为一个好的生意模式。而事实上，SaaS 为服务商带来的益处更大，比如：

- 将软件部署到公有云，而不是客户自己的数据中心，在提高交付效率的同时，可以同时服务更多的客户。
- 因为所有用户使用同一套软件，所以大大降低了版本迭代升级，以及不同操作环境的复杂性所带来的维护成本。
- 订阅模式可以产生可预测的、经常性的和可持续的收入，因而 SaaS 服务商可以获得比传统软件公司更高的估值。
- SaaS 服务商可以洞悉用户的使用行为，并据此迭代产品，以及增加或调整功能，从而使用户获得更好的体验。
- SaaS 服务商将成为客户的合作伙伴。与传统企业软件不同，产品一旦销售给客户就基本断绝联系；而 SaaS 业务一经订阅，服务商与客户就建立了一种共创关系，可以说 SaaS 业务都是自带 CRM 的。
- 当今时代，传统企业软件正在加速向 SaaS 转型。这是由于 SaaS 比传统企业软件有更好的业务体验、更快的部署方式和更低的使用成本。可以预见，企业业务的 SaaS 化将成为新常态。

1.4　"一切即服务"时代的来临

即使你已经了解了 SaaS 的定义，也理解了其特点和优势，但对于大多数人来说，SaaS 这种商业模式仍属于一个新兴事物。所以可能仍难以应对具体的应用场景，或者会不自觉地回到传统软件的思维模式。对于刚接触 SaaS

的人来说，发生这种情况毫不奇怪，因为我们需要从根本上改变固有的思维方式，或者说，我们需要树立一种"一切即服务"（Everything as a Service，XaaS）的思维意识。实际上，SaaS只是众多"即服务"模式中的一种。所以若我们将视角拓宽至更具普遍意义的XaaS，便能对SaaS的理解更加深入和清晰。

XaaS可以代表任何一种"即服务"模式，即XaaS中的X可以代表各种模式的应用或解决方案。例如，数据即服务（DaaS）、通信即服务（CaaS）、分析即服务（AaaS）、模型即服务（MaaS）、学习即服务（LaaS）、网络安全即服务（NSaaS）等。其中，还包括大家熟悉的平台即服务（PaaS）和基础设施即服务（IaaS），此二者是SaaS应用的基础支撑。

XaaS这个词的发明确实十分巧妙，它仅用四个字母就包含了任何模式的"即服务"。事实上，XaaS模式的产生也引发了一场重大的商业变革，即从传统的一次性售卖模式，转变为可分期订阅的服务模式。这种订阅模式又带来了更多商业概念的改变，例如经常性收入、客户生命周期价值等新概念，这些都是在传统产品交易模式中未曾有过的。

XaaS也体现了一种重要的观念转变，它使我们能够跳出传统的产品思维框架，将解决方案扩展到更多形式的服务中。以最近热门的GPT大模型为例，从产品的角度看，它很难被视为一个直接可用的产品；但若从XaaS的"即服务"角度出发，就会发现GPT可用的服务领域非常广泛，可以把它看作"模型即服务"。

虽然SaaS这个词中包含了软件，但其实际内涵已经远远超越了软件这一范畴。换句话说，许多SaaS服务不仅依赖软件的承载和执行，还可能涉及AI、物联网（IoT）、智能硬件、视频、计算资源、数据等非软件要素。因此，我们不必过分纠结于SaaS是软件还是服务的问题。

综上所述，理解和掌握"即服务"的思维模式，将有助于你拓宽应用的视野，以及发现新的商业机会。

1.5　SaaS 结构金字塔模型

云计算时代经常提及的一个术语便是"云服务",其实它是对多种云端服务的总称。实际上,可以在云端交付的服务主要有三种服务类型,即 IaaS、PaaS 和 SaaS。这些服务层级之间的支持关系,共同构成了以云服务为基础的 SaaS 结构金字塔模型,如图 1-1 所示。

为了深入理解 SaaS 业务所需要的服务结构和支持关系,有必要采用自下而上的顺序,逐层对 SaaS 结构金字塔模型进行简要介绍。

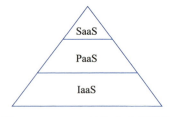

图 1-1　SaaS 结构金字塔模型

1. IaaS

IaaS 位于金字塔的底层,主要涉及对部署在云中的硬件资源的操作。IaaS 可以让用户清楚地了解云中配置的各种物理资源,如 CPU、RAM、网络、存储等,以及如何利用这些资源支持业务运行。显然,用户无须管理或控制这些底层的云基础架构,从而节省了大量的设施运维工作。

IaaS 基础架构通过虚拟系统管理程序,允许客户创建虚拟实例。客户可以自由地在云中创建自己的虚拟基础架构,并合理使用这些资源。IaaS 的存在,有效屏蔽了物理设备的复杂性,使得物理资源的按需使用、分配、调度和计量变得像消耗品的使用一样便捷、灵活和具有弹性。

2. PaaS

PaaS 是一个在云中部署的开发和运行环境,它提供的资源可以让 SaaS 服务商专注于自己的应用,而无须考虑开发或部署的环境问题。这其实只是一个抽象层面的定义,现实中的 PaaS 通常是专门针对某一领域的应用平台,如通信平台、广告平台等。

虽然这些平台统称为 PaaS,但它们之间存在高低差别,有的 PaaS 接近底层,有的则靠近应用层。一般来说,只要不直接面向最终用户,都可以认为是 PaaS。此外,出于对自身 SaaS 的扩展性和集成生态的考虑,很多 SaaS 服务商的产品都具有一定的 PaaS 属性。

PaaS 的存在，不仅屏蔽了底层技术的复杂性，还可以为 SaaS 应用层提供可直接调用的公共服务。这样，SaaS 服务商便只需专注于自己的业务，这最大限度地减轻了 SaaS 应用层的部署负担。

3. SaaS

早期的 SaaS 创业者因缺乏 IaaS 和 PaaS 的底层平台支撑，只能从设施层开始做起。但大多数 SaaS 公司的优势在于其业务能力，而非技术能力，这使得初期的 SaaS 创业门槛非常高。如今，得益于 IaaS 和 PaaS 的支持，SaaS 创业者只需集中精力，做好自己的业务应用。

随着 SaaS 结构金字塔的层级划分日益明确，IaaS、PaaS 和 SaaS 层都涌现出专业的服务提供商，这极大地降低了 SaaS 创业的门槛。

1.6 SaaS 的分类

在许多场合，关于 SaaS 的讨论往往难以达成共识。一些人可能将 SaaS 视为放在互联网上或者置于云端的标准化软件，而另一些人则认为它是一种服务模式。为了便于进一步的讨论，我们需要对 SaaS 进行初步分类，这有助于我们在不同类型下进行讨论，从而避免不必要的争议。

其实 SaaS 并没有什么分类的标准，分类的主要目的也纯粹是满足实际的需要，因为不同类型的 SaaS 有着不同的客户群体、经营策略和业务方法，甚至还涉及不同的市场规模预测和定价。例如，很难想象同为 SaaS 的 Office365 与 Salesforce 在产品复杂度、定价方法、营销、销售以及客户成功方面有什么相同之处。此外，分类还有助于 SaaS 创业者看清自己的业务领域和边界，以及明确不同领域中需要的 know how 是什么，应采用什么样的过程和方法。因此，这里所讨论的分类方法，并不能称为科学分类。

业内有关 SaaS 的分类方法相当多，例如可以按产品形态将 SaaS 分为工具类、通用类、垂直类、平台类、交易类等。但如果细分过多，就可能让我们难以看清某些通用的业务逻辑和商业规律。为了简化分类，我们可以将 SaaS 大致分为两类：工具类 SaaS 和业务类 SaaS。这两类 SaaS 的特征差异非常明显，对应的业务模式差异也极为分明。若要进行更细致的区分，还可以根据不同的应用特征或业务的复杂度对业务类 SaaS 进一步划分，比如营销技术（MarTech）、CRM、企业资源规划（ERP）和制造执行系统（MES）等。此外，"双边市场"作为商业 SaaS 的一个独立分类，既不属于工具类 SaaS，也不属于业务类 SaaS，由于其数量占比不大，这里不进行深入讨论。

通常，工具类 SaaS 主要是与具体业务关联性不大的通用技术工具，而业务类 SaaS 则直接支持客户的业务过程。实际上，无论是工具类 SaaS 还是业务类 SaaS，在传统的企业软件中均有其原型：前者对应各类软件工具，如设计工具和办公套件；后者则对应支持企业业务的软件或解决方案。

1.6.1 工具类 SaaS

工具类 SaaS 可以进一步细分为纯工具类 SaaS 和协作类 SaaS。

一般而言，纯工具类 SaaS 是现有软件工具的 SaaS 化版本，例如文档、笔记与设计工具等产品。对用户而言，这些工具类产品除了存在提供方式与付费模式的差异以外，在软件形式上与 SaaS 形式并无显著区别。就像以往用户使用的是本机安装版 Office，现在则是 SaaS 版的 Office365，用户感受到的差别并不明显。

而协作类 SaaS 则完全是互联网和移动化的产物，它彻底改变了人们的工作方式，即从集中式办公转变为分布式和移动式协作办公，有效提高了工作效率和企业敏捷性。例如协作平台、项目管理、视频会议以及电子邮件等产品，都可归类于协作类 SaaS。

不过，纯工具类 SaaS 和协作类 SaaS 之间的界限，正在变得越来越模糊。在互联网和移动化环境的影响下，纯工具类 SaaS 必然会朝着协作化方向发展，比如现在的文档和设计工具都支持丰富的协作模式。

正因为工具类 SaaS 的通用性特点，再加上 SaaS 的订阅模式，使其首先进入企业数字化层面，典型的例子如钉钉、企业微信、飞书等。

1.6.2 业务类 SaaS

业务类 SaaS 也可以进一步细分为纯业务类 SaaS 和复合业务类 SaaS。

我们通常所说的业务类 SaaS，指的是纯业务类 SaaS。实际上，纯业务类 SaaS 目前是企业服务市场的主要形式，它涵盖了行业业务的各个方面，例如：MarTech、CRM、HR、电商、MES、ERP 等。

在企业业务云转型的过程中，我们注意到了另一种"核心业务 + 辅助业务"的复合型 SaaS。具体是指在企业已有业务系统中，将核心业务以外的辅助业务剥离出来，并以 SaaS 化形式提供的通用服务，"复合"指的是 SaaS 应用与核心业务系统之间的关系。

例如银行或其他金融机构，其核心业务或中台系统通常不适合 SaaS 化，但是与客户直接相关的业务，如营销、开户、信贷审核、信用评估、权益等，则可以由 SaaS 服务商提供，从而形成复合型 SaaS。这样做的好处在于，每个 SaaS 服务都能以标准化和规模化的方式，提供给多家银行或金融机构，而不用它们再造这些"车轮"。

将集中式系统转换为复合型 SaaS 的优势是非常显著的。例如，SaaS 化的银行开户效率更高；SaaS 化的贷款审核速度更快；借助 AI 评估可大幅降低贷款损失风险，改善客户体验。如果一家专门从事银行开户业务的 SaaS 公司，每天只研究开户这一件事，那么最终会把开户这一业务做到极致，且能做得比大多数银行更好。这种 SaaS 服务商的出现，改变了相关行业的服务生态，也为复杂且成本高昂的数字化转型提供了一种全新的普惠方案。

1.6.3 双边市场

大多数 SaaS 服务商仅针对单一类别的客户群体，例如 HR SaaS 业务的客户便是那些使用 HR SaaS 业务的企业。

不同于这种"单边"SaaS，还存在一类 SaaS 服务商，其面对的是双边甚至多边的客户群体。以电商 SaaS 平台为例，其客户除了商家（直接客户）之外，还有其客户的客户，也就是消费者（间接客户），这就形成了一个双边市场。显然，在处理双边市场时 SaaS 服务商不仅需满足直接客户的需求，还要考虑间接客户的需求。

1.7 SaaS 带来的 IT 革命

云计算技术的兴起，对 IT 行业产生了深远和革命性的影响；而 SaaS 的兴起，则为企业软件市场的格局提供了重新定义和划分的可能。

传统的企业 IT 形态是由软件、硬件设施与系统集成等构成的。随着互联网的发展，SaaS 开始进入传统的企业 IT 领域，并迅速成为一支新的力量，给整个 IT 行业带来根本性的变革。

1.7.1 穿过防火墙，连接新世界

无论多么强大的企业软件，一旦部署，就被限定在企业的防火墙之内。这意味着所有的流程和业务的范围，都被局限于企业的内部。对于客户来说，防火墙不仅阻断了外部业务，还将软件供应商挡在了墙外。也就是说，软件交付之后，供应商与客户也随之"失联"。

云原生的 SaaS 则完全没有这个问题，它们从一开始就摒弃了防火墙的概念，可以从企业内部连接外部的其他应用。当然，这并不是说 SaaS 完全忽视了安全方面，相反，它采取了更高级别的安全措施。

SaaS 穿越了防火墙的开放性连接，对于企业大部分业务来说都是必要的，例如营销自动化、CRM、HR、供应链、运维、呼叫中心等业务，可能都需要与外部应用相连接。以呼叫中心为例，传统的呼叫中心无法进入客户企业的内部，最多只能完成电话和工单等业务。而基于 SaaS 的服务台，业务流程不仅能触达客户内部，甚至还可以在不需要用户介入的情况下，帮助客户自动完成业务。

交付给客户之后，SaaS 服务商不会像传统软件供应商那样与客户失去联系，交付标志着新客户关系的开始。比如，客户的使用情况和可能遇到的问题，都会以数字化的方式反馈到服务商一侧，使得这些需求和问题往往在客户提出之前就已经解决了。

SaaS 摒弃了软件的防火墙概念，形成了业务应用内外部连接的无边界生态，这是企业服务领域的一个重大创新。

1.7.2　去 IT 化，让一线业务自己做主

在企业软件时代，IT 部门是整个企业的技术管理中心。如果某个业务部门需要使用软件，要先向 IT 部门提出需求，再由 IT 部门将业务需求翻译为 IT 语言的需求文档，然后向 IT 供应商发出招标信息。对于业务部门来说，虽然这个过程看起来有些"越俎代庖"，而且业务沟通效率很低，但也没有其他办法。因为一般业务人员确实不懂 IT 术语，更不懂技术架构，所以没法与 IT 厂商直接对话。

SaaS 进入企业 IT 领域后，打破了企业的这一 IT 瓶颈。因为使用者或最终用户最了解自己的业务目标和实际需求，所以他们可以不用通过 IT 部门而直接与 SaaS 服务商对话。这样不但沟通效率高，而且在服务签约之前，就可以确认所要采购的 SaaS 是否能够帮助他们实现业务目标。

实际上，去 IT 化的目的是消除对客户来说晦涩难懂的 IT 概念，直接以 SaaS 服务对接客户业务目标与成果。但这并不是说 IT 部门不重要了，实际上对于企业整体的系统架构、业务集成以及信息安全等方面来说，还是必须由 IT 部门负责把控的。

1.7.3　从 IT 产品到消费化的服务

SaaS 的去 IT 化屏蔽了企业软件过强的 IT 属性，同时突出了订阅业务的消费属性，因此让 ToB 业务逐渐展现出 ToC 的消费化倾向。有人说"所有的 ToB 最后都是 ToC"，这种说法的确有一定的道理。

传统企业软件许可通常价格昂贵，所以仅供相关业务人员使用，而非企业全员，因而这类企业软件常被冠以"管理软件"的名称。例如，人力资源管理系统的用户主要是人力资源部门的人员，但企业全体员工都有参与 HR 业务的必要，如了解自己的薪酬、福利、待遇，以及公司制度、文化等。实际上，企业的大多数业务需求都需要通过协作的方式来完成。比如，销售员也需要更容易地查看库存数据和发货信息。

SaaS 的出现打破了这一价格限制，通过订阅使成本大大降低，如有必要，企业可以像订阅消费品那样，为更多有需要的员工订阅服务。

1.7.4 SaaS+AI 的力量

AI 或 GPT 已经是 IT 领域非常受关注的技术。实际上，SaaS 提升客户业务效率依靠的是应用程序的自动化，即软件的模型与算法，而运用 AI 则是提高业务效率的更有效方式。目前，很多 SaaS 已广泛融入了 AI 技术，例如费用报销中对发票的 AI 识别，信贷风险的 AI 精准评估，用作客服的 AI 聊天机器人等。

AI+SaaS 本质上是将 AI 的智能化及自动化能力，与 SaaS 的标准化与可复制性相结合，这样不仅提升了业务效率，还能像自动驾驶那样，降低用户的使用门槛。

实际上，AI 的应用并不仅限于用户侧，SaaS 服务侧甚至更需要 AI。鉴于 SaaS 的客户数量众多，若由人工完成全部工作，则意味着巨大的工作量。事实上，AI 技术已经被引入 SaaS 的运营，例如利用生成式人工智能（AIGC）自动生成客户成功手册，智能评估客户的健康度，智能识别客户流失风险，智能发现客户增购机会，以及智能识别客户交流中的问题等。

1.7.5 保持终身客户关系

传统软件供应商在软件交付后，与客户的联系便大为减少，至于客户是否能够顺利使用软件，使用中会遇到哪些问题，以及使用后的效果如何，都不在软件供应商的考虑范围内。也可以说，软件供应商经常挂在口头上的"客户关系"，交付完成后就画上了句号。

如果 SaaS 服务商也采取同样的做法，显然是行不通的。因为在订阅模式下，有一个基本要求：SaaS 服务商必须努力延长客户的使用周期，这样才能获得客户的续费以及后续的增购。换言之，SaaS 服务商必须与客户建立并保持更长久的"客户关系"。这种关系不应局限于口头承诺或合同条款，更需要服务商真正参与客户的业务,帮助客户达成销售时所承诺的目标,实现客户期望的价值。

关于这个过程,我们可以用传统软件与 SaaS 进行一个对比。

对于传统软件而言,交付后的道路客户只能自行探索,这无异于将客户"扔在半路",至于最终的结果如何,客户只能自求多福。而 SaaS 则完全不同,由于客户关系和服务商自身的利益紧密相连,只是把客户"扶上马送一程"远远不够,更需伴随客户经历其整个生命周期。

两种不同的客户互动方式可以用一张图给出对比,如图 1-2 所示。

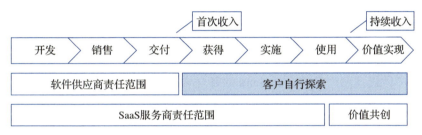

图 1-2　软件与 SaaS 不同的客户互动方式

1.7.6　企业数字化转型中的优势

迄今为止,数字化转型已经有了无数种定义,但大多数定义仍然是站在技术角度或者供应商角度,这显然是"不接地气"的。对企业而言,数字化转型主要关注两个方面:一是转型能带来多大的效益;二是转型需要多大的成本。在效益不确定的情况下,多数企业会选择尽可能低的试验成本。而采用传统企业软件的方式进行数字化转型的成本过高,且一旦转型失败,企业可能会遭受无法挽回的损失。

SaaS 的出现,对企业的数字化转型起了决定性的作用。首先,SaaS 不是基于一个庞大的架构所构建的,而是从企业最迫切需要解决的业务问题入手,随着转型效果的逐渐显现,逐步扩大数字化的范围。其次,SaaS 的公有云模式能够降低数字化的基础建设成本及运维成本,使得任何企业都能负担得起数字化转型。最后,即使转型过程中遇到障碍,企业也可以修改方案重新尝试,避免转型的彻底失败。

目前，数字化转型正面临供需矛盾，软件供应商数量有限，而需要服务的企业数量却非常庞大。SaaS 的引入将使更多企业，特别是众多中小企业的数字化转型成为可能。

1.8 SaaS 会不会"吃掉"软件

既然 SaaS 相比于传统企业软件的影响力越来越大，那么我们自然也会想到：SaaS 会不会"吃掉"传统企业软件？

著名的风险投资家马克·安德森（Marc Andreessen）曾经在《华尔街日报》上发表过一篇标题为《软件正在"吃掉"世界》的文章。其实这个问题早有行业分析师做过预测，目前全球 SaaS 的复合年增长率约为 21%，按此增速计算，到 2030 年，全球 SaaS 营收将达到 7 800 万亿美元。如果此预测成真，意味着在企业软件市场中，超过 80% 的服务将通过 SaaS 方式提供。无论这个预测最终是否应验，事实已说明 SaaS 正以更快的速度渗透和扩展至传统软件市场。如果采用"即服务"的思维，跳出传统企业软件的框架，并结合 AI、大数据、IoT 等技术，充分利用 XaaS 模式的规模效应，那么 SaaS 将实现对传统企业软件的全面渗透。

过去在采购和使用传统企业软件时，很多人都有过痛苦的经历。这些软件不但用户体验差，实施交付周期长（可能长达数年），而且价格高昂（可达数百万美元）。更为麻烦的是，客户一旦采用软件，无论是否适用或达到预期目标，都无法退货，只能勉强继续使用或弃之不用。

采用 SaaS 的情况则有所不同。它不仅能向客户提供更好的使用体验，其交付周期也能大幅缩短，可在几周甚至几天内完成交付上线。在客户业务快速变动的今天，敏捷性变得尤为重要，因为客户也期望能在短时间内看到投资的回报。假如客户发现产品不合用，可以选择在下一年不续费，或者另换一家供应商，这一切都变得很容易。

因此，虽不能肯定地说 SaaS 将全面取代传统企业软件，但有理由相信：越来越多的企业使用 SaaS 方式开展业务，将成为新的常态。

1.9 不要把 ToB、软件与 SaaS 混为一谈

通过前面的介绍，我们对软件和 SaaS 已有了明确的区分，但在许多场合，仍然可以看到人们将 SaaS 与 ToB 混为一谈。仅仅是媒体对此模糊不清也就罢了，但若连 SaaS 从业者也不能明确两者的区别，那将会给 SaaS 的创业过程带来极大的困扰。因此，在本书中，我将详细阐述传统 ToB 代表的交易型业务与 SaaS 代表的订阅型业务之间的主要差异，并将这些差异化的内容贯穿于 SaaS 业务的整个过程，比如从产品管理、营销、销售到客户成功。

理解 ToB 与 SaaS 之间的关系是极其必要的。给人带来困扰的主要原因是在业务形态的分类中，二者是包含关系，即 SaaS 在分类上属于 ToB 的范畴。因此我们既不能将二者直接对立比较，也不能用一种业务形式代替另一种。事实上，ToB 与 SaaS 业务所表现出来的所有差别，都源于交易型业务与订阅型业务的差异。

1.9.1 不同的商业模式

从业务分类的角度看，ToB 是相对于 ToC 的一个更广泛的类别，只要一个业务的客户对象是企业，就可以认为属于 ToB。而我们通常所说的 SaaS，只是 ToB 下的一个分类，因此从逻辑上讲，ToB 包括了 SaaS，这是毫无疑问的。事实上，有关区分 ToB 和 SaaS 的讨论，并非出于业务分类的需要，而是为了明确它们不同的商业模式。

在多数人的认知里，ToB 通常只与一种商业模式关联，即产品交易模式。然而，SaaS 订阅模式的出现，改变了对 ToB 商业模式的固有认知。在订阅模式下，无论是产品生产，还是产品销售，都已不再是服务商主要的收入来源。实际上，在 SaaS 业务中，超过 80% 的收入来源于客户生命周期中的续约和扩展。

也就是说，SaaS 与大多数 ToB 业务的商业模式是不同的。选择一个商业模

式，就意味着选择了相应的业务模式和经营逻辑。例如，你不能用传统的交易型业务方式来经营订阅业务。同样，订阅业务需要客户成功，才可能实现收入增长和盈利，而这对于传统的交易型业务来说，则不一定需要。

1.9.2 不同的成功逻辑

对于传统 ToB 企业来说，遵循的成功逻辑是亘古不变的：商业的根本目的是生产"爆款"产品，然后尽可能多地销售产品，通过这种方式降低成本并提升利润。

然而，对于 SaaS 来说，这种成功逻辑并不完全适用。SaaS 业务的成功逻辑可以这样理解：如果你的产品或服务能够帮助客户实现其期望的成果，并且能够为客户提供卓越的体验，那么客户持续使用你的 SaaS 产品的可能性就会变大，你也因此会获得持续的收入。

1.9.3 不同的商业评价指标

交易型业务的财务评价指标简单明了，即收入减成本，从中可直接观察业务是赚钱还是亏钱。如果销售收入低于成本投入，那么该生意明显是亏本的。

然而，对于 SaaS 业务而言，这种评价方式并不适用。如果观察上市 SaaS 公司的财务报告，我们会发现目前很多公司还处于亏损状态。这主要是因为，SaaS 业务的前期成本往往是一次性的，而订阅型业务的收入，也就是续费或增购，则是在未来数年内才能取得的。

由于收入的递延效应，SaaS 公司在初始阶段看起来常常处于亏损状态，有时甚至是大额亏损。尽管如此，它们也不能简单地被视为劣质企业。实际上，这些公司可能非常值钱，这完全取决于 SaaS 行业独特的价值评估体系和指标。

1.9.4 不同的业务模式

所谓业务模式，通俗地讲，就是开展某一业务的方式和方法，包含业务内容、流程、方法、衡量指标和工具等方面。

我们对传统 ToB 这样的交易型业务模式已经非常熟悉，包括产品开发、营销、生产、销售以及售后服务。然而，SaaS 的业务模式则有所不同。以产品阶段为例，SaaS 产品更加注重产品管理，而非仅注重技术和开发，因为 SaaS 产品从设计之初就是为了确保客户的成功。这种对产品的不同认知，进一步影响了营销策略、销售模式和客户服务等方面，使它们与传统 ToB 的交易型业务截然不同。

因此，我们不难得出结论，采用 ToC 的方式去开展传统 ToB 业务很难获得成功。相对地，使用传统 ToB 的业务方式来运作 SaaS 业务，同样也会失败。

1.9.5 不同的增长模式

传统 ToB 业务的增长，主要依靠经济环境和投资，这种依赖外部条件的增长方式，具有相当大的不确定性。以 IT 行业为例，随着软件、设备和集成等传统业务的竞争日益激烈，增长变得愈加困难，要想实现规模化增长，企业似乎只能选择扩大销售规模。

然而，企业服务是一个完全不同的增量市场，尤其在经济下行时期，多数企业会削减对 IT 的投资预算，转而投向数字化的服务，以解决面临的业务问题。数据显示，早在 2015 年，全球企业对服务的消费已超过了对软硬件及 IT 系统的购置。

值得注意的是，SaaS 业务的增长并非完全依赖销售收入，而是取决于客户生命周期中的续费与增购收入的累计。此外，对于 SaaS 业务来说，销售的目的不仅是收入，更重要的是获得更多有价值的客户。得益于持续的续费和增购，SaaS 业务的增长更稳健、可预测和可规模化。

1.9.6 不同的业务组织结构

SaaS 公司的业务组织结构与传统 ToB 公司的有明显差异，即便部门名称相同，其业务内容和目标也不尽相同，如产品部、销售部等。

因此，如果不为 SaaS 业务专门建立业务组织结构，而是采用传统 ToB 公司的那一套，那么 SaaS 业务的发展可能会偏离目标。实际上，如果一家 SaaS

公司变得越来越像软件公司的话,那么它离失败也就不远了。

1.9.7 软件与 SaaS 业务混做的危害

如果一家公司既做软件业务,又做 SaaS 业务,那会怎样?很多人认为这个策略很聪明,"东方不亮西方亮",不但实现了两种商业模式的互补,而且不会在云时代掉队。其实,这种做法非常不明智,也很难成功。

虽然代表传统 ToB 业务的软件与 SaaS 业务中均包含软件元素,但实际上这两种业务存在很大的互斥性。因为无论是个人还是组织,本质上都是趋利的,哪个业务容易做、提成多、挣钱快,大家就会趋向哪个业务。此外,这种左右互搏的局面,也会给公司在多方投入、资源配置、业务管理、目标考核和收入分配等方面,带来巨大的成本和管理难度。最终的结果往往是两个业务都无法做好。

然而,这并不意味着软件公司就不能进军 SaaS 业务。事实上,可以通过彻底拆分业务,将软件业务转变为独立的 SaaS 业务。许多软件企业通过向 SaaS 业务转型,彻底改变了公司的商业模式,并获得了巨大的成功,例如 Adobe 和 Autodesk 等。

1.10 如何看待 SaaS 的"标准化"短板

尽管 SaaS 拥有众多优势,但由于其无法按照客户要求进行定制化开发和修改,因而常被视为一种难以满足个性化需求的标准化产品,这也被认为是 SaaS 的一个短板。

然而事实如何呢?

1.10.1 标准化其实是一种优势

对任何行业来说,标准化都是推动行业发展的重要因素,其重要性和必要性不必多言。回顾过去两百多年的工业化历史,世界发生了翻天覆地的变化。

除了科技的进步外，标准化的发展同样功不可没。这里所指的标准化，包括产品的标准化和生产过程的标准化。

正由于标准化的实施，人们才摆脱了沿袭千年的手工作坊生产模式，迈入了规模化生产的工业时代。即使在现代经济社会中，标准化仍占据主流地位，而所谓的个性化定制，依然是一种小众的范畴。这一逻辑，同样适用于 SaaS 行业。

既然如此，为什么 SaaS 还因为"标准化"而饱受争议呢？这实际上是一个视角问题。其实 SaaS 并非完全标准化，它也能够实现高度个性化，这完全取决于对客户业务的细分程度。为阐释这一点，我们可以拿软件产品做个比较。软件产品未能解决个性化需求的原因，在于软件系统的功能范围过广，且涵盖内容过于宽泛，这必然导致众口难调，难以满足每个客户的独特要求。因此，软件只能走向另一个极端——定制开发，也只有如此，才能满足特定客户的个性化需求。

针对标准化与个性化的难题，SaaS 采取了完全不同的解法。也就是说，SaaS 既不是一个大而全的单一标准化系统，也不可能定制开发，它是针对某一类客户的某一类业务，提供一种相对优化的标准化解决方案。这相当于将目标客户的业务进行细分，当细分到一定的业务颗粒度时，标准化的解决方案便成为最优选择。

与传统软件围绕客户需求规格进行设计不同，SaaS 要解决的问题是帮助客户获得业务成果。也就是说，SaaS 关注的是客户需要解决的问题，而不是提供解决问题的方法和工具。

1.10.2　标准化的保护作用

实际上，人们真正担心的并不是 SaaS 标准化本身，而是找不到需要标准化的 SaaS 客户。正因为 SaaS 业务的高度细分，所以其目标客户群体只能是特定的，而非所有人。

SaaS 销售和客户成功，二者失败的绝大部分原因，往往是将产品销售给了"不对"的客户，也就是说，其失败并非因为没客户，而是没有找到"对"的客户。所谓"对"的客户，即创业时选择的目标客户，其标准构成了理想客户画像（Ideal Customer Profile，ICP）。其潜在市场空间有限，如果试图强行扩展市场，必然会导致个性化需求的增加和与 ICP 的偏离。对于 SaaS 业务来说，向非目标客户销售，本身就是一场灾难的开始。从这个角度看，SaaS 的标准化实际上起到了一种保护作用，它屏蔽掉了不相关的和"不对"的客户。

1.10.3　SaaS 的个性化能力

SaaS 并非完全不支持个性化开发，通过技术方法，可以有效支持应用的个性化定制和开发。

首先，SaaS 的个性化能力，是通过业务逻辑配置实现的，而不是通过代码编程实现的，这就给了个性化极大的灵活性。其次，大部分 SaaS 都是基于自己的 APaaS 应用平台构建的，依靠 APaaS 就可以实现良好的可扩展性和较强的业务自定义能力，这可以满足大部分个性化需求。此外，通过低代码或零代码技术，可以更灵活地开发出新的个性化功能。

1.11　国内外 SaaS 的发展比较

有不少 SaaS 创业者存有疑问：国内外 SaaS 发展的差距为何如此之大？在国内开展 SaaS 业务是否可行？时至今日，国外 SaaS 行业已发展成一个成熟的产业，而国内的 SaaS 还处于行业发展的初级阶段，甚至难以被称作一个独立的行业。

的确，在许多科技领域，如软件和芯片等，国内外的发展差距确实较大，这主要是基础条件和起步时间晚所致的，并非发展速度问题。然而，在 SaaS 领域，情况略有不同。实际上，国内 SaaS 的起步时间与国外相比，相差不到十年。在如此短的时间内就出现了如此大的差距，这确实值得我们深入探讨背后的原因。

1.11.1　信息化基础的差距

SaaS 的产生和发展依赖原有的信息化基础，它决定了 SaaS 的起点高度。

就国内外的情况来看，国内企业的信息化基础相对国外存在较大差距，导致国内 SaaS 的起点相对较低。

在国外，SaaS 的普及途径主要有两条：一个是作为原有 IT 系统的替代与升级，例如使用 SaaS 化的 HR 系统来替代传统复杂的 HR 软件系统；另一个是针对业务细分所创造的新机会，例如，在 HR 领域发展和衍生出的众多更加细分的业务或领域，如管理薪资福利的员工服务等。

在这两个方向上，国内的基础条件都不够成熟。首先，实现信息化的企业比例不高，总量相对较少。其次，进行替代的难度较大，很多企业已对既有的 IT 系统投入了巨额资金，这些系统的能力还没有充分发挥出来，为了保护前期的投资，目前还谈不上对其进行替代。此外，细分业务的发展也严重依赖于企业用户的 IT 使用习惯，而这种习惯的形成需要较长时间，因此从这个途径的渗透并不容易。正是因为国内 SaaS 这两条普及途径都存在较大的阻碍，所以 SaaS 行业的发展速度自然就会显得比较缓慢。

1.11.2　IT 使用习惯和依赖度的差距

消费领域的信息化技术，很容易被消费者接受，然而企业的 IT 使用习惯则需较长时间才能形成。有观点也将企业的 IT 使用习惯视为企业的 IT 素质。

在工业化发达的国家，企业已经形成了依靠自动化和 IT 解决问题的习惯，一旦离开 IT 系统，企业甚至无法正常运行。而国内企业的信息化建设和数字化转型的进程虽已加快，但仍然处于数字化习惯形成的初级阶段。可以说，国内外 SaaS 的普及或渗透速度的差异，实际上反映了国内外 IT 使用习惯和依赖度的差距。

1.11.3　国内外企业面临的主要问题不同

现阶段国内外企业所面临的主要问题是不同的，因而信息化和数字化的关注重点也有差异。国外企业将业务规范化与商业合规性等企业规范化问题，作为信息化优先解决的问题。而国内的大多数企业还处于生存或发展的初期阶段，业务规范化与商业合规性并不是企业目前必须解决的问题。所以直接复制国外所谓的"赛道",就可能产生"水土不服"的问题。

因此,国内的 SaaS 创业者需要找到国内企业当前急需解决的问题,作为自己的市场切入点,而不是直接照搬国外流行的应用。

1.11.4 商业模式的认知与坚守

国内很多 SaaS 创业公司把 SaaS 视为交付形式不同的软件,然后以卖软件的方式将其销售给客户。今天遇到的大部分问题,其实都是这种商业模式的认知偏差或缺陷所导致的。

实际上,服务和订阅是 SaaS 业务的底层逻辑,也是 SaaS 生意的基础。这意味着,无论你选择何种赛道,一旦背离了这种底层逻辑就很容易失败。因为不论是产品、销售还是客户成功,整个组织的运作、业务方式和经营指标都是基于这一底层逻辑构建的。

如果把 SaaS 当作软件销售给客户,会遇到比软件还要难解决的问题。因为你告诉客户这个软件是标准化的,不但不能定制,而且还是放在云上的,这可能直接把自己的 SaaS 之路给堵死了。SaaS 之路能否走通,很大程度上取决于对商业模式的坚守。例如,国外 SaaS 公司很少有本地化部署和私有化项目,而国内许多 SaaS 公司却不能坚守这一原则。国内的 SaaS 创业公司"半途而废"的主要原因,是对 SaaS 商业模式的错误认知或缺乏对商业模式的坚守。

1.11.5 "SaaS+"还是"+SaaS"

对国外 SaaS 企业创始人进行研究后,我们发现一个规律——成功的 SaaS 创业者都是"有感而发"的。比如:Salesforce 的 Marc Benioff,原来是 Oracle 的营销副总裁;Workday 的两位创始人 Dave Duffield 和 Aneel Bhusri,分别是 PeopleSoft 的联合创始人和首席战略官;ServiceNow 的创始人 Fred Luddy,原本就是 ITOM 专家;Zoom 的创始人 Eric,原来是 Webex 的负责人;HubSpot 的两位创始人 Brian Halligan 和 Dharmesh Shah,在 MIT 任教时就发现当时的营销市场仍采用传统的"推"式营销,不但效率低,还容易引起用户反感,于是他们提出了集客营销(Inbound Marketing)的理论,并据此创立了 HubSpot。

这些 SaaS 公司的创始人都有一个明显的特征：他们都选择了自己最擅长的专业领域作为 SaaS 创业的切入点。正是有了专业领域内这些长期困扰他们的问题，他们才发现了 SaaS 创业的机会。我们把这种 SaaS 创业模式称为"+SaaS"，即首先存在业务问题或障碍，然后用 SaaS 方式高效率地解决它们。

还有一类与之相反的 SaaS 创业模式，即因为看好 SaaS 商业模式，然后找一个业务去实现。我们将这种创业模式称为"SaaS+"，这种方式很像是手里拿了一把锤子，然后随便找个物体当作钉子。

显然，相比于"+SaaS"，"SaaS+"的创业方式很难成功。因为这种 SaaS 创业，充其量只是解决了一个用户并不需要解决的问题。如果直接复制国外的 SaaS "赛道"，就存在这种风险。

1.12 我国 SaaS 行业的未来

本书撰写之际，恰逢国内 SaaS 行业发展进入低谷期。很多 SaaS 创业公司也进入所谓的"寒冬"，表现为经营指标劣化，公司开始大量裁员，融资也变得更加困难。有观点甚至认为，国内 SaaS 已经毫无机会，我国 SaaS 行业的未来发展前景黯淡无光。

对于这些观点，我个人并不赞同。相反，我认为现在正是我国 SaaS 发展的黄金期。

1.12.1 为什么说我国 SaaS 的未来发展空间无限

我国 SaaS 产业发展空间无限，主要基于以下判断。

1. 经济发展的趋势没有改变

在全球经济下行的大背景下，SaaS 行业显然无法置身事外。除了增长趋势放缓外，许多 SaaS 企业的股价和市值也有所缩水。

然而，经济发展的向上趋势并未改变，随着经济的持续发展，SaaS 的增长也将回归正常水平。实际上，这一时期为国内 SaaS 行业提供了一个有利的缓冲机会。如果洞察到这个提前量，那么现在正是进入该行业的极佳时机。

2. 庞大的客户基础仍然存在

我们必须看到，国内企业的数量非常庞大，虽然受到近年经济形势的影响，但这个规模和格局并没有被改变。也就是说，庞大的客户基础仍然存在，而且处于不断地积蓄中。只要 SaaS 的客户基础还在，对 SaaS 的需求就会存在。

3. 企业数字化转型的趋势没有改变

虽然很多企业刚刚开始的企业数字化进程，受限于各种因素被迫按下了暂停键，但企业数字化转型已是大势所趋，并不会长期处于停滞状态。随着市场的复苏，企业数字化的发展趋势也将重启，并进入高速发展的时代。

4. SaaS 仍是最具经济性的数字化手段

企业的数字化转型，离不开数字化的载体和工具。传统企业软件虽然有效，但其成本高、实施周期长，很多企业因不能及时看到成果而选择了放弃。

相较之下，SaaS 的优势更加明显。迄今为止，SaaS 仍是企业数字化极具经济效益的手段之一，也是实现企业数字化普及不可或缺的方式。

1.12.2 差距的反思

尽管拥有得天独厚的发展条件和机遇，国内 SaaS 的实际发展状况依然不尽如人意，并且国内外在这一领域的发展差距非常明显。因此，作为 SaaS 创业者，进行深刻的反思是非常必要的。

虽然造成国内外 SaaS 差距的原因有很多，但最直接的原因仍然是以下 3 个。

1. 商业模式的认知偏差

我接触过的众多 SaaS 创业团队对 SaaS 商业模式的认知存在偏差。最常见的认知偏差主要有两种：一种是将 SaaS 视为传统软件业务，另一种则是把 SaaS 业务看作互联网领域的快生意。对 SaaS 商业模式的认知偏差，是导致

SaaS 创业失败最根本的原因。

2. 盲目选择"赛道"

所谓赛道，即 SaaS 业务的目标市场，对于任何产品或服务来说，都必须对应一个真实存在的市场需求，这一点至关重要。一旦选择了一个并不存在的市场，那么 SaaS 创业从一开始便注定了失败。

对于"SaaS+"的创业者而言，由于缺乏对企业实际需求的感知，难以准确选择一个"刚需"的业务切入点。在这种情况下，创业者只能复制国外 SaaS 的"赛道"作为自己的目标市场。然而，一个在国外市场成立的 SaaS 目标市场，并不意味着在国内也同样存在。因此，若仅是盲目复制国外赛道，创业过程将充满风险，并且举步维艰。

3. 错误的业务方式

所谓业务方式，即开展 SaaS 业务时应采用的方法。SaaS 业务拥有成熟的业务模型，例如本书后续章节将详细介绍的 ALAER 业务框架。遵循正确的业务方式，能够促进收入和利润的增长；反之，可能很快耗尽资金，盈利也将遥遥无期。

如果对 SaaS 商业模式的认知存在偏差，就可能采取错误的业务方式。若再选择了错误的"赛道"，那么这个 SaaS 创业过程极可能以失败告终。

1.13 本章小结

为了使读者顺利地阅读本书的后续内容，本章旨在全面且深入地概括 SaaS。首先，从 SaaS 的商业理念入手，特别是"即服务"的思维模式，全面展开对 SaaS 业务的特点及影响力的讨论。此外，还详细论述了 SaaS 结构金字塔与 SaaS 的分类，以帮助读者建立对 SaaS 的基本认识。

为避免概念混淆，本章采用对比分析法，将容易与 SaaS 混淆的概念（如 ToB 和软件）进行了对比。最后，对国内外 SaaS 的发展差距及其根本原因进行了分析，并对我国 SaaS 产业的未来发展进行了展望。

第 2 章 CHAPTER

从商业和业务的视角看 SaaS

要开展 SaaS 业务，仅仅了解其基本轮廓是不够的，还需要对 SaaS 的商业模式、服务和订阅等重要概念有深入细致的认识。此外，也需要对 SaaS 业务的原理、框架和衡量指标有透彻的理解。这样才能为 SaaS 创业打下坚实的理论和实践基础。

2.1 商业模式的变迁

SaaS 的快速兴起并不是偶然的，而是随着经济社会的发展，特别是商业模式的变迁而产生的。在过去的一个多世纪中，整个社会基本上处于产品经济之中。也就是说，企业的设计、生产、销售、运输、仓储等所有环节，都是围绕产品运转的。不仅如此，买卖双方的关系也主要是基于产品的分散式交易。

这个时期的商业模式极为简单：不是生产产品，就是销售产品。无论是大企业还是小公司，都遵循这一商业模式。要想在市场上胜出，不是依靠强大的生产能力和低廉的成本，就是凭借出色的营销能力，快速卖出更多产品。

随着客户时代的来临，我们有了一个全新的商业模式，由以产品为中心转变为以客户为中心。在这个过程中，整个商业世界也从产品世界转变为服务世界。这意味着在媒体、教育、运输、零售和技术等诸多领域，客户在购买服务上的开支已超过了在购买产品上的花费。以 IT 领域为例，随着云计算等技术的兴起，据统计，早在 2015 年前后，企业在 IT 服务上的支出就已超过了对 IT 设施或软件的投资。

由此导致的一个显著变化是，对客户销售的已不再是产品，而是服务的体验。买卖双方的关系已不再是匿名交易，而是期望与客户建立并维护长久关系，因此也形成了现代客户关系管理的基础。

步入服务经济时代以后，单靠生产和销售能力已难以获得成功。只有成功地交付客户想获得的业务成果，才能使客户留在你的平台上。随着时间的推移，让客户投入更多资金，并获得更多业务成果，才是商业成功的新逻辑，也是 SaaS 能够产生并迅速崛起的必然逻辑。

在这个新的商业模式中，服务和订阅是两个不可或缺的概念。通常我们习惯于分开讨论服务和订阅，但在该商业模式下，二者密不可分。也就是说，SaaS 服务的提供方式只能是订阅，服务与订阅共同构成了 SaaS 业务的基本内核。

所以，在正式展开对 SaaS 的深度讨论之前，有必要透彻地理解服务和订阅这两个重要概念，这对于理解整个 SaaS 商业模式和业务过程至关重要。

2.2　如何理解服务

2.2.1　服务的概念

关于 SaaS 是软件还是服务的争论，行业内一直没有停止过。其实这个问题既不是学术之争，也非对错之争，之所以要明确区分软件或服务，完全是因为它们各自对应不同的商业模式。也就是说，如果将 SaaS 视为软件，业务是一种做法；若将其视为服务，业务又是另一种做法。对于软件的定义，业界已达成了共识，现在我们从服务出发，打开一个新的商业视角。

为了把 SaaS 服务讨论清楚，我们需从服务的本质说起。服务的一般定义是：服务是一系列行动、过程和表现，它是一个实体为另一个实体创造的绩效。尽管这个定义听起来较为抽象，但如果将其置于企业服务的背景下，便可以发现这一定义精准地概括了 SaaS 业务的本质。从服务的定义中，我们可以窥见两个重要内容：一是服务的形式，包括行动、过程和表现，对应 SaaS 中由软件支持的自动化和智能化业务过程；二是服务的结果，即一个实体为另一实体创造的绩效，对应 SaaS 服务帮助客户实现所期待的成果，如提升效率、实现 KPI、节约成本、增加收入等。

由此可见，将 SaaS 理解为向客户提供服务，而非仅仅销售一套软件，对于客户来说会带来完全不同的体验和感受。因此，理解了服务的内涵，SaaS 公司便能从服务的角度重新定义自己的价值主张。

虽然目前 SaaS 在分类上仍属于软件，但随着更多、更细分的 SaaS 业务的出现，其服务特征将逐渐超越其软件特征。在这个意义上，SaaS 最终将偏向服务行业。实际上，越来越多的 SaaS 公司已经开始将自己定位为一家数字化服务商，而非软件提供商。

2.2.2 服务的 4 个重要特征

服务有以下 4 个重要特征。

1. 无形性

服务的最显著特征是其无形性。对比软件和 SaaS，你就会发现两者在形态上的显著差别。在硬件上运行的软件"看似无形却有形"。例如，软件所具备的功能和特性都是具体、有形的，这些特性也成为客户采购的标准，如招标书中明示的规格要求。你可能会认为，在 SaaS 的菜单上也可以看到功能和特性等有形内容，然而从服务的角度来看，客户购买 SaaS 的真正目的，并不是这些有形的功能，而是服务带来的成果，它们本质上是无形的。

理解 SaaS 服务的无形性会带来诸多现实好处。例如，向潜在客户展示 SaaS 服务的功能，或者展示所实现的业务成果，对于销售获客哪种更有效？实际上，正是因为服务的无形性，它所产生的业务成果才具有更大的可延展性。从这个角度来看，与有形的软件相比，无形的服务更能体现其差异化效果。

2. 特质性

特质性是服务的另一个显著特征，而服务的品质也主要是通过特质性表达的。

对于软件产品来说，只要功能和特性相同，那么产品之间也就没有什么大的差异了。然而，在 SaaS 业务中，即便产品的差别不大，比如功能看似完全相同，解决客户问题的效果也可能大相径庭。也就是说，相同的 SaaS 产品可能产生完全不同的绩效，正如两家航空公司使用同型号飞机，客户体验的服务水准却可能大不相同，这便体现了服务的特质性。

一些 SaaS 公司正是利用了服务的这种特质性，巧妙地避开了产品的同质化竞争。如果不理解或忽视了这一点，就只能围绕软件的功能进行竞争，最终难以摆脱同质化的局限。

在商业实践中，经常可以看到利用服务的无形性和特质性来放大产品价值的例子。例如，如果产品仅在线上销售，竞争对手可以轻而易举地复制产品从设计到营销的整个过程。为避免这种同质化竞争，一些商家便同时开设线下体验店。这种方式不但利用了服务的无形性来增值产品，而且利用了服务的特质性，使自己的产品与竞争对手的产品有了区别。

3. 自动化和智能化

服务的自动化水平，是对服务的一项基本考量，因为它不仅关系到服务的成本，还涉及服务是否可以实现规模化。

几乎不存在只需按下启动键，即可达成客户成果的 SaaS，因此，SaaS 作为一种服务，除了其软件所提供的智能化与自动化能力，大多数流程还需要人工参与。例如，借助大数据进行商业分析时，就需要数据工程师协助客户进行业务建模、数据处理等工作。一个优秀 SaaS 的主要特征，体现在可以充分利用智能化和自动化技术，尽可能地减少人工干预上。

4. 客户参与

传统的 ToB 业务，如软件业务，在产品交付后，供应商与客户的联系和互动基本上就停止了。如果还有联系的话，那也仅限于对售后问题的"被动"响应，例如客户在使用过程中遇到问题联系售后。

而对于 SaaS 业务来说，服务交付后，服务商与客户之间的互动才正式开始。因为此时才是客户将你的 SaaS 正式应用于其业务中的时刻。这时的服务模式不再是被动的，而是你主动帮助客户实现其业务成果，这是一个与客户持续互动和共创的过程。

实际上，很少有业务能像 SaaS 那样，与客户保持持续的互动状态。这样做不仅是为了帮助客户取得成功，也是为了服务商自身的利益。因为如果客户未能实现预期的成果，可能就会停止订阅这项服务，这会导致服务商的后续订阅收入归零。

2.2.3 服务的成交原理

成交原理也称交易原理，它代表价值交换的逻辑。在 SaaS 领域，这一原理阐述了客户为何会选择购买这个产品，以及购买逻辑。无论你销售什么产品或服务，理解这种成交原理都是必不可少的。将 SaaS 视为软件去销售，还是作为服务去提供，虽然都可能卖出去，但它们的成交原理是完全不同的。

客户在采购软件时，主要比较软件的功能和特性，只要符合自己的规格要求便可成交。然而，在购买服务时，由于服务的无形性，也就是缺乏功能和性能等具体规格标准，因此就不能按照软件的成交原理成交。

事实上，服务有其独特的交易逻辑。客户在采购服务时，主要考虑两种价值：一种是客户预期的价值，如希望实现的某种业务成果或想要达成的业务目标；另一种是客户实际体验到的价值，也称为客户的感知价值，例如客户通过试用产品或其他方式形成的体验价值。现在的问题是，在客户的预期价值与感知价值之间，存在一个价值差距。如果感知价值接近甚至超过预期价值，成交的概率便会增大；反之，成交的可能性便会减小。服务的成交原理如图 2-1 所示。

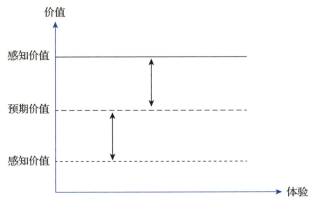

图 2-1　服务的成交原理

理解了服务的成交原理，也就把握了 SaaS 服务交易的核心逻辑。其实，这种服务成交原理不仅适用于 SaaS 的销售环节，还可以在定价、营销、续约以及增购等多个方面发挥关键作用。服务的成交原理的重要启示是：尽量减少感知价值与预期价值之间的差距，就可以有效推动 SaaS 业务的成功。而缩小两种价值差距的方法，既可以是提升 SaaS 的感知价值，也可以是管理客户期望，即消除客户不切实际的预期。

2.3　如何理解订阅

谈到服务，就不能不谈订阅。事实上，随着服务经济的兴起，订阅已经成为一种主流的服务交易模式。这一变化也促进了商业世界交易模式的转变，从纯粹的交易型模式转向订阅模式，以至于如今出现了一个新名词——订阅经济。

2.3.1　从交易到订阅

产品时代的消费以匿名的交易形式为主，例如过去的商店门口都会挂一块牌子，上书："请清点好钱物，出门概不负责。"从数十万元的汽车到几元的音乐光盘，所有交易均采用这种方式进行。当然，现在仍采取这种方式的商家已经越来越少，匿名交易方式已经逐渐淡出商业社会，商家更倾向于与顾客保持长期的关系，以降低获客成本并实现更多的长期收益。在这种趋势下，订阅模式应运而生。

随着产品变得日益丰富且易于获取，费时费力地拥有一个产品已不再是必需的。例如，为了喝一杯牛奶，不必把一头奶牛买回来；有了一部手机，就能轻松下单从一处到另一处的出行服务，因此不必购买汽车。

实际上，订阅并非一个新概念。它最初源于报纸等消费品的订阅，即预付部分费用，再由专人将订购的报纸或消费品送达订阅用户指定的地点。今日，订阅的概念已经大幅拓展，并渗透到人们生活和工作的各个方面，如视频、音乐、游戏、资讯、汽车、教育培训乃至软件等都可以通过订阅获取。在这些领域中，存在诸多耳熟能详的订阅公司或产品，如奈飞、网易云音乐、纽约时报、苹果商店、特斯拉专属服务、Lyft、Salesforce 等。

随着服务经济的兴起，订阅模式已成为一种发展最快的产品和服务提供形式。订阅不仅被视为一种新兴的商业模式，甚至已经成为一种独立的经济形态，订阅经济一词也越来越频繁地出现在大众媒体中。此外，云计算和移动连接设备的创新成果，也推动着大量基于订阅的产品或服务的出现。

订阅之所以对经济模式产生了如此巨大的影响，根本原因在于它改变了人们对所有权的看法，即从拥有权向使用权转变。这一转变极大地影响了客户对于需求的购买行为，客户仅需为其真正需要的产品或服务付费即可。例如，人们需要的是快捷出行工具，而非汽车本身；人们想要的是一首好听的歌曲，而不必把整张 CD 买回来；企业需要的是对文档的输出与管理，而不一定非要买一台复印机。现在，这样的需求都可以通过订阅方式得到满足。

如果你认为这些关于订阅的描述稍显琐碎，那么只需记住两个关键点即可：一是订阅业务的交付方式，即从交付实体产品转变为提供无形服务；二是支付方式的变化，由一次性支付所有费用转变为分期支付订阅费，如按月或按年。

虽然订阅概念由来已久，但在互联网普及前，实现订阅确实较为困难，比如需通过电话、电子邮件、邮购目录或上门推销等方式。然而，随着数字化和互联网的广泛应用，订阅的过程已变得更简单、便捷。

在订阅趋势的推动下，购买软件许可、服务器及配备运维人员等传统的拥有 IT 资产的观念已经过时，SaaS 订阅模式的出现和兴起则是顺应时代发展的必然产物。

2.3.2　订阅是一种新的商业思维

如果你查阅词典，可以看到对"订阅"的一般解释是：通过预付款方式，购买一定数量的定期交付物（例如期刊），或在一定时期内访问或使用某种服务（例如在线服务）。实际上，大多数人对订阅概念的理解都基于 ToC 消费领域，比如订阅视频服务。在一般人看来，订阅只是一种不同的付费形式。消费领域的订阅容易理解，但对于 ToB 领域的订阅，即便是许多行业从业者，也常常缺乏充分的认知。这导致在订阅业务的评价方面，存在相当大的认知偏差。

从财务角度来看，订阅思维可能在交易和收入等方面得出不同于传统交易的结论。在传统交易模式中，服务并不会被区分为经常性服务和非经常性服务，收入也不会被分为经常性收入和非经常性收入。从这个角度来看，一次性收入 1 万元与未来每年都能收入 1 万元似乎没有什么不同。这说明作为订阅业务基础的经常性收入，在传统会计规则中往往被忽视。再比如，订阅与传统交易的财务思维完全不同：传统会计侧重于记录过去，例如已经发生的费用和已经获得的收入；而订阅思维的财务则侧重于预测未来，即预计未来 N 年能够赚取的收入。

不仅如此，两种思维之间还存在一个更大的矛盾点，即对已经发生的成本和收益的评价标准不同。实际上，投入到订阅业务的成本所对应的收益并未结束，在未来几年仍将持续产生收益。然而，这一点在利润表上却没有得到体现，这也是订阅业务初期在财务报表上往往显示为亏损的原因。

订阅思维在销售上的体现，与传统的交易型销售更是差别巨大。对于订阅业务而言，与其说你在销售一件产品或一项服务，不如说你是在为未来创造一份经常性的收入。

所有这一切都表明，要成功经营 ToB 的订阅业务，必须理解订阅的商业逻辑，以及建立订阅思维。有无订阅思维，对于经营 SaaS 这种订阅业务，效果截然不同。这也解释了为什么从传统软件业务转型为 SaaS 业务如此困难。

建立订阅思维对于 SaaS 创业而言也是必需的。首先，一个运作良好的 SaaS 业务流程，从营销、销售到客户成功，都是基于订阅逻辑构建的。你可能从各种渠道获得了许多关于 SaaS 业务的框架、模型、方法论和操作指南等专业知识，但如果缺乏订阅思维，只能机械地模仿，难以深刻理解其背后的原因，更不用说对业务方法进行改良了。其次，订阅思维有助于建立新的业务指标和评价体系。我在服务中发现，有的 SaaS 公司已经创业了四五年时间，却仍未明白 SaaS 的经济单位概念。例如，它们一直将 SaaS 业务的经济单位视为"每笔交易"，而非"每家客户"。这种"微小"的认知偏差，将导致整个业务朝着错误的方向发展，而它们浑然不知。因此，对于 SaaS 公司来说，每位员工、每个岗位、每个部门乃至管理层，都必须建立和培养订阅思维。

2.3.3 订阅业务的 4 个特点

与传统交易型业务相比，订阅业务具有不同的特点，理解并抓住订阅业务的这些特点，对于开展 SaaS 订阅业务来说非常重要。

1. 订阅的经济单位是"客户"而非"交易"

无论是公司战略层面，还是业务的设计层面，SaaS 公司都应当以"客户"为单位进行设计和运作，而非围绕"交易"做文章。

2. 订阅业务具有周期性

大部分交易型业务都是短周期的，即收入来自每次销售或每笔交易，所以完成一个客户的销售后，必须紧接着找到下一个客户。

而订阅业务多为周期性的长尾业务，可能持续 2 年、5 年或 10 年。其收入主要源于整个客户生命周期，而非单次交易。

3. 订阅业务的核心是获客和留存

虽然订阅业务的周期较长，但其核心仅涉及两个方面：获客和留存。有人用"快来"和"别走"这四个字，生动而形象地描述了订阅业务的本质。

在订阅业务中，"销售"的含义与常规理解有所不同。它不仅包括获客，还包括整个客户生命周期中的续约和增购，只不过这些是由客户成功经理负责执行的。

4. 持续互动

除非是简单业务，否则大多数情况下，订阅业务需要服务商与客户共同参与并持续互动。这与被动的服务响应截然不同，在这个过程中必须帮助客户达到预期的业务成果，才能确保获得持续性的长尾收入。

2.3.4 订阅业务的优势

相较于交易型业务，无论是对于客户还是 SaaS 服务商，订阅业务都有着独特的优势。

1. 对于客户的优势

（1）"先尝后买"

大部分订阅业务都提供试用，你可以将试用视为客户的体验。从这个意义上说，试用更类似于生活中的"先尝后买"。与单纯的体验不同，试用不仅可以判断产品的优劣，还能判断产品是否符合需要，是否值得购买。

与软件试用不同的是，所试用的 SaaS 已经是一个"完整版"产品，而非"试用版"或"示意版"，因此客户可以通过试用，准确评估出产品的可用性。这种做法的最大优势在于，它降低了以往购买软件时所面临的风险，例如买了之后发现不适用又无法退货。

（2）不再为不需要的东西买单

所谓不需要的东西，不仅包括那些用不上的模块或功能，还包括运行软件所需的服务器等硬件设施。由于企业软件包含了过多可能用不到的功能，因此其价格常常居高不下，客户虽然可能永远不会用到其中的许多模块或功能，但仍需为它们买单。

在传统的企业软件模式中，客户需要投入大量前期预算和资本，用于购买软件及硬件资源。然而，一旦这些投资完成，客户就必须不断支付各种维护成本，以维护这些资产的价值。

（3）免费的持续改善

客户所订阅的服务一开始可能并不完美，但随着客户数量的增加，产品会不断地根据客户反馈而改善。更重要的是，服务的改进通常是免费的，并非每增加一个功能就要额外收费。毕竟，服务商提供的不仅仅是功能，更是帮助客户实现业务目标的能力。因此，提供更完善的服务，原本就应该是服务商的责任和义务。

（4）数字化最经济的方式

SaaS 代表的订阅模式，是企业信息化和数字化转型中最经济、最可规模化的方式。其经济学原理在于，订阅可以显著降低企业的总体拥有成本（Total Cost of Ownership，TCO）。

（5）更换服务商很容易

客户如果对已订阅的服务感到不满意，换一个服务商，只需简单地点击鼠标即可，而不必担心被服务商所绑架。

2. 对于服务商的优势

（1）经常性收入

订阅收入模式的好处是显而易见的，每当新财年伊始，尽管销售还没有开工，但公司账面上已经有了一大笔收入。订阅收入的主要来源是客户年复一年的续费和增购，也就是所谓的年度经常性收入（ARR）。

（2）收入可预测性

正如 ARR 所定义的那样，年度经常性收入具有可预测性，也就是说，只要客户还在，收入就一定还在。只是收入的预测需要一些前提条件，比如对客户流失的控制。

（3）业务可复制性

与定制化软件相比，订阅业务的可复制性优势十分明显。而业务的可复制，又会带来收入的可复制,这对于收入的增长和盈利至关重要。

（4）高增长和高利润

由于经常性收入具有强大的累积效应,加之高效的获客和有效的留存策略,使订阅业务表现出强劲的增长态势。此外,通过单一平台为多家客户提供服务的访问模式,也可以降低软件的部署、分发和升级的成本,从而进一步提高利润。

2.3.5 订阅业务的3个缺陷

虽说订阅业务有很多优势,但是这种模式的劣势也比较明显。甚至可以说,SaaS这种订阅业务存在先天的缺陷,主要表现在以下几个方面。

1. 不可避免的客户流失

订阅业务的流失,就像无法脱离地心引力一样不可避免。事实上,流失是订阅业务的最大杀手,可以说,流失是SaaS这种订阅模式的一个天生的严重缺陷。它不仅影响客户增长和收入增长,严重时甚至会使SaaS服务商彻底失去盈利能力。换句话说,当流失率达到一定程度时,订阅逻辑便不再成立。

通常来说,一家SaaS公司80%至90%的收入,来源于整个客户生命周期中的客户留存。事实上,许多SaaS公司之所以失败,并非因为缺乏客户,而是因为没有留住客户。

2. 前期的高投入

如果不在营销和销售上加大投入,势必会因为获取客户数量不足而影响收入增长;但如果投入过高,则又可能导致公司长期无法实现盈利。理论上,订阅业务具有极佳的盈利能力,但实际上,连行业的领头企业也难以持续实现盈利,这在很大程度上是由于订阅业务前期的获客成本难以降低。

除了营销和销售这些可变成本外,SaaS订阅业务还需承担庞大的云设施、带宽等不可减少的固定成本。

3. 准确定价的困难

服务的无形性使订阅业务难以像软件等有形产品那样,可以准确制定出客户愿意接受的价格。若定价过高，客户可能会转向竞争对手；而定价过低，则因成本存在，将对利润造成极大的损害。

2.4 跳出传统企业软件的固有思维

理解了服务和订阅的理念之后，我们对 SaaS 的认识又深入了一步。现在你已经能够跳出传统企业软件的固有思维，认识另外一种企业服务的新方法。服务和订阅是 SaaS 业务的两个重要支柱，也是 SaaS 业务的理论基础。对服务理念理解得越深，能提供给客户的价值就越大；而订阅思维也会帮助我们重新思考和设计有效的业务方法。

因此，尽早建立服务和订阅的意识，对于 SaaS 创业具有重大意义，可以说，服务和订阅是创业前的两门必修课。当别人还在讨论 SaaS 是什么时，你已经在思考 SaaS 为了什么；当别人还在争论 SaaS 是软件还是服务时，你已经在思考客户价值；当别人还在争论是否进行私有化部署时，你已经在思考规模化增长了。

由于未能深刻理解服务与订阅的理念，所以现实中许多 SaaS 创业者最初都将 SaaS 视作传统的软件业务，直到最后才意识到，其 SaaS 业务根本无法与传统软件竞争。但为时已晚，因为此时从产品到业务模式以及组织结构已经定型而无法扭转了。

2.5 SaaS 业务的 4 个显著特点

理解了服务和订阅的概念，也就能从中发现 SaaS 业务的显著特点。而充分利用好这些特点，就是做好 SaaS 业务的窍门。

2.5.1 收入的稳定性

订阅业务因其收入的稳定性而受到青睐，这主要是订阅业务的经常性收入模式所决定的。经常性收入意味着如果没有影响客户续约的事件发生，那么今天的客户明天仍然是你的客户，他们将为你带来持续不断的稳定收入，因此订阅业务理论上被看作一种优秀的收入模式。尤其是在经济不稳定或下滑的情况下，经常性收入带来的稳定性显得尤为重要。

稳定性不仅指的是收入的稳定性，还包括增长的稳定性。经常性收入模式的特点决定了其收入是可叠加和可积累的，例如，今年的大部分收入实际上是来自去年甚至更早的续费或增购，这可以极大地缓解销售的短期压力。相比较而言，传统软件业务的稳定性就很差了，它们要么"丰收"，要么"歉收"，所以只能不停地拓展新客户。

需要指出的是，尽管理论上 SaaS 收入具备较强的稳定性，但实际运营中如果管理不善，这种稳定性也容易因如客户流失等而受到影响。

2.5.2 业务的可预测性

为了更好地规划和计划，几乎所有业务都需要进行预测。然而对于大部分业务来说，预测是非常困难的，例如软件业务，它就很难根据今年的情况来预测明年的趋势。但是对于 SaaS 业务来说，预测就要容易和准确得多。

SaaS 业务的可预测性源于其收入的稳定性和可测量性的结合，具体而言，SaaS 业务的预测数据依赖于留存数据、财务数据、运营数据和客户使用数据等，这使得 SaaS 业务的预测比其他 ToB 业务更加实时、精准和可靠。

2.5.3 业务过程的可测量性

说到可测量性，其实所有业务模式都是可测量的。不同的是，大部分业务的测量都是反映经营结果的财务指标，比如营收、成本、利润等。这种测量有一个特点，即它们只是对过去结果的反映。而 SaaS 的可测量性，除了体现在对过去财务结果的测量，还体现在对当前业务过程指标的实时测量，如客户健康度的测量。其重要意义在于可以根据测量结果进行实时反馈和采取相应调整措施，例如提前识别可能流失的客户，及时进行干预和挽留等。

SaaS 业务可测量性的基础，在于其独特的平台结构，这种结构提供了对客户使用数据的访问功能。这相当于在客户和 SaaS 服务商之间建立了一条数据通路。客户的反馈和使用数据将被适当收集并分析,从而能够实现与客户互动的量化测量。需要注意的是,SaaS 的数据可测量性并非为了获取客户信息,而是用于改善产品和服务,分析流失倾向,探索增购机会等。

这种可测量性是 SaaS 业务独有的优势,相比之下,传统软件业务就无法实现实时测量。可测量性也意味着可以应用更多自动化和 AI 技术来获取或分析处理数据,这不仅能节省大量人工成本,还能提升服务的效率与准确性。

2.5.4 业务的敏捷性

用"敏捷"一词来描述 SaaS 业务的综合特征优势是非常恰当的。从 SaaS 业务的敏捷开发、敏捷迭代、敏捷营销、敏捷销售、敏捷服务,到依赖数据的敏捷运营,显而易见,敏捷的理念贯穿了整个 SaaS 业务过程。例如,SaaS 产品迭代就是利用了敏捷理念和敏捷方法,这不仅提升了对客户需求的即时响应能力,还在快速变化的市场中创造了持续的竞争优势。

敏捷的运用也显著提高了向客户持续交付价值的速度。此外,对于 SaaS 业务的增长,敏捷起到了加速的关键作用。所以 SaaS 的敏捷理念,应当成为每个 SaaS 创业公司的优先战略。

2.6 SaaS 经济学

一个生意要想行得通,就必须遵循和符合相应的经济学原理,对于 SaaS 来说同样如此。经过近 20 年的演变,SaaS 已发展成为一个巨大的产业。然而,至今仍未见专门讨论 SaaS 经济学的书籍或论著。这并不意味着 SaaS 经济学不重要,事实上,它比 SaaS 本身还要重要得多,因为所有的商业模型都是建立在其经济学原理之上,SaaS 当然也不例外。

例如,SaaS 如何创造经济价值,其基于的经济学原理是什么,它是如何创造除软件之外的新经济的?一个数字化业务究竟应采用 SaaS 模式实现,还是采用传统软件方式实现?这些关键问题只有从经济学角度进行分析,SaaS 企业才能做出有效决策,避免犯下常识性错误。这不仅能帮助 SaaS

创业取得成功，还能让 SaaS 保持长期的成功。所有这一切都离不开对 SaaS 经济学原理的理解和应用。可以说，SaaS 经济学是关于 SaaS 创业的一门基础课程，学习和掌握它的目的只有 3 个：快速增长、实现盈利和持续成功。

2.6.1 单位经济学

SaaS 与软件在很多方面都有所不同，此处我们从单位经济学的角度出发来探讨二者之间最为关键的区别。所谓单位经济学，是一种用于分析公司的基本"单位"的成本与收入比的方法。单位经济学的关键在于"单位"，而软件业务与 SaaS 业务所定义的"单位"是完全不同的。

对于软件业务，其核心单位是"交易"，主要关注的是每笔交易所产生的收入，例如销售了多少套软件，执行了几个软件开发项目，或是签订了几份软件合同。把交易视作核心单位，是我们最熟悉的单位经济计算方式。

对于 SaaS 业务，其单位不再是"交易"，而是"客户"，它关注的是每个客户所产生的收益，例如基于每个客户的续费或增购。

掌握 SaaS 与软件在单位经济学上的这种差异至关重要，因为不同的单位经济学，直接影响到盈利模式、业务运作方式，以及定价等多方面的决策。

2.6.2 SaaS 业务是如何获利的

大多数人熟知的盈利模式，都是以"交易"为基础的。例如，软件的利润计算公式可以表达为

$$软件利润 = (每套单价 - 每交易的成本) \times 售出的数量 - 研发成本$$

而 SaaS 以"客户"为单位的获利方式，利润计算公式则变成

$$SaaS 利润 = (平均经常性收入 - 平均留存成本) \times 现有客户数 - 平均获客成本 \times 新客户数$$

SaaS 的利润计算公式包括 5 个变量：经常性收入、留存成本、获客成本、现有客户数及新客户数，无论是大型企业还是刚起步的公司，它们都将此公式作为核心运作逻辑。如何有效平衡这 5 个变量以实现盈利，则涉及复杂的商业、业务与运营逻辑。

2.6.3　SaaS 经济学的本质：降低客户的 TCO

正如商学院或 MBA 课程所传授的那样，企业的竞争战略，无非低成本和差异化。也就是说，一个又便宜又好用的产品或服务，总会在竞争中胜出。然而不幸的是，软件很难同时做到既便宜又好用，甚至很多软件是又贵又难用。不仅如此，客户使用软件的总体拥有成本（TCO）也非常高。所谓 TCO，是指在一定时期内拥有某项资产的所有相关成本之和，包括初购成本和其他所有相关成本。它是企业在初期无法准确预知未来成本时，常用的一种成本评估方法。传统企业软件的 TCO 难以降低，主要是因为客户不仅需要购置硬件和软件许可，还必须承担高额的部署及维护成本。

相比之下，SaaS 模式没有这些成本，这无疑给了 SaaS 一个极好的发展机会，客户仅需支付所需服务的订阅费用，TCO 自然降低。

在充满不确定性的时期，降低 TCO 对企业具有很大的吸引力，SaaS 因而得以顺应趋势发展起来。

2.6.4　SaaS 经营的本质：降低 TCS

客户所节约的 TCO，并不会凭空消失。事实上，这部分成本转嫁到了 SaaS 服务商身上，形成了总服务成本（Total Cost of Service，TCS），即向客户提供服务花费的总成本。这里的服务成本不仅仅是指提供服务的直接成本，还包括 CSM 的服务成本、客户获取成本、研发成本、云设施成本等所有与服务相关的成本。因此，从经济学的角度来看，TCS 可以视为 TCO 的镜像。

背负了沉重的 TCS，SaaS 服务商就面临着如何降低 TCS 实现盈利的巨大挑战。这一点从 SaaS 业务的利润公式就可以看出。

利润 = 客户数 × (订阅价格 − 可变成本（如 CAC、CRC 等)) − 固定成本（如云平台、云设施、运维、工具成本等）

直观上看，似乎通过提高订阅价格就能实现盈利。但实际上这种方法并不可行，因为 SaaS 的经济单位是"客户"，而不是"交易"所代表的价格。提高订阅价格还可能导致客户数量的减少，从而影响未来的盈利和增长。因此，更为合理的做法是降低 TCS 来实现利润。但现在面临的问题是，随着业务规模的扩大，TCS 中的固定成本只会增加，因此 SaaS 公司的竞争焦点还是在于降低 TCS 中的可变成本。

事实上，如果过度降低 CAC（客户获取成本，也称为获客成本）和 CRC（客户留存成本），势必会减少客户获取数量，也会导致更高的流失率。因此，在 SaaS 业务中最常出现的两个词是"效率"和"效能"，即在正确的经济学原理的指导下，通过有效的运营和经营，实现"双效"的提升。

2.6.5　如何实现 TCO 与 TCS 的双降

如果能进一步降低客户的 TCO，就可能获得更多的客户。同时，不断降低自身的 TCS，就可以更早地实现盈利。这并不是一厢情愿的设想，实际上，只要弄清楚 TCO 与 TCS 之间的逻辑关系，实现这两者的"双降"是完全有可能的。

TCS 与 TCO 的转换关系如图 2-2 所示，它表明从产品管理到客户成功的整个价值交付过程中，SaaS 服务商承担了 TCS，获得了客户生命周期价值（LTV）。而从选型 & 采购到产品使用的价值实现过程中，客户支付了 TCO，获得了期望的业务成果。

图 2-2　TCO 与 TCS 的转换关系

如果单方面降低 TCO 或 TCS，则很容易产生负面影响。但如果认识到 TCO 与 TCS 之间不仅是镜像关系，还存在一种平衡关系，并懂得利用这种价值转换和成本平衡来优化业务和采用有效的运营策略，就有可能同时降低 TCO

和 TCS，从而实现 SaaS 业务的健康增长。

2.6.6 价格战的弊端

因为 SaaS 产品的同质化，行业竞争演变成了纯粹的价格战。然而，低价策略对于订阅业务有一个致命的弊端：首年订阅费降低意味着未来续费也将持续低价，这将大大降低 LTV，可能导致 LTV<TCS，即收益低于成本，这让本已盈利困难的 SaaS 业务根本无法实现盈利。不过，低价策略也不是一无是处，它可以刺激 SaaS 服务商，在确保客户价值的基础上，想办法进一步降低客户的 TCO。

然而，TCO 也不能毫无根据地硬降，因为 TCO 和 TCS 是镜像关系，降低 TCO 必须通过降低 TCS 来实现，以保证合理的利润或避免亏损。关于 TCS 的降低策略，我们已经了解了一些途径，例如，SaaS 的多租户共享架构，可以减少设施和运维成本；降低获客成本也是一个重要的措施。但是这远远不够，SaaS 服务商必须重新审视各个业务部门的价值链，剔除所有不必要的成本。

2.7 SaaS 价值三部曲

在 SaaS 创业的热潮中，市场上不可避免地出现了一些"鸡肋"的 SaaS 产品，它们要么难以销售，要么是销售后客户很快就流失了，以至于这类产品还没有形成 SaaS 的商业模式就失败了。

而这些问题归根结底还是价值的问题。如何让自己的 SaaS 创业为客户带来真正的价值，就必须理解什么是 SaaS 的价值，以及价值的创造、实现和变现过程。我们将该过程概括为 SaaS 的价值过程模型，这一模型为 SaaS 公司提供了一种标准化且可预测的价值框架，如图 2-3 所示。

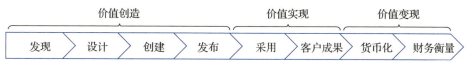

图 2-3 SaaS 的价值过程模型

在 ToB 业务中，虽然所有公司都会强调自己的价值，但通常交易型业务的价值逻辑较为简单：制造产品，然后以合理的价格卖出，从而实现价值的变现。相比之下，SaaS 订阅业务的价值逻辑则要复杂得多。因此，对于 SaaS 行业的从业者来说，理解并掌握 SaaS 的价值过程模型显得尤为重要。

SaaS 价值框架主要分为 3 个部分。

2.7.1　SaaS 的价值创造

有很多关于价值创造的定义和解释，但对于 SaaS 来说，它们都显得过于复杂。其实，SaaS 的价值创造可以用一个更简单的描述来概括：SaaS 公司为创造客户价值而进行的活动，如果客户愿意为这些活动付费，那么这些活动就是价值创造；否则，就不算是价值创造。依据这个简单的标准，很容易判断一家 SaaS 公司是在创造价值，还是为了创业而创业。

传统的 ToB 业务，如软件开发，只需开发出软件然后销售出去，就完成了价值创造过程。不同的是，SaaS 的价值创造是一个贯穿整个客户生命周期的持续过程。具体来说，SaaS 的价值创造过程主要包括以下步骤。

- 发现。大部分 SaaS 创业，都始于一个备受困扰的问题，并以此作为切入点，进入一个利基市场。通过分析确认这是一个值得解决的问题，并且该问题具有相当的普遍性而非个例，那么这就是一个成功的价值发现。
- 设计。价值发现产生了价值主张，而为实现这一价值主张，就需要设计一系列的活动。比如，明确的业务成果、良好的客户体验，也包括营销、产品、报价等。
- 创建。包括所有构建完整客户体验所涉及的活动，比如产品的实现、交付和采用等。
- 发布。通过各种有效的渠道，将解决方案推向市场以接触客户。

2.7.2　SaaS 的价值实现

产品发布并初步完成获客之后，就启动了客户旅程，所开发的 SaaS 业务也进入价值实现过程，其包括以下两个步骤。
- ❑ 采用。在这个过程中，客户通过对解决方案的采用，逐渐接近和实现自己的业务目标。
- ❑ 客户成果。如果客户获得了想要的业务成果，那么价值就得以实现。

2.7.3 SaaS 的价值变现

价值的实现不但给客户带来了价值，也为 SaaS 服务商带来了收入。但无论是对于客户还是服务商来说，价值总是要通过货币化的方式表现出来，才能评价 SaaS 服务商和客户各自的投资回报率。

对于 SaaS 服务商来说，最终变现体现为价值的货币化和财务衡量的结果。
- ❑ 货币化。即将你提供的产品或服务，以货币化的方式进行价值量化，比如定价。同类 SaaS 的定价根据实现价值的大小而定。
- ❑ 财务衡量。一个 SaaS 的价值及其大小，最终仍需通过财务指标来衡量，常见的指标包括 ARR、CAC、CRC 和营业利润等。

SaaS 的价值是一个经常被讨论，但又难以明确表述的概念。如今，随着 SaaS 价值过程模型的提出，这一情况有望得到改善。如果你希望自己的 SaaS 产品不落入平庸和无价值的境地，就必须遵循 SaaS 的价值过程模型，努力创造、实现和变现价值，而非凭一时的灵感或简单模仿国外的"赛道"来开始 SaaS 创业。如果你一定要坚持这种做法，那么最好利用 SaaS 的价值过程模型来验证一下，检查是否存在价值偏离，如果存在则应及时进行调整，如果最后才发现价值缺失，那就无法补救了。

2.8 SaaS 业务的价值基础：客户成果金字塔

将一个 SaaS 产品卖给客户，并期望他们能够持续使用下去，就需要给客户一个持续使用该产品的充分理由。无论是在销售阶段还是留存阶段，我们向客户提供的理由始终只有一个，那就是价值。也就是说，客户之所以能购买、续约和续费，皆是因为他们从中获得了价值。

很多创业者觉得做好一个SaaS业务很难，从产品定位到营销，再到销售，以及最终的客户留存，每一个环节都不简单。为什么会这样？主要是因为我们很难在价值层面与客户达成共识。我们主张的价值，客户不一定认可；而客户所期望的价值，可能又与我们所提供的价值不相符合。因此，寻找一个双方都认可的价值点就变得极其重要。一旦找到了共同的价值点，绝大多数问题都能迎刃而解。但是，"价值"这一概念往往较为抽象，特别是在与客户的业务人员对话时，如果只在意识形态上达成共识，而不能落实到具体的业务上的话，那么对于客户的销售和留存仍然缺少有说服力的理由。所以我们需要一个可以落地的价值载体。

幸运的是，在SaaS领域，我们找到了一个易于与客户达成共识的价值载体：客户想要实现的成果，也被称为客户成果（Customer Outcome）。在与客户的交流过程中，提到最多的一个词可能就是客户成果了，因为无论是产品管理、营销、销售还是客户成功，都是围绕客户成果展开的。实际上，"客户成果"只是一个关于成果的统称，它还涵盖了客户期望的成果、客户的业务成果等名称，这些名称可以互换使用。

虽然我们明白客户成果的作用和重要性，但在实际操作中，碰到具体问题，还是难以将客户成果的潜力完全发挥出来。比如虽然客户有明确的成果，但他们往往难以将其富有逻辑地表达出来，这就导致了两个主要问题：一是难以准确描述客户的成果；二是即便描述出来了，也可能不被客户认可。因此，仅仅理解客户成果的概念是不够的，这些成果还必须被具体化和量化地表达出来。然而，当前面临的问题是，不同客户所期望实现的成果不尽相同，如何提炼出一个既具有高度共性特征，又具有可量化维度的客户成果模型呢？

虽然不同客户期望实现的成果各不相同，但它们都围绕"业务成果"这一核心。我们可以沿着实现业务成果的价值链逐层拆解，最终构建出一个成果金字塔，如图2-4所示。

成果金字塔框架分为6层，在逻辑上每层向上提供支撑，为了便于理解，我们从上到下进行描述。

图 2-4　成果金字塔

1. 业务成果

业务成果位于成果金字塔的顶层，它定义了客户要达成的成果是什么，也代表了客户的业务目标。多数情况下，客户期望实现的成果不是一个，而是多个。

识别客户的业务成果极为重要，因为这是所有 SaaS 业务的基础。识别错误或未能识别出客户的成果，意味着失去了 SaaS 的价值和意义。例如，在制造业中，"提升产线的产能"是客户希望实现的一个成果；而那些定义模糊的说法，像是"提高工作效率""降本增效"等，则不能视为具体的业务成果。

在 SaaS 创业初期，必须首先找到客户成果，然后才着手具体操作。这样不仅能提升创业的效率，还能避开 SaaS 创业路上最大的坑。因为一旦客户成果定位错误，就意味着业务的方向错了，那么所有的创业努力都将付诸东流。

2. 财务表现

所有的业务成果都要在财务上体现出来。所谓财务表现，就是如果客户实现了期望的成果，将会带来什么样的财务回报。大部分业务成果都是通过财务关键指标来衡量的。比如，制造业产线的产能每提升 5%，将意味着增加 10 万元产品价值。又比如广告业如果获得 10 个新客户，将增加收入 20 万元。

不过，用财务表现来衡量业务成果的大小，有时也会给创业者带来较大的挑战。比如虽然有明确的业务成果，但是很难用财务数据直接衡量出来。这可能有两个原因，一个是业务成果不完整或者它不是最终成果，比如广告业务中把点击量或者线索数作为成果。另一个原因是确实无法直接用财务数据衡量业务成果。但这一点你不用过于担心，因为除了你提出的衡量方式，客户自己也会估算使用你的 SaaS 服务可能带来的利益，只是不如财务表现那么容易准确衡量罢了。

3. KPI

一个业务目标的成败，通常可以由 KPI 来定义和衡量，因此业务成果需要关联到一个或多个 KPI。例如，要实现营收目标，可能需要设立并跟踪的 KPI 包括目标销售额、营销成本、销售周期等。

对于业务成果来说，有些客户可能已经制定了 KPI，也有的客户尚未制定，或者所制定的 KPI 并不合适。无论是哪一种情况，作为 SaaS 服务商，你都应帮助客户针对业务成果制定合适的 KPI，并通过跟踪这些 KPI 来证明你的 SaaS 产品确实能够帮助客户改善业务。

4. 最佳实践

并非任何方法都能改善一项业务的 KPI，只有相应的最佳业务实践才能实现。业务实践包括优化的业务流程、工具、方法及所需的专业技能等。

与 KPI 类似，有些客户可能已经总结出了最佳实践，你的 SaaS 产品则必须与这些最佳实践相匹配。而对于那些尚未总结出自己的最佳实践的客户，你需要借鉴同行业的最佳实践，帮助他们梳理出适合自身的最佳实践。

5. 责任人

说到最佳实践，我们必须明确哪些岗位角色负责执行，以及这些角色应具备哪些专业能力。

无论客户是否已经配备这些岗位，作为服务商，都应提出岗位要求，并负责培训。在很多情况下，实现业务目标的责任人可能不止一人，我们需要将他们全部列出。

6. 技术支持

技术支持这一层才真正开始涉及你的产品。即便前面5层的表现完美，且客户完全认可，但若产品不支持所设定的一切，那么一切努力仍可能归零。因此，你的SaaS产品在技术上必须能够向上支持所有定义的内容。

需要指出的是，在很多情况下，客户想要实现的业务成果可能不止一个，这就需要对每个业务成果分别建立一个金字塔模型。

为你的SaaS业务构建成果金字塔模型，不仅能确保业务逻辑的自洽，更为关键的是，这有助于提升获客的效率，降低客户流失率，因为客户成果是你和客户之间唯一能够达成共识的要素。

2.9 SaaS业务框架

至此，你已经了解了SaaS业务的基本概念和业务原理，还掌握了SaaS经济学的基础理论，以及客户成果金字塔模型。基于这些知识，你已具备了开始构建SaaS产品的基本条件。但仅仅将这些理论罗列起来还是不够的，因为你还需要一种方法来将这些元素有效地串联起来，也就是要做好一个SaaS，需要一个怎样的业务过程。

众所周知，所有业务都需依托一套相对固定的业务框架，这通常也被称为业务模式。若缺少这样的框架，任何业务都难以正常进行。例如，销售一台计算机，需要涵盖市场营销、销售及售后服务等多个环节；同样，完成一个项目，也必须经历获取项目信息、进行交流、签约、交付和维护的过程。任何一个环节的失误，都可能导致整个业务的失败。

具体到SaaS业务，它也有自己特定的业务流程和业务方式，我们将其称为SaaS的业务框架。这一框架已经被众多SaaS企业在实际操作中验证，并显示出较强的实用性。它对于 SaaS 创业公司来说极具指导价值，能有效避免它们在实践中的盲目摸索和试错的过程。

2.9.1 ALAER 业务框架

如图 2-5 所示，为了准确地理解每个业务本来的含义，这里保留了代表原意的英文单词。为了便于记忆，取每个单词的首字母，这样就形成了所谓的 ALAER 业务框架。

图 2-5 ALAER 业务框架

对于习惯了传统交易型业务的人来说，ALAER 业务框架可能有些不太好理解。所以我们首先把这个框架拆解开来，并对应到 SaaS 的客户生命周期和实际业务内容中，这样就容易理解了。

1. Attract

Attract 的意思是"吸引"，在此对应着市场营销过程。SaaS 业务的互联网特性决定了你不能依靠大量的线下销售去签约客户，而要把潜在客户"吸引"到你的平台上来，然后通过培育和转化实现服务签约。

虽然传统交易型业务可能也需要吸引的过程，但吸引的意义有所不同。对于 SaaS 业务来说，吸引是整个业务过程中一个不可分割的部分。无论你采用什么样的吸引方式，如会议、广告、直播、论坛等，其目的都是吸引潜在客户，而成功吸引的标准，就是交给销售团队的市场合格线索（Marketing Qualified Leads，MQL）。据统计，SaaS 企业成交的客户中，有 70% 以上都是来自 Attract 过程，这足以说明其对提高业务效率的重要性。

这一业务过程由市场营销团队执行。

2. Land

Land 的原意是"着陆"或"落地"，其业务表达是使客户在你的平台上成功落地，它对应着 SaaS 业务的销售过程。Land 的成功仅代表一件事：你已经成功地说服了潜在客户成为你的客户，并取得了首年合同收入。

这一业务过程由销售团队执行。

3. Adopt

Adopt 常被译为"采用"，它是一个 SaaS 业务专有的业务术语，切不可简单理解为软件的操作和使用。实际上，采用过程复杂且关键，因此被单独拿出来作为一个业务环节。

虽然很多软件都能够做到"开箱即用"，但极少能达到"开箱即实现业务成果"的水平。也就是说，从 SaaS 的交付到实现业务成果之间，存在一个隐形的鸿沟，而采用正是为了填补这一鸿沟。只有"有效"地采用，才能真正实现客户的业务成果。

这一业务过程由客户成功团队执行。

4. Expand

Expand 的原意是"扩展"。实际上，不仅仅是 SaaS 订阅业务，在传统交易业务中也存在扩展的概念，例如常见的交叉销售和向上销售。然而，在 SaaS 业务中，扩展的内容略有不同，有时也被称为增购，例如，增购更多用户许可、购买更高版本或增加更多用量等，都属于扩展。

扩展是客户成功的一个重要业务，但它在国内 SaaS 公司中往往被忽视。事实上，扩展并不会自动发生，甚至可能出现"负扩展"，也就是流失或者收缩，比如用户数从 100 降到 50。扩展的真正价值在于补偿流失，因为流失是不可避免的，依靠扩展可以弥补一部分由于流失所导致的收入减少，从而保持较高的 NRR（净收入留存率）。

这一业务过程由客户成功团队执行，也可能需要销售团队的支持。

5. Renew

Renew 的意思是"续约"或"续费"。它是 SaaS 订阅业务的主要收入来源，也是客户成功的核心业务。同样，续约或续费通常也不会自动发生，需要客户成功团队安排相应的岗位，比如由续约经理负责执行续约。

这一业务过程由客户成功团队执行，对于大客户的续约，可能还需要销售团队的支持。

将上述5个业务过程结合起来，就形成了一个完整的SaaS业务框架。通过这个框架，我们可以清晰地看到营销、销售与客户成功是如何相互配合和衔接的。需要特别指出的是，ALAER业务框架有两个显著特点：一个是客户成功部分在整个业务中可能占有很大的权重，这取决于客户生命周期的长短；另一个是扩展和续约业务随着客户生命周期的推移会多次循环，并非仅发生一次。

2.9.2　ALAER业务框架的作用

无论是初创SaaS企业还是成熟的SaaS企业，ALAER业务框架都具有重要的指导意义。如果你计划在SaaS领域创业，在ALAER框架指导之下，就可以避开很多坑，减少很多试错成本。对于成熟的SaaS企业来说，ALAER可以帮助你发现并改善影响业绩的业务环节，提升规模化盈利能力。

实际上，ALAER业务框架的作用不止于此。

1. 定义和优化业务流程

要优化SaaS公司的业务流程，首先必须正确设定业务岗位，并为各个业务环节构建相应的方法和作业流程，这一过程依赖于ALAER框架。详细分析ALAER框架，你会看到它与岗位及业务操作紧密关联。

例如，在ALAER框架的每个阶段，SaaS公司会设立如SDR（销售发展代表）、MDR（营销发展代表）、AE（客户执行）和CSM（客户成功经理）等岗位。同时，也会设计相应的作业流程：在Attract阶段，设计了集客营销的业务流程；在Land阶段，设计了订阅销售流程；在Adopt阶段，设计了新手引导和采用流程；而在Expand及Renew阶段，设计了CSM的服务流程。如果没有ALAER这一业务框架，可能需要花费额外的时间、精力和试错成本。

2. 优化营收

我们都知道，SaaS业务的收入和成本，并非像交易型业务那样只发生在交易环节,而是在整个客户生命周期中产生,这就给营收的管理和改善带来了更大的挑战。要优化营收,就必须优化每个业务环节。为了使优化环节可视化,我们需要一个统一的业务框架。

在ALAER这个大的框架下,通过优化框架下的每个业务形成最佳实践,这些都是优化营收的基础。

3. 管理客户的生命周期

订阅业务的风险,主要发生在客户生命周期内,因此需要对客户生命周期进行有效管理,以尽量延长其周期,这样收入才可能有保障。然而,客户生命周期充满不确定性,管理起来颇具挑战,此时ALAER框架将发挥其关键作用。

由于ALAER框架完全是基于客户旅程视角设计的,通过销售团队与客户成功团队的紧密协作,能够有效地管理和控制客户生命周期。管理了客户生命周期,某种程度上也就管理和优化了公司的营收。

4. 建立可测量的业务绩效

改善收入的过程是否有效,一定是可测量和可追踪的,如果没有一个业务框架来指导,就无法知道该在哪里测量,以及测量什么指标,也无法设置改善的阶段里程碑,以及如何跟踪它们。

幸运的是,可以将增长率、毛利率、留存率、续约率、获客成本以及客户生命周期价值(LTV)等行业指标,有效对应到ALAER框架的相应阶段,并设定测量点。

处于初创阶段的SaaS企业,可能与行业指标存在较大差异,但仍可通过对ALAER框架进行适当裁剪,为各个阶段定义合适的测量指标,进而根据这些指标的改善情况来评估改善活动的有效性。

5. 按业务框架培训

很多SaaS公司把员工培训放在重要位置,针对不同业务开展不同的培训,例如销售团队专门进行销售技能培训,CSM团队专门进行客户成功培训。然而,这种做法存在一定的问题，即你所培训的技能可能在 ALAER 框架下并不适用，而框架要求的关键技能却没有培训到，或是不同业务间缺乏必要的连贯性，这可能会对整体业务绩效造成不利影响。

因此，建议每个业务人员系统性掌握 ALAER 框架后再对其分别进行培训。这样做的好处在于，他们已经根据 ALAER 框架明确了需要执行哪些操作，测量哪些 KPI，从而能够确保培训工作量最小化的同时效果最大化。如此培训出的业务团队将更自然地与 ALAER 框架融合，易于实现知行合一。

6. 数据驱动

SaaS 业务的最大优势在于其用户使用数据的可测量性。然而，按照什么样的数据算法和数据结构测量，以及测量哪些数据，需要一套统一的业务框架进行参照，否则也就失去了数据测量的意义。

通过 ALAER 业务框架，可以有效地解决这一问题。实际上，ALAER 框架本身就是一个全数字化的业务工作流，能够作为整个业务的数据驱动模型。

2.10 SaaS 企业的业务构成

2.10.1 SaaS 企业的 4 个核心业务

ALAER 业务框架为我们描述和定义了 SaaS 的业务逻辑。但要想深入理解一家 SaaS 企业实际的业务组织是如何驱动业务成功的，我们就需要了解 SaaS 企业的业务是如何构成的，以及它们是如何协同发挥作用的。

一家 SaaS 企业通常包含多个业务板块和不同的业务部门。尽管这些部门的名称和结构可能有所不同，但大部分企业都具备 4 个核心业务板块：产品管理、订阅销售、客户成功和客户增长。这 4 个板块好比一张桌子的四条腿，为整个 SaaS 业务提供了稳定而均衡的支持。典型的 SaaS 企业业务结构如图 2-6 所示。

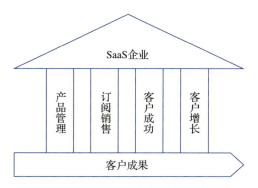

图 2-6　SaaS 企业业务结构

2.10.2　SaaS 业务结构的特征

关于 4 个核心业务板块的详细内容，将在本书后续章节中进行专门阐述。在此，我们先对这些业务结构的特点做一个概要性的介绍。简言之，SaaS 企业的业务结构有 4 个显著特征。

1. 新的业务内涵

与交易型业务相比，SaaS 的业务环节更加繁多且复杂。例如，一家典型的软件公司通常涵盖开发、销售和售后服务等业务环节，并不需要把客户成功和客户增长视为核心业务。

尽管软件和 SaaS 的某些业务名称看起来十分相近，但其业务内容和内涵却有所不同。例如，软件和 SaaS 都涉及产品研发，在软件领域，核心业务是产品研发；在 SaaS 领域，核心业务则是产品管理，产品研发仅是产品管理下的一个分支。之所以会这样，是因为从一开始，产品就是为了帮助客户成功而设计的。又比如销售，软件销售通常采用交易型销售方式，而 SaaS 销售则采用订阅销售方式。

2. 业务的连续性

SaaS 的 4 个核心业务是紧密相关的，而非相互独立。

有一个现象不知是否引起了你的注意。市面上已有很多关于 SaaS 的书籍，但它们大多有一个共同特点：每本书只专注于某一个具体业务，如 SaaS 产品方法论、销售方法、客户成功和客户增长等。当你阅读这些书时，总会有个感觉：不知道书中的方法和结论是怎么来的，后面也好像还有很多东西没有讲完。其实，这并非书的写法有问题，而是因为 SaaS 业务的连续性并不适合这样分别表达，即没有把各个业务在逻辑上关联起来，特别是两个业务之间关键的结合部位，哪本书里面都没有讲到。例如，在讨论 SaaS 销售业务时，如果不考虑客户成功的话，那么销售的主要标准可能只是交易额。然而在 SaaS 销售中，更重要的一项考量标准其实是客户质量，这直接影响客户的留存和更多潜在的收入。同理，如果讨论客户成功时不考虑销售，即使拥有再高超的客户成功技巧，也难以确保客户的高留存率。

因此，采用"分而治之"的方式讨论 SaaS 业务，很难形成一套对自身真正有效的业务逻辑。这也是我编写这本书的初衷之一，即试图将 4 个核心业务有机地结合起来，形成一个端到端的有效业务过程。

3. 不允许存在业务短板

ToB 交易型业务并不需要所有支撑业务是均衡发展的，甚至可以说"一俊遮百丑"。例如，如果你设计了一个爆款产品，即使缺乏销售能力，也不会对业务造成太大影响。同样，若拥有出色的销售能力，即使其他业务领域存在明显短板，公司照样可以经营下去。

然而，对于 SaaS 业务来说，4 个核心业务领域中的任何一个如果存在短板，都是灾难性的。试想一下，如果销售表现不佳，或客户服务不力，或业务增长乏力，结果将如何？也就是说，SaaS 业务不允许存在任何短板，所有关键业务必须保持平衡。所谓的平衡不仅仅是在 4 个核心业务领域投入相应的资源，更是要使它们达到相应的业务标准，比如销售效率、获客成本、留存率等行业水准。

4. 目标一致的成果驱动

对于 ToB 交易型业务来说，每个业务领域都有自己的目标，比如销售有销售目标，产品有产品目标。但是对于 SaaS 业务来说，从单个业务到整体业务，都以一个共同的目标作为引领和驱动，那就是实现客户成果。

从产品管理到订阅销售，再到客户成功，再到客户增长，客户成果都是一条贯穿始终的主线，以至于在 SaaS 行业有一句口号：SaaS 的所有业务，都是为客户成果而存在的。

理解 SaaS 企业的业务结构，可以做到"既见树木又见森林"，即可以从业务战略的高度和企业的视角，看清业务是如何驱动客户成功的。

2.11　SaaS 商业模式的 3 个缺陷

SaaS 业务模式为 SaaS 公司和客户都带来了许多好处。例如，对于客户而言，SaaS 可以显著降低总体拥有成本（TCO），因此它成为企业数字化转型中最经济实用的解决方案。对于 SaaS 公司而言，由于客户持续订阅和使用产品，SaaS 公司可以获得更具确定性的持续续费和增购收入，因此 SaaS 似乎是一门"躺赚"的生意。

然而，一旦进入 SaaS 创业的下半场，你会发现情况并非如此，甚至与初期的预想大相径庭。因为 SaaS 商业模式本身存在 3 个严重的先天缺陷，分别是业务流失、较长时间不能盈利、业务存在孤立性。它们成为 SaaS 创业成功的三大障碍，也可称为 SaaS 创业路上的三大陷阱。事实上，大多数 SaaS 创业失败都与这 3 个缺陷相关。

揭示这些商业模式缺陷，并非为了表明它们不可克服。实际上，针对这些缺陷，行业内已经有了成熟的解决方案。关键是在创业初期就要意识到它们的存在，并掌握应对方案，以确保创业能够成功。

2.11.1　难以避免的流失

SaaS 业务的流失，就是客户取消与你的合作，不再使用你的产品或服务，这也意味着你失去了后续的续费和增购收入。不要以为流失是一个意外事件，实际上流失就像地心引力一样始终存在，且并不因你的意志而改变。在 SaaS 创业的早期，很多创业者都低估或忽视了流失对 SaaS 商业模式带来的损害的严重性。

我们只需简单做一下计算，就可以得出一个出乎意料的结论。假设你每月流失 5% 的客户，那么一年下来你将损失掉将近一半的客户！这意味着你需要重新获得相同数量的新客户，才能保持收入不降。这种情况下，SaaS 收入模式的优越性荡然无存。而实际上，5% 的月流失率对许多 SaaS 公司来说已经算是比较低的了。试想若月流失率达到 10%，计算结果可能会更令人吃惊：一年下来几乎所有新获得的客户都流失殆尽。更为严重的是，在这种情况下 SaaS 商业模式将不再可行。

许多创业者难以理解为什么会出现如此严重的流失。客户既然订阅了产品或服务，应持续使用才对，为什么还会流失？其实，SaaS 业务的流失有很多原因，例如，未能实现业务价值、业务负责人离职、内部用户对产品产生怀疑，或者就是简单地不想再使用等。需要特别注意的是，由于国内企业对软件的依赖度较低，且未养成使用软件的习惯，因此流失率会比国外更高。

虽然流失不可避免，但我们仍可以采取措施减缓流失速度，从而减少损失。流失还可以通过扩展得以补偿。为了使 SaaS 商业模式成立，早期的 SaaS 公司"发明了"客户成功。如果把客户流失看作 SaaS 模式中的一个 bug，客户成功则是这个 bug 的补丁。

2.11.2 较长时间不能盈利

SaaS 业务的特点是初期投入极高，如云设施成本、研发成本、获客成本和留存成本等。同时，订阅收入在很长时间内，都难以平衡这些高昂的先期投入，从而导致较大的负现金流，使盈亏平衡点产生较大的后移，这导致企业较长时间无法实现盈利。

为什么这会成为 SaaS 商业模式的一个缺陷呢？因为无论是 SaaS 初创公司还是行业内的头部企业，到目前为止很多都没有实现连续盈利，这就是 SaaS 行业颇具争议的"亏损"问题。其实从财务角度，一家 SaaS 公司是暂时的"亏损"，还是根本就缺乏盈利能力，还是很容易判断出来的。例如，那些只有少量客户的小规模 SaaS 公司很难盈利，因为存在巨大的固定成本。实际上，规模化盈利的关键就在于客户数量，但它既容易被流失所破坏，又会受到 CAC 和

CRC 的限制，所以客户数量的大幅增长非常困难。尽管提高订阅价格可以提前实现盈利，但在激烈的市场竞争中，提高价格又会进一步减少客户数量，因为较高的客户使用成本会增加客户流失的风险，从而削弱盈利能力。

尽管如此，仍有不少优秀的 SaaS 企业已经实现了连续盈利。对于 SaaS 创业公司来说，盈利不仅仅是一个财务目标，更体现了 SaaS 公司的一种能力。毕竟实现高效获客、降低获客成本和提高客户留存，是实现盈利的关键。

2.11.3 业务的孤立性

企业信息化和数字化建设一直是软件公司的强项。然而，转型而来的互联网公司往往难以全面理解企业业务，因此常被视为缺乏 ToB 基因。即便如此，SaaS 技术还是为互联网公司进入企业服务领域提供了一条路径。因为大多数 SaaS 业务都是聚焦于某些特定的单点业务的，并不要求对整个系统有全面的理解。例如，一款专注于费控报销的 SaaS，就无须对整个财务系统有深入了解。

业务单点化带来了聚焦的优势，使得服务可以在某个点做到极致。然而，这也会导致一个问题，就是那些孤立的单点业务，在客户环境中可能会遇到各种问题。例如，与其他 SaaS 互不相通而成为应用"孤岛"，这就很容易被其他软件系统替代或被覆盖掉。

如此种种问题，让独立的 SaaS 应用难以在客户业务环境下持久生存，因此 SaaS 单点特征被视作 SaaS 模式的一个缺陷。幸好，针对这个问题，SaaS 行业已经找到了有效的解决方案，即建立 SaaS 生态系统。在生态环境下，所有 SaaS 产品都是根据业务需要而互联互通的，从而消除了应用孤岛。

国外的 SaaS 生态系统已经非常成熟，但国内的 SaaS 生态仍处于发展的初级阶段，这也给解决业务单点问题带来了挑战。

2.12 SaaS 公司的管理

对于普通 ToB 业务来说，低水平的管理虽然对经营结果会有影响，但并不会导致业务崩溃。但是对于 SaaS 业务来说，管理的缺失或失误，可能是致命的。

2.12.1 为什么 SaaS 公司更需要管理

常有 CEO 对我说:"SaaS 公司真是太难管理了。尽管各个部门的工作表现看似完美无缺,公司的经营目标却始终难以达成,经营状况更是每况愈下。"

与其他行业相比,SaaS 公司的管理确实更具挑战性。一般来说管理是相通的,但 SaaS 企业的管理很难完全借鉴任何一个行业的管理经验和实践,这主要是 SaaS 业务的特殊性所引起的。更棘手的是,如果 SaaS 业务的管理未能形成一个有效的闭环,那么各业务环节往往留有可被利用的漏洞。例如,销售人员可能将产品推销给不合适的客户,虽然这种做法给公司后续业务带来了损失,但其销售佣金和提成却丝毫无损,这也"鼓励"了更多销售把产品卖给更多的非目标客户。在除 SaaS 之外的行业中,很少有明知是错误的行为却仍然给予奖励的。同样的问题也出现在营销和客户成功上,营销部门花费巨资,却很少有人对线索的数量和质量进行严格考量;客户成功团队虽然力求满足客户的各种要求,但客户流失率依然居高不下。

这正是许多 CEO 感到困惑的地方:看似无人有过失,但所有的损失却需要公司来承担。那么,为什么 SaaS 公司的管理如此困难?归结起来主要有 4 个原因。

1. SaaS 的"延迟回报"效应

你可能已经注意到,SaaS 业务几乎所有的"回报",都不是像软件那样的"即时回馈",而是延迟的,比如 SaaS 业务的绝大部分收入来自未来 N 年的续约和增购。SaaS 业务的"延迟回报"特点,从很多 SaaS 指标也能看得出来,比如 ARR、LTV、NRR、CAC 投资回收期等,它们都是未来指标。

从逻辑上讲,对于 SaaS 这种订阅业务模式,未来的业绩一定是今天努力的结果。但因为"延迟回报"效应的存在,上述因果关系可能并不能实现。SaaS"延迟回报"效应带来的影响主要体现在以下 3 个方面。

首先,当前的业务绩效难以测量和评价。对于交易型业务,业务执行和实际产生的绩效几乎是同时发生的,比如销售是否成交,合同额是多少,因而绩效的测量和评价也是即时的。而对于 SaaS 业务来说,无论绩效好坏,都只能在未来周期内得出结果。比如客户是留存还是流失，至少需要等到下一个续约周期才能知道。如果没有针对这种延迟回报效应设计的测量和评价指标，就无法对当前业务状况进行有效的衡量、管理和改善。

其次，业务的自律性受到削弱或破坏。所谓自律性就是严格按照 SaaS 业务的客观规律和正确逻辑办事。对于交易型业务来说，并不需要强调业务的自律性，因为如果违背规律或规则，几乎立即就会受到惩罚。但对于 SaaS 业务来说，违背规律或规则不但不会立即受到惩罚，反而还可能在当下获益。比如销售人员将产品卖给错误的客户，CSM 不去关注续约和增购，这些做法并不影响他们的收入，却会给公司造成损失。

实际上，自律和不自律的组织非常容易识别：自律的组织为未来目标努力，而不自律的组织只为当下利益寻找机会。自律的团队总是在为成功找方法，而不自律的组织总是在为失败找理由和借口。自律性之所以重要，是因为对于 SaaS 业务来说，不自律的组织走不了太远。

最后，低效的组织很难实现盈利。如果缺少组织自律性和有效的绩效评价标准，这样发展起来的 SaaS 公司很容易变成一个低效甚至混乱的组织，而这种 SaaS 公司在竞争激烈的企业服务市场中，连生存都异常艰难，更别说盈利了。

因此，SaaS 业务的"延迟回报"引发的问题，绝对是 SaaS 企业最大的管理挑战。

2. 业务周期长

传统交易型企业的管理之所以不那么复杂，是因为业务周期短，可以简单到把产品制造出来并售出，整个过程便宣告结束。相比之下，SaaS 销售成功仅仅标志着一个业务周期的开始，在之后漫长的客户生命周期中，续订、增购和客户流失等情况可能随时发生。

甚至可以说，SaaS 业务的盈利与亏损，完全是管理出来的，但较长的客户生命周期既增加了更多不确定性，也让管理变得更加复杂。

3. 订阅模式的弊端

对于 SaaS 这种订阅业务，天生就存在着一些不可避免的缺陷或弱点，如客户流失，而传统的管理方法往往难以有效控制这一问题。如果寄希望于员工自发控制流失，这就过于理想化了。事实上，不仅仅是流失问题，续约和增购也不会自动发生。

在 SaaS 的订阅模式中，如果没有完善的管理体系，它就像是一个漏水的木桶，里面的水会很快流失。

4. 复杂的协作

在目前的 ToB 业务中，很少有像 SaaS 这样需要多部门密切协作的业务。但 SaaS 公司普遍存在各部门各自为政的问题，例如产品部门只关心技术能解决的问题，销售部门只推销熟悉且能带来高回报的产品，CSM 部门仅回答自己懂的问题。虽然每个部门都能完成自己的目标和业绩，但公司的整体业绩可能逐渐下滑。

协作的基础是有效的管理，若缺乏严密的管理，协作可能只会造成混乱。实际上，有效协作应在团队建立之初就基于业务特点进行设计，而非事后花费更多管理成本来纠偏。许多 SaaS 公司不惜重金挖来各个业务的负责人，如首席营销官（CMO）、销售副总裁（SVP）、首席客户官（CCO）等，看似各个业务部门的流程井然有序，但公司并无显著起色，甚至情况更糟，比如获客成本不断上升，客户流失率依然严重。

2.12.2 管理是否会遏制创新

大部分初创公司都很少关注管理，在许多创业者看来，创业就是要创新，而管理则可能会遏制创新。由于 SaaS 本身代表了创新，因此创业者认为在创业初期不必重视管理，或者觉得管理是大企业的事情，可以待日后再考虑。不幸的是，多数 SaaS 创业公司最终没有达到"日后"的阶段。实际上，许多 SaaS 创业公司的失败，主要是管理不善引起的。

对于高科技公司而言，技术创新确实是核心竞争力和企业的立身之本，实现技术突破是创业公司的首要目标。但 SaaS 虽然是一种新兴事物，却并非需要从头创新。因为 SaaS 商业模式的创新别人早已完成，不必进行重复的创新。你需要做的是依据业务要求的管理方式，管理好一家 SaaS 创业公司。

当然，因为 SaaS 是一种新兴事物，所以目前还缺乏现成的管理理论以及成熟的管理实践，但这并不是不实施管理的理由。

2.12.3　SaaS 公司的管理实践

虽然 SaaS 公司的管理看起来难度颇大，但幸好我们可以参考前人总结的管理框架和实践经验，借用一些相对成熟的业务框架（如 ALAER），还有经过验证的有效指标（比如北极星指标系），作为管理成果的检验标准。

你需要做的是结合这些可参考的内容，设计一个既简洁又可操作的管理体系，并落地到各个业务单元中。所谓"简洁"，意味着选择少而精的关键指标；所谓"可操作"，则指能实现闭环。这听起来可能有些抽象，我来举一个具体的例子。

有一家 SaaS 公司向我咨询如何使 NRR 达到 100% 以上。尽管它重新改建了客户成功组织，并配置了充足的资源，但 NRR 始终难以提升。一开始我认为可能是流失率问题，但数据显示其流失控制已属行业内较高水平。最终我发现问题出在扩展上，准确地说，是出在对扩展的管理上。

尽管 CSM 经历多次培训，也强调了扩展的重要性，但大多数 CSM 仍然面临两大问题：一是不清楚何时才是客户的增购时机；二是认为将大量精力投入到扩展业务上不划算，既费时又难产出效果。我的解决方案其实非常简单。首先是在客户旅程中找出并定义客户成功的里程碑（Success Milestone，SM），每个 SM 都是一个增购的最佳机会。其次，提高扩展业务的提成比例，这是一个重要的管理措施，因为原本公司对扩展业务并无明确 KPI 要求和相应激励，指望 CSM 主动扩展，这有悖于人性。这种方法与管理要求产生了立竿见影的效果。

从这个例子可以看出，大多数 SaaS 管理难题实际上是有解的，关键在于找准问题、使用正确的指标并采取合适的措施。

对一家 SaaS 创业公司而言，实施管理的好处不仅仅是让公司的运营更加规范，其实最大的收益是通过正确的管理避免无谓的乱花钱，因为大多数 SaaS

公司的失败，都是在看到成功的希望之前就已经耗尽了资金。在当前所谓的 SaaS 寒冬中，只有实施正确的管理，坚持才有意义。

2.13 本章小结

在第 1 章对 SaaS 业务进行了高度概括的基础上，本章在广度和深度上进一步地对 SaaS 业务进行了解析。

本章着重介绍了 SaaS 业务的核心逻辑，涉及 SaaS 商业模式的详细解读，服务和订阅的深度解析，SaaS 经济学、SaaS 价值模型等基本商业理论。同时，涵盖了 SaaS 业务成功公式、客户成果金字塔、ALAER 业务框架、4 个核心业务等内容。此外，本章还向读者展示了 SaaS 商业模式的潜在缺陷，以及 SaaS 公司面临的管理挑战，旨在帮助创业者做好充分的心理准备。

读者在阅读本章之后，会对 SaaS 业务有更深入的理解。本章为 SaaS 业务的后续展开给出了明确的方向和内容边界，为稳固的 SaaS 创业基础奠定了基础。

下一章将会进入 SaaS 4 个核心业务之一的产品管理领域。

第 3 章 | CHAPTER

SaaS 产品管理

从本章开始,我们将进入 SaaS 4 个核心业务之一——产品管理部分。产品是任何创业公司的永恒话题,打造一款优秀的产品,也是 SaaS 创业者内心的渴望和追求。

大多数关于产品的书籍或培训,自始至终都是围绕"怎样开发产品"这一主题展开的。然而对于 SaaS 业务来说,还有一个比产品开发更高级的主题,即产品管理,而产品开发只是产品管理下的一个分支。

3.1 SaaS 产品的演进

在讨论 SaaS 产品管理之前,有必要先回顾一下从传统软件到 SaaS 产品的演进以及发展趋势。近年来,在软件产品领域变化较快的,主要是从软件的永久许可模式向订阅及消费化趋势的转变。这一转变不仅引发了商业模式的重大变化，也带来了许多其他变革。例如，采购者由 IT 人员变为业务人员；增长策略不再聚焦于大额交易，而是转向实现客户价值，提高客户的采用率、留存率，以及 SaaS 业务的扩展能力；产品的设计对象从 IT 用户转变为业务用户或最终用户；在产品的部署方式上，也从传统的私有化本地部署转变为云端部署，甚至用户可以完全忽略部署的形式，直接通过云端连接使用产品。

为了清晰地展现从传统软件到 SaaS 产品的演进路径，我们将其划分为 3 个阶段——早期、中期和现在，并从这 3 个阶段分别探讨影响趋势的关键维度，以揭示产品演进的全貌，如表 3-1 所示。

表 3-1　SaaS 产品的演进路径

维度	早期	中期	现在
部署方式	私有化本地部署	云端部署	通过云端使用
购买方式	永久	订阅	订阅 + 消费化
采购者	IT 采购者	业务采购者	
设计对象	IT 用户	业务用户	最终用户
增长团队	销售	销售 + 客户成功	销售 + 客户成功 + 产品
客户参与度	低	高	很高
增长战略	销售驱动	销售 + 服务驱动	销售 + 服务 + 产品驱动
增长方式	交易	采用 + 留存 + 扩展	

从这个 SaaS 产品的演进表中可以看出，随着 SaaS 产品的演进，几乎所有维度的内容都随之发生了变化。此时需要新的 SaaS 产品管理方式，来确保产品目标的实现。作为一名 SaaS 产品经理，必须了解从软件到 SaaS 的产品演进过程，并以现代产品的视角，对 SaaS 产品进行全过程管理。

3.2　什么是 SaaS 的产品管理

在 SaaS 创业的大潮中，我们经常见到很多 SaaS 应用一上线便开启了一段艰难历程。一方面，是产品不好卖；另一方面，即便产品交付给客户，也可能很快被客户弃用。事实上，许多 SaaS 创业的失败始于产品本身。要说那些失败的 SaaS 公司，对产品不够关注和投入不足，那显然不是事实。实际上，SaaS

创业公司最大的投入，往往就是产品的研发。尽管所有 SaaS 产品都声称自己实现了 PMF（产品与市场契合），失败还是难以避免。大部分创业者认为是自己的产品还不够好，所以就不停地对产品进行打磨，然而花费了很大精力，情况仍然没有多大改观。

实际上，这种情况未必是产品的问题，而更可能是产品管理的问题。然而，大多数产品人心中并没有产品管理的概念，或者将产品管理等同于产品的开发设计。一些来自大公司的产品人员，虽然了解一些产品管理的概念和方法，但他们的认知仍局限于一般的 ToB 产品。市面上很多产品书籍与培训课程，都提到了产品管理的相关内容。但无论是书籍还是培训课程，产品管理都源于同一个理念，即依靠创意和创新打造出一个爆款产品，然后通过品牌和营销实现产品的大卖。这也是大多数 ToB 和 ToC 通常的产品逻辑。因此，在很多书籍中，可以看到产品管理通常被定义为在产品的生命周期中针对产品战略、规划、开发、发布、营销、上市和市场的管理过程。

这个定义对大多数 ToB 产品，比如硬件和软件产品，是适用的。但是对于 SaaS 业务来说，如果按照这样的产品管理逻辑，不但作用不大，而且可能将时间和资金浪费在不必要的地方。也正因如此，才会发生本节一开始提到的 SaaS 产品上市后遇到的种种问题，如销售困难和客户流失。由此我们可以得出结论：SaaS 需要不同的产品管理模式。

然而，市面上无论是关于产品经理的书籍还是培训课程，都没有考虑到一般 ToB 产品和 SaaS 产品的管理竟有如此大的差别。我们也常见到 ToB 产品经理和 SaaS 产品经理并没有什么两样，这可能是许多 SaaS 产品上市即受阻的一个关键原因。

如果用传统的 ToB 产品管理模式来管理 SaaS 产品，结局又会怎样呢？将软件产品与 SaaS 产品做对比，我们可以很容易得出结论。对于软件产品，要按照功能需求把它们做出来，然后交给销售部门完成交易。只要产品能够销售出去，就可以认为产品是成功的。对于 SaaS 产品而言，产品销售只是客户生命周期的起点，而非终点。除了获得客户，还涉及后续采用、续约和增购等业务过程，这些过程共同决定了产品成功与否。因此，仅仅将产品销售出去，并不能断定产品一定成功；如果客户大量流失，则表明产品可能是失败的。由此可见，一般的 ToB 产品管理模式并不适用于 SaaS 产品管理。

鉴于传统的产品管理模式不适用于 SaaS，我们需要重新描述 SaaS 的产品管理：为了实现可持续经常性收入增长的目标，产品管理必须从客户成果出发，以客户价值主张为设计目标，通过数字化的客户体验，实现客户生命周期收入的最大化。

从 SaaS 产品管理的这段描述中，不难发现 SaaS 产品与传统产品在管理方面至少有 5 个明显的区别。

- 目标不同：SaaS 产品管理的目标不只是通过售卖产品获得一次性收入，而是通过尽量延长客户的生命周期，实现每个客户的收入最大化，而产品管理是实现这一目标的保证。
- 客户成果：需求规格不再是销售和留存的充分必要条件，而客户成果（Customer Outcome）才是客户购买和使用 SaaS 的唯一理由，所以也是产品管理的核心内容。
- 业务范围：SaaS 产品管理涵盖的业务不只是开发、营销、销售，还包括客户成功的采用、续约和增购，产品管理的范围大大延伸。
- 组织范围：SaaS 产品管理需要协作的部门，除了产品、营销和销售部门外，还有客户成功部门，这样才能保证目标的达成，产品管理在各部门协作中起到了一个纽带的连接作用。
- 收入结构：一般 ToB 产品的收入主要来自销售的交易收入，而 SaaS 业务除了首次的交易收入外，80% 以上的收入来自客户成功的续约和增购，这对产品管理的要求也就更高了。

从这个意义上说，产品管理就是整个 SaaS 业务的"代言人"。

3.3 为什么 SaaS 需要产品管理

许多 SaaS 创业失败归因于产品问题，实际上，很少有 SaaS 公司是因为做不出来产品而失败的，更多是因为做了"不对"的产品而失败。有人认为，

SaaS 公司长期不能盈利，不合适的产品也应该对此负有责任。那么，什么是"不对"和"不合适"的产品？它们又是如何产生的呢？

所谓不对、不合适的 SaaS 产品，是指它们对于 SaaS 商业模式或经常性收入没有很好的支持，比如获客成本居高不下、采用失败率高、容易被客户弃用等。而做出不合适的产品的原因有很多，比如：产品团队缺乏 SaaS 商业模式的基础知识；过度关注产品的功能，而非客户成果；不习惯与客户进行数字化互动；头脑中还是传统的产品生命周期观念；缺乏产品优劣的评价标准等。这些问题都是传统 ToB 产品没有遇到过的新问题，而且用传统的产品管理模式也无法解决。所以采用新的 SaaS 产品管理模式的重要性和必要性不言而喻，或者说，要让一个 SaaS 产品做对，没有一套成熟的产品管理方法，几乎是不可能的。

大部分产品人员在入行伊始，就接受过相关技能的训练，比如需求分析、竞品分析、产品设计、工具使用、文档创建、资源协调、项目管理等，很多人把这些内容当作产品管理的内容。实际上，这些只是产品经理的必备技能，它们始终是围绕着产品规格，而不是基于客户成果，因而并不是产品管理的目标。对比前面讨论过的 SaaS 产品管理的 5 个变化，你就会发现，无论是思考的高度还是广度，这些内容都与产品管理不在一个层面。所以要想成为一名称职的 SaaS 产品经理，就需要重新学习和建立对 SaaS 产品管理的认知。当然，这并不是说产品经理的基本技能不重要，而是需要在一个新的产品管理思维框架下，赋予这些技能以新的内涵。比如：对于需求分析和竞品分析，分析的重点除了功能特性以外，更重要的是客户成果的实现能力和水平；资源协调和项目管理能力，仍然能用于 SaaS 的产品管理，只不过协调的范围可能涉及整个公司；甚至 PRD（产品需求文档）的编写方式都可能发生结构性变化。与此同时，对于产品绩效的考核标准会发生很大变化，比如有的 SaaS 公司开始用客户留存相关指标来考核产品部门，这丝毫不令人感到意外。另外，随着产品管理重要性的提升，产品管理部门的地位也可能得到提升。

3.4 为什么良好的产品管理如此重要

理解了 SaaS 产品管理的重要性和必要性，也就不难理解一个好的 SaaS 产品并不是开发出来的，而是管理出来的。

一个成功的 SaaS 业务离不开一个好的产品，但如何做出一个好产品，创业公司选择了不同的方式。大部分创业者采取了"先干了再说，不行再改"的方式，完全凭自己的感觉和经验。对于 ToC 产品，这样确实可能获得成功，也就是说凭着灵感和运气，有可能遇到了那个确定的成果。不过，对于 SaaS 产品来说，运气和灵感对于创业没有任何帮助，反而可能会把你引向错误的方向，产品完成之时，也就是创业失败的开始。

在谈及产品管理时，许多人会将其与产品开发混为一谈，实际上它们分属不同的业务层级。如我们所见，产品开发只是产品管理的一部分内容，如果不经过产品管理过程，直接开发产品是否行得通呢？实际上我们看到很多 SaaS 公司确实是这样做的，但在整个产品生命周期内，这样做出来的产品无一例外地遭遇了各种意外问题。比如，你原来假定的产品价值与客户想要获得的业务成果，可能大相径庭；市场上已有许多同类产品，新产品一推出就陷入了竞争激烈的红海。产品上市后的"不好卖"和"留不住"，更是 SaaS 产品致命的问题。也许这对于软件来说不是问题，因为通过销售总会卖出去一些。但对于 SaaS 来说，靠这样的产品创业，规模化盈利可能遥遥无期。

直接开发的产品与产品管理下构建的产品，究竟有什么不同呢？其实最重要的差别，是两种产品开发方式的"参考标杆"不同。直接开发的产品所参考的标杆是假定客户需要某些功能，其中的"亮点"功能更是开发的重点。而产品管理下的产品参考标杆只有一个，那就是客户成果，而开发哪些功能，完全由客户成果决定。对于一个 SaaS 产品优劣的评价标准，就是看它能否帮助客户获得他们想要的成果，这一点不能在产品做出来之后再考虑，而应在产品开发之前作为产品管理中的一个关键环节。很多产品经理都是在产品发布之后才发现虽然做了很多功能，但因为缺少对客户成果的支持，导致产品无人问津，或者很快被客户弃用。

不同的参考标杆会将 SaaS 产品引向不同的方向。事实上，产品管理所涉及的内容，并非做哪些功能、不做哪些功能这么简单，除了关注客户成果问题外，一个有效的产品管理过程，会将整个产品生命周期内的所有可能遇到的问题，都纳入产品管理的范围。比如在产品开发之初，就想到如何有效获客、如何留存、如何定价等问题，而不是等到产品上市之后才发现还有那么多问题没有考虑。那时再想重新调整参考标杆，可能为时已晚，因为不仅会花费更大的返工成本，还可能花光资金而失去从头再来的机会。

实际上，良好的产品管理不只是解决产品销售问题，更重要的是解决客户成功即留存问题。因此在 SaaS 产品管理领域有一个极为独特的理念，那就是一个 SaaS 产品就是为了客户成功而设计的。

3.5　SaaS 产品管理面临的 8 个挑战

从软件到 SaaS，引发了很多方面的变化，其中最为显著的是商业模式的变化，比如从交易型模式变为订阅模式，这也给 SaaS 的产品管理带来了前所未有的挑战。

3.5.1　商业模式的变化

很多 SaaS 创业公司都是从互联网公司或软件公司转型而来的，它们首先遇到的问题就是很难适应二者商业模式的差异，而这种不适感主要表现在产品上，涉及管理产品的目标、销售、交付、采用、留存和收入的增长等多个方面。

如果 SaaS 的产品管理不随着商业模式的改变而改变，做出来的 SaaS 产品就很难得到客户的认可。

3.5.2　产品管理内容的变化

传统的产品管理模式，都是在产品功能上做文章，目的是在维持现有功能的基础上不断增加新的功能，以保持自己的市场地位。比如竞品新增了哪些功能，自己的产品也必须增加这些功能，试图以此获得更多新的销售机会。因此，很多 SaaS 公司的产品路线图，其实就是增加新功能的时间表。然而，SaaS 产品的成功并不是靠功能的多少，而是靠客户成果和价值实现，所以遵循增加新功能的产品路线图，并不能确保最终实现产品目标。

尽管 SaaS 产品路线图中可能也包括增加或组合某些功能，但这一做法并非为了功能数量上的优势，而是从客户的业务成果出发，决定需要增加或组合哪些功能。如果没有有效的产品管理过程，仅凭产品经理的主观决定来随意添加功能，产品很快就会沦为一个功能堆砌的"仓库"。

3.5.3 产品设计方式的改变

传统的产品设计主要基于一个假定的价值，通过产品所具有的功能和特性，向客户证明这些预设价值的实现。对于这种产品设计方式而言，无论有没有产品管理，结果都差不多。

但一个 SaaS 产品设计要考虑的问题就复杂得多。首先，产品设计并非围绕功能，而是基于客户的业务成果，它们代表了具体的价值而非假定的价值，而产品管理的核心也是客户成果。其次，SaaS 产品设计考虑的不只是功能特性的优点，还要考虑是否可以低成本获客，是否容易留存，是否有利于续费和增购，以及是否可以产生经常性收入等。最后，SaaS 产品设计不再面向 IT 部门，而是面向业务用户，甚至是终端的使用者。

这些产品设计要求的变化，都是以往 ToB 产品设计很少考虑的，因而给 SaaS 产品管理带来了很大的挑战。

3.5.4 增长驱动要素的变化

传统的产品管理之所以简单，是因为收入的增长完全是销售驱动。也就是说，产品的增长能否实现，并非产品管理的责任，而取决于销售组织的能力。

然而，对于 SaaS 商业模式而言，仅仅依靠销售驱动的增长策略已不再有效。想要实现低成本获客及规模化增长，产品导向增长（PLG）已成为新的增长驱动要素。

3.5.5 产品定价策略的变化

定价是产品管理的一项重要内容，但在 SaaS 订阅模式下，按功能模块的定价方式，越来越难行得通。软件作为高科技功能性产品的时代已经逝去，客户也不再愿意为那些几乎用不到的功能付费。

与此同时，基于客户成果的价值定价策略，成为 SaaS 商业模式下正确的定价方向，也为 SaaS 产品管理带来了全新的课题。

3.5.6 产品绩效评价体系的变化

传统的产品管理看似独立，实际上却依附于产品研发，因此产品管理在决定产品成败中的作用其实并不大。所以对产品管理团队的绩效考核，并没有与产品的实际绩效直接挂钩。而 SaaS 产品管理需要一支完全不同的产品管理团队。对于 SaaS 产品来说，产品管理是整个业务的"代言人"，对产品的成败和收入绩效承担主要责任。

因此，SaaS 产品管理的绩效评价机制，不再仅是按要求完成产品，而是将管理放入整个 ALAER 业务框架中。通过不同阶段的评价指标来评估绩效，以便发现产品管理在客户生命周期中可能存在的问题。

3.5.7 客户体验方式的转变

软件产品在交付之后，与客户基本上就失去了联系，客户是否在使用，以及用得好不好，这些问题都无从知晓。但如果 SaaS 也采取这种做法，那么后续的持续收入就无法得到保障。

因此，在 SaaS 产品交付后，必须保持与客户的紧密互动。具体而言，就是通过数字化方式，观察和提升客户的实际体验。而要确保良好的客户体验，就必须依靠产品管理。

3.5.8 产品管理与客户成功

对于大部分 ToB 产品来说，并不存在客户成功的概念，因此产品管理与客服之间，除了反馈产品问题外，几乎再没有其他联系。

但是对于 SaaS 业务来说，产品管理与客户成功的协作，要比与销售的协作还要密切。因此产品管理和客户成功之间的"握手"，是建立产品管理与外部连接的主要桥梁。

3.6 SaaS 产品管理框架

因为 SaaS 业务模式相对较新，所以在整个产品生命周期内，产品管理的范围和重点都不容易确定。而管理内容的遗漏和越界，都可能会影响 SaaS 产品运营的绩效。因此 SaaS 产品管理要涵盖哪些内容，以及如何进行管理，都需依据一个规范性的 SaaS 产品管理框架，如图 3-1 所示。

图 3-1 SaaS 产品管理框架

在整个产品生命周期的管理过程中，产品管理主要包括 6 个部分的内容。

3.6.1 产品市场

产品市场主要解决两个问题：一是目标市场的细分，二是服务与市场的契合。

前面我们已经说过，大部分 SaaS 都是因问题而生，即因为在现实中存在必须解决的问题，或者遇到难以忍受的业务痛点和障碍，才会想到用 SaaS 方式加以解决，也就是所谓的有感而发的 SaaS 创业过程。从市场角度看，这就是选择细分市场（或称为利基市场）的必要过程。

作为产品管理的第一步，选择产品市场之所以重要，是因为这个选择在很大程度上决定了产品的成败。事实上，大部分 SaaS 产品失败，问题主要是出在这一步。如果所选择的目标市场过于宽泛，SaaS 产品从一"出生"就进入了一个竞争激烈的大市场，更可能因缺乏客户"刚需"而导致客户付费意愿不强。

事实上，从服务于几个人的小团队产品，到服务于世界 500 强的大公司解决方案，需求的差异实在太大了。所以你不太可能用一个通用的 SaaS 产品满足所有客户的需求，因此对市场的细分也就不可避免。

本质上，市场细分的主要目的是确保你提供的服务与客户的业务价值相匹配。我们知道，一般性的产品观念都强调产品与市场契合（PMF），但是 PMF 并没有解决产品与价值的对应问题。也就是说，PMF 只是在产品上市之后才能检验是否与市场契合，而不是在产品策划之初。

更重要的是，大部分 SaaS 产品并非传统意义上的技术产品，而是为帮助客户实现业务目标所提供的服务。因此检验条件就不是 PMF，而是服务与市场契合（Offer-Market Fit，OMF）。OMF 的本质是所提供的服务必须与客户成果对齐。从这个角度看，产品的逻辑就转变为通过细分市场找到客户成果，然后再提供相应的服务。从这个意义上讲，SaaS 服务也可以被称为成果即服务（Outcome as a Service）。只要客户实现了业务成果并感知到价值，他们就会自然而然地愿意付费，这在逻辑上形成了一个完整的闭环。

所以，无论是什么产品，只有成功地选择了细分或垂直业务领域，让所提供的服务与所选市场契合，产品的未来发展道路才能有保障。

3.6.2 产品战略与财务回报

对于 SaaS 产品战略最有说服力的评价，就是衡量其所带来的财务回报。SaaS 的产品战略与财务投资回报主要回答了 4 个问题。

1. 产品为什么能盈利

一个 SaaS 产品"有利可图"的基础是存在需求，但是目前任何一个大市场中，想要证明产品的刚需性都是非常困难的。你只能通过对市场的垂直细分，证明在选定的细分市场中，存在未被满足的需求。而你的产品恰好可以满足该需求，这样才可能从产品投资中赚到钱。

2. 投资回报率如何

只证明你的产品能够盈利还不够，还需要预测投资回报的规模大小，这样才能作为产品战略的决策依据。

3. 盈利的时间点在哪里

由于 SaaS 订阅业务的收入递延性特点，在产品上市之初甚至之后数年内，都可能表现为亏损。因此你必须能够预测，在所有投入都满足的情况下，你的产品在什么时间可以实现盈利。

4. 需要在哪些方面投入多少资金

为了实现产品战略目标，你不但要测算投入多少资金，还要列出这些资金具体投在哪些方面。

3.6.3 服务组合与价值货币化

服务组合与价值货币化是 SaaS 产品管理的两个核心内容，它们决定了 SaaS 产品能否选择正确的功能组合，并实现收益的最大化。

1. 服务组合

我问过很多产品经理：你为什么做这些功能，而不做那些功能呢？得到的大多数回答是因为竞品都有这些功能，所以他们也必须有，只有这样销售才不会抱怨因功能不全而难以销售。

如果真是这样设计产品功能的话，那岂不是人人都可以当产品经理了？

实际上，如果一个 SaaS 产品只是照搬别人的功能，或者把自己认为有用的功能堆砌在一起，那么做出来的产品只会是平庸的。不过传统的产品经理并不会认为自己做的产品平庸，如果销售情况不佳，则认为是销售不会卖。但是 SaaS 不会给它的产品经理提供那么多的借口，因为除了销售以外，还可以参考留存和增购，如果此三者都难，那么毫无疑问就是所开发的产品过于平庸。

为了解决功能的照搬与堆砌问题，在 SaaS 产品管理框架中，服务组合设计就变得非常重要。所谓服务组合，通俗地讲就是做哪些功能或服务能带来更多的收益。同时，服务组合也是产品应该"做什么"和"不做什么"的重要判别标准。

你可能会问：一个服务组合是否有收益又是如何判断的呢？大多数产品经理对此的解释是因为这些功能对客户有用，所以客户愿意购买。但这种解释只是一厢情愿的想法，实际情况是不是这样很难验证。但用 SaaS 产品管理理论就很容易解释，就是看所选功能或服务的组合是否对应了一个或多个客户成果。我们已经多次强调，客户只会为产品所实现的业务成果或业务价值买单。

2. 价值货币化

如果只判断出一个 SaaS 对于客户来说是有价值的还不够，还必须将价值的大小量化出来，作为未来产品变现的依据。价值量化体现在一个产品价值的定价上，也就是价值的货币化。价值货币化是产品管理的一项重要内容，它关系到未来的产品收入。

虽然价值货币化的概念还没有被明确提出，但实际上在诸如解决方案、软件和 SaaS 等领域，我们已经进行了价值货币化。比如软件许可的售价、实施收费、咨询收费等都属于产品价值的货币化形式。

比价值量化更关键的是体现货币化的公允性，即价格对于 SaaS 服务商而言有利可图，同时客户也能够接受。如果缺乏一套恰当的货币化方法，就很难保证货币化的公允性。例如，在外包软件的货币化中，如果简单地按代码行数进行定价，这对终端用户显然是不公允的，因为软件是否有用与代码行数并无关系。

需要指出的是，SaaS 的货币化并不是对产品或服务的功能直接定价，而是基于一个清晰的客户价值创造水平，也就是客户成果的达成水平。然后，将这种货币化的价值体现在 SaaS 的服务组合中，最终产生经常性收入。毫无疑问，产品创新可以放大货币化价值，比如在 SaaS 产品中利用大模型或者 AI 技术，可以为客户提供更多价值或创造更好的 ROI（投资回报率）。无论是基础货币化，还是增加价值的货币化，都必须得到客户的认可，而非你单方面的主观判断。其逻辑在于，如果客户接受并认可了业务成果，也就认可了基于成果的货币化。

SaaS 货币化的重要意义在于，在产品策划阶段，你就必须考虑清楚哪些服务可以免费，哪些服务必须收费，以及合适的收费价格。好的货币化设计可以避免因为放弃或降低收费服务，而失去尽早盈利和增长的机会。现实中我们看到太多的 SaaS 公司没有经过完整的价值货币化的过程，而是在产品发布前才根据竞品的价格进行定价，这是非常错误的做法，也反映了对自己产品价值的不自信。

3.6.4 产品路线图

产品路线图是产品管理的重要内容，因为它决定了产品发展的方向。制定产品路线图的最大挑战是大量的功能在争夺有限的产品资源，而路线图所能容纳的功能有限，不可能无限扩充。对产品路线图影响最大的内部团队，主要是公司管理层和销售人员，其他团队也会在给定的版本中争夺可用容量。比如说，管理层希望自己的产品代表未来的方向，销售人员希望产品包含的功能更强大、更丰富，售后人员希望产品更易于维护和少出问题等。

要满足这么多的"既要"和"还要"，没有一张考虑周全的产品路线图，是根本无法实现的。因此 SaaS 产品路线图的作用在于：客观地决定要构建什么，包括哪些功能或服务组合；考虑如何将有限的资源集中用在何处，以及聚焦于哪些目标客户群。

我们对于传统 ToB 产品的路线图并不陌生，其目的就是将更多功能纳入路线图，这无外乎出于 3 个目的：将新技术推向市场、维护现有功能，以及发现新的销售机会。

但是对于 SaaS 产品路线图来说，合理的功能或服务组合还应有更多考量，比如：

- 功能必须对实现客户价值有贡献；
- 需要支持低成本、低摩擦和高效率的获客；
- 支持更高的客户采用率；
- 优化所有的收入流；
- 有利于扩展和增购；

❑ 提高留存水平。

不仅如此,传统 ToB 产品路线图与 SaaS 产品路线图在范围上也相差较大。前者是从发现一个概念到发布产品的过程,后者则是从一个从问题发现到客户价值实现的过程,如图 3-2 所示。

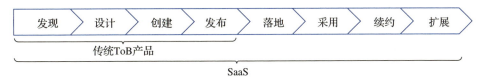

图 3-2 传统 ToB 产品与 SaaS 产品的路线图范围对比

3.6.5 市场就绪

市场就绪是指一个 SaaS 产品从做出来到交付客户正式采用,中间所有环节都需要准备就绪,主要包括以下 5 个环节的就绪。

1. 支持就绪

SaaS 作为一种技术产品,一定离不开技术支持,特别是刚上市的新品,大都存在这样或那样的问题,比如软件的 bug,或者业务逻辑的问题,而这些问题,只能由产品支持团队解决。通常在产品开发完成后,一部分开发人员就会转入支持工作,以应对客户使用中的大量问题。

2. 营销就绪

SaaS 新产品的营销,需要有足够的提前量,而不是突然投放到市场上。因为从问题发现到客户价值实现的过程中,客户的接受需要时间。事实上,营销准备不仅仅针对外部市场,还针对企业内部,例如企业市场部门、销售部门和渠道部门。通过内部营销,可以使公司内部的相关部门对产品的价值达成共识并增强信心,从而形成一种由内而外的营销动力。

关于营销准备的具体工作,首先是营销人员的到位,包括 MDR(营销发展代表)、SDR(销售发展代表)及其他市场执行人员。此外,还需要制订推广计划,准备营销内容、文案、广告投放、会议和活动等。

3. 销售就绪

对于新产品来说，销售无疑是最重要的一环，因为一个产品是否成功，首先需要通过销售来检验。

销售准备首先需要销售人员到位，还需要对销售人员进行产品培训和订阅业务的销售培训。同时包括制定销售方法论、建立销售流程和准备销售工具。

4. 渠道就绪

没有渠道伙伴，一个新的 SaaS 产品很难在短时间内扩大市场。因此，在产品正式开始销售前，渠道需要提前做好准备。与内部部门不同，从建立渠道关系到产出业绩，不仅需要更长的时间，还存在不断遴选渠道的可能。

5. 客户成功就绪

很多人认为只有当客户数量发展到一定规模后，才需要建立客户成功团队，但实际上客户成功团队必须提前准备好，即客户成功就绪。

这个道理其实很简单，客户成功团队与销售团队之间存在着紧密的业务接续关系。也就是说，一旦销售成功，客户旅程就随之开始。此时，CSM 便接替了销售的工作，开始续约和扩展的业务。

3.6.6 产品成功评估

所谓产品成功评估，是指一个 SaaS 产品上市之后，其表现是否与预期规划相符，这需要通过一系列的测量才能给出客观的评价。

1. 从采用的角度

采用是 SaaS 业务框架中与产品密切相关的一项关键业务。因为采用跨越了从产品交付到客户看到业务成果之间的鸿沟，所以采用的成功与否，最能直接反映产品是否成功。采用有 3 种状态，即低采用低效能、高采用低效能，以及高采用高效能，前两种状态都表明产品存在较大的改进空间。

因为采用数据源于产品后台的客户使用数据，所以通过采用评价产品，并不需要做客户调研，而可以通过自动化的分析方式获得。

2. 从交易的角度

对一个好产品的最大褒奖，莫过于客户真金白银地付费购买。因此，通过交易额来评判一个产品的优劣是最直观的方法。

对于一般交易型 ToB 产品，收入主要来自一次性的交易。对于 SaaS 这种订阅产品来说，除了客户首年合同额（ACV）之外，更多收入的交易发生于 ACV 之后的客户生命周期中，比如续费和增购等。因此要全面评价一个 SaaS 产品成功与否，需要关注所有的交易，而不只是首次交易。

3. 从客户旅程的角度

良好的客户体验，是客户对 SaaS 产品的最高评价，而客户体验主要发生于客户生命周期中的客户参与，也就是客户旅程中的互动。

SaaS 业务的一个最大特点，就是可以通过产品后台的客户使用数据，观察和管理每个客户的旅程。我们已经知道，在每个客户旅程中，都有客户成功里程碑，而客户顺利到达里程碑，除了能为客户带来好的体验之外，也能对产品的实际可用性带来充分肯定。因此，通过客户旅程中的数字化体验，我们可以客观地评价产品的真实效果。

3.7　SaaS 产品生命周期的管理范围

SaaS 产品生命周期管理并不是一个独立的管理要素，它贯穿于整个产品管理过程。传统的产品生命周期主要包括洞察、设计、实现和发布等阶段。SaaS 产品在此基础上还包括 ALAER 业务框架中的其他业务过程，这相当于对传统产品生命周期进行了延伸。

传统产品管理的重点是考察产品从概念到发布的交付能力，这在资本推动的产品销售时代可能有效；但 SaaS 产品管理的范围，涉及从发现问题到产生客户成果的全过程。为什么需要这么长周期的管理呢？主要还是收入流的特性，因为它们来自长尾的客户生命周期，如周期性的续费，以及增购和扩展。但这并不是说，产品管理对客户生命周期内的收入负有全部责任，事实上，是产品管理团队与客户成功团队协同合作，共同保证收入的持续增长。

很多产品经理忽视了这一点，仍以传统产品的管理理念来管理整个 SaaS 的产品生命周期。交付后面的业务内容，是大部分传统产品经理不熟悉的，超出了传统产品生命周期的范围，比如销售与客户成功如何协作。这种传统的管理方式，不但会增加整个业务过程的摩擦，还会严重影响 SaaS 产品生命周期管理核心目标的实现，即会对实现规模化的经常性收入造成影响。

3.8 重构产品团队

从前面的讨论可以看出，相较于传统产品管理，SaaS 的产品管理内容和模式都发生了很大的变化。传统产品管理方式已经不再适用于 SaaS，可能需要对原有的产品组织或产品团队进行重构。

1. 建立独立的产品团队

在以技术为核心的 SaaS 公司，即使组织架构中有产品部门，也往往是技术研发部门的附属，有时甚至与技术研发部门完全合一。由于 SaaS 商业模式的变化，技术研发部门已经无法覆盖产品管理所涉及的各项业务内容，而产品管理部门才是整个业务的代理角色。因此，需要将产品团队从技术研发体系中独立出来，建立独立的产品管理部门，采用 SaaS 产品管理方式，才可能做出成功的 SaaS 产品。

2. 为产品团队赋予新的产品管理职能

把产品做出来，是传统产品管理的核心诉求，而通过跨职能协作打造出一个成功的 SaaS 产品，才是 SaaS 产品管理的核心诉求。因此，从 SaaS 产品管理框架中可以看出，产品管理团队的职能包括但不限于以下几个方面。

- ❑ 市场细分；
- ❑ 验证 OMF；
- ❑ 产品战略；
- ❑ 财务回报；

- 服务组合；
- 产品定价；
- 技术开发；
- 产品路线图；
- 市场准备；
- 数据分析；
- 产品运营。

SaaS 产品管理最显著的变化是职能协作，有些内容在产品部门内部就能完成，而更多的目标需要协调其他部门或职能才能达成。

3. 产品负责人

很多 SaaS 公司的最高产品负责人是由技术负责人兼任的，比如让 CTO（首席技术官）负责产品管理。这在技术产品领域中尚且可行，但是对于大部分 SaaS 业务而言，可能存在很大的问题。如果用前面介绍的 SaaS 产品管理职能来衡量与评估，就会发现技术管理团队对这些方面并不擅长。

事实上，大多数成熟的 SaaS 公司都设置了专业的产品管理负责人，也就是首席产品官（Chief Product Officer，CPO）。CPO 由 CEO 授权，领导专业的产品管理团队，行使所有产品管理职能。在企业的组织架构中，CPO 与其他 CXO（如 CTO、CMO、CCO 等）平级，只是在汇报关系上有所不同。CPO 除了直接向 CEO 汇报之外，还需要向其他业务部门的负责人汇报，比如销售副总裁（SVP）、首席客户官（CCO）等，这是由 CPO 的协作职责所决定的。

4. 产品经理的绩效考量

以往产品经理的绩效衡量标准，通常是在规定的时限和预算范围内交付产品的水平。

而 SaaS 产品经理的绩效考量要细化得多，比如创建切实的价值主张，通过适合的客户体验推动客户成功采用，最终以客户愿意支付的价格交付客户的业务成果，确保经常性收入的实现。

5. 扩展产品团队的能力

在创业的初期，你可能招不到那么多符合能力要求的 SaaS 产品经理，所以一个可行的方法是扩展现有产品经理的相关知识和技能，主要包括：
- 理解客户成果概念，而不只是需求；
- 深刻理解订阅模式；
- 熟悉年度经常性收入（ARR）的概念；
- 理解和熟悉 SaaS 业务的客户生命周期，以及留存、续约和扩展的业务原理；
- 拥有依靠数字化的洞察能力，而不只是会进行客户调研。

3.9 技术产品经理和服务产品经理的区别

在对 SaaS 的产品管理做了重新定义后，相应地，产品经理的业务内涵和岗位职责也随之发生了变化。

传统产品经理的主要职责是通过某些技术创新，如大数据、物联网、AI 等，将自己的核心技术构建到产品的功能和特性中，以满足客户的需求。而产品经理的业绩考核，则是在预算范围内按时交付创新产品的能力。

对于 SaaS 产品而言，仅凭这些目标不能确保客户成功，因而也难以保证产品在市场上取得成功。因此 SaaS 产品除了需要新的产品管理方式外，也需要新型的产品经理，他们的责任变为：提出基于客户成果的价值主张，以客户成功为目标，以客户采用为目的，最终帮助客户实现业务成果。

虽然目前仍普遍用"产品经理"这一统称，但为了把 SaaS 产品管理模式下的产品经理与传统产品经理区分开来，我们可以把产品经理分为技术产品经理（Product Managers，PM）和服务产品经理（Offer Managers，OM）。也可以简单理解为 PM 负责技术成功，而 OM 则负责在整个客户生命周期内实现客户成功。因此，二者遵从不同的评价标准，PM 对应的是产品与市场契合（Product-Market Fit，PMF），而 OM 对应的是服务与市场契合（Offer-Market Fit，OMF）。

与技术产品经理不同，服务产品经理的业务流程如图 3-3 所示。

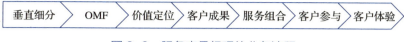

图 3-3　服务产品经理的业务流程

既然 PM 与 OM 的差别很大，那么是不是说需要设置两种产品经理职位呢？其实，PM 与 OM 究竟是分开好还是合并好，不能一概而论，还需要根据公司当前所处的阶段来决定。对于处于成熟阶段的大公司来说，PM 和 OM 的分离是必要的；而对于初创阶段的 SaaS 公司，合并 PM 和 OM 可能更有效率。但无论是分开还是合并，PM 和 OM 的职责都必须明确划分。

3.10　SaaS 产品的定价策略

SaaS 商业模式的特点决定了 SaaS 业务在短期内实现盈利并不容易。但是当我们试图解决盈利问题的时候，总把目光放在成本和流失的控制上，而很少考虑定价的影响。研究数据表明，在服务领域定价每提高 1%，则营业利润大约可以提升 10%，这是因为对于服务来说，提高价格几乎不用增加任何成本。尽管定价对于所有行业来说都是一个极其复杂的问题，但在 SaaS 行业中，这个问题尤其令人困惑。

当前，许多 SaaS 公司仍采用传统的产品定价策略和定价方式，这种不当的定价方法加上激烈的价格竞争，使 SaaS 企业的盈利变得更加困难。因此，在制定定价策略时，我们更应把 SaaS 视为服务而非产品，因为服务不同于产品，它们是无形的，所以完全可以采用不同于产品的定价策略，比如价值定价、按业务成果定价。

目前 SaaS 的定价模式有 4 种，如图 3-4 所示。

目前国内 SaaS 公司使用最多的是基于市场的定价方法，在行业内被称为竞争环境定价，也就是根据竞争对手的定价来设定自己的价格。这种定价策略看似合理，但其实可能是一个定价陷阱。因为这种定价策略并没有对市场价格的控制权，并将自己的盈利前景与竞争对手绑在了一起。

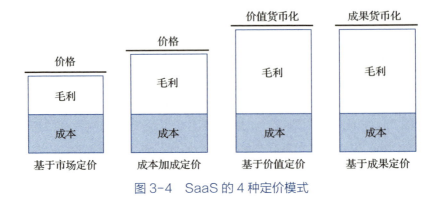

图 3-4　SaaS 的 4 种定价模式

至于成本加成定价方法，在软件开发外包领域尚还适用，但用在 SaaS 业务定价上，很难得到客户的认同。因为你花了多大成本把软件开发出来与客户毫无关系。

比基于市场定价更高级一些的，是细分领域定价，例如对特定垂直领域内的产品或服务进行定价。当然，我们不能简单地对有支付能力或预算的客户设定一个价格，而对价格敏感的中小客户设定另外一个价格。因为细分定价策略并不会区分客户的规模、付费意愿和付费能力等，所以最好是让客户相信，他们是因为获得了独特的价值而支付了更高的价格，也就是基于价值的定价策略，近年来这种定价策略在很多领域内已经出现。然而，因为价值是一个主观且不易量化的概念，所以这种定价操作具有一定难度，不易被所有客户普遍接受。

SaaS 行业最近又出现了一种基于成果的定价策略，由于客户成果可量化，客户的认知和接受度较高，这种定价策略比基于价值定价又前进了一大步，有望成为 SaaS 行业未来的定价趋势。

因为竞争，基于市场的定价策略将会导致 SaaS 企业的毛利率和营业利润率变得更低。而基于客户成果定价，使 SaaS 企业有更多的定价权。这种定价模式通过产品管理的价值组合设计，可以提供更有价值的服务组合，并据此合理提升定价。此外，因为帮助客户实现了期望的业务成果，客户的付费意愿也会更强。

3.11 重新认识 PLG

作为云原生的 SaaS 应用，需要一种低摩擦的市场落地策略，也就是依靠客户的良好体验感知 SaaS 产品和服务价值，而不是靠硬性的产品推销方式。在这种需求背景下，产品导向增长（PLG）被认为是 SaaS 公司的一项重要的产品能力。

3.11.1 PLG 的本质

PLG 在国内 SaaS 领域的确曾经非常热门，但随后逐渐淡出了人们的视野。这主要是当时对 PLG 的认知局限所导致的，当时将其视为其他增长驱动方式最有效的替代品，尤其是认为 PLG 与销售驱动增长处于对立状态。许多人误以为产品无须大力推销，产品自己会为自己代言，进而产品自己就能把自己销售出去。这并非 PLG 概念的本意，只是一些产品经理的一厢情愿。

让 PLG 重新受到关注，有两个最重要的因素，一个是 IT 的消费化趋势，另一个是订阅服务的兴起。实际上，PLG 始终是推动 SaaS 业务增长的重要因素，但现在需要我们重新认识和理解 PLG。PLG 本质上是一种产品战略，其核心是将数字化的产品或服务应用于供应商基于价值主张的营销、销售、客户成功和客户增长中。现在 PLG 已经不是一个理念，而是围绕产品本身的发现、获取、采用、保留和扩展的可交付方法。对于 SaaS 公司而言，PLG 引领了以数字化、无摩擦的方式来获取和留存客户的潮流。产品在这一过程中不只是创造价值的承诺，也是实际交付的价值。

3.11.2 PLG 的售前作用

一个 SaaS 产品最终能被客户订阅，离不开良好的使用体验，这正是 PLG 在售前阶段的重要作用。

PLG 使用的前提，包括允许潜在客户免费试用，或无限期使用功能有限的版本（即免费增值模式）。PLG 的售前过程基于一个简单的逻辑，即终端用户发现产品，并通过试用验证了产品能够为他们带来价值，因此预计这些用户将会转化为付费客户。尽管有人可能觉得这并无新意，认为其他 ToB 产品（比如软件）也可以提供试用，但 PLG 在 SaaS 产品的售前阶段之所以有效，主要体现在两个方面：首先，试用或体验的目的，是使用户确信产品真的能带来价值，采用该产品将能帮助他们实现业务成果；其次，试用数据必须被适当记录和分析，通过对试用数据的分析，可以准确识别出产品合格线索（Product Qualified Lead，PQL），这可以帮助真正的用户快速完成价值验证过程。与此相比，大多数软件由于缺乏获取与分析用户使用数据的条件，因而大部分试用都不会真正起到促进购买决策的作用。

3.11.3 PLG 的售后作用

当试用用户转化为客户后，PLG 在售后阶段的作用同样重要，因为此时客户与产品已经形成了紧密的绑定关系。随着采用的成功，客户不断发现并实现更多的业务成果。在售后阶段，PLG 不仅能提升产品的采用率，还能确保更高的客户留存率，进而产生更多的增购。这种价值实现所带来的客户留存和扩展，最终会促进 SaaS 业务的稳定和持续增长。

PLG 在售后阶段所展现的优势，离不开对用户使用数据的深入分析。只有通过分析用户的使用行为和体验数据，客户成功组织才能真正有效地帮助客户实现业务目标。实际上，PLG 在售后阶段的作用，甚至超过了售前。因为假如客户在使用产品过程中，长时间看不到销售时承诺的价值，那么客户流失的可能性就会大增，这无疑会影响业务的增长。而 PLG 在很大程度上可以防止这种情况的发生。

3.11.4 PLG 的更大潜力

前面我们只是在 SaaS 产品的售前和售后阶段讨论了 PLG 的作用和机会。实际上，PLG 在整个客户生命周期中都扮演着非常重要的角色。

如果你在产品管理过程中尝试将 PLG 与 ALAER 框架相结合，可能会对现有产品的认识提升到一个新的水平。例如，你不再受困于与竞争对手比功能和拼价格之中，而是可以借助 PLG 的力量，让客户自己证明产品价值和实现业务成果。

3.12 体验导向增长

PLG 能够起作用的前提是用户对产品的体验。其实客户体验（Customer eXperience，CX）本身也是一种增长驱动能力，即所谓的体验导向增长（eXperience Led Growth，XLG）。在 SaaS 领域，XLG 可以被定义为一种专注于优化效能和整体客户体验的增长战略。具体而言，就是在正确的时间、合适的渠道，为客户提供适合的体验来实现增长。

XLG 在消费领域的例子比比皆是，比如亚马逊、苹果和特斯拉等，良好的客户体验为它们带来了高速的增长。其实不只是在 ToC 领域，ToB 领域的 XLG 同样重要，但在 ToB 领域，很多企业都不太重视客户体验，或者只是把 CX 作为一种营销的手段。实际上，ToB 产品的客户体验，对于客户的采购决策以及产品的持续使用都具有极大影响。特别是在数字化客户体验（Digital Customer eXperience，DCX）方面，SaaS 具有得天独厚的优势。

我们能看到的趋势是，XLG 将超越产品价格和产品功能，成为 SaaS 企业中最重要的差异化因素，因此有理由认为，数字化客户体验也是一种核心竞争力。至于 SaaS 产品客户体验的重要性，主要表现在以下几个方面。

（1）使客户成果显性化

实际上，将自己产品所能提供的客户成果展现给客户，并能得到客户的认可，是一件非常困难的事。因为你无论采用什么方式，都容易被客户认为是在营销。但如果通过数字化客户体验方式，客户可以更容易地通过亲身体验和验证，相信 SaaS 产品可以帮助他们实现业务成果。

（2）超越产品和服务

很多情况下增长受到阻碍，并不一定是产品和服务做得不够好，更可能是客户的体验不佳。这就要求产品管理应该将体验置于产品和服务之前，这也是 XLG 的本质。

（3）化解业务的复杂性

目前行业内所指的客户体验主要是指产品的外部表现，比如 UI 是否美观简洁，操作是否简单流畅等。实际上，大部分 SaaS 业务都是复杂的业务系统，对于客户体验来说，XLG 就有了更深层的含义。体验不再是美观简洁等表层问题，而是业务实现的快捷、流畅和准确等要求。通过单纯的讲解和演示来化解业务的复杂性，很难被客户理解和接受。这种情况下，采用 DCX 方式，就能在很大程度上减少体验的摩擦，化解业务复杂性问题。

DCX 虽然是一个行之有效的增长驱动要素，但目前在大多数 SaaS 公司还处于一种 PM 自发的状态。体验被作为产品和服务的附属品，而没有纳入产品管理体系来管理。实际上，DCX 应该被视为一种低成本、高收益的业务形式，因此强烈建议将 DCX 纳入 SaaS 的产品管理中，这将为 SaaS 的快速增长提供保证。

3.13 对 SaaS 产品经理的要求

在本章最后，我们尝试回答一个经常被问到的问题：传统产品经理怎样成功转型为一名合格的 SaaS 产品经理？

若要成为一名合格的 SaaS 产品经理，除了具备一般产品经理的基本素质外，还必须熟悉 SaaS 业务模型及相关概念，如 ARR、CAC、NRR 和 ALAER 业务框架。你可能会奇怪：这些概念不是销售和客户成功需要掌握的吗？它们跟产品经理有什么关系？其实，这些知识是成为一名合格 SaaS 产品经理必备的基本技能。你可能已经注意到，大多数 SaaS 公司招聘产品经理的首要条件，往往就是对 SaaS 业务模式有深刻的理解。试想，如果一名 SaaS 产品经理不明白自己设计的产品如何实现收入，不知道客户为何购买以及用户为何持续使用，那么这个 SaaS 产品从一开始就注定失败了。

若要成为一名优秀的 SaaS 产品经理，除了必须掌握 SaaS 知识以外，还需要具备以下 3 个高级认知能力。

1. 理解客户成果

如果只是完成产品规划的功能，对于 SaaS 产品来说远远不够，因为 SaaS 产品的功能与客户想要实现的成果之间还存在着一条鸿沟。传统 ToB 产品的鸿沟问题是靠销售成功说服客户解决的。但是对于 SaaS 来说，要缩小鸿沟只能靠 PM 将价值注入产品，缩小客户业务成果与交付价值之间的差距来解决。所以 SaaS PM 理解和掌握客户成果金字塔框架是非常必要的，理解客户成果也是 SaaS PM 的一种核心竞争力。

2. 全客户生命周期参与

传统 ToB 业务中，产品发布后，如果没有严重问题，产品经理的任务基本上也就完成了。但在 SaaS 业务中，SaaS 产品经理的工作才刚刚开始。因为后面还有采用、留存和增购等更长的过程。在整个客户生命周期中，SaaS 产品经理需要不断地进行客户交互和功能迭代，直至客户价值完全实现，才能说明产品取得了成功。

3. 数字化分析的能力

服务交付后，SaaS PM 便与客户建立起了联系，即便没有客户的反馈，PM 也能通过分析客户使用数据，发现和掌握客户对产品的使用情况，以及发现哪里还存在使用摩擦。这样问题可以在客户正式提交之前就得到解决。

实际上，成功转型为 SaaS 产品经理的内容清单远不止这些。你可以根据本章内容进行整理，并在产品管理实践中逐一实施。

3.14　本章小结

产品管理是 SaaS 产品领域中一个极为重要的业务，对于 SaaS 产品的成功与否起到了决定性的作用。可以说，大多数 SaaS 产品的失败都源于忽视了产品管理。

本章从 SaaS 产品的演进出发，介绍了 SaaS 产品管理的概念及其重要性，并给出了一套系统化和结构化的 SaaS 产品管理框架。针对 SaaS 产品管理所面临的重大变化，本章还提出了重构 SaaS 公司产品团队的建议，并探讨了 SaaS 产品经理在知识和技能方面的扩展需求。

同时，对于作为重要推动力的 PLG 和 XLG，本章也提供了新的理解和策略。

在充分掌握 SaaS 产品管理的基础上，下一章将利用本章所述的框架和原理，深入探讨 SaaS 产品的实践。

第 4 章 | CHAPTER

SaaS 产品实践

要想成为成功的 SaaS 创业者，就必须做出适合 SaaS 模式的好产品。那么，如何才能做出这样的产品呢？除了掌握一套 SaaS 产品的方法论之外，更需要可操作的产品实践。

在掌握了 SaaS 产品管理的基础上，就可以利用本章所阐述的 SaaS 产品实践，用一种系统化和流程化的方式，从 0 到 1 做出一个好的 SaaS 产品。

4.1 一个 SaaS 产品怎样才算成功

在深入讨论 SaaS 产品实践之前，我们必须先约定清楚一个 SaaS 产品怎样才算成功。很多创业者没有仔细考虑过这个问题，他们认为只要有先进的技术、明确的需求、完美的商业计划、优秀的团队或创始人，产品就应该能成功。更有人认为，自己的融资充足、有很强的销售能力，这足以保证产品能卖得出去，从而认定产品是成功的。其实这些都属于推测，因为这些理由中并没有一个明确的成功标准。

衡量一个 SaaS 产品成功的唯一标准是存在付费客户，如果存在次要标准，那就是有足够多的付费客户。因为只要产品卖不出去，就没有什么商业可言，SaaS 创业也就毫无意义。然而，拥有付费客户并不意味着有了一个好产品，要想实现可持续盈利，你的产品必须吸引到足够多的付费客户。

产品还没开始做，现在"谈钱"是不是太早了？其实一点儿也不早。无论是合伙创业，还是招聘产品经理，都首先应该把产品成功的标准明确下来，这至少不会有什么坏处。在对待产品成功的问题上，应该是"说好"，而不是"好说"，不要等产品做出来了再去牵强地寻找价值。

我们看到太多的产品团队，把缺少持续付费客户的原因，要么归结为销售的问题，要么归结为客户的认知问题，唯独没有归结为产品的问题。所以只有对产品成功进行了明确的"事先约定"，产品团队才可能"倒果为因"，从一开始就关注客户的付费情况。

4.2　SaaS 产品成功定位的秘密：垂直细分

虽然 SaaS 模式有很多优点，但它也存在着一个经常被诟病的缺陷，即采用"标准化"的解决方案。这种"千篇一律"的方法日益失宠，成为许多 SaaS 初创企业失败的主要原因。解决这一标准化问题的直接方式是提供个性化定制，但这又破坏了 SaaS 模式的可重复和可复制的底线，这显然不是一个有效的解决方案。

实际上，针对个性化需求，还有一种解决方法，即细分市场，也被称为利基市场策略。尽管细分市场中的 SaaS 产品依然是"标准化"的，它们无法根据客户的具体需求进行定制开发，但是，越是高度细分的业务领域，个性化的要求越少，具备该领域特征的"标准化"产品，足以满足其大多数客户的业务需求。因此，产品管理的首要任务就是进行市场细分。在现实中，许多 SaaS 公司正是依靠这种垂直细分的策略获得成功的，例如，在制药和生命科学领域，市值高达数百亿美元的 Veeva，以及专注于费用报销的 Concur。

SaaS 在垂直细分市场的成功逻辑是，这样定位的 SaaS 产品只面向某些特定类型的客户群，提供集中的、高度差异化的价值主张。这就相当于为特定客户群体提供量身定制的产品或服务，而表现出共同特征的所有客户，构成了 SaaS 的所谓垂直细分市场。

其实大多数 ToB 产品，比如软件，也强调细分市场。但不同的是，它们在开始销售的前一刻才"细分"出不同的行业解决方案，大家都明白这只是为了营销和与客户拉近距离，客户并不会感到是为他们定制的。也就是说，做什么产品或提供什么服务，应该在正式开干之前就确定，而不应该到了销售的时候临时决定。

不过要做成一家细分领域的 SaaS 公司也并非易事，因为这不像通用产品，可以仿制得真假难辨。对于特定的专业领域创业团队必须长期积累该领域的专业知识，也就是所谓的 know-how。除此之外，还必须熟悉行业趋势、术语、用例、工作流程和法规等，这些缺一不可。

一言以蔽之，只有在足够细分的市场上，才可能发现企业服务领域中那些未得到满足的需求。由于细分，SaaS 的"标准化"也将演变为"专业化"和"个性化"。

4.3 找到市场切入点

虽然我们已经了解了垂直细分市场的重要性和必要性，但做垂直细分只是一个原则。实际上，每家 SaaS 创业公司真正要面对的是如何选择具体的细分市场的问题。直至今日，仍有很多创业者拿着自己的产品或规划来询问我，做这个产品怎么样，做那个产品又如何。我将这种选择称为产品的"市场切入点"。

4.3.1 切入点的重要性

切入点这个概念之所以重要，是因为它对于创业的成功与否起着决定性的作用。因为在一个"无利可图"的市场，创业成功的概率几乎为零。事实上，SaaS 创业者最容易犯的第一个错误，就是切入点的选择错误，很多 SaaS 创业者已经为此付出了代价。

在早期阶段，很多 SaaS 创业者仅凭借情怀、一时的灵感、核心技术或商业模式等，随意选择了一个他们认为可行的切入点，开始了创业之旅，最终却发现这个方向根本不可行。而另一些 SaaS 创业者在选择切入点时，则走向了另一个极端，即选择复制国外 SaaS 公司的"赛道"。这种策略看似聪明且安全，然而，复制赛道的失败风险，并不比凭感觉选择市场的风险小。实际上，所有的"赛道"不过是业务的一种分类，它们与业务能否成功并无直接关系。

4.3.2 怎样找到切入点

很多创业书籍和产品大神，都会给你一个看起来很高级的选择法则，即产品与市场契合（PMF）。虽然人人都在谈论 PMF，但很少有人将其与切入点的选择真正联系起来。关于 PMF，我问过无数的 SaaS 创业者，所有人都认为自己的产品与市场是契合的。但是真的到了产品进入市场时，他们才意识到所谓的目标市场过于广泛，难以找到确切的契合点。也就是说，虽然表面看来所有客户都需要你的产品，实际上你的产品鲜有人问津。

尽管选择切入点是一个复杂的问题，每个细分领域都有不同的挑战，但还是有一些可以实际操作的选择原则及一些规律性的方法。这些原则和方法不仅适用于创业初期的市场切入点选择，也适用于已上市产品的正确性检验。

1. 聚焦

聚焦在这里有两方面的含义。一方面，对于客户来说，必须是其焦点业务或关键业务，只有这样才能确保解决的是客户迫切需要解决的问题，而非可有可无的问题。另一方面，对于 SaaS 创业者来说，聚焦意味着所提供的产品或服务的应用范围，必须与客户业务严丝合缝，既没有不足，也不会越界。好的 SaaS 产品，大都契合 SaaS 业务的单点特征，而不是所谓的"一站式"全包。

2. 熟悉

做生意讲究"做熟不做生",做 SaaS 产品也是如此。对于选定的切入点,你不仅需要掌握该行业的 know-how,还必须熟悉该领域的客户语言、业务处理流程以及该业务的最佳实践,深刻理解核心问题。这也是那些"有感而发"的 SaaS 创业者更容易获得成功的原因。

3. 简单

与简单相对应的是良好的客户体验。你必须时刻牢记,产品的使命是帮助客户实现业务成果,而不是展示技术或增加复杂性。在产品的使用过程中,应尽量简单,以避免给用户带来额外的学习成本。

4. 可订阅性

并非所有业务都需要频繁或持续使用。如果某个业务客户才使用有限的几次,那么这类业务的可订阅性就不好,因此作为订阅业务的续费和增购的可能性也相对较小。

5. 可重复性

可重复性不仅意味着产品可以被客户重复使用,还意味着不需要进行任何修改。同时,这也表示销售团队和客户成功团队无须针对不同情况配置不同的销售流程和服务流程。这可以提高业务效率并降低成本,从而实现产品的规模化推广。

以上这些原则看似简单,但违反其中任何一条都可能带来严重的后果。只有在这个选择原则内,我们才能探讨更深层次的问题。

4.3.3 避免四面出击

无论我们如何强调细分市场的重要性,国内的大多数 SaaS 创业公司还是卷入了现有的"赛道"中竞争,所以产品上市后大都不温不火。还有一种情况是,创业者虽然没有一头扎进红海市场,但他们同时发现了多个细分领域,试图将这些都作为切入点。例如,本来是要做薪酬福利管理的,但是做着做着却发现"绩效管理"也可以加入进来。在研究绩效管理时,又发现现在最流行的是目标与关键结果(OKR),于是就又把 OKR 作为产品的另一个切入点。这样没有节制地扩展,后续还会有更多的切入点。

让创业公司从其众多细分业务中选择一个机会作为切入点市场,而忽略掉其他市场,是一件非常困难甚至相当痛苦的事情。它们固执地认为选择的市场越多,成功的可能性就越大,所谓东方不亮西方亮。回想这几年担任顾问的主要工作内容,就是时时刻刻都在劝阻创业团队不可抑制的扩张想法。事实也无数次证明,有聚焦能力的创业公司大都能步入正轨;而一开始就盲目扩张的团队,在花了大笔的资金之后,很快就走不下去了。因此,在切入点选择上的这种分散出击的想法,对于 SaaS 创业可能是致命的。它只会降低成功的可能性,而不会带来更多机会,所以果断放弃其他市场才是智慧的选择。

实际上,所谓 SaaS 创业,其实就是开发现有市场无法提供的产品或服务,即创立新的利基市场。这样即使无法垄断整个市场,你也能在这个细分的市场中占据非常高的份额。遗憾的是,这个原则很难被接受和坚守,很多创业者,包括他们的投资人都可能会认为,这么窄的市场空间很难满足未来的增长。我们经常看到,在很多融资路演中,投资人因为市场空间过小就直接把项目淘汰了。而创业者为了迎合资本,也会尽力扩大切入的市场范围,即使本来选择了一个创始团队最熟悉的业务——一个有可能赢的切入点,但迫于资本的压力,还是选择了一个更大范围的市场。

确实,过于狭窄的切入点会带来一定的局限性,然而,这个问题也并非无解,事实上,许多 SaaS 企业一开始选择的切入点极其狭窄,它们可以通过向邻近的其他细分领域扩展,逐步实现业务的扩张。这种策略也被称为"抢滩登陆",即先集中力量在一小块领域实现突破,随后再逐步扩大战线。

4.4　选对细分市场才能事半功倍

选对细分市场的 SaaS 产品更容易取得成功,这并不是一种感觉或猜测,其背后有坚实的逻辑支持。

4.4.1 不要小看"熟悉"的力量

在谈到切入点的选择原则时,"熟悉"就是其一。在一个熟悉的领域内创业,等同于之前提到的"+SaaS"创业模式,这种创业的初衷大多是企业在自己熟悉的领域深受某些问题困扰,因而希望做出改变。

在 SaaS 创业中,"熟悉"的力量远超你的想象。我们发现,创业成功的 SaaS 公司都有一个共同特点,即它们本身就是这个行业的深度"用户",所以有人把这类创业称为用户型创业。用户型创业成功的例子很多,前文已经提到过的例子如 Salesforce 的创始人 Marc Benioff,Workday 的两位创始人 Dave Duffield 和 Aneel Bhusri、Zoom 的创始人 Eric 等。因为熟悉,所以他们的成功都有其必然性。

相反,在一个不熟悉的领域里创业,就是所谓"SaaS+"模式。这类创业者首先看到的是 SaaS 商业模式的优势,然后随便找一个切入点就开始创业过程。通常 SaaS+ 模式创业者选择切入点市场比较随意,而非"有感而发",要么是自己想象出来的一个业务问题,要么是选择了一个现有的"赛道"。相比 +SaaS 模式,SaaS+ 模式更容易失败,所以我们会看到有些 SaaS 创业公司虽然在不断地变换切入点市场,但最后仍然失败了。

4.4.2 确保所选市场的可控性

大多数 SaaS 创业公司不是进入不了某个市场,而是进入后发现这个市场完全不可控,从客户需求、产品定价、销售方式、付费习惯到市场口碑,一切都是不可控的。SaaS 初创公司进入这样一个市场,就犹如一滴水进入了无边红海,在形成知名度和口碑之前,早已耗尽所有资源。

不可控的主要原因还是所选市场太大了。若你找到了一个适合你的细分市场,虽然其空间相对窄小,你也非常有可能在短期内迅速控制这个细分市场,从而赢得这个市场中的客户口碑。这样,即使你的创业资源有限,也可能在资源耗尽或获得融资之前,从这个细分市场获得正向的现金流。

4.4.3 确保所选市场中客户的一致性

我们知道，你选择的市场范围越大，客户的成分也就越复杂，需求也会变得千奇百怪。对于一个初创公司来说，从容应对这么复杂的客户群体，几乎没有可能。

与其说选择了一个细分市场，不如说选择了这个细分领域的客户。通常细分领域的客户群拥有很多共同特征和相似业务，比如他们出于相同的理由，愿意购买特定的产品或服务，甚至连付费的习惯也都是相似的。这样你的工作就会简单很多，因为你只要做好针对这个细分领域的功课就足够了，从而可以更快地取得成功。

4.5 如何知道所选择的细分市场是否合适

所有细分市场都是从一个较大市场不断细分得到的。这么说并不是让你无休止地深挖利基市场。在创业阶段，首要的任务是选择一个切入点并开始行动，而不是陷入过度分析而无法自拔。只有通过行动，你才能获得真实的市场反馈，从而真正知道这个市场究竟是否可行。

那么，一个市场细分到什么程度，就不宜继续细分了？通常这只需要满足以下3个条件。

- 市场中的所有客户，都购买类似的产品或服务，这样你就能获得一个一致的范围边界。
- 市场中的客户都期望产品或服务以相似的方式提供相同的价值，也就是客户期望实现的业务成果是高度相似的。
- 向市场中的客户销售和服务的流程都是相似的，这样你的销售团队和客户成功团队就能以相同的方式，向不同客户销售产品和提供服务，因此可以维持稳定的销售和服务效率。

满足上面3个条件，就能说明不宜继续细分了。但这还不够，你还要考虑在这个细分市场能不能做成一个好生意。这不能靠拍脑袋和碰运气，而是需要一组明确的判断条件。

1）这个市场中的客户，是否有使用 IT 的习惯？

各个行业或领域的客户对于 IT 的依赖程度各不相同，有些行业如果没有 IT 就无法运作，而有些行业或领域里 IT 则不那么重要。如果你选中的目标市场属于后者，那就注定失败了。尽管未来所有行业都将需要 IT，但可能你无法等到那一天。

2）这个市场中的客户，是否愿意在 IT 方面投资？

这个问题实际上与 IT 使用习惯有关。只有当客户认为 IT 的投资是有价值的，他们才会安排相应的预算。虽然 SaaS 不像软件那样必须有 IT 预算，可以计入运营费用，但有预算的情况下，未来的销售会更加顺利。

3）你的销售团队是否容易接触到这个市场中的客户？

如果这个市场是你想象出来的，或者范围是模糊不清的，那么你的销售团队就很难找到真正的客户，更不知道向谁去销售。切入点是否真实存在，用这个问题来验证是个简单而有效的方法。如果连客户都找不到，这个切入点很可能是臆想出来的，而非真实存在。

4）这个市场中的客户，是否有充足的理由购买你的产品或服务？

如果在你选定的细分市场中，目标客户选择你的产品的理由各异，需求强弱不一，那么很可能这个市场还需要进一步细分。

5）在这个市场中，你的交付周期是否长短相差不大？

如果在选定的细分市场中，交付周期和交付难度相差很大，例如短的仅需数天，长的则需数月，那就说明市场仍需进一步细分。因为未做进一步细分的情况下，未来实现规模化增长将极为困难，而规模化正是 SaaS 模式的刚性要求。

6）这个市场中有没有阻碍你发展的强有力的竞争者？

这个问题看似是多余的，因为即使你分得再细，也很难找出一个完全没有竞争的市场。但你还是要通过独特视角的细分，找到一个竞争不那么激烈，或者你会成为细分市场中的最有竞争力的领导者的切入点。

相反，你所选市场中的竞争者众多，甚至很多头部公司也在其中，表明该市场仍需进一步细分，才能在红海中找到蓝海。

7）一旦赢得当前细分市场，你能否成功扩展到相邻的其他市场？

过度细分的确会造成市场空间受限或过于狭窄，即便是你一家独占，也没有多大的市场容量。所以你目前选定的切入点，很可能只是你的一个登陆点，将来可能需要向相邻的一个或几个细分领域扩展。

只有你的产品不需要改动或者做很小的改动，而且目前的销售和客户成功流程都可以复用，才能轻松地过渡到相邻市场。

上述方法简单易行，不需要复杂技巧或大量资源投入，故可逐一实施并验证，以确保找到适合你的切入点市场。

4.6 如何扩展切入点市场

对切入点市场的高度聚焦是 SaaS 产品成功的基本保障。但这也带来了一个问题：如果切入点市场规模过小，你可能很快会遇到收入的天花板，同时也可能导致投资者失去兴趣。因此，从一开始就需要考虑切入点市场的扩展问题。

关于切入点市场扩展，基本上有两种策略：纵向扩展策略和横向扩展策略。

4.6.1 纵向扩展策略

顾名思义，纵向扩展策略即向同一个细分市场中的客户销售附加的产品或服务，也就是增加产品或功能的收益组合，从而扩展细分市场内的规模。这一策略已在产品管理框架中的"服务组合"和"价值货币化"中有所涉及。但这并不意味着仅通过随意增加几个功能便能扩大市场空间，关键是要增加那些真正能带来收益的功能或服务。对市场中的客户需求和问题的深入洞察，将有助于你识别出需要增加的具体内容。

采用这种增加产品或服务组合的纵向扩展策略的好处是，你可以借助现有的销售体系和渠道销售新产品，并且可以利用已经建立的客户关系来推动新产品的销售。然而，需要注意的是，如果纵向扩展策略运用不当，例如增加了一些无足轻重的功能或应用，反而可能会喧宾夺主，削弱你在切入点市场中的优势。

4.6.2 横向扩展策略

与纵向扩展策略不同，横向扩展策略的动作更大，它从现有的切入点市场直接向相邻的市场扩展。横向扩展策略不需要对现有产品做较大的改动，就能扩大市场空间，比如你原来做的是面向中学的产品，现在可以尝试将其扩展到职业学校。

横向扩展策略的好处是，在保持现有切入点市场的核心能力的同时，用所积累的经验来开拓类似的新市场。如果成功，市场规模可能会取得成倍的增长，所以横向扩展策略是 SaaS 行业喜欢采用的一种扩展策略。然而，这种策略的挑战在于，你必须在每一个相邻市场中重新建立新的客户关系，这样做不但可能存在风险，而且还需要投入新的市场开发成本。

尽管 SaaS 初创企业通常优先选择横向扩展策略，但在切入点市场确立后，这两种策略是可以结合使用的。正如打保龄球一样，切入点市场总是排列中的第一颗球，只有击中它，才有机会从横向到纵向实现全中。

最后，需要强调的是，在创业阶段考虑扩展，是为了在产品设计前发现业务的长期潜力，这不仅有利于激发创业团队的士气，还能吸引投资者的关注。但绝不能将扩展市场与已确定的切入点市场混为一谈，那样会使产品失焦。

4.7 理解细分市场中的客户

事实上，对市场进行细分除了有利于选择切入点之外，更重要的是可以更好地理解细分市场中的客户。

4.7.1 为什么要理解细分市场中的客户

一个真正的细分市场，需要理解的并不是市场本身，而是这个市场中的客户，即通过洞察市场中的客户，反过来刻画你选择的细分市场。退一步说，即使这个细分市场是完美的，但如果不理解其中的客户，所开发的产品和服务也很难为客户带来真正的价值。用前面所讲的市场判断条件衡量，如果不理解目标客户，这种细分市场对你来说缺乏实际的可控性。

有很多创业者因为发现了自己的细分市场而兴奋不已，认为从这里开始就能开发出独树一帜的好产品，然而事实并非如此。你所发现的细分市场，能否做成"有利可图"的生意，除了要符合切入点的选择原则以外，更多地取决于这个市场中的客户，因为他们才是你产品的买单人。在深刻理解他们之前，很多关乎产品成败的关键问题并没有确切的答案。比如：他们为什么会使用你的产品？他们希望怎样使用你的产品？他们的业务优先级列表是怎样的？如果这些问题没有搞清楚，你就很难做到"一次做对"。

随着市场的细分你也会发现，尽管细分市场范围已经收窄，但最终目标用户仍存在较大的差异。这受到多种因素的影响，比如企业处于不同的发展阶段，业务和管理水平参差不齐，标准和考核要求不同等，这些因素最终会导致需求的分散。如果基于这些分散的需求开发产品，就很容易做成一个"大路货"，也失去了市场细分的本意。

因此，必须坚持一个重要原则：在选定的细分市场中，应专注于那些同质性较高的终端用户。对他们的需求、行为和动机的深入了解，将极大地提升成功开发产品和服务的可能性。此外，这些同质性较高的客户更易于产品的复制和规模化。进一步思考，这些典型客户在 SaaS 创业初期是你现金流的主要来源，他们并非广泛的泛客户群体。

4.7.2 如何洞察和理解客户

说到如何深刻理解细分市场中的客户，你可能首先想到的是客户需求调研。然而，迄今为止，通过调研取得成功的 SaaS 产品实例并不多。首先，调研的效率过低，若没有足够的客户调研，便难以获得独特的洞察，而找到大量合适的客户并花费大量时间进行调研，对于初创公司来说是不现实的。其次，尽管可以预设问题，但实际的客户反馈常常无法提供真正有价值和共性的内容。

因为需求调研存在这些问题，产品界便出现了另一个极端：依靠自我想象和技术创新。而且这种做法已经有多个成功案例，例如乔布斯并未进行任何需求调研，就创新发明了 iPhone。即便他进行了用户调研，当时也不会有人说需要一部完全没有按键的大屏手机。但我们不可忽视的一点是，这种创新方式主要适用于 ToC 的消费领域，而在 SaaS 所属的 ToB 领域，仅凭想象成功的可能性极小。因为大多数 SaaS 产品都是基于行业客户的具体业务需求，这些是不能随意想象和创新的，如财务软件必须遵守会计准则，否则就是错误的。

既然需求调研的效果不理想，靠天马行空的想象和创新也不可行，我们是否就无法深刻理解客户需求了呢？并非如此。在 SaaS 行业，广泛采用的以客户业务成果为基准的价值分析方法，其效率和成效皆远胜一般的调研方法。更为关键的是，该方法能有效解答核心问题："客户为什么要购买这个产品？"。

传统的需求调研或技术创新存在一个局限性误区，那就是单一维度的"用户需求—产品属性"模式的思考，这种思考模式容易限制我们的视角。实际上，ToB 领域的客户需求洞察应当是多维度的。以消费品市场的需求调研为例，产品设计通常会考虑顾客的地区、性别、职业、身高、体重、喜好、习惯、用途、情感等多个因素。如果我们将这种思维模式应用于 ToB 产品，就会变成客户行业、业务流程、业务痛点等基本属性，而忘了客户购买 SaaS 产品的最终目的——实现业务成果或达到期望的业务价值。因此，通过运用"客户成果金字塔"模型，我们可以快速识别出每个维度的客户需求。

- 业务成果：代表客户的业务目标，定义客户要达成的成果是什么。
- 财务回报：如果客户实现了业务成果，客户希望带来什么样的财务回报。
- 被考核的 KPI：为达成业务成果所制定的 KPI，这涉及个人的切身利益。
- 最佳实践：可以直接使用或参照的业务方式。
- 岗位责任人：通常是采用的直接受益者。
- 技术支持：技术实现方法，可以展示一下技术能力。

实际上，你仍然可以用客户调研的方法，只是把调研的问题预设为客户成果金字塔的几个维度，而调研出每个维度的结果，最短可以在数十分钟内完成。

4.8 描述细分市场中的客户

无论你是通过调研、客户成果还是其他方法来洞察和理解客户的，你都需要利用获得的信息将客户描述出来，也就是产品经理常说的客户画像。

4.8.1 ICP 的概念

客户画像这个概念对所有产品经理来说并不陌生。然而，对于 SaaS 产品而言，使用常规的"标准客户""典型客户"等概念已无法准确描绘 SaaS 的客户群体。因此，在 SaaS 行业中，人们通常采用所谓的理想客户画像（Ideal Customer Profile，ICP）来描述选定的细分市场中的客户。那么，什么是理想客户，他们对 SaaS 产品又有什么意义呢？

实际上，现实中并不存在与你的产品目标完全契合的理想客户，他们只是通过高度概括和抽象得到的具有极高同质性的客户模型。具体来说，ICP 有两层含义：一是指那些价值最大的客户；二是指那些业务目标与你的产品目标高度一致的客户。具体来说，所谓"价值最大"并不单指合同金额的大小，而是指那些具有最高性价比的长期客户，SaaS 模式正需要这样的客户。因此，在正式开发产品之前，为产品建立 ICP 是必需的。

4.8.2 如何刻画 ICP

因为 ICP 的高度抽象性，所以它的模型刻画相对比较复杂，但如果使用一些工具和方法，比如客户成果金字塔模型，这个工作就变得简单很多了。此外，如果你的创业团队中恰好有该领域业务背景的成员，ICP 的刻画就更容易了。

实际的 ICP 刻画情况可能会稍微复杂一些。这主要是因为客户的业务成果可能不止一个。这将带来额外的产品规划工作量，比如随着客户业务成果的增多，实现业务目标所需的产品功能可能需要增加，或者功能组合的复杂性也会增加，从而影响功能或服务的价值。因此，需要为多个业务成果以及产品功能制定优先级列表，在资源和时间有限的条件下，决定优先做哪些事情，不做哪些事情。如果此时产生误判，可能会大幅增加产品变更带来的成本。

此外，ICP 本身可能不止一个，在 SaaS 领域，很可能存在所谓的双边或多边客户市场。例如，在电商 SaaS 中，既有卖家客户也有买家客户。作为一家 SaaS 服务商，你需要同时服务于卖家客户和买家客户，因此可能需要制定两套或多套 ICP。

4.8.3　如何发挥 ICP 的作用

虽然许多产品经理都有 ICP 的经验，但对 ICP 的理解仍旧局限于传统 ToB 产品的认知中。例如，很多创业者认为 ICP 仅用于产品开发或帮助销售识别目标客户，这种看法过于狭隘。

从产品管理对公司内部职能协作的需求来看，ICP 的使用者应当是整个公司，而非某些部门。无论是产品团队、销售部门、客户成功团队还是运营团队，ICP 都应作为保证公司每个岗位、每个员工都能围绕同一目标的准绳和模板。通过一个共享的 ICP，在公司内部建立统一的客户模型，从而使开发的产品在营销、销售和客户留存方面都具有强大的牵引力和凝聚力，进一步将所有决策引向"以客户为中心"的方向。

4.9　设计产品的价值组合

在产品管理框架中，我们讨论过"产品价值组合"的概念。与当前产品界流行的"产品力"概念相比，产品的价值组合显示出更强大的能力，因为它不仅具备产品力的效果，还直接与产品收入挂钩。

4.9.1　什么是价值组合

一个 SaaS 产品通常包含多种功能，或者会与相关联的产品组合在一起，以此形成一个整体的销售价格而取得收益。例如，一个 SaaS 产品的销售收入为 10 万元，但不能简单认为这 10 万元是所有这些功能带来的。因为在这些功能中，有些确实能够带来收益，有些则可能无人问津。因此，在产品正式开发之前，我们需执行一个功能或相关产品的优选组合过程，包括将功能按照价值排序和组合，使之融入客户的业务价值链中，通过有效支撑客户业务成果，实现收入最大化，这一过程就被称为价值组合。通过价值组合，我们可以根据功能的优先级排序，决定哪些功能必须开发，哪些可留待下一版本，或是暂时不考虑。

这一工作必须在产品开发前完成，而不能在产品发布后再去筛选对客户有价值的功能。开发那些价值不高的功能不仅消耗开发资源，还可能掩盖产品真正的价值，从而影响产品的整体收益。只有对客户有价值，客户才会选择，显然投资在这些功能上，可以尽快取得产品投资的回报。

然而，现实中许多 SaaS 产品并非采取这种做法。产品团队往往将所有能想到的功能一股脑地全部加入产品中，对于哪些功能有价值、哪些功能无价值并不关注，只顾着让一个丰满的产品先上市再说。这导致初版产品的投入过大，并且因缺乏针对性的用户反馈，产品的迭代改进同样缺乏目标性。因此，市场上才会充斥着许多功能过剩、实际效用不大的 SaaS 产品，这些产品只能通过烧钱、免费或打价格战来维持存在感。

4.9.2 产品价值量化

产品价值组合本质上是产品价值的筛选和量化过程，旨在明确你的 SaaS 产品如何为客户带来价值。它主要关注的是客户期望获得的利益，并检验产品提供的利益是否符合客户的期望，而不是产品的技术、特性和功能。

这种产品价值量化主要具有两个益处：首先，它提升了对客户价值的认知；其次，可以在公司内部形成对产品价值认知的高度统一。

站在客户的角度，他们在购买产品之前一定会思考一个问题："这个产品能为我带来什么价值？"而产品价值量化就是要证明使用该产品得到的回报，让客户认为确实值得花费那么多钱。而站在公司角度，对自身产品价值的认知一致也非常关键。

在进入具体产品开发过程后，每个产品人员都可能有不同的想法。比如有人认为自己的产品价值在于提高客户的生产效率，而有人认为是降低客户生产成本，还有人认为是提高客户的数字化水平，因此真正实现价值认知一致非常困难。所以很多公司的很大一部分成本，浪费在解决这些价值认知不一致的问题上。这一问题之所以难以解决，正是因为缺少一个价值判断的标准，而产品价值的遴选和量化过程，为公司内部确立了产品价值标准，这让产品价值认知一致成为可能。

产品价值的遴选和量化，不应停留在理念和概念层面。因此一旦确立了全体达成一致的价值点，就需要将它们以书面形式表达出来，以便作为后续素材的基础，比如营销文案、销售方案等。

4.9.3 如何设计价值组合

为了帮助客户实现业务成果，一个 SaaS 应包含多个功能，但并非功能越多越好。应根据一定的原则和基准，决定哪些功能应被保留，哪些应被舍弃。因此，在具体讨论功能组合之前，要先明确评估的基本原则和步骤。

- 识别 ICP 的业务目标，并据此定义他们期望达成的业务成果。
- 确定为了达成业务目标客户需要完成的工作内容。
- 确定客户通过使用产品获得的可衡量的价值。
- 产生这些价值，你是如何做到的，也就是说明价值的功能实现。

多数情况下，客户的业务成果并非只有一个，可能有多个，你需要循环使用上述 4 个步骤，以验证客户业务成果与功能组合价值是否完全匹配。

产品价值组合并不是一种理念或一个概念，而是一份详尽的组合计划，哪怕最初的组合方案还不完美，也需要把它们用一张表格列出来，随着对产品和目标市场认识的不断加深，再进一步修订和完善。

从上述步骤可以看出，SaaS 的价值功能组合过程并不像传统方式那样从产品规格出发，而是从客户的成果入手，推导出实现业务价值所必需的功能，以确保产品的交付价值与客户期望实现的业务价值相一致。同样，你需要对所有候选功能反复使用上述 4 个原则，以确保每个功能都能支撑明确的价值。之后便是大多数 ToB 业务产品经理都熟悉的工作。

4.10 定义产品规格

看到这里，很多产品经理可能会有这样一个疑问：现在才考虑产品规格，是不是太晚了？实际上，这恰恰体现了 SaaS 产品与一般 ToB 产品的不同之处。对于 SaaS 产品而言，如果你首先考虑的是开发产品功能，而不深入了解目标市场中客户期望实现的业务成果，可能造成所开发的产品无法与客户想要实现的成果相匹配的结果。所以在正式进入定义产品规格阶段之前，强烈建议你将第 3 章以及本章前面的内容再浏览一遍。

因此，即使你认为自己对产品已经非常了解了，也要从理解客户的业务成果开始。这样你才可以根据细分市场的具体需求对产品进行定制，从而更快地赢得市场份额，而不是在市场上费力地推销一个你认为有价值而客户不认可的产品。

那么，如何制定产品的规格说明呢？首先，你不应该一上来就深入某个细节，而应该根据前面的各项分析结果，对所要开发的产品进行总体框架的描述。随着对产品的进一步了解，你可以不断充实或修正这个总体描述。这样做确实可能错过某些产品功能的细节，但是可以确保整体不跑偏。

我见过很多受过严格训练的 ToB 产品经理把产品规格文档写得极其规范，但也极其复杂，其实对于 SaaS 产品来说，是完全没有必要的。多数情况下，所谓的产品规格其实只要一张表或者一张图就够了，而且为了具有可视化效果，最好以图的方式呈现。但是要记住的是，无论是表还是图，内容永远是第一位的，形式是第二位的。从业务成果到价值功能组合，只要把这些在产品规格上表现出来就可以了。至于表达形式，你可以选用你和团队最熟悉的，比如可以是规范的流程图，也可以用 storyboard 绘制，甚至直接手绘。当然，最终还是要按照公司的产品文档规范做成标准的产品文档。但是在一开始，没有必要把时间花在形式上，况且产品内容早期变化得较为频繁，而标准文档的变更需要花费较多的工作量。

实际上，无论采用何种形式的产品规格，它主要有 3 个用途：一是作为记录前期成果的文档；二是帮助团队内部形成关于产品的新共识，并推动后续产品开发，向下一个阶段里程碑迈进；三是我们需要进行客户验证，而产品核心规格恰好是产品经理与客户交互的有效工具。

4.11 定义 SaaS 产品的 MVBP

经过前期的产品准备过程，就可以完成产品核心规格的描述了，此时你的产品又向前推进了一大步，离市场切入点也似乎更近了。现在产品团队可能会按捺不住立即开始产品开发的冲动，不过在正式开始开发之前，还有一项重要的工作，那就是定义最小可行产品（Minimum Viable Product，MVP）。

与仿制市场上的现有产品不同，你所进入的细分市场可能是个全新的利基市场，你需要对这个未知市场进行必要的探测，以确保产品上市后的表现与预期的偏差不会太大。现在的问题是，创业资源非常有限，你不能把完整的产品做出来再去试验，那样成本太高了，时间上也不允许，万一出问题创业项目可能随之失败。因此，埃里克·莱斯在他的著作《精益创业》中，提出了最小可行产品的概念。借助MVP，你可以用最小的代价来验证产品的商业可行性。

MVP概念对于产品经理并不陌生，它的目的非常简单明确，即与早期客户进行交互，听取他们的反馈，由此判断现有产品定位是否准确。其实这包含了两个核心概念：最小测试和最小可行产品。最小测试（Minimum Test）是指你只测试需要测试的内容，而不应测试得太多或者太少。而最小可行产品是刚好能够帮助你表达产品核心概念的那部分功能集合。

不过，MVP概念的初衷虽好，但是实际操作起来很难把握"最小"的尺度。对于一个创意性的产品还好说，对于大部分ToB产品来说，如果尺度太小，难以表达一个复杂业务，就很难测试出产品是否与潜在客户的需求相吻合；而如果尺度太大，泛泛地测试又很难评价产品的核心特点，甚至失去了做MVP的意义。特别是在将MVP方法应用于SaaS产品时，更需考虑诸多特殊性和不适宜因素。

对于SaaS产品来说，显然只测试MVP是不够的，而是需要开发和测试客户最可能因客户成果而购买的最小可行商业产品（Minimum Viable Business Product，MVBP）。虽然MVP与MVBP只有一个字母之差，但MVBP的目标却与MVP大不相同。

- ❏ 让客户通过试用产品发现产品的价值。因此那些为实现价值而选择的功能和特性，必须包括在MVBP中。
- ❏ 测试客户是否愿意为产品支付费用。验证价值的最好方式，就是客户看到了完整的价值之后，所表达的付费意愿是否强烈。
- ❏ 获取客户反馈以进行产品迭代。MVBP包含的功能特性，足以产生客户的反馈，进而进入迭代循环。

从 MVBP 的目标可以明显看出，MVBP 不仅在于获取客户反馈，更重要的是验证用户是否愿意为此付费。这是从测试产品"可用性"到测试产品"价值性"的转变。对于客户而言，仅仅"可用"不一定意味着愿意付费，但如果能"实现价值"，客户的付费意愿会显著增加。

至于 MVBP 的呈现方式，并没有统一的方法和形式。你可以选择使用故事板、设计截图、带插图的文档，或任何其他你熟悉的方式。总之，目的是让客户更容易、更准确地理解产品的核心内容和潜在价值。完成 MVBP 后，你就拥有了一个可视化的且较为全面的产品表达工具，随后即可利用它和客户一起验证之前的所有假设是否成立。

具体而言，你需要验证的关键假设有以下 3 个。

1）证明你发现的是一个可规模化的商业机会，而不是一锤子买卖。

很多 SaaS 创业者，尤其是技术型创业者，很容易犯的一个错误是，虽然技术可以适用于某些客户的特殊业务场景，但是最终还是遇到规模化的阻碍，很快就变成一锤子买卖的项目型公司。

2）客户反馈不但可以帮你验证产品是否可行，还能更好地验证你发现的商业机会。

无论客户的反应如何，都能帮你判断这个商业机会有没有空间，以及空间有多大。

3）客户为这样一个产品付费的意愿有多强。

很多情况下，客户给出的评价并不能代表客户的真实想法。比如客户说"还不错"，那么结果很可能相反。其实，最有效的验证方式还是客户的付费意愿。这种方式看起来有些简单粗暴，不过如果你能得到客户愿不愿意付费、愿意支付多高的费用这些真实的想法，验证结果就有相当的说服力。

4.12 验证产品的价值

实际上，从上一章的产品管理到本章的产品实践内容，一直都在讨论产品价值的发掘和验证问题。因为对于 SaaS 产品的开发来说，价值验证实在太重要了，甚至可以决定 SaaS 创业的成败。但是前面讨论的产品价值验证内容，大多停留在理论和方法层面。现在产品的初级版本已经开发出来，我们可以开始实际的产品价值验证。

提到验证，很多创业者首先想到的是市场调研，但在这个阶段，该方法基本无效。也有的创业者忽略验证步骤，打算直接进入市场，后面遇到问题再说。这两种方法都存在产品上市后不被潜在客户接纳的风险。

在 SaaS 领域，最常使用的验证方法是典型客户验证法。具体而言，这种方法是指找到 10~20 家"非关联"客户，并通过与他们的沟通及他们对 MVBP 的反应，来验证之前提到的 3 个假设。

这个过程看似简单，实际操作起来却非常耗时且费力，许多创业者对此感到畏惧。然而，迈出这一步是必需的。实际上，还是有规律可循的，关键是要掌握以下几个核心要点。

- 满足 10~20 家典型客户的标准。
- 如何找到他们。
- 为避免验证失败，哪些错误一定不能犯。
- 怎样探求客户的付费意愿。
- 怎样处理和对待反馈。

为了帮助创业者正确使用典型客户验证法，我们把这些内容稍微展开介绍一下。

很多人对此都有疑问：为什么是 10~20 家客户？这些客户需要符合怎样的标准？坦率地说，对于一家无名的创业公司来说，找到一家对你的产品感兴趣的公司已经很难了，更别提 20 家。但这一关，你无论如何都必须要过。就数量而言，如果你找的公司太少，比如只有两三家，很可能会影响到验证能否规模化的问题，而无法规模化是 SaaS 业务中最致命的商业缺陷。不少创业者仅仅验证了一两家客户，就认为实际效果还不错，得出可以规模化的结论。待产品真正上市后，才发现这一两家客户有太多特殊性，最终因无法复制而导致规模化失败。

对于验证客户要求，关键有两点：首先是他们的 ICP 高度相似；其次，他们必须是非关联客户。如果你找的初始客户与ICP有较大的偏离，就会给验证工作带来极大的麻烦。因为他们的业务目标和需求并不聚焦，可能会扰乱你已有的产品价值定位，如果你不够坚定的话，还可能被他们带偏。所谓非关联客户，即他们对你来说是完全陌生的，他们不是你的亲友、同学、原同事，最好与你也不是同一投资人。只有这样，你才能获得你真正想要的结果。如果客户的反馈都是"还不错"，那说明他们并没有真正关注你的产品，也不在意产品带来的价值。

至于如何找到10~20家初始验证客户，确实有很大的挑战性，所以需要采取一些方法。比如根据你的ICP先列出一个名单，然后通过行业内的信息找到他们。如果你要找到10家验证客户，那么名单就需要列30家甚至50家才行。此外还需要考虑效率问题，比如他们是否都在同一地区，目前有没有使用类似的产品，他们参与的热情如何，以及对接人有哪些需求。根据这些条件筛下来之后，再与每家客户商谈更进一步的工作。

如何与验证客户有效互动，这里面也大有学问。我参与过很多次与验证客户的交流活动，发现很多创业者在这个过程中最容易犯两个错误：一个是不自觉地带出明显的推销倾向，这让客户马上警觉起来，注意力放在保护自己的钱包上；另一个是表达出来请客户帮助做产品测试的意思，客户对这件事的重视程度就会立刻降低，因为客户并没有这个义务。无论是哪一种错误，都会让客户验证彻底失败。

但是这并不是说你不能与客户谈价格问题，相反，只有付费才是确定你的产品对客户是否刚需的最好证明，只是需要注意谈话的策略、方式和语气，不能让客户觉得你是在推销产品。如果这一步进展顺利，客户也对你的产品表现出兴趣，你就可以进一步询问："作为灯塔客户，你是否愿意现在就预付费用，我们优先帮你实施，解决那些困扰你的问题？当然，我们会在价格上给你一个折扣，如果你对交付不满意的话，我们承诺给你退款。"

很多人都觉得这样做有些"得寸进尺"，而不好意思跟客户谈付费问题。其实你只要对自己的产品价值有信心，谈付费有何不可呢？以我的经验，与验证客户成功达成付费协议的情况并非少见。重要的是，一旦验证客户有付费意愿，这对于创业团队、产品经理和投资人，无疑是一个极大的激励。但你应当清楚，讨论付费不是为了销售，而是为了测试客户的反应，这才是进行客户验证的真正目的。

客户验证时应避免使用开放式问题，漫无边际地请客户谈愿景、谈期望，而应该聚焦于你要了解的核心问题。客户反馈通常是一个问题列表，如果所有问题的反馈都是满分，那你就要注意了，这几乎是不可能的。相反，如果绝大部分问题的反馈都是负面的，你也要注意了，这时需要重新审视产品管理过程，以确定没有跑错了方向。

除了这两种极端情况外，通常可以明确哪些假设是成立的，哪些是否定的，以及客户新提出了哪些需求。通过处理多家验证客户的反馈，你将能够制定出相应的改进和调整方案，最终得出明确的结论。

4.13 避开产品定价的陷阱

在产品还没做出来之前就考虑定价问题，是不是太早了？大多数创业团队都会提出这个问题。其实不仅不早，甚至现在才考虑定价都有点晚了。因为创新产品与种庄稼不同，不能看到收成和粮食的成色，再确定销售价格。

在产品管理部分，我们已经讨论过 SaaS 产品的定价策略，现在讨论一下具体的操作方法。

1. 不要盲目跟随市场

分析国内市场 SaaS 产品的定价情况，可以发现绝大多数 SaaS 产品都采取了基于市场的定价策略，这主要是竞争环境所致。虽然密切关注竞争对手的定价策略似乎是一种有效的方法，但采用这种方式，也意味着丧失了对定价的控制。更严重的是，你的盈利前景将与竞争对手密切相关，而你的加入仅仅是使价格战的参与者又增加了一个。

2. 不能完全基于客户预算

很多 SaaS 公司在定价思考上仍局限于软件产品的定价策略。传统软件的重要定价因素之一是看客户预算。然而，SaaS 作为一种服务产品，采用按年或按月的服务订阅模式，并不要求客户必须有充足的预算。事实上，客户完全有可能从运营成本中支出，而不一定非要用 IT 采购预算支付。

因此，过分关注客户的预算，在 SaaS 定价中并没有太大意义，过分关注客户预算反而可能导致误判。

3. 以价值定价，让价值货币化

在 SaaS 产品初期，花费大量时间来定位产品的量化价值是非常值得的。因为具备突出价值主张的 SaaS 公司能够自信地摆脱竞争者的价格战，价值量化也为你的价值货币化提供了充分的依据。

以价值定价的核心是，首先明确你的产品能为客户创造多少价值，然后从这一价值中提取一定比例作为回报，就这么简单。

4. 细分市场的定价策略

因为你选定的细分市场是一个利基市场，与通用市场相比，可替代产品的数量要少得多。特别是在这个细分市场中，如果你的价值主张非常明确且独特，那么你的定价将可能具有较高的报价与市场契合度，因此可以具有更强的定价能力。

5. 灯塔客户的价格

所谓灯塔客户，是指产品最早期的客户。你的产品在市场上尚未有任何名气时，他们帮助你真正进入这一市场。因此，在定价上必须给予灯塔客户较大的优惠，甚至可以考虑免费。因为此时你的主要目的不是创造营收，而是借助灯塔客户的反馈来迭代和改进产品。

然而，在处理灯塔客户的报价时，还是需要一些策略。例如，你不能一开始就给出一个超低价或直接免费，这可能会让客户觉得你的产品本身价值不高。正确的做法是，先按原价报价，然后为了感谢早期客户的时间和资源投入，给予他们较大的折扣，甚至免费。当然，也有例外情况，例如我曾参与的一个 SaaS 产品在试用阶段便解决了一家灯塔客户的长期难题，因此该客户主动按照定价支付了首年订阅费。

如果你打算给予灯塔客户较大的折扣或优惠，一定要与客户签订价格保密协议。这是因为按此价格你是无法盈利的，故不宜向其他客户透露，以免给后续的销售工作带来麻烦。

上述几条实用的 SaaS 产品定价原则，有助于你避开定价陷阱。毕竟价格过高可能导致产品起步艰难，而价格定低了，想再涨上去就难了。定价不应仅根据个人意愿或技术先进性等因素。只有在与客户达成价值共识的基础上，才有可能制定出合理的价格，比如有的 SaaS 企业通常是以客户通过使用产品所获价值的 15%～20% 作为定价依据（这也是国外 SaaS 产品通常较贵的原因）。你可以参考这一比例，设定一个双方都易于接受的价格。

你可能会担心这样的定价策略会存在风险，其实并不需要过多担心，因为在最终确定价格前，你还有多次机会验证其合理性。

4.14　产品生命周期内的沙盘推演

至此，我们已经确定了细分市场，也充分了解了该市场中的目标客户。那么，现在是否可以开始正式开发产品了呢？别急，由于软件、平台和 AI 技术的快速发展，SaaS 产品的开发已变得非常容易，因此，你并不需要担心产品开发不出来，真正需要关注的是开发前的业务确定性。

此前的所有工作仅是基于你的假设，并未经过实际验证。因此，你必须对整个产品生命周期内的活动进行必要的沙盘推演，以识别原始假设中可能存在的问题。这个过程最好不要省略，因为其中任何一个问题都可能导致产品生命周期内的活动受阻，甚至无法继续。这方面的教训屡见不鲜，一个常见的教训是，创业者忽视了产品生命周期中的潜在问题，从而不自觉地夸大了产品的前景。通常，他们会高估客户对产品的需求，认为自己的产品一定是客户的"刚需"。此外，他们在产品带来的利益和易用性方面，往往过于夸张和自信。显然，在这种情况下得出的结论难免会有很大的偏差，带着这些偏差进行开发存在很大的风险。

产品生命周期内的沙盘推演，就是详细描述你的客户是如何发现、购买和使用你的产品的，他们如何从中获得价值，如何付费、续费和增购，以及他们是如何传播你的产品的。这一切都对你的产品上市后能否取得成功至关重要。这个过程与在一场战役正式打响前必须进行严密的沙盘推演类似，等到战斗结束后才复盘就太晚了，因为你已经花费了大量的资金成本和时间成本。

沙盘推演时，应结合SaaS的ALAER框架，在这个过程中必须阐明客户的业务成果是什么，你的产品怎样满足客户的价值链需求，客户为何要购买此产品，关键用户界面是怎样的，可能出现的客户使用障碍有哪些。在产品的全生命周期的推演过程中，不但要说明客户如何使用产品，而且要详述订阅方式和客户成功等方面的细节。

此外，还有一个不容忽视的重要现实，即客户不会冒险采用一家默默无闻的初创企业的产品来增强自己的业务价值，而沙盘推演的成功会极大提高产品团队的自信。反之，一个在模拟推演阶段都走不通的产品，在真实环境中绝无成功的可能，这样的产品没必要去市场上碰运气。

具体来说，沙盘推演就是要搞清楚产品生命周期内的关键问题，包括但不限于以下几个问题。

- 客户对现有同类产品的看法，这些产品在哪些方面无法满足客户的需求？
- 客户对产品有何新的需求？
- 客户通过什么途径了解你的产品？
- 客户从哪些角度分析你的产品，以及如何确定你的产品能为其带来价值？
- 客户将怎样使用你的产品？使用流程与客户当前的工作流程吻合吗？
- 客户会怎样传播你的产品？是好的口碑还是负面的口碑？

将这些问题的答案罗列在一起，你自然就会发现产品路径上存在的问题，从而做出应对策略。

4.15 将客户成功理念注入产品

在 SaaS 产品领域,流传着这样一种说法:"不懂客户成功的产品经理,绝不是一名优秀的 SaaS 产品专家。"此话也可以解释为:客户成功的理念必须被注入产品之中。甚至可以更为绝对地说:SaaS 产品本身就是为了客户成功而设计的。

那么,应该怎样为 SaaS 产品注入客户成功特性呢?关键有以下几个方面:
- 以人为本,面向最终使用者设计,而不是面向 IT 经理或 CIO。
- 自带实现业务成果的"导航"能力,可以极大提升产品的采用率。
- 善用数据观察机制,将用户使用数据作为产品迭代的依据。
- 为 CSM 设计服务抓手,打造基于服务界面的客户成功。

所有这些内容都需要在产品开发之前加以考虑,以便为 CSM 留下介入的空间和机会。如果忽略了这些客户成功要素,产品就只是一个平庸的产品,而不是可以帮助客户实现业务成果的有效工具。

4.16 产品的开发

如果你已完成了前述每一个步骤的工作,那么恭喜你!现在你终于可以去开发完整的产品了。

不过,产品技术架构和开发方法都不是我的强项,所以本书不能为你提供深入的技术开发方面的帮助。幸运的是,目前的架构和实现技术已经让 SaaS 产品的开发变得非常容易,只要前面的工作做得足够扎实,考虑得足够细致,开发出产品对于大多数 SaaS 创业团队来说都不难。

虽然本书在开发技术方面帮不上忙,但我还是想分享一些过往在 SaaS 产品开发中遇到的经验和教训,希望对你的开发有所帮助。

1. 数据安全与隐私

对于 SaaS 产品来说,安全总是排在首位,没有安全的基础,客户也难以对你的产品产生更进一步的兴趣。

鉴于 SaaS 产品的运营完全依赖数字化，离不开如用户使用数据、客户健康记录等各类信息和数据，所以在使用这些数据前，你必须向客户明确告知数据使用的必要性，并阐述其带来的好处，比如助力客户获取更好的使用效果等。同时你还必须通过书面形式获得客户的同意，这样就不会在某一天接到客户怒气冲冲的电话，质问你为什么获取他们的数据。

2. SaaS 产品的迭代

SaaS 无须为每位客户单独部署和个性化开发产品，这无疑已经节省了大量时间。实际上，SaaS 与企业软件不仅在架构上有所区别，开发过程也大不相同。

企业软件必须完成整套系统后才能发布。至于系统升级，则需等待下一个版本的发布，系统中的 bug 通常需要通过补丁为每个客户单独处理和修复。

而 SaaS 只需完成一个完整的业务应用即可发布上线，不用等到功能"全部完备"再统一发布。因为无论你之前的考虑多么完善，总会与客户的实际需求存在偏差。因此，SaaS 可以根据客户的使用反馈，随时进行迭代和微发布，而不必等待新版本。这种敏捷迭代的神奇之处就在于那些存在的逻辑错误或者之前没有测试出来的 bug，很可能在客户发现和反馈之前，就已经修复了。

3. 建立产品运营平台

传统的客户问题反馈方式，在问题的数量和质量方面往往受限，且难以进行深入分析。因此，仅靠客户反馈来对产品进行改进，效率低且动作滞后。然而，SaaS 的产品运营模式是通过分析客户的使用数据，来判断客户的使用问题。例如，如果后台数据显示，大部分客户都没有走到结束，就在某个节点非正常退出，此时就需要审查该节点的业务逻辑，很可能会发现潜在问题。因为这种问题并不是客户提出来的，而是 SaaS 运营平台根据大量客户的使用数据分析出来的，所以无论是问题发现的及时性还是问题解决的速度，都比传统的依赖客户反馈方式高得多。

这也表明，SaaS 业务的运营必须依赖一个数字化的运营平台，这对于 SaaS 业务来说是必不可少的。运营平台不仅需要分析客户使用情况，还应支持 CSM 对客户行为进行自动化分析，例如，对即将流失的客户发出预警。

建议在 SaaS 产品的设计阶段就考虑引入数字化运营平台，而非在后期添加。一个优秀的 SaaS 运营平台能够确保从 SaaS 业务上线的第一天起，就采用数字化方式进行运营。这至少能节省 50% 以上的人力成本，特别是在问题发现环节，其表现远优于传统人工方式，这不仅可以减少 CSM 的配置数量，还能大幅降低客户维护成本，并提升客户满意度。

4. 产品开发不要外包

用户型创业者的优势是熟悉自身所在的行业和业务，但其弱点在于技术能力不足。因此，他们可能会考虑将 SaaS 产品开发外包，借助外部的技术力量，结合自身的行业优势，从而更快地推出产品。

理论上，这种做法是可行的，然而，无论是完全外包整个产品还是仅外包产品的技术开发部分，对于 SaaS 业务而言都是弊大于利。

我观察到的本来有成功潜力的 SaaS 项目因外包导致失败的案例实在是太多了。从产品管理的整个过程来看，外包的开发团队很难始终按照既定的产品管理要求，有效地完成每一个阶段的任务。大多数情况下，外包交付的软件很难被有效运营。

此外，SaaS 产品的上线仅是开始，上线后仍需要根据大量的客户反馈进行持续的迭代，很少有外包团队能陪着你一直走下去。一旦与外包团队分道扬镳，后续的迭代和客户反馈处理就无人能够顺利接替，这将导致客户反馈的积压和客户体验的劣化，最终可能会造成大量客户流失。因此，对于 SaaS 产品开发的外包必须慎重。

5. 不要本地化部署

不进行本地化部署，应该是 SaaS 创业的底线。但有些创业者一旦遇到大客户，便又回到传统企业软件的思维老路上，这种做法极易破坏 SaaS 创业之路。事实上，是否进行本地化部署，与客户的规模没有直接关系。看看国外那些成功的 SaaS 企业，即便是面对全球 500 强的大企业，它们一样坚持不做本地化部署。

SaaS 创业者之所以考虑本地化部署，主要是希望从大客户的本地部署项目中积累经验，进而反哺产品开发。从前面的讨论可见，SaaS 产品开发与传统的项目或软件开发明显不同。因此，本地化部署的项目很难为 SaaS 产品开发提供实质性帮助，反而可能将产品思维导向项目化。

对于 SaaS 创业者而言，进行本地化部署的弊端实际上是相当大的。例如，会产生许多独立的产品版本，阻碍规模化的发展。更为严重的是，在创业初期资源非常有限的情况下，少量的项目便可能耗尽公司的所有资源，显然，这种做法得不偿失。

4.17 AI 与 SaaS 产品

AI 进入 SaaS 领域，早已不是新鲜事了，而以 ChatGPT 为代表的 AI 大模型的横空出世，更是预示着 SaaS 全面 AI 化时代的到来。

4.17.1 生成式 AI 的工作原理

生成式 AI 的代表 ChatGPT，由 OpenAI 公司开发，它基于 GPT 系列的大型语言模型，可以接受包括人类语音模式和商业语言模式等多种模式的训练。在 ChatGPT 之前，底层语言模型只能通过 API 使用，或者在 OpenAI 集成的第三方应用中使用。

有人将 ChatGPT 视为一种新型搜索引擎，因为可以用来查找和检索任何内容。实际上，情况正好相反，ChatGPT 是根据你的提示（prompt）实时生成结果的。要实现这一点，你需要对它提出要求，即给出提示并设定任务，其生成的结果才能使用。

然而，有时候 ChatGPT 可能会偏离询问的主题，这往往是因为提示不当。换言之，恰当的提示是必不可少的，因此熟练地撰写提示也是 SaaS 产品经理必备的重要技能。

4.17.2 如何实现 AI SaaS 的超能力

虽然生成式 AI 理论上具备强大的能力，但这种能力并不会自动发生。许多产品经理在使用 ChatGPT 后认为，它输出的内容作为演示还可以，真正应用于业务场景时，可能毫无逻辑，甚至有人戏称其为"垃圾输出"。

实际上，这种问题不仅存在于 SaaS 产品领域。任何生成式 AI 都需要通过训练才能发挥其功能。所谓"训练"，也可以理解为对生成式 AI 的"编程"。其中最关键的是提示，它不仅是与像 ChatGPT 这样的 AI 模型交互的桥梁，更是一种新的"编程语言"，用于指导 AI 模型产生特定的输出。围绕如何设计、优化和管理提示，甚至催生了提示工程（Prompt Engineering）这一专业领域。

因此，要想使 AI 在 SaaS 领域发挥效用，首先需要对所使用的生成式 AI 进行适当的训练。你必须明白，提示不仅是简单的输入或查询，还是一种与 AI 模型交互的"编程语言"。因此，产品经理需要围绕业务目标，通过精心设计的提示来"编程"AI 模型，指导其完成各项任务。

（1）设计

提示设计需要仔细选择关键词汇、构建清晰的语句结构，并仔细考虑上下文信息，包括任务上下文和会话上下文，以确保 AI 模型能准确理解产品设计的意图，并产生符合预期的输出。

（2）优化

提示设计完成之后，其应用效果可能仍有提升空间。因此，需要通过优化提示来提高其表现，这包括调整选用的词汇、改善句子结构、增添更多上下文信息，以提升 AI 模型的性能和准确率。这一过程需多次尝试与迭代。

（3）管理

随着 AI 在 SaaS 领域的应用范围不断扩大以及服务逻辑日益复杂，所需的提示的数量也在持续增加，因此提示的管理变得至关重要。管理的内容包括提示的组织、存储和检索，以便能快速找到并利用它们。随着迭代的深入，提示还需要持续更新和维护。

4.17.3　从 SaaS 应用到 SaaS AI Agent

提示工程只是 SaaS 产品智能化的初级阶段，而要更进一步，AI Agent 模式则是一个值得深入挖掘的方向。

与提示工程的应用不同，AI Agent 的特殊能力在于，它不仅可以为用户提供咨询，还能直接参与规划、决策和执行等必要环节。虽然我们目前已经能够开发出智能化的 SaaS 产品，但这只是基于已知经验的成果。问题在于，对于目标业务领域而言，现有的认知经验还非常有限，也缺乏深刻的洞察。

在这种情况下，我们可以向 AI 大模型进行"咨询"。其实，不仅如此，连后续的任务规划这一关键环节也可以完全委托给 AI 大模型，利用它的洞察与感知环境的能力、丰富的记忆与存储能力、高效的任务分解与策略优化能力，以及灵活运用各类工具的技能来实现。

比如对现有业务进行建模和处理的方式，都是根据人类积累的经验总结出来的，而现在产品经理可以使用更高级的方法，即 AI Agent 方式。只要我们把业务的描述和要求提供给 AI 大模型，就有可能得到现有认知范围之外的新洞察。

其实不仅如此，利用 AI 大模型的感知、记忆、规划和行动能力，甚至有可能直接"生成"一个 SaaS AI Agent。

4.18　SaaS 产品的试销售

当你完成了产品的第一个可售版本之后，你会遇到第一个问题：如何向 10~20 家客户销售产品？虽然产品管理框架中说明你应该提前做好营销准备和销售准备，此时看似可以直接开始销售了，但实际上，对于大多数初创公司而言，组织一个合格的销售团队是非常困难的。即便你为大规模获客准备了充足的资金，也不一定能马上招到经验丰富的 SaaS 销售人员。

根据我自己的创业经历和我曾带领产品团队的经验，此时最合适的策略并不是寻找经验丰富的销售人员，最好的做法是由创业团队的核心成员亲自去向最初的几十家客户销售产品。因为产品试销售的目的，并不仅仅是将初期产品卖出去，更重要的是为之后的大规模销售找到合适的方法和路径。下面通过一个实际例子来阐述这一点。

我曾经带领过一个 SaaS 创业团队，团队成员基本都有技术背景，在产品发布后，我们先请了一家渠道伙伴开始试销售。向最初的十几家客户销售还算顺利，团队因此认为产品已经没有问题，可以开始规模化销售了。后来由于某些原因我们终止了与这家渠道伙伴的合作，改由自己进行销售，但出乎意料的是，在最初的 3 个月内，我们只签约了不到 10 家新客户。在这个过程中还反馈回来一大堆问题，有的是营销资料问题，有的是产品功能问题。后来拜访了渠道伙伴发展的客户后发现，那些客户中半数都已经不用我们的产品了，也就是这些客户早就流失了。一些问题其实客户早有反馈，只不过是反馈给了渠道，而渠道把这些关键的信息给截留了，以至于我们无法知道初期产品为什么行或为什么不行，因而错失了及时改善的机会。

俗话说"万事开头难"，尤其对技术型创业者而言，可能感觉销售比产品开发更难。不过，如果能获得 10 个客户，那么 100 个客户也并非遥不可及。这最初的 10 个客户最为难得，因为作为一家不为人知的初创公司，赢得客户的信任实在是不容易。因此，创业团队才会想到寻找所谓的销售高手，希望借助他们的力量打开初始的销售局面。

从以上例子中可以看到，一开始最好不要依靠外部销售力量，甚至可以暂时不启用自身的销售力量，而是让创业团队的核心成员亲力亲为，获得最初的 10 家客户。这里的"10"只是一个示例数字，实际目标可根据团队的实际情况适当调整。

这样做有以下几点好处。

1. 确保你的目标不变

你现在的目标是通过试销售检验产品是否真的是客户刚需的，同时探索一条摩擦较小的销售通路，为未来的大规模销售做好铺垫，而不是追求营收。

如果在试销售阶段就请销售高手去做，那很可能会变成以成交为目的，这会使你的产品目标发生偏移。

2. 直接获得客户反馈，避免被中间截留或修饰

之所以让核心团队亲自销售，而不委托他人执行，是因为这样可以直接获取客户的一手反馈材料，这对产品的初期迭代至关重要。

3. 以自然方式成交，而不是依靠特殊销售手段

一个 SaaS 产品最佳的成交方式，是基于价值的交易，这同时也是实际验证产品价值的最佳机会。价值成交本质上应是自然而然的，也就是说，不需要动用任何销售手段。

这不是说销售不需要关注建立关系和采用技巧，那是以后的事。为了开拓一条低摩擦的销售途径，你当前唯一的选择就是依靠价值营销，即通过产品本身的价值来实现销售。

4. 通过试销售过程，知道应当招聘什么样的销售负责人

如果你顺利通过了 10 家客户的试销售，就一定会获得完全不同的体验，以及客户对你的产品的真实认知。

有了这些销售体验，接下来的一系列销售相关问题，也就有了根本的解决方法，比如面对不同问题应该采用什么样的销售策略。特别是在招聘和考量销售负责人方面，你有了敏锐的识人能力。

4.19 本章小结

在理解和掌握 SaaS 产品管理框架的基础上，本章阐述了从选择切入点到产品工程化实现的全过程。可以看到，SaaS 产品与传统 ToB 产品在开发过程上存在显著差异，打造一个优秀的 SaaS 产品绝非易事，任何一个环节考虑不周都可能导致产品发布失败。

然而，如果你能按照 SaaS 产品实践的要求，逐步完成每项工作，那么成功打造一个优秀的 SaaS 产品是完全可行的。产品的成功发布也标志着你的 SaaS 创业之旅正式开始。

第 5 章 | CHAPTER

重新理解 SaaS 营销

美国百货商店之父 John Wanamaker 有一句名言："我在广告上的投入，有一半被浪费了，但我不知道是哪一半。"将这句话套用在国内的 SaaS 营销上，结果可能是：SaaS 公司在营销上的花费，可能有超过 80% 未产生实际效果，但问题是公司也不知道是哪 80%。

换句话说，国内的 SaaS 行业需要重新理解 SaaS 营销。

5.1　SaaS 营销的本质

现在你已经组建了一个产品团队并构建出了 SaaS 产品，接着你又招聘了一个团队负责产品销售。但你可能很快就会发现，市场对你的 SaaS 产品知之甚少，这也使销售过程变得异常艰难。为此，你需要再组建一个营销团队，向销售团队输入更多的销售线索，帮助其更好地完成销售业绩。

的确，任何商业活动都离不开营销，SaaS 当然也不例外。不过，相较于传统的 ToB 产品营销，SaaS 产品的营销不仅更为复杂，其营销方式和成效评估也有很大的不同。在本章中，我们将重点探讨这些营销差异，尤其是与 SaaS 销售紧密相关的需求生成部分。如果你目前还不打算深入了解 SaaS 营销，那么至少应该理解 SaaS 营销存在的意义——让销售更容易。对于初次接触 SaaS 营销的人来说，理解这一点已经足够了。

要探讨 SaaS 营销，首先需要回答 3 个问题。

1）客户为什么要购买这个产品或服务？

没有企业会无目的地随意购买产品，客户购买产品必然是为了某种利益。例如，产品更优质、价格更便宜、购买更便利，以及产品效用已得到证明。

2）客户为什么要购买你的产品或服务？

这个问题需要从差异化的角度来解释，因为你的产品或服务的差异化和价值定位，能够更有效地解决客户遇到的某些业务问题。

3）客户为什么非买不可？

最好的营销是与客户讨论对他们而言重要的事项，即他们期望达到的业务成果。而成功的营销，则是将实现客户成果的方法在你的解决方案中成功地体现出来。

如果你是一名 SaaS 营销人员，现在就可以结合你的 SaaS，试着回答以上问题。这 3 个问题看似简单，但它们却是 SaaS 营销的基础和必答题。真要把答案精准地表达出来，并准确地传递给潜在客户，从而使客户生成需求，并非易事。目前 SaaS 营销的效果不佳，主要是因为 SaaS 还是一个新兴事物，市面上缺少经过专业训练的 SaaS 营销人员。实际上，目前大多数 SaaS 营销人员，或者来自软件行业，或者来自互联网行业，还有的来自消费领域。互联网和消费领域的营销，奉行的是流量为王；而软件行业的营销逻辑，则是推行自己的解决方案。因此，其营销出发点离回答上述 3 个营销基本问题，都有相当大的差距。

特别需要理解的是，SaaS 营销的终极目的并不是成交，而是吸引到高质量的潜在客户，他们才是 SaaS 业务的持续收入来源。因此，无论是互联网营销方式还是传统的营销理论，对于 SaaS 营销来说，都难以保证高质量的获客。也就是说，由于需求生成方式的差异，传统营销所生成的需求，无论是在数量上还是质量上，都很难满足 SaaS 业务的要求。

这就是我们需要重新理解和定义 SaaS 营销的真正原因。

5.2 SaaS 的营销与获客

我们知道，对于企业软件来说，最重要的事情只有两件，一件是把产品做出来，另一件是把开发的软件卖出去，营销充其量只算是一个辅助活动。但是对于 SaaS 业务来说，如果只通过销售获客，则不但增加了销售摩擦，提高了获客成本，而且效率太低，可能会因此失去宝贵的市场机会。因此要想提升 SaaS 的获客效率，就必须增加营销过程，这从 ALAER 业务框架就能看出，第一个业务环节就是吸引（Attract），也就是通过营销过程吸引到足够多可以转化的线索。

流量似乎是无所不能的"硬通货"，很多 SaaS 公司也试图借助流量吸引更多客户，然而基本是徒劳的。因为通过流量而来的人，几乎都不是你想要的目标客户，其根本原因还是流量没有解决获客障碍问题，即没有消除客户的价值认知差。

我们把这个概念稍微展开一下。所谓价值认知差，就是你的产品能够提供给客户的价值与客户认为的价值之间存在一个认知差距。也正因为这个认知差距的存在，让销售变得极为困难。通过流量的确可以把人吸引过来，但是流量造成的价值认知差也会非常大，销售很难将线索转化为可以合作的机会。实际上，价值认知差与客户需求强度成反比关系，即价值认知差越大，需求的强度越弱。这很容易理解，客户认为这是一个没什么价值的产品，自然不会有必须买的动力。如果能通过营销把这个价值认知差缩小，也就相当于产生或增强了客户的需求，从而为销售建立低摩擦的获客通道，这种营销方式正是 SaaS 业务所需要的。实际上这也是 SaaS 获客依赖营销的根本原因。

然而，不少来自消费领域的 SaaS 营销人员对此观点并不完全认同。他们倾向于将大量资源投入到流量获取上，认为只需先通过流量把人吸引来，至于如何解决价值认知差则是销售的责任。如果情况真的如此，那么营销人员就可以下岗了。

实际上，要帮助销售低摩擦获客，就必须在营销环节解决价值认知差问题，SaaS 营销人员的工作因此需要转向以下更有价值的方面。

- 为销售人员提供合格的潜在客户，即市场合格线索（MQL）。
- 通过培训和使用工具，帮助销售人员提高获客数量和质量。
- 提供有助于销售人员赢得更多交易的竞争信息。
- 创建理想客户画像（ICP），帮助销售人员专注于最容易赢得的交易。
- 构建行业特定的消息传递通道，帮助销售人员在特定垂直行业进行销售。
- 帮助 SaaS 公司将产品与正确的市场对齐。

如果这些工作都能顺利完成，那么销售获客的数量和质量就会大大提高。

5.3 SaaS 营销的利器：营销漏斗

无论采用什么样的营销形式，都要确保营销活动的有序和有效，这就需要一个可评价的营销框架，由此引出营销漏斗的概念。

5.3.1 什么是营销漏斗

很多公司把 SaaS 营销简单化了，认为仅通过会议举办、社区组织、媒体广告，就算是营销了。其实这种营销除了花钱，很难达到"让销售更容易"的效果。我们知道，保证销售有序的管理方式，就是使用销售漏斗，实际上，不仅销售有销售漏斗，营销同样存在营销漏斗，一个典型的营销漏斗如图 5-1 所示。

营销漏斗的每个状态，都可以看作一个小的里程碑。这样一来，营销漏斗的作用不仅在于让营销活动井井有条，更重要的是还可以测量每个里程碑的有效性。表 5-1 就是使用营销漏斗转化而来的一张分析表示例。

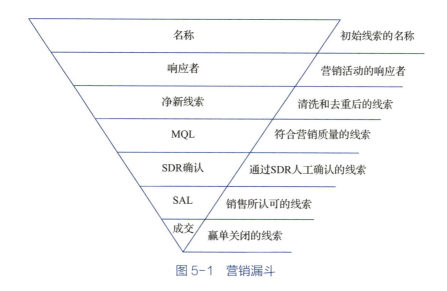

图 5-1 营销漏斗

表 5-1 营销漏斗转化分析表示例

营销漏斗里程碑（输入）	
响应者	1 000 个
净新线索	800 个
MQL	400 个
SDR 确认	100 个
SAL	70 个
成交	7 个
总成本	50 000 元
每个里程碑的成本（输出）	
MQL	125 元
SDR 确认	500 元
SAL	714 元
成交	7 143 元
转化率（输出）	
MQL 到 SDR 确认	25%
SDR 确认到 SAL	70%
SAL 到成交	10%

注：本表中的所有成本数据仅作为示意使用。

通过营销漏斗可以计算每个里程碑的转化成本，还可以计算关键里程碑之间的转化率。有了这些数据，营销活动就不再是盲目的，而可以根据成本数据对活动做出有效的调整。

5.3.2 营销漏斗的 3 个视图

如果能够掌握并熟练操作 SaaS 营销漏斗，市场人员的营销能力就上了一个新的台阶。不仅如此，以营销漏斗为基础，我们还可以得到 3 个更强大的营销视图，它们从不同维度对营销过程和结果进行了精准分析，据此可以得出如何改进的指示。

我们可以看到表 5-1 中的营销漏斗数据分为 3 个部分，它们代表了营销漏斗的 3 个视图。

1. 数据视图

填充营销漏斗中的每个里程碑对应的记录数据，以此展示营销漏斗的实际运行情况。通过分析每个里程碑的数据，可以观察到整个营销过程中各个节点的实际转化效果，如从响应者数量到成交关闭的数量。

2. 成本视图

通过成本视图的每一行，可以计算出各种线索的获取成本，如 MQL 的成本、SDR 确认的线索成本、SAL 的成本以及成交的成本。通过成本视图，可以客观准确地测量出营销方案的效果，以及市场人员的工作绩效。

3. 转化率视图

转化率视图测量了每个里程碑的转化效率，这个视图之所以重要，是因为它反映了营销漏斗输入的质量，以及市场人员的操作水平。可以对比行业转化率基准，找出差距并提出改进措施。

营销漏斗的数据视图、成本视图和转化率视图，使 SaaS 营销不再仅依靠感觉和猜测，而是可以根据数据和效果优化营销活动和流程。这样，营销部门的绩效和价值也能凭借数据进行评估，而不是将其笼统地视为成本中心。因此，熟练掌握和使用营销漏斗是 SaaS 市场人员的必备能力。否则，他们的工作将显得没有章法，很难获得其他业务部门的认可。

5.3.3　有效利用营销漏斗

营销漏斗对于 SaaS 营销至关重要，尽管如此，许多营销人员却没有给予它足够的重视，而仅将其视为一个数据记录工具，这显然未能充分发挥销售漏斗的价值。实际上，营销漏斗将营销的"黑盒"转变为"白盒"，内含的数据不仅是指标的指示器，还代表着数据背后的一系列营销活动和动作。有效利用营销漏斗，不仅能量化营销结果，还能根据数据指引，实时观察每个里程碑的绩效反馈，以便及时进行调整。

营销漏斗的作用可以总结为以下几个方面。

- 数据记录：从一个里程碑到另一个里程碑的所有转化数据，真实和准确地记录在营销漏斗中。借助营销漏斗这一数字化工具，不仅会大大减轻数据处理的工作量，同时数据的准确性也会大幅提高。
- 数据说话：所有营销活动成果，都可以用营销漏斗中的数据说话。借助这个分析工具，可以更快地得出结论，避免盲目猜测。
- 总结复盘：每次营销活动，以及阶段性的总结复盘，都可以借助营销漏斗高效完成。
- 追踪产出或成本：利用营销漏斗，可以追踪和评估营销活动的投入产出效率。掌握转化率规律，就可以在必要的时候加大投入，以产出更多销售机会。

在表 5-1 的例子中，我们只给出了某一次营销示例。实际上可以把所有营销按照时间维度放在同一张表中，通过结果的对比，更能看出哪些营销活动有效。

5.4　SaaS 营销渠道的选择

依托互联网和现代营销手段，SaaS 营销的渠道形式也变得越来越丰富。那么 SaaS 使用哪种营销渠道更有效？所谓有效又是如何衡量的呢？

5.4.1 如何选择营销渠道

传统的营销方式和营销活动较为单一,例如媒体广告、电子邮件、展会等。进入互联网时代后,市场活动和营销形式变得多样化,包括搜索引擎优化(SEO)、网络广告、门户网站、内容营销、直播等。由于营销渠道的多样化,许多营销人员认为营销就是通过不同渠道的转化来衡量的,渠道越多样化越好,因为总能碰上一种有效的。这正如 John Wanamaker 的名言:"我在广告上的投入,有一半被浪费了,但我不知道是哪一半。"

在 SaaS 营销中,由于营销渠道众多,浪费的部分远不止一半。实际上,不同营销渠道的投入产出效率,即各个渠道的绩效是不同的。如选择不当,即使在某个渠道上投入再多,也不会产生更多有效的线索。那么,应该如何评估哪种渠道方式对于你的 SaaS 营销更有效呢?按照一般认知习惯,营销人员自己对哪种方式更熟悉,往往就认为哪种更有效。例如,如果公司新来了一位专做 SEO 的员工,那么他肯定会认为 SEO 最有效;如果是一位擅长会议营销的,那么他会认为会议营销最有效。

实际上,在具体尝试之前,很难判断一个营销渠道的有效性。但是,你可以通过建立营销漏斗,对比和分析以往积累的投入和转化数据来判断当前哪种营销渠道相对有效,表 5-2 提供了一个数据分析的示例。

表 5-2 营销渠道的数据分析示例

渠道形式	成本/元	MQL/个	SAL/个	MQL 的平均转化成本/元	SAL 的平均转化成本/元
SEO	10 000	100	20	100	500
直播	12 000	1 500	60	8	200
会议营销	8 000	50	20	160	400
内容投放	10 000	90	45	111	222
线下营销活动	50 000	245	147	204	340
电子邮件	50 000	750	100	67	500
纸媒广告	15 000	300	67	50	224
合计	155 000	3 035	459	—	—

针对每一种渠道，从这张表中均能计算出其成本及达到各个里程碑的转化数量和成本。例如，SEO 的总成本为 10 000 元，MQL 的转化数量为 100 个，其平均转化成本便是 100 元；SAL 的转化数量为 20 个，其平均转化成本是 500 元。再如，直播的总成本为 12 000 元，MQL 的转化数量为 1 500 个，其平均转化成本为 8 元；SAL 的转化数量为 60 个，平均转化成本为 200 元。显然，直播的效果优于 SEO。

通过对比和分析，我们就可以很容易地解开营销的经典难题——哪些渠道耗费了 80% 的资源，哪些渠道才是有效的 20%。搞清楚这些问题，你就可以放心地在那些有效的渠道上增加投入了。

5.4.2 如何评估渠道的有效性

在营销复盘时，经常会遇到渠道的归因问题，即某一成交客户是通过哪种渠道而成交的，功劳应该归谁。但因为没有客观有效的评价方法，所以很难得出确定的结论。比如：负责品牌的市场人员会认为是品牌的作用，该客户是在品牌影响下做了选择；负责直播的市场人员则会认为该客户是因看了直播而决定签约的；而负责展会的市场人员会认为因为该客户参加过展会，是与现场人员面对面沟通后才决定合作的。

为了简化各种关联的复杂性，渠道绩效的归因问题大体可以归结为以下 3 种。

- 首次接触决定论。比如潜在客户第一次被某个广告、展会上的效果、同行的成功案例等强烈吸引，下决心购买。
- 最后一次接触决定论。之前对某个产品已有关注，但一直没有下决心购买，直到因某个事件触发购买决定。
- 积累决定论。购买是由于各种渠道的效果累积起来的综合作用。

渠道归因问题比较复杂，不同公司或不同产品可能会有不同的渠道归因。你必须找到产生效果的规律，也就是将对的人、对的内容、对的时间、对的工具等要素合理组合，只有基于大量数据分析得出的结论才更加可靠。

5.5 线索生成的 5 种通路

线索生成指的是营销漏斗中从名称到 MQL 的过程。需要说明的是，线索并不只来源于基础营销这一个通路，还有 SDR、渠道伙伴、直销和产品导向增长（PLG）等多种通路。只是对于不同行业、不同客户群体或不同的产品，线索生成的来源占比可能会有差别。线索生成常见的 5 种通路如图 5-2 所示。

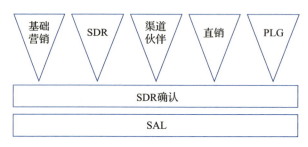

图 5-2　线索生成的 5 种常见通路

为了帮助营销人员快速理解各种线索生成方法，下面对 5 种通路稍加说明。

5.5.1　基础营销

基础营销是 SaaS 公司市场营销部门的主要工作，目前仍是 SaaS 的主要营销方式。特别是借助互联网和营销工具，触达客户的范围和机会大大增加，而且营销成本极大降低。

SaaS 领域的基础营销以集客营销方式为主，这主要是因为借助互联网的传播特性，营销的效率更高而成本更低，如果内容得当，将会有更好的转化效果。一般来说，基础营销的占比可达 50%～90%，而其他营销通路都是作为基础营销的补充和拓展。如果一家 SaaS 公司的基础营销的占比较低，则可能无法为销售提供足够的线索和机会，这将会进一步影响销售的获客数量和销售收入。

5.5.2　SDR

尽管集客营销方式有较高的投入产出比，但是毕竟还是属于"守株待兔"的策略，对于急需线索"投喂"的销售来说，主动出击也是必要的营销动作。

特别是对于目标位置明确或者信息确定的客户来说，SDR 直接进行主动联系和机会推进，是一种有效而快速的线索生成方式。在大多数情况下，SDR 采取直接接触方式的效果，要好于通过媒介与潜在客户联系和互动的效果，所以无论是精准性还是效率，SDR 都有更好的表现。

尽管如此，SDR 方式也有无法避免的硬伤。比如必须首先获得潜在客户的基本信息，否则就变成对客户的盲目骚扰。再比如 SDR 的成本相对较高，为了降低人工成本，有的公司使用机器人外呼，但对于 SaaS 行业来说，这并不是一个有效的方法。

由于这些限制，通过 SDR 产生的销售机会其实并不多，在各种营销渠道中，SDR 的占比一般在 10%～30%。

5.5.3　渠道伙伴

集客营销方式虽然具有较高的营销效率，但其影响范围有限，且与潜在客户之间缺少有效的接触和互动。而 SDR 方式虽然在接触潜在客户方面表现较好，但其影响范围更受限。因此，为了同时解决影响范围和接触性问题，引入渠道伙伴成为必要之举。SaaS 公司可以通过在重点目标区域或行业发展渠道伙伴，来扩大影响范围并增加与客户的有效接触。

渠道伙伴模式的优势在于，多数情况下，渠道内部生成的线索可以直接转化，无须返还给厂商。在传统 ToB 业务中，由于存在明确的销售分润关系，厂商普遍首选渠道伙伴模式作为主要销售渠道。然而需要强调的一点是，在 SaaS 行业中，盲目扩大渠道代理商可能导致适得其反的结果，主要包括渠道内部的业务流程不可控，以及由此产生的转化率和客户质量问题，这些问题最终会影响渠道的销售效率及客户的留存率。

5.5.4　直销

在所有的营销方式中，直销是我们最为熟悉的一种。几乎所有的 SaaS 公司都配有直销团队，特别是在公司发展的初期，几乎只能依靠直销来打开市场，并获取必要的市场反馈。虽然前述的其他各种通路已经成为 SaaS 公司生成线索的主流,但是大多数 SaaS 销售组织既不会坐等客户上门,也不会完全依赖基础营销产生的机会,而是采取主动出击的方式,直接赢得客户。特别是在对大客户的营销中,直销几乎是唯一有效的手段。这不仅适用于厂商,也适用于许多渠道伙伴。

但是,直销的最大问题是成本问题。大规模发展直销对于 SaaS 行业来说显然并不适合,因为居高不下的获客成本,阻碍了大多数 SaaS 企业的盈利。因此,为了降低成本,直销的占比不宜过高,通常应保持在 10% 至 20% 之间,这也与公司大客户的比例基本吻合。

5.5.5 PLG

PLG 是一种特殊的营销方式,它并不依靠入栈或者出栈营销,而是通过试用产品的方式,将试用客户转化为产品合格线索(Product Qualified Leads,PQL),并最终转化为付费客户。

这里之所以把 PLG 也列为一种线索生成通路,是因为它在线索生成方面与其他通路非常相似,只是少了人工介入和干预。PLG 这种自动化线索生成和转化的能力,大大降低了营销和销售的成本。但需要指出的是,PLG 方式只适用于业务复杂度较低的产品,例如工具型 SaaS。

因为每种线索生成通路的转化速度、转化方式、转化率以及转化成本各不相同,所以最好为它们分别建立 pipeline,然后综合比较,看看哪种通路更有效。

虽然有这么多种线索生成通路,但并不是说 SaaS 公司应该建立所有形式的通路。事实上,是否采用某种通路,以及占比多少,不应该凭感觉或者仅看自己是否熟悉,而应该基于它们的评价效果来决定。你可以在营销漏斗中按照上述 5 种线索生成通路分门别类地统计并计算出评价指标,比如转化率和推进速度,从而决定采取何种通路。

5.6 线索培育

从一个线索信息到完成交易,这个过程并不是一蹴而就的,而是需要一个渐进的转化过程,也就是说,线索是需要培育的。

5.6.1 什么是线索培育

即使是进入营销漏斗中的线索,也未必就能一路顺畅地走到成交阶段,它们可能在漏斗中循环往复,甚至停滞或消失。比如一个线索明明符合 MQL 的标准,但是转交给 SDR 确认后被判定为不合格。又比如这个线索的联系人职务和互动行为确实符合 MQL,可是 SDR 联系到该联系人后得知公司预算要到半年以后。换言之,这种线索还需要继续培育,直到客户条件成熟。

事实上,有相当一部分进入漏斗的线索,本身并不具备推进到下一里程碑的条件。这意味着,这些线索还需要进一步培育。正是因为有了基于里程碑的营销漏斗,那些尚未成熟的需要培育的线索,才没有被随意转交给销售团队,从而避免了销售资源的浪费。直至这些线索成熟并真正符合销售线索的标准后,才可以继续向前推进。

5.6.2 为什么要进行线索培育

一些缺乏营销经验的营销人员,也同样缺乏培育线索的意识。当他们判断某个线索无法进一步转化时,便将其直接归还到数据库,因此错失了线索重新转化的机会。实际上,对于 SaaS 营销而言,线索培育是一个充分必要条件。有效的线索培育可以为营销和销售带来以下意想不到的效果。

1. 保持客户心中的排名靠前

在 ToB 销售中,一个重要的概念是供应商在客户心中的排名,这个排名会随着客户掌握更多供应商信息而不断变化。虽然这种排名外界难以察觉,但它极为关键,因为一旦采购时机成熟,客户往往会优先考虑那些排名靠前的 SaaS 服务商。因此,线索培育的主要目的在于提升和保持你在客户心中的位置。

有些 MQL 由于种种原因暂时无法进入成交阶段,对于这些 MQL,我们不应该将其置之不理,而应在客户具备采购条件之前持续对其进行培育,等待采购时机的到来。因为客户最终还是要采购的,只不过这个阶段他们正在为采购做准备。此时,客户心中对供应商的评估不但没有停止,反而在不断地强化。

2. 加速客户采购过程

很多 MQL 迟迟无法推进，客户经常会给出各种原因，比如业务时机不成熟、预算没有下来、投资委员会正在审批等。实际上，所有这些理由的背后都有一个共同点，那就是客户一直在犹豫。他们担心采购后可能达不到预期的成果，因此只能不断地进行分析和研究，尽可能地推迟采购时间。

此时，运用有效的线索培育手段，可以显著加速客户的购买决定。例如，提供行业的成功案例、带领潜在客户参观同行业成功的企业等措施，均能有效地促进客户早日做出购买决定。

3. 夺回失去的客户

假如你的漏斗中某个 MQL 已经被竞争对手签了，是否就应该放弃呢？这需要视具体情况而定。客户在使用对手的产品一段时间后，可以探寻客户的使用感受，有时候真的存在挽回的可能性。况且你已经投入了获取这个 MQL 的成本，所以应该再努力一下。

请务必不要轻信那些关于客户转换成本高、无法挽回的说法。传统的企业软件因为重新实施和迁移的成本太高，确实难以挽回已签约别家的客户，对于 SaaS 来说，迁移的障碍基本不存在，只要客户想离开不合适的服务商即可挽回。因为选择的是订阅业务模式，客户不存在前期投资的浪费问题，如果业务能因此得到改进，换一家服务商对客户而言也许是最好的补救方案。

4. 线索的再生

有不少 MQL 推着推着就推不下去了，看起来无论如何也无法进入下一个阶段的里程碑。但只要客户没有与其他 SaaS 服务商签约，你就需要进行线索的再生。

所谓线索的再生，即让进入线索培育程序的 MQL，重新获得向下一个里程碑推进的条件。有行业数据表明：依靠一个良好的线索培育程序，线索获得再生的概率为 20%～40%，所以不要轻言放弃。

5.6.3 如何实现线索培育

像所有 ToB 业务一样，SaaS 业务的线索培育首先需要建立一个可行的培育系统或程序。由于服务的行业、目标客户群体以及产品的差异，线索培育的程序也不尽相同。通常，你不需要特别为线索培育准备新的内容或工具，利用现有的营销程序或内容就已足够，因为当初设计它们时，就已经考虑到了线索培育的需求。但在线索培育过程中，还是有两个特别需要关注的点：一是"关键时刻"，二是执行团队。

"关键时刻"的意义在于，你不需要像常规推进销售漏斗那样频繁地主动接触客户，而只需要在适当的时机向客户传达恰当的内容，也就是"对的"时间和"对的"内容，它们共同构成关键时刻的概念。如若不然，可能会让客户感觉到你是为了急于成交，而不是真正考虑提供价值。针对客户设计"关键时刻"，可以极大提高 SaaS 营销的效率。

在执行团队的问题上，关键在于谁来主导线索的培育。通常，根据销售漏斗的顺序，大部分线索培育工作是由 SDR 来主导的，因为 SDR 拥有较多与客户直接交流的机会。而对于周期较长的线索培育，则由市场部门的线索管理团队来主导更适合。另外，市场部门与 SDR 联合进行线索培育时，配合合适的内容和恰当的触达方式，往往能取得更好的效果。

对于复杂的项目，例如重大客户的管理，通常需要产品、市场、SDR 以及销售团队共同参与线索的培育，这一模式实际上更为常见。现实中我们经常看到这样的情况：某个重要的大客户线索最初被发现，但由于大客户项目的周期都比较长，所以线索看起来跟着跟着就断了，直至客户发布招标信息，却被其他竞争者签约。这一例子强调了针对大客户，需要保持一种长期的线索培育的心态，而不是急于直接成交。

5.7 构建你的营销机器

与传统的 ToB 业务不同，SaaS 业务的营销与销售是一个无缝的业务整体，同时它们也是收入流水线上的两台"关键机器"。

要使营销成为一部有效率的线索生产机器，它就不能再是一个"黑盒"，而必须是一个"白盒"。也就是说，营销漏斗中数据的流动和转化过程，必须是透明的、可测量的和可评估的。这样的 SaaS 营销机器，才能促进成本和效率的双重改善和提升，才能让公司相信，只要把钱投进去，就有大量的销售机会输出来。

不过，构建一个高效的 SaaS 营销机器并非易事，你需要想清楚以下几个关键问题。

- ❑ 如何建立投入产出与营销预算的系统模型？
- ❑ 如何在各种渠道上分配营销投放策略？
- ❑ 如何降低销售机会的获取成本？
- ❑ 如何利用数字化工具和 AI 辅助工具？
- ❑ 如何对营销体系进行考核？
- ❑ 如何确保营销机器与销售机器之间的无缝衔接？

显然，这些问题很难有一个放之四海而皆准的方案。但只要你结合当前的营销水平，遵循营销漏斗规则，并综合考虑数据，就一定会找到适合自己的答案。将这些答案结合起来，并不断优化，最终就可以打造出一台高效的营销机器。

5.8 写给市场人员

虽然我们为 SaaS 营销确定了转化模型和测量方法，但在实际的营销策划和执行过程中，效果仍显不足。主要原因是许多营销人员难以克制自己的"营销创意"，而忘记了 SaaS 营销的真正目的。

5.8.1 从一道面试题说起

我们公司招聘营销负责人时，有一道面试题：如果我给你 10 万元的营销预算，在我们公司的业务范围内，你能交付什么样的结果？有的应聘者提出用这笔钱办一场大型活动，有人计划将其投放在 100 家媒体上，还有人想用这笔资金来举办20场、每场200人参加的直播。

这些回答反映出大多数应聘者并没有真正理解SaaS业务的营销本质。实际上，我们期望的答案是一个反问句：你想用这10万元换来多少个客户？这不是什么脑筋急转弯，而是SaaS营销的基本逻辑：SaaS公司在营销上花钱的主要目的，其实是"买到"客户。

虽然这个要求听起来有些急功近利，却是SaaS营销的根本逻辑。如果没有这样一个"终局"思维，所有营销手段和过程都是无稽之谈——为了营销而营销。因为SaaS公司做的是老客户的"人头"生意，你如果不能用较低的成本"囤下"足够多的客户，那么这个生意逻辑就不成立，营销也就失去了意义。不过，这里所说的客户必须满足两个条件：首先要付费，才能成为客户；其次必须能够长期付费，才算是优质客户。

我们将这个想法与应聘者交流后，大部分人都表示获得了新的认知。但也有少数人坚持认为营销就是利用各种网络工具和方法，对受众进行转化。这种想法也不能说完全错误，只是他们把方法、手段和过程当作了SaaS营销的目的。实际上，很多SaaS营销之所以收效甚微，正是因为把方法和目标搞混了。

5.8.2 成果营销是制胜的关键

对于传统ToB或ToC营销，搞混营销的目的和方法的问题还不算严重，因为各种方法尝试多了，总能碰上有效的。无论用什么方法，只要能"诱使"客户买单，营销就算是成功的。但如果是SaaS业务，即使把所有方法都尝试一遍，营销也未必有效，根本问题在于无法确保吸引到"能持续付费"的优质客户。

事实上，方法的有效与否并非导致营销彻底失败的根本原因。真正的问题可能在于营销在第一步就走错了方向。我们已经知道，无论是销售还是客户成功，都应基于客户成果。同样，SaaS营销的制胜关键也应该是成果营销（Outcome-Based Marketing，OBM），因为唯有实际的成果，才能使客户持续付费。

不幸的是，大多数营销失败都是因为对"成果"的理解不够正确。对于SaaS业务而言，成果应是解决具体的业务问题，或是消除实现业务目标的障碍，而不是出于其他目的。此外，成果的定义应由客户的业务来定，而非 SaaS 公司自行设定。正确理解并定义"成果"是营销成功的关键一步；反之，后续所有努力都是徒劳。

5.8.3 两种错误的极端营销

在 SaaS 营销领域，存在两种偏离成果营销的极端情况，它们对于 SaaS 业务的营销基本上是无效的，甚至是有害的。

1. 软件式 SaaS 营销

也就是用软件营销方式去营销 SaaS。按照软件企业的定位，它们通常不会把自己定位为解决问题的服务提供者，更多的是一个全面解决方案，一个包罗万象的系统。所以软件营销并不是基于客户成果，而是利用了潜在客户对 IT 认知的不对称性，以自己的解决方案去说服客户。

这样的营销策略对于大型企业可能有效，但对中小企业客户则效果不佳。这就像消费者只想买一片面包，却被带到麦田中。尽管最终可能让消费者买到面包，但这种方式的弯路太多，营销成本过高，效率也太低。

2. 互联网式 SaaS 营销

互联网公司的营销强项是"重新定义 ××"（接着便是"颠覆 ××"）。然而，企图重新定义客户的成果，这非常不合逻辑，也只能离客户的真实需求越来越远。假如你经营的是电商 SaaS 服务，应该明确你提供的是建站服务、销售服务、货物追踪，还是支付服务。直接向客户明确表述，而不应使用"重新定义电商""让生意更容易"等模糊且夸大的词语来掩盖自己对客户成果的无知。

实际上，偏离成果营销的逻辑，不仅会导致营销失败，还可能带来更大的副作用：要么市场不知道你是干什么的，要么是诱导客户"误选"。这对传统 ToB 营销或许并无大碍，至少能把营销成本收回来，但是对于 SaaS 营销来说，那些签约当年就弃用的客户，不要说从他们那赚到钱，甚至连获客成本都可能收不回来。造成这种结果，除了销售的错卖，更大责任应该是营销的误导。退一步讲，如果在营销的原点就能与客户就成果达成共识，销售也不会将错就错，流失率也不会那么高。

对于 SaaS 公司来说，营销结果除了生成销售机会外，还有一个重要作用是提供反馈，它们可以帮助公司判断产品方向是否准确。而混乱和错误的营销结果，只能让 SaaS 公司无所适从和更加焦虑。

最后，给 SaaS 营销人员一点忠告：SaaS 营销其实并不需要太多创意，关键在于把握住一个要点——有效的 SaaS 营销应从客户成果出发。

5.9 本章小结

因为 SaaS 本身是一个新兴事物，所以其营销将面临一些传统营销所没有的挑战。本章从全新的角度出发，解析 SaaS 营销的独特性及其与销售的密切联系。

在这一章中，我们通过营销漏斗模型来定义并描述 SaaS 营销的框架，并通过该框架的 3 个数据视图，系统地阐述了 SaaS 营销的基本方法和营销逻辑。

此外，本章还总结了 5 种主要的 SaaS 线索生成通路，并对 SaaS 业务的线索培育方法进行了详尽的解释。对于如何构建 SaaS 营销机器，本文也提供了一些建设性的思考。

最后，结合具体的营销案例和目前 SaaS 营销所面临的问题，围绕成果营销为 SaaS 营销人员提供了参考建议。

第 6 章 | CHAPTER

SaaS 销售方法

对于所有 ToB 业务来说，销售无疑都是极为重要的，SaaS 的销售当然也是如此。不过对于订阅业务来说，销售的重要性表现出一些特殊性，因为除了销售收入外，还涉及其他多方面的要求，比如续约和扩展收入。为了深入研究 SaaS 销售所需，我们将 ToB 销售分为交易型销售和订阅销售，SaaS 销售属于后者。

由于订阅销售与交易型销售的模式不同，因此它们分属两个不同的销售体系。这意味着我们不能简单套用交易型销售的模式去销售订阅业务，因而必须构建一个全新的订阅销售体系。本章将阐述订阅销售的基本理论。

6.1 SaaS 销售的困境

相对于传统企业软件来说，SaaS 是一个全新的领域，而 SaaS 被称为一个独立的行业，是近年来的事情。因此，SaaS 的销售同样是一个全新的业务领域。然而，大部分 SaaS 销售人员并未意识到 SaaS 销售与 ToB 销售或软件销售有什么不同。实际上，许多 SaaS 销售人员并不在乎自己销售的是软件还是 SaaS，只在乎是否拿到销售提成。

但错误的销售模式会导致 SaaS 业务的获客成本不断上升，从而使 SaaS 公司无法盈利，最终公司因耗尽所有资金而倒闭，销售人员也只能另找工作。由此看来，错误的销售方式不仅影响公司，还会使销售人员在销售过程中遭遇各种阻碍和摩擦，既难以完成销售目标，也不能获得理想的收入。

导致公司和个人都陷入困境的主要原因，是很多销售人员将 ToB 销售和 SaaS 销售混为一谈。然而，许多经验丰富的 SaaS 销售人员，似乎感受到了以下这些变化。

1. 销售不再是公司的中心

在以交易型销售为主的传统 ToB 业务中，公司 80%～100% 的收入来自销售，这使得销售在公司中的地位是毋庸置疑的，几乎整个公司都围着销售运转。但是在 SaaS 业务中，客户生命周期中 80% 以上的收入并不是销售创造的，而是客户留存产生的。

尽管这并不意味着销售不再重要，但销售至少没有以前那么大的影响了。事实上，如果一家 SaaS 公司再把所有的"宝"都压在销售身上，将是一件极其危险的事。

2. 获得高提成越来越难

SaaS 公司销售人员的收入主要由底薪和销售奖金或提成组成。由于订阅模式有收入递延的特点，销售人员通常仅能从首年的订阅收入中获得提成，这导致其实际收入通常低于传统软件的销售人员。举个例子，假设业务相同，如果作为软件销售，一次性合同收入是 100 万元；但如果作为 SaaS 订阅销售，首年收入可能只有 30 万元。假设提成比例都是 10%，那么前者可以提成 10 万元，后者只能提成 3 万元。

尽管有些 SaaS 公司会根据合同额提高提成的比例，然而即使提高到 20%，在上面的例子中，提成也不过 6 万元。况且这么高的提成比例，其实来自公司对销售人员的"补贴"，等于提高了获客成本。所以这只能作为短期的激励政策，而非长期的解决方案。

3. 更高的效率要求

SaaS 销售要想实现与传统软件销售相当或更高的收入水平，唯一的途径是提高销售效率，即缩短销售周期或者在相同的时间内成交更多客户。

但实际情况是，如果使用传统软件的销售方法，SaaS 的销售周期可能会更长。因为客户对 SaaS 模式的考量因素更多，从而导致销售周期延长。

4. 对获客质量的要求

传统 ToB 销售中，只关注将产品售出。然而，SaaS 销售+除了要关注产品销售外，还增加了对销售质量的要求。

所谓销售质量，亦称获客质量或客户质量，要求获得的客户具有更高的留存度。若销售人员为了迅速完成交易，可能会忽视此要求，以至于牺牲客户质量，这样得到的低质量客户的流失率极高，也意味着客户生命周期中 80% 的收入可能无法获得，如果一单销售连获客成本都无法收回，那么注定是一笔亏损的交易。

在 SaaS 领域，销售质量是衡量销售人员销售能力的一个重要标准。仅能对低质量客户销售的销售人员，很难在成熟的 SaaS 公司长期干下去。

5. 销售转型不力

导致这种行业困惑的特殊原因在于，SaaS 是一个新兴行业，大部分销售人员都是从其他行业转型而来的，如 ToB 产品销售、软件销售、互联网销售，甚至还有消费品销售。他们在进入 SaaS 销售领域后才发现，原本得心应手的销售方法在 SaaS 销售上似乎不再有效。

尽管他们在原有销售模式的基础上，尝试加入了各种新的销售方法，但业绩始终难以有效提升。在业绩压力下，SaaS 销售人员的流动速度加快，甚至有些人彻底离开 SaaS 行业而转向其他行业。

综上所述，SaaS 销售当前面临的主要困境，源于没有适用的销售模式。虽然用交易型销售模式也能把 SaaS 卖出去，但问题是现有销售模式的低效率，无法支持那么低的客单价（订阅费），交易合同也无法保证客户能长期合作。最终势必导致销售人员难以完成业绩，SaaS 公司甚至可能直接产生亏损或出现现金流问题。

因此，现在有必要明确区分 ToB 销售和 SaaS 销售的不同模式，并进行正确的销售训练。这对公司及销售人员个人而言，无疑都是非常必要的。

6.2　现有销售模式为什么不适合 SaaS

对 ToB 产品销售模式，大多数销售人员都不陌生，然而提到订阅销售，很多人甚至都没有听说过。所谓 ToB 销售模式，亦称交易型销售模式，主要以完成交易为目的；而订阅销售模式是专用于订阅业务的销售。交易型销售模式与订阅销售模式的本质区别在于：交易型销售的关闭，标志着整个业务过程的结束，它考量的指标是合同额的大小；而对于订阅销售模式来说，销售的关闭意味着 SaaS 业务的开始，销售考量标准除了年度合同价值（Annual Contract Value，ACV）之外，还有销售质量。一个高质量的销售，必定会产生一个长期合作的客户。

不幸的是，在国内的 SaaS 销售领域，多数销售人员仍采用交易型销售模式销售 SaaS，而非专门的订阅销售模式。这种销售模式的误用，严重影响和制约了 SaaS 的发展。设想一下，如果一家 SaaS 公司采用了错误的销售模式，那么从组建销售团队，到营销漏斗，再到客户成功的整个销售流程，就都跑偏了。

既然传统的销售模式不再适用于 SaaS，那就需要重新构建一种新的销售模式。尽管对于很多 SaaS 公司来说，推翻原有销售体系并重新构建是一个巨大的挑战，但向订阅销售模式的转型却是必需的，因为坚持错误的销售模式，不仅会浪费销售资源，丧失销售机会，还无法达到正确的结果。更关键的是，交易型销售模式的高获客成本可能导致订阅业务难以实现盈利。大部分 SaaS 公司的失败，都是在销售模式上埋下了严重的隐患。

订阅销售模式与交易型销售模式，在具体销售方法和成交原理上分别遵循不同的"赢单（即成交）"逻辑。因此，有必要将专用于 SaaS 销售的订阅销售模式，从 ToB 销售模式中分离出来，并作为 SaaS 公司销售体系重构的重点。换言之，要想做好一家 SaaS 公司，就必须转向订阅销售模式。

现实中关于 SaaS 销售的话题有很多，但大家往往难以达成共识。例如，一些人认为 SaaS 销售的重点在于如何获取高质量客户，另一些人则认为销售流程和方法才是 SaaS 销售的关键，还有人认为提高销售人员的能力更为重要，甚至有观点认为 SaaS 根本不需要销售人员，可以通过 PLG 方式在线自销。

每种说法听起来都有一定道理，但听得多了可能会让你自己也搞不清楚究竟该采用哪种销售模式。因此，在深入讨论订阅销售模式之前，我们先看看现有的几种销售模式。

1. 自助型销售

自助型销售是 SaaS 初创企业梦寐以求的理想销售模式。它需要满足一些特定条件才可能实现。例如，产品应足够简明易懂，设计意图需要一目了然，以及客户愿意且有能力进行自助服务。也就是说，客户不仅深刻理解你的产品价值，还可以接受产品价格；既熟悉购买流程和使用方法，又能无障碍地完成整个购买过程。此外，客户还甘愿冒着选择错误的风险，并能够独自承担投资失败的责任。

显然，国内符合这些条件的 SaaS 客户实在太少了，如果一家 SaaS 公司固守自助型销售，那么离失败也就不远了。为了绕过这些条件限制，很多 SaaS 公司采用免费模式，其实单纯的免费是另一个"坑"，目前也鲜有成功的先例，因为免费模式仍然没有绕开自助型销售的大部分特定条件。

2. 交易型销售

要绕开自助型销售模式的条件限制，最直接的办法是采用交易型销售模式，即由销售人员来主导销售过程中的交互。这种销售模式带来的直接好处是可以保证价格，帮助客户完成采购过程。但交易型销售模式的缺点也是显而易见的，例如，提高了销售的成本，可能会延长销售周期，降低销售效率。尽管如此，交易型销售模式仍是目前 SaaS 销售的主流模式。

3. 企业销售

如果你的产品本身就是面向特定领域的大企业的，比如 Workday 这类 HR 系统，由于这种 SaaS 业务横跨了企业内部不同的业务部门，系统的复杂性不可避免，此时依靠自助型甚至交易型销售模式，就很难起到作用。这种情况下就必须采用销售大型软件的特殊销售模式和方法，比如产品、售前、交付、商务等支持团队相互协作来完成。

企业销售的优势是确保了高合同价值，缺点是项目交付过程复杂，客户还可能有定制化要求，导致无法使用公有云服务，且需要本地化部署等。

4. 自由发挥型销售

自由发挥型销售，也就是没有固定的方法，"乱拳打死老师傅"那种。这种销售方式其实并不能算作一种销售模式，虽然可以在早期探索阶段使用，但如果将其当作一种常规销售方法，它就可能成为导致创业失败最快的一种方法。

实际上，无论采用上述哪种销售模式，以下 SaaS 销售的 3 个核心诉求都没有得到较好的保障。

- ❏ 降低获客成本，让盈利成为可能；
- ❏ 提升销售效率，实现销售规模化；
- ❏ 提高销售质量，确保客户长期留存。

显然，SaaS 销售既不能像销售复杂企业解决方案那样"高举高打"，也不能期望像爆品那样被消费者主动抢购。SaaS 销售必须有自己的销售模式，也就是贯穿本书的 SaaS 订阅销售模式。

6.3　SaaS 销售世界的 6 个变化

无论是 SaaS 销售人员的困惑，还是现有销售模式的无能为力，其实都源于 SaaS 销售世界已经发生了巨大的变化。本节将这些变化归结为 6 个方面。

6.3.1 从卖产品到卖服务

作为销售人员,无论是把 SaaS 当成软件产品来销售,还是把 SaaS 作为服务去推广,表面上看似乎差别不大,但实际上,销售效果可能相差甚远。原因在于产品和服务的成交原理完全不同,成交原理决定了一个产品或服务的交易过程是否顺畅。

所谓成交原理,也就是交易能够达成的逻辑。产品的成交原理我们都很熟悉,即产品必须具备的基本功能,再加上一些差异化的新功能,就有可能吸引客户达成交易,比如采购一台服务器,客户会关注 CPU 速度、内存大小、存储容量等具体的规格指标。

但对于服务来说,成交原理则大不相同。因为服务是无形的,无法像产品的功能那样有明确的衡量指标,所以服务的成交是由客户的感知与其期望之间的差距决定的。也就是说,如果客户的实际感知达到甚至超越了他们的预期,则成交和后续的复购将更为容易。因此,要提高 SaaS 销售的成交概率,就必须增加客户感知与期望之间的正向差异。

不幸的是,很多销售人员采用销售产品的方式来销售 SaaS 服务,这并不会增加客户感知和期望之间的正向差异,自然难以取得较好的销售效果。

6.3.2 从赢在 RFP 到赢在客户成果

在传统的 IT 交易模式下,无论是硬件厂商、软件厂商还是系统集成商,其赢单能力主要体现在以有竞争力的价格满足客户的功能需求和特性,以及售后服务的承诺等方面。所有这些内容,都被写在一份漂亮的需求建议书(Request For Proposal,RFP)或者投标文件中,所以这种赢单也可以说是赢在了 RFP 上。

然而,对于 SaaS 这种订阅业务的销售来说,再完美的 RFP 也无法体现出你的价值和竞争力。因为你必须向客户证明,你提供的解决方案不仅能为客户交付价值,还能帮客户实现想要的业务成果。这才是赢单的核心,而功能、特性和规格都排其次。你也可以理解为 RFP 是 IT 部门的要求,而业务成果是最终用户的要求。这不是说 IT 部门的要求不重要,而是说赢单的关键在于最终的使用者,业务成果才是客户选择你的根本理由。

如果你仍像传统 IT 销售那样,把所有精力都花在 RFP 上,而忽略客户想要的业务成果,那大概率会失去赢单的机会。

6.3.3 从关注 IT 预算到加速价值实现

在传统的 IT 交易模式下,满足客户的项目预算是供应商赢单的一个重要前提。也就是说,在相同的条件下,客户选择供应商的一个充分必要条件是满足项目预算。

然而,对于订阅业务的销售来说,满足项目预算逐渐不作为客户选择供应商的标准了。主要原因是,客户不需要一次性支付整个项目的硬件和软件费用,而是采用订阅模式的按月或按年支付,这可能使客户不需要支出 IT 成本,只需支付运营成本就可以使用产品。更重要的是,客户把价值实现的时间看得比预算更为重要,他们期望这笔投资能尽快产生价值。

这反映出客户的关注点已经从项目建设转到价值实现周期(Time To Value)上来了。这是一个明智、低风险和经济性的选择,即投入少量成本,就能在短时间内看到价值实现,这可能会成为未来企业 IT 建设的一种主流方式。

6.3.4 从满足合同要求到对客户成果负责

传统 IT 交易模式中交易的双方完全按照合同行事,只要能满足合同要求,销售方就能收到销售款。至于客户能否通过使用产品或服务实现想要的成果,那不是销售方要考虑的问题,此时的销售方早就把目标转向了另外的客户。靠着这种模式,IT 行业"享受"了数十年的繁荣时光,但随着 SaaS 的出现,这种美好也渐行渐远了。

实际上,客户早已察觉到这种 IT 交易方式对他们而言并不公平。从采用产品到取得业务成果,客户需要走过一段漫长且艰难的路程。事实上,很少有客户能真正实现理想的业务目标,这也是很多软件虽被销售出去最终却被弃用的根本原因。尽管如此,软件供应商并不承担任何责任,风险也全由客户承担。若是由 IT 部门主导采购,弃用的结果往往没人追问责任;但若是由最终用户发起采购，这种结果则难以被客户所接受。

SaaS 的出现，彻底改变了 IT 行业销售的游戏规则，即所有的权力都转向了客户一方。作为 SaaS 服务提供商，如果你不能帮助客户实现他们的业务目标，取得相应的业务成果，他们将转向你的竞争对手，不会再向你续订和增购。

6.3.5 从 IT 采购者到业务采购者

在过去的几十年间，IT 采购者的角色一直是 IT 部门和采购部门。而业务的拥有者或者业务线负责人只负责提出需求，由 IT 部门将需求翻译为功能规格，然后据此选择软件供应商。当然，这样操作也是有原因的，因为传统的 IT 架构和技术过于复杂，业务线人员往往没有能力与厂商直接交流，所以只能依靠 IT 部门。

与传统企业软件不同，SaaS 产品逐渐展现出软件消费化的趋势，它隐藏了复杂的技术细节，并从用户的角度出发提供更佳的业务使用体验。这一变化使得业务线人员也能直接与 SaaS 服务商进行交流，并独立做出选择。在此过程中，IT 部门的角色转变为维护集成环境，为组织提供合规、风控和安全方面的支持。

这种转变对许多 SaaS 销售人员来说是一个新的挑战。因为过去的销售人员通常都练就了一套与 IT 负责人或首席信息官（CIO）建立关系和打交道的能力。现在，这些能力已不再那么重要，而重要的是理解客户的业务知识、掌握客户的业务语言，以及学会与业务线负责人的交流技巧。

从 IT 采购者（IT Buyer）到业务采购者（Business Buyer）的转变，要求 SaaS 销售人员重新培养与客户交流的能力。

6.3.6 从技术决策到业务决策

由于 SaaS 采购者身份的变化，相应地，客户的采购决策链也可能会发生变化。这种变化趋势如图 6-1 所示。

当你第一眼看到两个决策链的差别时，可能会感到有些难以置信，比如你认为最重要的技术决策者，却在 SaaS 采购决策链中排在财务决策者的后面，下面简单解释一下其中的原因。

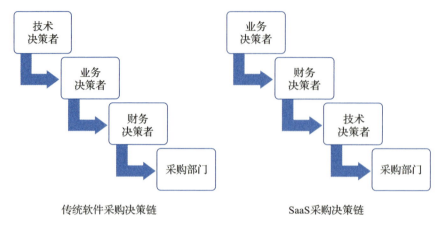

图 6-1　决策链的变化

如果客户的采购是基于 RFP 的，那么其决策过程即依照传统的软件采购决策链。但如果客户采购或订阅的是 SaaS，是否成交则完全取决于能否创造客户成果，这不仅仅是购买一款软件那么简单，而是一种技术投资。任何投资都必须考虑到投资回报率，因此第一位决策者通常是业务决策者，紧随其后的是财务决策者，财务决策的目的是评估投资的回报。换言之，只有实现了业务目标，创造了客户成果，投资才可能获得回报。这与之前的粗放采购方式不同，过去一旦钱花出去，软件买回来，便无人关心是否真正有回报。对于 SaaS 来说，假设使用后发现订阅的服务并未帮助业务线达成目标，那么这项投资便宣告失败。在这种情况下，第一个提出退订的，也应该是财务决策者，而不是 CIO。

作为销售人员，你现在面临的问题是，之前所接受的培训、销售工具和销售流程，都是基于传统软件采购决策链设计的，现在你必须做出相应的调整。

看到了 SaaS 销售的这些巨大变化，你还在坚持固有的销售模式吗？

6.4　销售模式转型的必要性

在 ToB 销售领域，流传着各种各样的销售模式。在讨论各种销售模式之前，我们需要给它下一个简单的定义——销售模式是销售产品或服务的方式、方法、工具和实践的综合。因此,不同的销售模式,意味着销售组织采用的销售流程、销售方式、销售工具,以及产生的销售效果是不同的。

通常我们所说的销售模式,都是指交易型销售模式,即所有销售活动都是围绕交易进行的。但随着 SaaS 的出现,销售又产生另一种模式,即订阅销售模式,顾名思义,订阅销售模式的核心不再只是"交易",而是"客户"和"订阅"。

交易型销售模式在 ToB 业务销售中极为常见,例如向企业客户销售一台服务器或签订一个软件开发项目,这些都属于交易型销售模式。此模式的特点是,在产品交付给客户的同时,也确认了收入,锁定了毛利,并且抵消了销售成本。总的来说,交易型销售无论采取何种方式,只要产品成功卖出,即视为交易完成。此时,销售人员需要做的就是迅速找到下一个客户。可以说,交易型销售是销售人员可以"无师自通"的一种销售模式,它的销售目标非常简单明确,不限定方法,只要能达成交易即可。

正是因为交易型销售的这一特性,将其应用于 SaaS 的销售,会遇到诸多摩擦和阻碍,使 SaaS 的销售变得极其困难,所以才需要向订阅销售模式转型。如果你仍觉得上述转型理由不够充分的话,那么还有更多更高层面的转型驱动因素。

6.4.1 为什么销售模式转型势在必行

为什么 SaaS 销售要从交易型销售模式向订阅销售模式转型?主要有以下 3 个方面的动因。

1. 交易并不是 SaaS 销售的终极目的

SaaS 销售的目的,并不是获取一次性的收入,而是获取客户生命周期内的更多订阅收入和扩展收入。

因此,交易并不是销售的终极目的,只是获得一个长期服务的合作机会。

2. 交易型销售模式其实更难成交

客户不愿意再像购买传统软件那样,"赌"最终没买错。他们更倾向于通过体验的方式，来验证这个 SaaS 产品能否解决他们所面临的业务问题，颇有些"先尝后买"的意思。而采用交易型销售方式很难支持这样的销售过程，因此更难以达成交易。

3. 主动权从销售方转向了购买方

退一步来说，即使客户购买错误，他们也不会像购买传统软件那样损失全部投资，反而可以选择不再支付订阅费用，以及时止损。

对于 SaaS 服务商来说，如果遇到这种情况，那么这次销售不仅是失败的，而且还是一场纯粹的赔本生意，因为一年的订阅收入可能连获客成本都收不回来。

6.4.2 销售模式转型带来的 4 个好处

向订阅销售模式转型的好处是全方位的，但最大的好处体现在以下几个方面。

1. 订阅销售模式是专为 XaaS 类业务而设计的

订阅销售的目标是获得持续合作的机会，从而产生连续的经常性收入。因此，订阅销售有一套不同于交易型销售的销售原理、流程、方法和工具，因而更适合 XaaS 类业务。

2. 订阅销售模式让成交更容易

传统企业软件的销售主要依赖于以各种"说服"的方式，促使客户购买解决方案。然而，在 SaaS 领域，单靠说服显然无法实现客户的购买或订阅。因此，SaaS 销售更多采用"证明"的策略，让客户看到并相信业务成果和业务价值。

所有 ToB 销售的本质都是价值销售，客户在看到实际价值之前，是不太可能成交的。而订阅销售采用的方法，就是在客户购买之前通过一系列价值验证的销售过程，让客户相信你的产品或服务能给他们带来想要的价值，因而成交会更容易。

3. 有效提升销售效率

交易型销售模式通常会花费大量时间并通过各种方法去"说服"客户购买，这样做实际上延长了销售周期。采用这种模式去销售软件，实质上是利用了客户在 IT 系统方面的"信息不对称"，说服的策略有时确实能带来销售成功。

然而，在 SaaS 领域，因客户对自己的业务通常更为熟悉，利用信息不对称已不再有效，想要通过传统的说服方式促使客户购买变得越来越困难。与之相对的订阅销售模式，主要通过"证明"的方法成交，而"证明"并不需要花费那么长的时间。

4. 避免卖给"不对"的客户

对于交易型销售，每一笔交易都应该是"有利可图"的；但对于订阅销售来说，未必是这样。如果把产品卖给"不对"的客户，客户几乎不会持续使用下去，流失只是时间问题。此外，一个"不对"的客户，可能会反过来"证明"你的产品不好用，这将带来负面影响，可能会拉走原本属于你的客户。

采用交易型销售模式销售 SaaS 时，因为销售人员的目标是成交，所以"卖错"的概率更高。而在订阅销售模式下，因为销售过程中有验证活动的约束，客户不会接受不适合的 SaaS，这在客观上确保了产品卖给"对"的客户。

综上所述，采用交易型销售模式去销售订阅业务往往不会成功。如果整个销售组织都误用了销售模式，不仅会影响对新客户的销售收入，还会对老客户续约和增购收入产生不利影响。不幸的是，目前很多 SaaS 公司的销售流程、方法、工具、培训和人员，都是按照传统软件的交易型销售模式建立的。因此，这些 SaaS 公司的销售组织，从交易型销售向订阅销售转型，就成为当务之急。

6.5 SaaS 销售的 5 个挑战指标

一般认为，销售的最大挑战就是如何把产品卖出去，如果还有附加条件或要求的话，那就是以低成本和高客单价把产品卖出去。然而这一挑战只是针对交易型销售的，对于 SaaS 业务的订阅销售而言，面临的挑战远不止这些。

实际上，SaaS 销售至少面临以下 5 个挑战指标。

1. 赢单率

无论你销售的是什么产品，都不可能成为独家供应商。在每次销售竞争中，胜出的可能性即赢单概率或简称赢单率。赢单率的高低及稳定性，能够反映销售团队或个人的销售能力。赢单率不仅与产品或解决方案的水平相关，更多取决于销售方法和销售能力。

在传统软件行业，一家公司的销售团队或个人的赢单率通常是稳定的。而 SaaS 公司的销售人员的赢单率目前并不稳定，经常有上个季度的冠军团队或个人销冠，下个季度业绩挂零的情况。这看起来是运气问题，其实背后对应的是销售方法，或者说是销售模式问题。因此，订阅销售要解决的首要问题，就是提高和稳定赢单率，并持续为公司提供有潜力的客户。

2. 销售效率

一个月成交 1 单与成交 3 单，对公司营收和销售人员个人收入的影响是完全不同的。SaaS 销售是一个高度依赖销售效率的业务，提高销售效率不仅能够增加收入，还意味着获客成本的降低和毛利率的提高。

那么，SaaS 的销售效率需要提升到什么程度呢？大概是同类软件的 3~5 倍。这对 SaaS 销售团队或个人来说，无疑是一个巨大的挑战。

3. 获客质量

销售质量又称获客质量，在处于粗放状态的 SaaS 销售初期，很少有公司对获客质量有要求，但很快就暴露出来问题。因为低质量获客，迫使公司投入更多的客户成功资源，才能勉强阻挡客户的流失。

低质量销售导致留存成本增加和客户留存率降低，因此很多 SaaS 公司特别重视客户质量。例如，已有许多公司建立了客户质量评价机制来衡量销售质量。业界已经意识到，即便销售质量的提升幅度不大，也能带来营收的显著增长。

4. 获客成本

获客成本主要包括营销和销售成本。我们都知道，SaaS 公司要在短期内实现盈利通常比较困难，即使是行业内的领先企业也不例外。这主要是因为 SaaS 的获客成本持续居高不下，严重影响了整体的盈利能力。而能否有效降低获客成本，很大程度上取决于销售模式。

若采用传统的交易型销售模式来销售 SaaS，就会发现销售过程中有大量的成本是低效甚至无效的投入。降低获客成本有很多方法，比如减少销售摩擦、实施结果导向的销售方法、采用 POV 而非 POC 方式验证等，这些措施都与新的销售模式有关。

5. 规模化获客

规模化获客之所以成为 SaaS 销售的一大挑战，是因为订阅业务对于获客的需要。只有规模化获客，SaaS 业务才能获取和维护规模化增长所需的足够多的客户。

能否实现规模化获客，受多种因素的影响和制约，例如销售周期、价格策略和获客成本等。规模化获客要求销售过程必须是可重复且可复制的，因此，需要采用订阅销售模式，该模式包括明确且统一的业务成果、一致的验证过程以及相同的销售流程和销售工具等。

综上所述，要想实现订阅业务的盈利，就必须从新销售模式的要求抓起。只有建立了新的订阅销售方法论并有效执行，才能有效应对 SaaS 销售的 5 个挑战。

6.6 何谓订阅销售

与交易型销售模式进行比较之后，我们对订阅销售模式有了初步的了解。接下来，我们将对订阅销售模式提出一个更为正式的定义，并全面阐述其原理。

所谓订阅销售模式，即销售订阅业务的方式、方法以及实践。这里的订阅业务是指包括 SaaS 在内的所有 XaaS 类型的业务。不过，单是从订阅销售的定义出发，我们只能知道 SaaS 需要这样一种专有的销售方式，要想了解它如何具体应用于 SaaS 的销售，还需要继续深入理解订阅销售的本质、核心与理念。

6.6.1 订阅销售的本质：价值销售

价值销售是科技行业的一个热门概念，同时也是 SaaS 销售领域经常研究和使用的"利器"。可以说价值销售是订阅销售的本质，几乎所有的 SaaS 公司，都在宣扬自己解决方案的价值。作为销售人员，你一定经常在客户面前谈论产品的价值。然而，与销售方形成鲜明对比的是，客户对这些价值说辞已经越来越无感，"价值销售"这个利器最终没有发挥出应有的作用。

之所以会这样，主要还是因为 SaaS 公司声称的价值，要么是空洞的口号，要么是模糊的概念，比如"帮助企业降本增效，实现数字化转型"等，这使得价值销售常常被视为一种营销噱头。

那么，怎样才能让客户接受并认可一个 SaaS 的价值呢？这必须符合 SaaS 价值判断的 5 个要素，如图 6-2 所示。

图 6-2　SaaS 价值判断的 5 个要素

- 清晰：客户从你的产品或解决方案中具体能获得什么样的成果，这一点应该是清晰的。
- 可衡量：客户实现的价值大小或高低，应该是可衡量的。
- 可验证：通过对所实现价值的测量，可以证明确实达成了客户的业务目标。

❑ 对应：产品功能特性必须对应价值的实现。

❑ 对齐：你所说的价值与客户想实现的价值能够对齐，即二者是一回事。

现在建议你暂时放下本书，去核对一下你在价值销售中提到的价值，是否也满足这 5 个要素。如果不满足或只是部分满足，最好先完善这些价值条件。因为订阅销售的本质是价值销售。一旦脱离了价值这一本质，订阅销售将很难成功。你现在需要做的，是根据这 5 个要素提炼出你产品的价值，这将是一件事半功倍的工作，否则就等于是在浪费时间和资源。

值得说明的一点是，在价值销售中，还存在一个常见误区，那就是认为所有客户角色对价值的看法都是一样的，实际上并非如此。例如，你的产品帮客户节省了 10% 的运营成本，这对于企业管理层和财务领导而言确实具有价值。然而，对于业务线领导而言，可能意义不大，因为节省成本并非他们的关键绩效指标（KPI）。

6.6.2　订阅销售的核心：成果销售

虽然我们提炼了订阅业务价值的 5 个要素，但让客户真切感知并认同你的 SaaS 的价值仍然非常困难。因此，在价值与成交之间还需要建立一个连接桥梁，那就是客户成果。基于客户成果的销售，即为成果销售。

1. 成果销售的原理

衡量一个 SaaS 的价值确实不容易，因为你所定义的价值也必须得到客户的认可。这就需要对 SaaS 的价值进行具体化、量化和落地。做到这些的关键在于掌握订阅销售的核心——成果销售（outcome selling）。对于长期从事传统 ToB 销售的销售人员来说，理解成果销售可能较为困难，因此我们采用与传统 ToB 销售进行对比的方式来阐述成果销售的工作原理。

我们先来看传统 ToB 销售与成果销售的主要区别。传统 ToB 销售的销售人员自始至终都在谈论自己的产品或解决方案，有时候，你的产品做成什么样，客户并不关心。而成果销售则完全不同，它始终关注的是客户的业务成果，即客户迫切需要解决的问题，而业务成果正是客户所关心的。可以这么说，前者聚焦于销售产品,后者则专注于销售成果。

也许有的销售人员并不同意这种说法,因为他们也会跟客户谈论产品价值或业务成果。不过这通常是在销售过程的后期,而谈论价值和成果的目的,是试图证明客户投资的合理性和交易的必要性,其实那时已经晚了。而且很可能你谈论的价值和成果与客户所认为的并不一致,导致无法达成交易。不过你也不要误会,强调成果销售并不是让你不讨论产品而只谈成果,而是说讨论的顺序不要搞反了。成果销售是从业务成果入手,建立产品与业务成果的连接。这与从产品或解决方案入手,最后再说价值的销售逻辑相比,要顺畅得多。

2. 成果销售的优势

与传统 ToB 销售方式相比,成果销售在 SaaS 销售过程中具有以下明显优势。

(1)减小销售摩擦

因为成果销售一开始就从客户的业务成果入手,讨论客户目标实现的过程,这与客户的交流习惯是一致的。

因为客户通常更愿意花时间与你讨论自己的业务,所以这种销售过程中遇到的摩擦阻力要比传统的产品销售小得多。

(2)更高的销售效率

传统 ToB 销售从产品出发,推论到客户需求的满足和交付效果,这个过程对于客户来说存在很大的结果不确定性,因此他们才需要通过各种办法反复求证,比如概念证明(Proof Of Concept,POC)等验证方法。这些验证需要花费大量的时间,因而销售周期可能会变得很长。

而成果销售则主要侧重于确认客户的成果是否与其期望一致,并致力于证明这些成果是可以实现的,例如采用价值证明(Proof Of Value,POV)方法。这样的验证过程通常不会花费太长时间,因此能够有效缩短销售周期并提高销售效率。

(3)获得更高质量的客户

因为成果销售主要面向的是最终用户,也就是产品的使用者,而非 IT 人员，用户对自己的业务极为了解，所以能更容易判断产品对其业务的价值。

如果适合，就可能成交，不适合则不会成交。这样既能避免客户"买错"，也能避免 SaaS 服务商"卖错"，因而获得了更高质量的客户。

（4）降低客户流失

用传统 ToB 销售模式销售 SaaS，成交建立在承诺解决方案的有效性的基础上。但实际情况往往是签约交付之后，客户并没有得到他们想要的业务成果。而承诺的落空，可能会导致客户不再持续使用产品或服务，最终发生客户流失。

成果销售则将价值和业务成果贯穿于整个客户生命周期，这将大大降低客户流失的风险。

（5）提升客单价

传统 ToB 销售的竞争日趋激烈，价格因素对成交的直接影响极大。这是由于众多公司销售的产品功能和特性大体相似，价格就成了唯一的制胜因素。

如果你采用成果销售方式，因为它是以价值和业务成果为销售目标的，就可以避开竞品的价格战，相当于提高了订阅服务的客单价。

3. 如何开展成果销售

从以上论述你可能已经看出，成果销售与传统 ToB 销售相比，无论是在销售理念、作用原理、销售方法还是销售流程上都有非常显著的差异。

从传统 ToB 销售转向成果销售，销售组织必须做出很多改变，但最基本的变化是以下 3 个方面。

（1）定义客户的业务成果

要转向成果销售，首先需要定义客户的业务成果，而不是像传统 ToB 销售那样过分关注产品的亮点。利用第 2 章讨论的"成果金字塔"框架，可以轻松地确定客户成果。

（2）重构销售体系

因为传统 ToB 销售体系建设都是基于产品的，现在需要从客户成果出发来构建新的销售体系。这使得原有销售体系中的许多内容变得不再适用，例如，需要引入新的销售评价指标、重新审视销售方法论、重新定义销售方法、重新设计销售流程和销售工具等。

（3）理解客户业务

其实对现有销售团队影响最大的，还是对客户业务的理解是否深刻，以及能否用客户的语言进行交流，例如熟悉客户行业的痛点、了解制约客户业务发展的障碍等。否则，之前定义的业务成果可能无法在客户交流中发挥作用。

6.6.3 为什么解决方案销售不能代替成果销售

几乎每次在进行订阅销售培训时，都有销售人员提出这样的问题："解决方案销售与成果销售看起来十分相似，它们之间具体有什么不同？能否用解决方案销售来代替成果销售？"

为此，我们先回顾一下解决方案销售的过程。该过程主要包括：向客户提出探索性问题，借此发掘并触及客户的痛点，直至"发现"一个紧迫且迫切需要解决的问题，随后针对该问题提出一个解决方案，并将我们的产品与他们的需求联系起来。

这一过程既耗时又费力，最后还可能替他人作嫁衣。因为每当客户发出邀请时，你和其他供应商便会竞相响应，如制作方案、进行演示、出具报价等。但最终结果是不确定的，客户很有可能会选择其他供应商。

实际上，解决方案销售方式并不适用于 SaaS 的销售，因为它存在几个致命的缺陷。

- ❏ 投入产出不成比例。这个复杂销售过程耗费的成本与订阅收入严重不成比例，还可能因最终丢单而白忙一场，耗费了大量成本却一无所获。
- ❏ SaaS 客户不喜欢这种方式。SaaS 的客户主要是一线业务人员，而不是 IT 人员，他们根本不会花费数小时听你讲技术、讲产品、讲解决方案。
- ❏ 容易变成一个开发项目。如果客户愿意花费长时间与你讨论方案，那十有八九是客户有其他诉求。比如最终很可能会变成一个旷日持久的开发项目，就像以往的解决方案销售一样。
- ❏ 本质上还是交易型销售。解决方案销售本质上仍属于交易型销售模式。在前文中，我们已经讨论过将此模式用于 SaaS 销售的相关问题。

尽管解决方案销售对于 SaaS 销售来说有诸多缺陷，但这并不是在全盘否定解决方案销售，实际上，SaaS 销售完全可以借鉴解决方案销售的优势，但不能以解决方案销售来取代成果销售。

6.6.4 订阅销售的理念：为客户成功而销售

在大多数销售人员看来，销售的唯一目的是成交，这对交易型销售而言无疑是合情合理的，但现在整个 SaaS 行业的销售已经转向订阅销售模式。而对订阅销售而言，成交只是销售的目标之一，因为订阅销售的终极目标是实现客户成功。

这并不意味着销售不再重要，而是其重要性主要体现在获客上，这是整个 SaaS 业务成功的重要前提。如果没有销售的成功获客，我们连为客户提供服务的机会都没有，更不用说实现客户成功了。关于这一点，从 SaaS 公司的收入结构就可以看出，收入的一部分来源于新客户的合同，但更大的部分则来自老客户的增购和续费，这通常占总收入的 80% 以上。当然，这也基于一个前提，即客户没有流失。

由此看来，SaaS 销售的重要作用在于获得长期服务客户的机会，因而它强调获客的质量。若客户质量不佳导致短期内客户流失，那么销售即便初看成功最终也是失败的，因为连获客成本都无法收回。大量数据分析同样显示，客户生命周期的长短在很大程度上依赖于销售过程。

所以，在 SaaS 销售过程中，我们必须始终记住，确保客户成功是销售的一个重要理念。换句话说，SaaS 销售就是为了客户成功而进行的。

6.7 SaaS 销售方法论

SaaS 公司的销售人员聚在一起，最热议的话题便是"销售打法"，他们结合自身的销售体会，总结出各式各样的打法。不过，这些打法大都是零散的、个性化的、未经广泛检验的，所以很难被沉淀下来，形成一套系统的、有效的、广泛验证的、流程化的、可复制的、工具化的和可推广的体系化方法。

事实上，即便一些相对有效的销售打法，也仅仅是销售方法论的初级阶段，还不能作为真正的 SaaS 销售方法论。因为真正意义上的 SaaS 销售方法论，至少应当包括销售方法、销售实践、销售流程及销售工具等元素，能够构成一个完整的系统。

6.7.1 销售方法论的重要性

SaaS 销售方法论对于一家 SaaS 公司究竟有多重要？如果你常与销售团队打交道，便会发现目前的 SaaS 销售组织大致可分为两类——有销售方法论的和没有销售方法论的，而且以后者居多。一个没有销售方法论的 SaaS 销售组织，总是在尝试各种不同的"打法"，比如如何获取公司领导的联系方式、如何搞定对接人、怎样讲出产品的亮点等。问题是很多销售组织在不同时期流行的打法还不一样，这不但让销售过程既无法预测，也无法复制，而且不能衡量效果，因此输赢全凭运气。这样的销售组织必然是一盘散沙，更糟糕的是，这也让销售人员招聘、培训、迭代和升级都失去了基础，非常不利于销售组织的能力提升。

传统 ToB 销售的观点认为，销售过程是不可预测的，赢单或者输单都是"尽人事，听天命"。在一个销售组织内，销售能力也是不可复制的，因为每个销售人员都有自己的打法。而事实上，如果有一套行之有效的销售方法论可以依据，那么所有的销售过程和结果都是可以预测的，只是预测的方法和水平有差别。同时可以建立销售体系，通过培训和训练，将销售方法论的核心逻辑注入每个销售人员的行动之中，从而以可复制的销售方法提高整个销售组织的能力和水平。这种进步的效果也必须是可衡量的，这有助于销售方法论的不断迭代和升级。

对于传统的交易型销售来说，因为其目标单一，只要求能够成交，很少有其他约束条件或要求，所以方法论并没有那么重要。但是对于订阅销售来说，除了成交以外，还有获客成本、获客质量、销售效率等要求和限制条件，它们都必须作为硬性要求，被加入销售方法论中。所以，对于 SaaS 销售来说，销售方法论不但是销售成功的基础，更是商业模式健康性的保障。

一个可靠的方法论必须有一个坚实的理论作为基础，SaaS 销售方法论的理论基础正是第 2 章中介绍的 ALAER 业务框架。虽然销售的业务范围只是框架中的 Land 部分，但 SaaS 销售并非像传统销售那样是完全独立的，而是在整个客户生命周期中扮演了承前启后的关键角色。所以 SaaS 销售方法论并不是一套纯理论，而是为了实现规模化获客所开发的一套完整的销售体系。

在认识到 SaaS 销售方法论的重要性之后，我们就可以着手构建具体的方法论了。目前市场上关于销售方法论的书籍众多，为了凸显结构化和系统性，许多学院派构建的方法论异常复杂，导致在实际销售过程中难以落地。实际上 SaaS 的订阅销售方法论可以更为简洁，只需包含关键要素和约束条件，从而确保学习曲线较低，并保障实际销售的可操作性。

基于这一思路，一个完整的订阅销售方法论主要包括 3 个部分：买方旅程（buyer journey）、销售流程（sales process）和评估矩阵（qualifying matrix）。这 3 个部分之间的逻辑关系是：根据客户的购买旅程来设计你的销售流程，并在此基础上评估客户的购买能力与成交的可能性。

6.7.2 销售方法论的基础：买方旅程

销售方法论之所以从客户的买方旅程开始，是因为一个有效的销售流程并不取决于你怎样卖，而取决于客户怎么买。这个过程可以简单描述为：传统 ToB 业务的买方旅程都始于客户遇到难以跨越的障碍，或者有难以解决而又必须解决的问题。这时候买方才开始寻找解决方案。但因为解决方案往往不止一种，所以他们会从经济性和有效性两个方面逐一比较和评估。一个典型的买方旅程如图 6-3 所示。

| 业务遇到问题 | 寻求解决方案 | 确定解决方案 | 寻找服务提供商 | 确定服务提供商 | 功能和技术验证 | 形成最终方案并提交决策团队 | 技术合同与商务谈判 |

图 6-3　传统 ToB 业务的买方旅程

买方旅程中的各项内容简述如下。

❑ 业务遇到问题：客户的业务经常会遇到各种问题或障碍，如果不解决就会影响业务的收入或绩效。
- 寻求解决方案：客户开始了解和分析这些问题，并委托IT部门寻找问题的技术解决方案。寻找的方式有多种，常见的是在网上搜索，或者参考同行是怎样解决类似问题的。
- 确定解决方案：客户确定了解决问题的方案。
- 寻找服务提供商：根据确定的解决方案，寻找提供该方案的服务提供商。
- 确定服务提供商：通过RFP或招标等方式，确定候选的服务提供商，通常不止一家。
- 功能和技术验证：通过POC等方式，验证产品或解决方案是否符合RFP。
- 形成最终方案并提交决策团队：根据验证结果，形成最终方案，并提交决策团队审批。
- 技术合同与商务谈判：协商谈判工作说明书（Statement Of Work，SOW）和商务合同，完成本次采购。

按照这个买方旅程，客户的决策链如图6-1左侧所示。

虽然同属ToB业务，但SaaS的买方旅程和决策过程有所不同。SaaS的买方旅程如图6-4所示，与传统买方旅程的不同之处图中用*号标出来了。

图6-4 SaaS业务的买方旅程

这里简单解释一下差异点。
- 关键业务目标达成遇到障碍：客户要达成某个重要的目标或成果，却在实现过程中遇到难以克服的障碍。
- 寻求解决方案：以业务人员为主，IT部门为辅，侧重于业务角度，而非技术视角。
- 确定解决方案：确定解决方案可以实现业务成果，而不只是实现业务需求。

- 业务成果验证：使用 POV 方式，验证能否实现业务成果，而不是以 POC 方式证明是否符合需求规范。POV 过程更多的是使用业务语言、业务规范和业务方法，对实现的业务价值进行验证。
- 形成最终方案并提交决策团队：评估能否获得预期的业务成果，是首要决策要素和最终决策依据，而不只是评估能否解决给定的问题。
- 服务合同与商务谈判：SaaS 服务商承诺帮助客户达成业务成果，以及签署服务水平协议（SLA）；如有价格折扣，必须说明首期订阅价格是否与续费价格一致。

按照 SaaS 的买方旅程，客户的决策链如图 6-1 右侧所示。

可以看出，SaaS 采购的决策链与传统 ToB 采购决策链有很大不同，接下来，我们仔细分析一下原因。

（1）业务决策者

传统 ToB 采购业务大都是 IT 主导的，也就是 IT 采购者。而在 SaaS 采购中，主导者是业务采购者，而业务采购者通常就是最终用户。因此第一决策者由技术决策者变成了业务决策者。

（2）财务决策者

财务成为第二级决策者的提法可能存在争议。支持方认为，既然采购目的是业务成果投资，自然需要计算投资回报率（ROI），这无疑是财务部门的职责。反对方则认为，有些公司的财务部门仅限于负责预算编制和付款处理，并不关注 ROI。

然而，数据显示，越来越多的客户企业的财务部门开始计算 ROI，特别是在 SaaS 采购中，由于没有实际购买 IT 资产，更多的是进行投资，因此，将财务定位在决策链的第二级也就不难理解了。

（3）技术决策者

技术决策者"下降"到决策链的第三级，在不同的企业中同样存在争议。支持者认为，随着软件消费化的趋势，SaaS 并非传统意义上购入的 IT 资产，对于 SaaS 而言，IT 部门的角色更多是业务集成、合规和安全等方面。反对方则认为，所有技术管理活动都应该由技术部门负责。

而随着企业业务逐渐 SaaS 化，技术决策者在决策链中的位置下降也是一种必然趋势。

（4）采购部门

无论哪一种决策链，采购部门都是最后一个环节，这是必要的商务流程。

理解两种买方旅程的差别非常重要，因为销售流程是基于买方旅程设计的。如果对买方旅程的理解出现偏差，销售流程也会随之出现错误。

6.7.3 如何设计 SaaS 销售流程

对于销售组织来说，没有什么比销售流程更重要的了。但很多销售人员的销售流程是：准备—拜访—需求调研—激发兴趣—方案引导—演示产品—解决异议—促成交易—关单。这顶多算是销售规范，不能称为销售流程，因为你的对手也是这一套流程，它可以辅助销售的规范化，并不能帮助销售赢单。

作为销售方法论的重要组成部分，销售流程的主要作用是有效地帮助客户购买你的产品。一个好的销售流程，一定是有助于销售团队提高赢单率和销售效率的，它必须使销售可预测、可复制和可衡量。显然，按照上面所述的"销售流程"，很难达到目的。

当然，有的 SaaS 公司是有销售流程的，但其销售流程是按照传统 ToB 业务的买方旅程设计的。因为传统 ToB 业务和订阅业务的买方旅程有很大的区别，所以不能按照传统 ToB 业务的买方旅程设计 SaaS 销售流程，一个不当或错误的销售流程可能比没有流程更糟糕。

确定了 SaaS 业务的买方旅程之后，现在就可以根据它设计 SaaS 的销售流程了。需要说明的是，买方旅程的前几个环节，通常发生在线上的营销阶段。因此，SaaS 销售流程与买方旅程并不是完全对应的，而是从"确定服务提供商"开始的，如图 6-5 所示。

| 识别客户关键业务目标 | 定义业务成果 | 业务成果确认 | 业务成果的实现验证 | 业务成果的价值验证 | 服务协议和商务谈判 |

图 6-5　SaaS 销售流程

下面把销售流程中的各个环节做一下解释。

在正式进入销售流程之前，我们需要先对客户进行初步的匹配度评估。尽管这一步没有被明确列入销售流程中，却是一个重要的筛选环节。很多销售跳过了这个步骤，进入销售流程后才发现，这个客户其实并不是对的客户。

匹配度评估的过程非常简单：通过比对公司已定义的理想客户画像（ICP），来确定客户的匹配度。如果与ICP的偏差过大，那么放弃可能是更明智的选择。此外，匹配度评估还有另一个作用，即一旦确定了匹配度，销售方案的制定就有了更清晰的方向。

（1）识别客户关键业务目标

客户往往不会直接明确告诉你他们的业务战略目标，而是仅描述遇到的问题，因此准确识别出客户的关键业务目标并不容易。首先，存在沟通的"语言"障碍，业务人员通常使用业务语言进行交流，这与IT人员的语言风格不同。其次，你需要识别的是客户最看重的核心业务和战略目标，而非其他无关紧要的事项。最后，你还需确保你的解决方案能帮助客户达到这些目标，否则所有努力都将白费。

在识别过程中，要注意避免落入所谓的需求误区。虽然这一过程与传统ToB销售中的客户需求分析类似，但需求分析可能会得出客户的很多需求，其中部分对业务来说是重要的，部分则可能只是客户自己的想法。这容易使你偏离问题的主要目标和重点。如果不加识别就承诺逐一满足所有需求，则可能演变成一个项目，而这并非SaaS所擅长的领域。

通常客户的关键业务目标可能不止一个，需要将它们分别识别出来，并用简洁的文档进行描述，之后再与客户进行确认。

（2）定义业务成果

识别了客户的关键业务目标后，就可以定义客户想要实现的业务成果。实际上，SaaS销售失败的两大主要原因是：一是错误地定义了业务成果，二是解决了客户不需要解决的问题。因为业务成果是价值交付的载体，不仅需要被正确定义，还需要是清晰的、可衡量的、可验证的和可交付的。

前文中我们已经介绍了客户成果的金字塔结构，这是一个高效且完整的成果识别与定义的框架。依据这一框架，可以较为容易地确定客户的业务成果。通常，一个客户的业务成果不止一个。需要将每个业务成果根据客户成果金字塔的 6 个层次进行描绘，并分别与客户确认。

（3）业务成果确认

要想知道自己定义的业务成果是否对客户有价值，就必须与客户进行确认。如果客户不认同你定义的业务成果，那么前面所有的工作都没有意义，所以必须就业务成果与客户达成一致。

这个过程与软件开发中用户需求需要得到客户的确认一样，所有业务成果也都要与客户进行充分沟通，最后落实到书面上签字确认。与软件销售有所不同，需求错了还可以通过修改代码调整；而如果业务成果错了，会导致后面的所有工作全部作废，甚至可能直接导致本次销售的失败。

（4）业务成果的实现验证

当与客户就业务成果、目标和价值达成一致后，你还必须向客户证明你现有的产品或解决方案能够实现业务成果。这与软件销售常用的产品演示不同，如果只演示产品的功能和特性，并不能证明你的产品可以实现客户的业务成果。所以你应该以业务成果为目标，专门设计一个 Demo。

（5）业务成果的价值验证

如果仅从技术层面证明你的产品能够支持业务成果的实现，仍然是不够的。你还需将其置于客户的业务环境中，证明你的产品解决方案能够最终实现客户价值。在软件销售过程中，我们常用 POC 方法，但这一方法仅聚焦于产品能力和技术能力，对于价值验证的作用有限。

因此，这里需要采用 POV 方法进行价值的验证。业务成果的实现验证和价值验证的结果，是提交给客户决策层的方案中最重要的内容，也是决策层的批准依据，因此必须认真对待。

（6）服务协议和商务谈判

软件销售涉及技术合同或 SOW 等文件，这些文件对所售软件的品质与售后服务做出承诺。由于 SaaS 是提供给客户的一种服务，因此也需要做出服务承诺，通常采用服务协议或服务水平协议（SLA）的形式来作为书面承诺，并以此进行后续的商务谈判。

6.7.4 销售流程的应用

开发 SaaS 销售流程的目的是应用,在应用中可能会遇到一些新的问题。例如,以往很多销售流程的设计,主要是出于销售管理的需要,而不是为了帮助销售人员赢单。所以,有些销售人员在销售过程中可能会尽量避免使用销售流程。此外,由于订阅销售流程与交易型销售流程有较大差别,销售人员还没有养成新的使用习惯。

为了把所开发的订阅销售流程有效使用起来,下面对过程中的关键要素进行提炼。虽然不同项目的销售流程各不相同,但是只要抓住这些关键要素,销售流程就会发挥作用。如果对这些关键要素处置得当,不但可以提高赢单率和销售效率,还可以保证获客质量。

1. 筛选客户

在竞争激烈的 SaaS 销售领域,很多销售人员常常"饥不择食",对客户没有任何筛选,他们的理由很充分:竞争如此激烈,如果再"挑"客户,那根本无法完成业绩。所以就把靠谱和不靠谱的线索,都作为潜在客户统统"灌"入销售漏斗。

这种想法的合理性,是不放过任何一个成交机会。但实际上,这种做法不但增加了工作量,还会影响业绩的达成,许多销售人员虽然看起来每天都很忙,但最后往往一无所获。因为他们把大量时间花到了漏斗中的所有线索上,而不是优先分配给与公司 ICP 高度吻合或相近的客户。因为公司最有效的销售流程、工具和客户案例,都是基于 ICP 设计的,如果你没有识别 ICP,客观上就是没有利用好公司的宝贵销售经验和资源,业绩反而上不去。

2. 卖成果而非卖产品

无论以什么顺序展开销售,都应该从客户成果入手,谨记这一原则,你将获得意想不到的效果。这是因为只有业务成果,才是客户最想得到的东西,也是客户发起本次采购的目的，确切地说，客户只为成果买单。

在销售 SaaS 这类订阅业务时，传统 ToB 销售常犯的一个错误是从介绍自己的产品功能特性开始。这在销售 ToB 产品时也许会奏效，但在 SaaS 销售过程中，客户已经在网上了解过你的产品功能，所以没必要浪费宝贵的交流时间再重复一遍。

3. 明确客户成果

进入销售流程后，再去挖掘客户需求已经迟了，并且可能会给客户留下你不了解他们业务的印象。因此，正确的做法是尽快明确客户成果。在这个环节，你可能会遇到以下 3 种情况。

第一种，你已经掌握了客户的业务成果。这自然是最理想的。事实上，如果你的公司专注于某一行业或领域，这是完全有可能的。

第二种，没有直接可用的业务成果，但有可参考的行业案例。这时，明确客户成果的工作可能会麻烦一些。你不能想当然地认为可参考案例的客户成果能完全适用于同行业或另一个领域。不过，你也不需要过于担心，因为我们可以借助客户成果金字塔框架，结合同行业中类似的客户业务目标、ROI、KPI 等，较快地定义出新的业务成果。

第三种，完全没有业务成果。如果是这种情况，明确客户成果的工作就会更加复杂。由于你的公司之前在这个行业或领域的服务经验较少，你可能需要从零开始。不过，依然可以利用客户成果金字塔框架，从 ROI、KPI、责任人到产品，依次套用，哪怕得到一个初步的结果，对于赢单也很有帮助。因为你后面还有机会进行补充并与客户确认所定义的业务成果是否正确。

当然，也存在这样一种情况：这个客户与你的 ICP 偏差很大，甚至完全不符合你的 ICP。在这种情况下，放弃或许是最佳选择，这样你就可以腾出时间来寻找其他合适的潜在客户。

如果你正在使用 CRM 系统，那么其中一定有一个名为"客户需求"的字段。过去，这个字段中记录的可能是客户口头提出的需求，或者是你自己认为的客户需求。但现在，我们看到越来越多的销售人员在这个字段后面增加了一个"业务成果"字段，并将这两个字段进行关联。这意味着销售思路发生了根本性转变。

你可能常常羡慕那些销售高手，他们能够使用客户的语言对客户行业提出独到的见解，因此更容易获得订单。但现在，利用客户成果，你也可以实现赢单。深入了解一个行业并非易事，更何况是多个行业，但理解一个客户的成果，并直接提供给客户，则相对轻松些。凭借熟练掌握客户业务成果的分析方法，你就有可能采用一种更为高效的销售方法来实现"弯道超车"，成为 SaaS 销售领域的高手。

4. "找对人"

在讨论 SaaS 销售世界的变化时，我们发现客户的买家身份和采购决策链已经发生了很大的变化。一个显著的特征是，发起和驱动采购的人员已由技术决策者转变为业务决策者。

无论什么样的销售，都强调"找对人"的重要性。传统 ToB 的销售人员都知道，如果能找到一把手或者 CIO 是最理想的，所以他们会想尽办法接近这些关键人物。然而，如果销售 SaaS 时还把他们作为首要接触目标，可能会事倍功半，甚至产生相反的效果。每次在做订阅销售培训时，都有许多人对此持有强烈疑问：寻找关键人物、找到大老板，这不是所有销售培训的重点和精华吗？现在怎么就不对了呢？

确实，这个弯转得有点儿大，下面简单分析一下。

企业信息化或数字化建设一直被视为"一把手"工程，所以想要拿单必须找到一把手。然而，对于 SaaS 采购，不能仅凭过往经验行事，而必须重新思考这一点。如今，提出采购要求的往往是业务线负责人，甚至是最终用户，他们是为了自己的业绩或 KPI 才提出采购，与一把手并无直接关系。甚至在某些情况下，一把手可能会对这项投资的必要性和回报持怀疑态度，从而推迟决策，增加销售过程中的阻碍。

这并不是说找一把手或 CIO 没用，实际上，无论是预算，还是 IT 架构、合规、安全等，他们仍然有很大的发言权。但在找对人这件事上，你需要有一个新的认识。

5. 达成共识

你所定义的业务成果，目前仅代表销售方的观点，客户方可能对此并不认同，或者不认为这是他们目前需要优先解决的问题。你认为的客户成果是否有价值并不重要，关键是必须与客户达成共识。

很多 ToB 领域的供应商过于自以为是，自认为自己的产品或解决方案就是客户想要的，销售人员则把所有精力都花在说服客户购买上。其实这样很容易让客户产生抵触和戒备心理，客户的犹豫会延长销售周期。

在前一个步骤中，你已经确定了业务负责人，因此，达成共识的交流对象主要是他们，实际上，也只有他们才能就业务成果的价值给出肯定或否定的答复。

在达成共识这个过程中，你可能会遇到 3 种情况。

第一种情况是，你提出的业务成果恰好与客户想要的成果完全相同。销售做久了，总能碰上几次"一拍即合"的好运，那时候你可能还没有订阅销售的概念，只是恰巧吻合了供需精准匹配的逻辑。但是，这种好运不会经常遇到，现在需要你用客户成果主动与客户要求进行匹配。

第二种情况是，客户自己没有明确要达成的业务成果，或是有但没有清楚地表达出来，受到你提出的业务成果的启发，客户可能会接受并认同这些成果。虽然现在没有明确目的就购买软件的客户已经很少了，但仍有部分客户存在看功能、比价格的购买习惯。对这类客户，提供具体业务成果往往比单纯展示功能更为有效。

第三种情况是，客户对你提出的业务成果直接否决。这种情况下，如果对方身份是业务负责人，那么大概率这些业务成果的确不是客户想要的，或者不是当前的高优先级成果。这时你需要回到最初的状态，重新寻找客户真正想要达到的目标，而不是把自己定义的业务成果硬塞给客户。这与卖产品不同，即使客户接受了你提供的业务成果，最终也会因为无法实现业务价值而弃用。只有就业务成果与客户全部达成共识，你才可以向下一个目标推进。

6. 成果量化

即使已经就业务成果与客户达成共识，此时的业务成果也只是一个轮廓，对于客户来说还是模糊的。甚至在成果的深层细节方面，双方的理解未必真正一致。

成果量化的过程实际是价值量化的过程。现在的销售人员大多跳过了这一步，所以无论卖什么软件，大多都以"降本增效"这类笼统的说法来推销。从成果金字塔结构可以看出，其中 ROI 的量化是最有说服力的，因为它能直接展示投资 SaaS 带来的回报。然而，在很多情况下，ROI 的估算非常困难，或者估算结果并不准确。不过这没有关系，实际上客户想知道的只是有没有回报，而不是准确的回报数字。

KPI 是成果的另一个直观的量化维度。与 ROI 不同，KPI 一定是可衡量的。这一点客户可能比你更清楚，因为作为业务负责人，他们采购 SaaS 的目的就是实现 KPI。

7. 功能对应

只是明确和量化了业务成果还不够，还需要证实你的产品功能或特性能够支撑业务成果的实现。这只要列出业务成果与功能的映射关系即可，它们通常是一对多的关系，即一个业务成果可能对应多个功能。

除了通过文档描述外，你还可以通过产品演示等方式说明业务成果与功能的对应关系，这样可以让客户更加相信你能实现他们所期待的业务成果。

8. 报价

所有的销售过程都会涉及价格谈判环节，并且很可能会遇到客户大幅度砍价。然而，客户的这种习惯性操作是有原因的。市面上大部分产品或服务都是同质化的，既然功能相似甚至相同，根据"质同价优"的原则，客户砍价也是合理的。

事实上，现在很多 SaaS 的赢单都是"赢"在价格上。这引发了一个严重的问题，即首年订阅费被压到极低，导致客户生命周期中的续费率也大大降低。所以，销售折扣必须设置底线。不过，对于同质化的产品，这很难做到。因为如果你不降价，对手也会降。坚持不降价的结果就是输单。

基于客户成果的销售方式，在很大程度上可以避免被卷入价格战。因为整个销售过程自始至终都是围绕客户成果展开的，尤其是业务线负责人，他们关心的是你的产品能否帮助他们实现业务目标，而非价格的高低。从订阅业务的客户采购决策链中也可以看到，关心价格的 IT 部门和采购部门已经处于决策链的下游。明白了这个逻辑，你对坚持自己的报价就会更有底气，因为你与业务线负责人共创的业务成果，不太可能因为价格问题被 IT 或采购部门搅黄。

至此我们通过买方旅程创建了销售流程，现在可以将销售流程与销售漏斗或 CRM 关联起来，这样就可以监测销售流程中的各个关键环节，有助于销售领导者（leader）了解和判断销售推进的真实状态。

同时，你的销售系统也已经初步建立起来，并开始发挥作用。这将为新的 SaaS 销售方法论的落实和推广带来更多信心，后续的推进也会越来越快。

6.7.5　如何评估一个客户的成交可能性

评估一个客户的成交可能性对于 SaaS 销售极为重要，因为通过对客户成交可能性的评估，可以提示你在这个潜在客户身上应该花多少时间和精力。以前，多数 SaaS 销售人员不会考虑这个问题，他们在所有客户身上平均用力，而不是集中关键资源，签下那些最有利的客户。尽管也有销售人员意识到应该考虑这件事，但由于没有现成的方法可用，只能凭感觉对客户进行评估。因此，在 SaaS 的销售方法论中，需要引入评估客户成交可能性的方法。

1. BANT 评估模型

实际上，在传统 ToB 销售领域已经使用了相关的评估模型。例如，IBM 早在 1960 年就提出了 BANT 模型。BANT 是 4 个单词的首字母，分别对应预算（Budget）、权限（Authority）、需求（Need）和时间（Timeline）。BANT 已经被使用了几十年，证明了其在客户成交可能性评估中的有效性。即使在复杂的销售情况下，仅通过这 4 个要素也能对商机进行合理的评估，确实简单易用。BANT 评估模型如图 6-6 所示。

图 6-6 BANT 评估模型

（1）预算

所谓预算，即客户愿意花多少钱购买你的产品或服务。因此，在销售前，你需要了解客户的预算计划，以及预算被批准的可能性。在传统的 ToB 销售中，预算的确非常重要，甚至可以根据这一要素判断出客户的采购可能性。

不过，对于 SaaS 销售来说，获得客户预算就没那么重要了，或者说预算不再是客户采购的决定性因素。在实际的 SaaS 销售过程中可以发现，即使客户没有明确的预算，采购也有可能发生。SaaS 的软件消费化趋势和最短按月的订阅付费方式，使得每个周期需要支付的订阅费用并不高，甚至根本就不需要 IT 费用的预算，完全可以走运营成本支出。

以前，客户上 IT 系统是一项长期的大工程，可能需要数年时间。如果没有充足的预算，很容易成为烂尾工程。然而，近年来的 SaaS 销售实践表明，客户采用 SaaS 的目的，很多时候是因为业务"临时"遇到了必须解决的问题。这就要求在短期内看到成果，最短可在数天或数周内看到投资回报。因此，大多数情况下，首要考虑的因素不是预算，而是时间和价值。

（2）权限

利用 BANT 中的权限要素，可以探明谁是关键决策者，这的确很重要，因为销售讲究的是"找对人"，否则就是瞎忙。前面已经讨论过，在传统 ToB 采购决策链的顶端，往往是技术决策者，如 CIO 或 IT 负责人。

对于 SaaS 销售来说，情况已经发生了变化。一项 SaaS 的采购，通常发起人和决策者不是 IT 负责人，而是业务线负责人。在整个销售过程中，打交道最多的也是他们。所以我们得出的结论是：首先，一个 SaaS 项目应该有责任人;其次,这个责任人应该是业务线负责人。因为他们是 SaaS 投资回报的责任主体,拥有足够的权限,所以首先要找他们,而不是大领导或 CIO。在 BANT 中,原本按照职务权限的思维逻辑需要重新定位。

(3)需求

需求用于探明潜在客户是否有明确的问题或业务挑战。如果有,需求的强度如何?是"最好有"还是"必须有"?

在传统的 ToB 采购过程中,需求的提出者通常是 IT 人员,他们将业务部门的需求转换成 IT 语言,所有需求只能向他们了解和确认。在 SaaS 采购中,业务线人员提出的往往不是 IT 需求,而是需要实现的具体业务目标,比如"提升产线的产能"。

所以,在 SaaS 销售中,如果将需求(Need)转换为客户成果(Outcome),就能更直接探明和确定潜在客户的真实需要。

(4)时间

通过时间要素,我们可以判断潜在客户希望在多长时间内解决问题,从而评估客户采购的急迫程度。在传统的 ToB 项目中,这往往是一个计划过程,时间可能会非常长,因此确定准确的时间比较困难。

但是时间要素在 SaaS 销售中非常容易探明,因为客户希望尽快看到成果并实现价值,而 SaaS 的实施周期远短于传统软件项目的实施周期。因此,当你向潜在客户询问期望的投产时间时,得到的答复往往是"越快越好"。这并不是客户的一种说辞,而是由首次价值实现周期(First Time To Value,FTTV)决定的。

综上所述,如果 SaaS 销售要使用 BANT 评估模型的话,就需要对其进行修正和补充。为此,我们在 BANT 的基础上,为 SaaS 销售定义了 6R 评估模型。

2. 6R 评估模型

所谓 6R,就是 6 个英文单词的首字母都是 R(Right)的销售要素,如图 6-7 所示。

图 6-7　6R 评估模型

（1）正确的客户（Right Account）

无论你定义了多么好的客户成果，它们也只是针对特定的客户群体而言的，而非放之四海而皆准。这是因为只有特定的行业或领域才有类似的业务障碍，面临相同的挑战，且具有相同的成功标准。所以对于销售而言，找到正确的客户非常重要，因为只有正确的客户，销售过程才更加容易，也更有利于业务的规模化。

相反，如果你将产品销售给错误的客户，可能会给你的公司带来灾难性的影响。因为错误的客户基本会流失，他们不仅会向公司反馈错误的信息，误导你的销售团队，还可能散布不利于你公司的消息，对销售形成阻碍。更为严重的是，由于无法获得价值，错误的客户根本不会持续使用，从而让销售变成亏本的交易。

（2）正确的成果（Right Outcome）

订阅销售的核心是成果销售，成果的正确与否从根本上决定了销售的成败。错误的客户成果甚至比没有成果更糟糕，因为客户会认为你不了解他们真正的业务痛点,并且认为你卖错了东西,从而不愿意购买。

一个正确的成果,将会给你带来意想不到的好处。比如你可以直奔业务成果这个主题,而不用跟客户绕弯子。正确的成果可以帮你挡住客户的猛烈砍价,客户之所以逢价必砍,是避免花高价买来的产品没用或用处不大,以降低损失。

(3)正确的交付(Right Offer)

在客户成果金字塔的底层,是功能和特性,它们——对应地支撑着上面各层,以实现你的价值承诺。无论你的业务成果对客户多么有价值,如果你的产品功能无法支持业务成果,那与传统的交易型销售的口头承诺没有什么不同。

正确交付的本质,是在客户实际使用之前就已经验证了产品的有效性,打消了客户下单的顾虑。正确的交付对于客户的平稳落地和成功采用,都具有重要意义。

(4)正确的采购者(Right Buyer)

经常有销售人员对此感到非常困惑,费了很大工夫才找到客户一把手或CIO,为什么最后反而被淘汰出局呢?原因很简单,他们不是正确的采购者。

在前面章节讨论SaaS销售世界的变化时已经提到,订阅销售面对的采购者由IT人员变成了业务线人员,也就是客户成果金字塔中的"责任人"。他们不但是需求的提出者,也是影响成交的重要决策者和实际意义上的采购者。

大多数ToB业务的销售人员,都熟悉与IT经理或者CIO打交道的套路,但是很少有与业务线负责人交流沟通的经验。原因不是交流的方式不同,而是销售人员不熟悉业务语言,特别是不了解客户的业务目标和遇到的挑战。现在,这些内容被以业务成果的形式抽象出来,所以无论是销售新手还是老手,都可以基于业务成果与业务人员直接交流,这就消除了销售中的最大障碍。

(5)正确的时间(Right Time)

以前销售人员在销售产品时,都会按照客户的采购过程制定自己的销售流程。传统ToB产品销售那样的"一字长蛇阵"式的销售流程已经不再适用订阅销售了。也就是说,客户的买方旅程导致销售流程发生了变化,只要抓住销售流程中的几个关键时刻(Moment Of Time,MOT),就可能快速达到阶段性的目标。

而那些经过精心设计的关键时刻，就是正确的时间，销售人员需要在正确的时间向客户传递正确的内容。

（6）正确的渠道伙伴（Right Partner）

SaaS 行业离不开渠道伙伴，而正确的渠道伙伴能熟练应用客户成果，找到正确的客户，提供正确的交付。特别是客户行业内的渠道伙伴，甚至比原厂商更了解客户的业务成果。事实上，行业内总结提炼的很多业务成果，就来自渠道伙伴。

而不理解客户成果的渠道伙伴，可能会造成一种灾难性的后果。他们要么凭关系强行推销，要么比原厂商还能"忽悠"，过度承诺导致交付失败的情况极为常见。这不但浪费了客户资源，还会带来负面的口碑。

在 SaaS 的销售过程中，熟练使用 6R 评估模型，能够更快、更准地识别出"有利可图"的潜在客户，推动 SaaS 销售的高效成交。反过来，6R 评估模型也验证了所开发的销售流程的有效性。

6.7.6 通过正确的培训让销售方法论落地

定义了 SaaS 销售方法论，开发了销售流程和客户评价方法，并不等于销售组织就具备了相应的 SaaS 销售能力，还需要通过培训落地和优化。实际上，从传统销售观念转变为订阅销售模式并非易事。很多 SaaS 公司开发了新的销售方法之后，就将其束之高阁，销售仍然采用原来的方法。

通过正确的培训，才能将销售方法论快速投入使用。

1. 明确培训目标

传统 ToB 销售的培训目标，都是围绕着如何把产品卖出去这一目的，销售人员采取了各种各样的"打法"。如果有人在销售过程中尝试成功某一打法，就先在小组范围内分享；如果大家比较认同，就在整个销售组织内推广，这是 SaaS 销售培训的初级形态。不过很多看起来有效的打法在被推广以后，才发现效果不大。

这种培训之所以没有效果，主要是因为各种打法都缺乏理论和逻辑的支撑。

于是，很多 SaaS 公司开始引入正规的 ToB 销售培训，比如大客户销售培训和解决方案销售培训等。无论何种销售方式，目的都是成交，所以这些培训都是围绕如何获得客户的"信任"展开。从销售人员的礼仪，到专业的解决方案，再到强调客户价值，所有的销售活动无一不以获得信任为目的。总之，无论采取什么样的方式，只要能说服客户签约，销售就成功了。

这并不是说 SaaS 销售就不需要信任。首先，信任需要基于实际的客户成果，而不是通过其他方式获得；其次，信任不能到成交就为止了，而应该伴随客户的整个生命周期，因为客户的续费和增购也是以信任为前提的。也就是说，你必须在客户生命周期内通过不断达成或接近客户的业务目标，而使他们相信你的产品或解决方案可以帮助他们成功。所以 SaaS 销售培训时，需要重新认知信任，并将其体现在整个销售流程中。

2. 做好 SaaS 销售培训

传统 ToB 销售培训用"打法"作为培训素材的失败，源于缺少一个行之有效的销售方法论作为理论支撑。现在，我们已经确定了 SaaS 销售的方法论，以此为基础构建的新 SaaS 销售体系，使培训内容有了理论体系和依据，培训课程的设置也就相对简单了。

按照 SaaS 销售方法论，整个销售培训应围绕 3 个核心内容进行设计：买方旅程、销售流程和评估模型。这样就实现了理论与实践的连接，由此形成 SaaS 销售培训内容的基本框架。以该框架为基础，再根据自己的产品特点和目标客户群体的特征，加上自己总结的销售技巧和销售打法进行 SaaS 销售培训，就不会产生太大的偏差。

在下一章的销售实战部分，将会加入许多经过验证的有效销售技巧和方法。在新的销售系统投入使用后，要及时总结和优化这些技巧，并将实际销售成果作为培训内容的一部分。

6.8 如何向订阅销售转型

你可能已经发现，本书所阐述的订阅销售其实有一个假设，即销售团队从一开始就接受的是订阅销售模式的训练。但实际上,绝大多数 SaaS 公司的销售团队都不符合这个条件,也就是说,他们大多接受的都是交易型销售训练,一些销售理念已经根深蒂固,让他们从交易型销售模式转向订阅销售模式非常困难。

大量的事实证明,转型比从零开始还要难,因为改变以往的观念和习惯要比接受一个新事物困难。不过也不用担心,你不用一次性转型完成,你只需要按照转型中的关键点和方法去做,业绩就可能有质的提升。

6.8.1 从销售产品到销售服务

大多数销售人员对于销售产品可以说是轻车熟路,不过对于软件产品,现在越来越难销售了。如果仍然把 SaaS 当作产品来卖,自然很难卖出去,除了打价格战,没有其他办法。

与产品不同,服务具有无形性和特质性,所以如果将 SaaS 作为服务销售,更容易制造差异化的效果。也就是说,虽然软件的功能相差不大,但是所提供的服务却可以有很大的差别。这可以在很大程度上避开产品同质化的竞争,不依靠价格战,一样可以提升销售的业绩。

6.8.2 从销售功能到销售成果

我曾经对数百名 SaaS 销售人员做过一项调查,发现几乎所有 CRM 或者销售漏斗中都有一个字段:客户需求(或与客户需求类似的字段名)。99% 的销售人员填写的内容都是自己产品的功能,只有不到 1% 的销售人员填写的是客户成果相关内容。从这个调查中不难看出,绝大多数的 SaaS 销售人员认为自己销售的是基于功能的软件,只有极少数人认为自己销售的是客户成果。

相比软件销售的推销形式,成果销售是一种更高级的 SaaS 销售形式,它的销售摩擦更少,销售质量也更高。

6.8.3 从解决方案销售到订阅销售

在现有的各种销售模式中,解决方案型销售已经是一种相对有效的模式,同时也是与订阅销售比较相似的销售模式。不过，二者还是存在很大的差异，所以也需要转型。

解决方案销售方式比产品销售方式进步了很多，特别是针对复杂业务的销售。不过从实际销售过程来看，它仍是从自己的产品和解决方案出发，以引导和说服的方式劝说客户接受和买进解决方案。

现在靠说服客户达成交易的方式已经变得越来越难，因为客户的业务线负责人根本不想花心思去讨论你的解决方案，最后只能演变成一场攻防游戏。你对解决方案扩展得越大，越有可能带来大量的定制和复杂的实施。

转型订阅销售模式的好处是，你不再需要费力去说服客户，因为利用订阅销售中的成果销售方法比单纯地说服客户接受你的方案要容易得多。

6.8.4　从单一价值到多元价值

很多 SaaS 销售人员已经开始把价值销售作为追求的目标，因为价值销售的确是一种高级的销售策略。价值策略不但使销售更容易，而且获得价值的客户更可能持久地使用你的服务。不过在现实中，价值销售很容易进入两个极端，要么是宏大而笼统的价值，要么是纯粹的财务回报价值，这两个极端都会对 SaaS 销售产生不利影响。

所有 SaaS 公司都在谈论价值，这一点你可以从各家公司的官网和营销资料上看到，比如降本增效、打造私域、为销售赋能等。这些与其说是价值，不如说是口号，它们很难真正触动客户进行购买。

那么，价值是不是越量化越好呢？这也要分情况而论，财务价值或投资回报确实是客户成果的一个重要维度，但它只是可衡量的成果的一部分，而非全部。如果你把价值完全锁定在财务维度，可能会对你的销售带来负面影响，下面举个实际的例子说明这一点。

我有一位做设备运维服务的学员，他在销售方案中清楚地计算出为客户节省的费用，以及购买他的服务带来的 ROI，客户 CEO 和 CFO 一看当即拍板，选择他的方案。但是，当他去找客户的运维负责人 W 主任沟通方案时，对方看完方案后直接否决，他百思不得其解，便找我帮忙与 W 主任联系，才终于得到再次交流的机会。

W 主任直接说明了淘汰他的方案的原因。首先，W 主任采购的目的是完成自己部门的 KPI，但方案里面只字未提；其次，节省了多少钱和 ROI 多高，那不是运维考虑的问题；最后，方案中提到可以减少 3 名人员，这是 W 主任最不能接受的。

举这个例子并不是说财务价值不重要，而是说你需要从高优先级的客户成果、ROI 和 KPI 等多个维度去量化价值，也就是说价值策略要从单一价值到多元价值。

6.8.5 从 POC 到 POV

不知你是否意识到，解决方案销售有个特点，就是在整个销售过程中你始终在证明自己方案的"正确性"，也只有如此，才有可能说服客户买你的解决方案。为了"有理有据"地说服客户，通常你会使用 POC 方式，通过验证方案的每个部分来证明整体方案的合理性。

在订阅销售过程中，你同样需要向客户证明你的产品或服务能帮助他们实现业务成果。只不过你不再使用 POC 方式，而改用所谓的 POV 方式。POC 和 POV 都有"验证"这个共同点，但是，它们验证的目的和效果却不相同。

订阅销售场景下的验证是基于业务成果的，客户想评估在他们的业务环境下你的方案是如何实现预期业务成果的。这是一个与客户共创的过程，而不是你单方面地展示。POV 验证的重点不是产品功能和技术能力，而是产品价值和业务成果，所以你演示的设计和所用的案例都应聚焦在业务成果这个层面。因为客户对自身业务目标和实现结果早有预期，所以不需要花很长时间就能得出是或否的结论。这就是 POV 方式可以缩短销售周期的原理。

POC 方式不适用于 SaaS 的成果销售。因为它的主要目的是证明你的产品功能和技术能力可以达到客户要求的规格或标准，这在 ToB 产品销售中是必需的。虽然在订阅销售过程中，客户也需要了解你的技术和实现方法，但都是为了保证业务成果的实现，所以它们并不是验证的重点。

POC 和 POV 有很大的区别，前者从你的解决方案向客户需求推进，整个验证过程都基于现有产品，所以操作比较容易。后者从客户成果开始向你的产品方向推进，直到映射到你的产品功能和特性为止，这个过程基于客户真实的业务场景，所以相对复杂得多。

实际上，从交易型销售向订阅销售转型的过程中，最重要的变化也是从 POC 到 POV 的转变。这项转变的成功，不但会提高你的销售效率，还会提高赢单率。

6.8.6　从销售人员到客户信赖的伙伴

在 ToB 销售领域，销售人员基本上可以分为 4 种类型：订单获取者、解释者、引导者和顾问。

1. 订单获取者

当客户确定了想要购买的商品，并与你联系下订单时，你就是订单获取者。你只需要问清楚所需产品的数量、规格等基本信息，至于客户是否订购了正确的产品，你不用关心。

因为现在网络渠道非常发达，甚至可以在线订购，所以以订单获取者的方式"守株待兔"式地销售 SaaS，很难行得通。

2. 解释者

利用自己对某类解决方案的了解，向客户解释和阐述解决方案的信息，以此达成与客户的交易。相比订单获取者的"坐享其成"，解释者需要具有专业知识和对方案的理解，通过向客户解释和传达信息，为客户的购买提供辅助，以促使客户做出购买决定。

但在信息高度发达的今天，没有什么解决方案或相关知识是在线查不到的，所以解释者也就越来越没有存在的价值。

3. 引导者

所谓引导者，即利用专业知识和前瞻性的洞见，通过引导和帮助客户进行决策，获得客户的采购承诺。

因为大多数客户对于信息服务领域的专业知识和实施经验不足，所以在决策过程中需要外部专业团队的帮助。因此，引导者型的销售人员目前仍有较大的生存空间。

4. 顾问

顾问型销售是一种专业的销售方式，他们专注于客户的价值和业务成果，利用自己的洞见和建议，帮助客户实现业务目标，成为客户可信任的业务伙伴。

相比前面 3 种类型的销售人员，顾问型销售更加适合销售 SaaS。但是因为绝大多数的销售人员都来自传统销售领域，所以顾问型销售极为稀缺。这只能通过培训和实践，让销售人员转型为能够使用客户语言、熟悉客户行业的顾问型销售。

6.8.7　IT 部门：从"守门员"到销售伙伴

尽管我们一再强调 SaaS 业务的买方旅程发生了变化，以及业务线负责人成为实际上的采购者，但千万不要误认为销售不再需要与 IT 负责人或 CIO 打交道。虽然 SaaS 引发了软件消费化的趋势，但是绝大部分 SaaS 产品还没有简单到类似于使用家电的程度。事实上，离开客户 IT 部门，所购 SaaS 很难有效运行起来。

特别是那些已有庞大 IT 部门的客户，IT 部门在企业内仍具有很高的专业性和权威性，即使业务线负责人想要绕过 IT 部门，作为销售人员你也不应这样做，这可以避免上线后的很多麻烦。正确的做法是，把 IT 部门作为你的销售伙伴，将他们加入与客户的共创过程中，这样可以有效地减少销售摩擦和顺利实施交付。

6.9　订阅销售的指标与测量

一种销售模式的有效性如何，不能仅凭主观来判定，而需要有一套行业公认的指标和测量体系。关于订阅销售的指标有很多，我们选取最具代表意义的3个指标，即LTV/CAC、CAC投资回收期和SaaS魔数，来测量和评价订阅销售。

6.9.1 LTV/CAC

在SaaS领域，客户生命周期价值，或称客户终身价值（LTV），是一个无处不在的重要概念。它对SaaS公司未来收入趋势的预测有重要作用，如果你需要融资，那么过往LTV也是一个很好的价值佐证。

所谓LTV，可以理解为在某个客户的生命周期内，从该客户那里获得的收入或利润。因为LTV并不属于公认会计准则（GAAP），所以人们对LTV有不同的理解。比如，LTV通常被理解为客户生命周期内的年度经常性收入（ARR），这种理解不能说完全不对，但是没考虑到获客成本和留存成本，还有流失的可能。所以从经营角度，我们更希望用LTV表达利润，甚至是现金流。

对LTV的另一个普遍误解，是认为它只是一个关于未来的指标，也就是只有客户生命周期结束才能算出来的价值。其实未必是这样，因为我们利用过往数据，比如过去半年或一年的数据，也可以比较准确地计算出LTV。

LTV的计算公式可以更明确地表达它所代表的意义，具体为

$$LTV = ARPC \times 毛利率 / 流失率$$

其中，ARPC为每客户平均收入。

如果只看LTV，并不能说明什么。比如一家客户的LTV是50 000元，另一家是100 000元，并不能说明后者一定优于前者，因为还要结合获客成本（CAC），由此产生了LTV/CAC比率。

在讨论LTV/CAC之前，我们需要对CAC有一个正确的认识。CAC是订阅业务的关键指标，它包括获取一个新客户相关的总销售和营销费用。要计算CAC，只需用销售和营销费用除以赢得的新客户数量，它的计算公式为

$$CAC = 销售与营销成本 / 所获新客户的数量$$

明确了LTV和CAC的概念，现在我们可以计算LTV/CAC了。假如LTV/CAC = 1，那意味着你根本没有从客户身上赚到钱，行业内一般认为，只有LTV/CAC > 3，SaaS业务才能达到较好的盈利水平。

6.9.2 CAC 投资回收期

CAC 是衡量销售和营销效率的核心指标，它用来衡量获取新客户的费用。但是 CAC 作为一个独立的衡量指标，并没有告诉我们太多内容，所以我们需要更多的背景信息。前面我们已经用 LTV 与 CAC 的比率衡量了 SaaS 的销售效率，但是这还不够全面。因此 SaaS 行业中又使用另一个指标，即 CAC 投资回收期（CAC payback period），从另一个角度来衡量销售效率。

CAC 就像是一项债务，要在实现盈利前偿还，而一项关键要素就是偿还完毕所需的时间——CAC 投资回收期，即偿还前期获客成本所需的月数。很多人认为 CAC 是用收入来偿还的，其实这在财务上是不准确的，而更符合财务规则的是用新 ARR 的毛利来偿还 CAC，这样 CAC 投资回收期的计算公式为

$$\text{CAC 投资回收期} = \text{CAC} / (\text{新 ARR} \times \text{毛利率}) \times 12$$

不过，上述计算公式隐含了一个假设条件，即不考虑客户流失。因为客户流失将导致收入减少，所以偿还时间会加长。直观理解为你失去了某个客户，但仍然需要偿还获取该客户的债务，所以流失也是一项隐性成本。

表 6-1 展示了 CAC 投资回收期的经验值。具体指标跟业务有关，你的指标可能与表中存在差别，这里给出的数据仅供参考。

表 6-1 CAC 投资回收期的经验值

客户类型	非常好	好	差
小微企业	<6 个月	6～12 个月	>12 个月
大中型企业	<12 个月	12～18 个月	>18 个月

作为一项练习和检验，你可以简单计算一下你的 CAC 投资回收期是多少个月。

6.9.3 SaaS 魔数

在订阅销售模式中，监控销售和营销的支出与所创造的 ARR 之间的平衡，对于健康获客非常重要。如果过度投资于销售和营销，可能会导致现金流问题；如果对销售和营销的投入不足，则会错失增长机会。所以我们需要一个衡量销

售健康度的指标，这就是所谓的 SaaS 魔数。

SaaS 魔数是衡量销售效率的重要指标，它衡量的是花在销售和营销上的每 1 元钱在一年间产出的收入增长。换句话说，销售和营销的每 1 元支出创造了多少 ARR，因此魔数的计算公式为

魔数 =（当前季度的收入 – 上个季度的收入）×4 / 上个季度的销售和营销成本

如果魔数的计算结果为 1，那就意味着在一年内偿还了获客成本，一年后该客户将产生利润。1 这个魔数看起来销售效率很高，似乎可以加大在销售和营销上的投入。但值得注意的是，魔数这个指标隐藏了一个重要的问题，它只考虑了收入，而没有考虑毛利率，这是你在投资销售和营销时要考虑的重要内容。

作为一项练习和检验，你可以计算一下你的魔数是多少。

6.10　本章小结

本章首先指出 ToB 的交易型销售不等于 SaaS 的订阅销售，它们是两种不同的销售模式。现在流行的各种 ToB 销售模式并不适用于 SaaS 的销售，或者说传统的交易型销售模式需要向订阅模式转型，因为 SaaS 销售世界已经发生了巨大的变化。

其次，本章介绍了订阅销售的核心概念，比如成交原理、买方旅程、销售流程、客户购买可能性评估方法等。在此基础上，完整阐述了订阅销售方法论，以及方法论的落地和应用。

最后，本章总结了从传统 ToB 销售向订阅销售转型的关键要点，并给出了衡量 SaaS 销售效率的 3 个关键指标。

阅读和理解了本章所述订阅销售的基础理论后，下一章我们进入 SaaS 销售实践部分，开启订阅销售之旅。

第 7 章 | CHAPTER

SaaS 销售实践

前一章我们阐述了 SaaS 销售的订阅销售模式，它是正确理解和执行 SaaS 销售的底层逻辑和方法论。但是只有正确地将理论用于 SaaS 销售实践，才能取得良好的销售效果。

关于 SaaS 的销售实践，目前我们看到的多是碎片化的内容。靠这些不完整甚至错误的实践内容，既无法真正制定出 SaaS 的销售策略，也不能有效指导 SaaS 销售行动。因此，本章将构建一个全面的 SaaS 销售实践全景图。

7.1 销售之旅启程前的准备

对于一家初创阶段的 SaaS 公司来说，如果产品一做出来就大张旗鼓地开始销售，那么失败的可能性非常大。所以在正式开启 SaaS 销售之旅之前，我们需要做好充分的准备，包括重塑销售思维、校准目标市场和找到规模化路径。

7.1.1 重塑销售思维

思维决定了行动,无论是资深销售人员还是刚入行的新手,都需要建立 SaaS 销售的基本思维方式。在以前的销售培训中,我们经常用"钻头和孔"的比喻,即客户不是要买一个 0.8cm 的钻头,而是想要一个 1cm 的孔,来说明销售的思维方式。虽然这个故事启发了很多新入行的销售人员,但是对于 SaaS 销售来说,这个故事有些过时了。仔细想想,虽然客户订阅了一个 SaaS 服务,但其实客户并没有"买到"任何东西,既没有钻头,也没有孔。所以每次培训后,总有销售人员说:"还没学会怎么卖'孔',现在连钻头也不会卖了。"

所谓重塑销售思维,就是换一种 SaaS 销售思路,SaaS 销售即客户"雇用"你的 SaaS 产品为他们工作。这里使用"雇用"一词,而不是"租用",就是因为实现价值的主体由完全的客户责任变成 SaaS 服务商与客户共创。这样 SaaS 销售就有了一个全新的销售视角。

从"雇用"SaaS 这个视角,可能产生以下几种不同结果。

❏ 你的 SaaS 确实帮到客户,实现了他们想要的成果。
❏ 你的 SaaS 部分帮到他们,因此对于客户来说,产品有也好,没有也行。
❏ 你的 SaaS 没有切实帮到客户,所以没有什么价值。

显然,要想 SaaS 销售成功,应该促成的是第一种结果。围绕这个逻辑,就可以建立一种新的 SaaS 销售思维。它真正诠释了"以客户为中心",而不是以产品为中心,也使销售的成功更具确定性。

7.1.2 校准目标市场

一个初创 SaaS 公司销售的失败,通常是因为销售的目的不明确。SaaS 销售的目的,难道不是卖出更多产品吗?对于成熟的 SaaS 企业确实是这样,但是对于初创 SaaS 公司来说,这还真不是销售的主要目的。实际上,SaaS 早期销售的重要目的,是验证产品与市场的契合度(PMF),这是一个市场校准或对齐的过程。PMF 的概念虽然很流行,但在产品阶段产品与市场究竟有多契合其实很难量化,所以在规模化销售开始之前的销售是 PMF 的最后一个验证机会。

对于 PMF 的验证,目前比较流行的方法是肖恩·埃利斯测试(Sean Ellis

Test），大致的测试过程是：调研你的客户并提出一个问题——如果贵公司不再使用我们的产品，会有什么感受？如果 40% 以上的客户回答是"非常失望"，那么 PMF 已经达到。可能你的产品部门已经做过这个测试，但大多无法得出确定的结论。尽管如此，仍然需要进行 PMF 的测试。

既然肖恩·埃利斯测试方法对于 PMF 的验证存在不确定性，在销售过程中的验证可以变通一种方法，也就是利用客户成果，将其与你交付的内容做一个契合度的测试，这个验证过程会容易且准确得多。因为在销售过程中，你所提供的 SaaS 服务是否与客户业务成果相契合很容易就能看出来。

总之，无论你对自己的 SaaS 多么有把握，在正式开始销售之前，还是建议你多花些时间完成产品销售之旅启程前的准备工作。

7.1.3　找到规模化路径

通过了 PMF 的验证，只是给了你一个可以销售的"定心丸"，并不意味着现在你就可以大张旗鼓地投入销售了。因为你的终极目的是实现规模化销售，而不是卖出少量产品。这就需要先找到可规模化的销售方法和路径。

实现规模化销售并不是靠灵机一动的创意，而是对整个销售流程的持续优化。特别是在 SaaS 销售的初始阶段，只能通过人工这一"笨"办法尝试出一套可规模化的销售方法，然后才有实现规模化销售的可能。如果不明白这个道理，创始人可能会犯下一个大的错误，比如聘用一个有大企业背景的销售负责人，然后定下一个规模化销售的收入目标就开干，然后往往就偃旗息鼓了。这个错误的根本原因是，还没有找到一个可行的规模化销售方法，就以销售负责人过往的销售经验直接套用大公司的销售方法去投入销售了。

为了规避这种错误，最好的办法就是创始团队亲自上阵，而不论有没有销售经验。这是因为现阶段的目标不是把产品卖出去，而是寻找卖出去的最佳方法。如果实在要去外部招聘销售人员，最好也是找那种不需要很多支持就能销售的人。他们的销售方法如果成功，就可以认为是初步找到了规模化销售的方法，在后续的销售过程中还有改进不足之处的机会。

在探索规模化路径方面虽然需要较大投入，但如果找到了这一路径，就可以减少摩擦，并大大降低后期的销售成本。

7.2 SaaS 销售组织中的角色

一个 ToB 销售组织主要由销售人员组成，顶多再加上一些售前支持和售后维护人员。但是如果你去了解一家成熟的 SaaS 销售组织，就会发现有很多从未听说过的角色或岗位。这并不是 SaaS 行业在标新立异，而是由 SaaS 订阅业务的销售模式所决定的。典型的 SaaS 销售组织的相关角色较多，根据公司的不同阶段，可能会完全配置所有的角色，也可能只配置其中的部分角色，还可能把几个角色合为一个。

（1）核心角色

- 营销发展代表（Market Development Reps，MDR）。集客营销是 SaaS 行业一种极为有效的营销方式，有时也被称为入栈（inbound）营销，它需要 MDR 来生成和处理入栈线索。
- 销售发展代表（Sale Development Reps，SDR）。与 MDR 相反，SDR 主要负责出栈（outbound）营销，其主要目的是为客户执行生成销售机会。
- 客户执行（Account Executives，AE）。AE 的工作目的是获得客户的合作承诺，以及关闭交易。通常 AE 只面向新客户，但有的 SaaS 公司的 AE 也面向现有客户，比如增购的销售。
- 销售工程师（Sales Engineer，SE）。对于复杂业务的销售，需要 SE 为 AE 提供销售和技术支持，比如制作建议书、演示方案等。
- 渠道经理（Channel Manager，CHM）。因为大部分 SaaS 业务都依赖生态和渠道伙伴，所以 CHM 的主要工作是建立和管理与渠道伙伴的关系。

（2）管理角色

- 销售经理（Sales Manager，SM）。SM 的主要职责是对 AE 进行管理。
- 销售副总裁（Sales VP，SVP）。SVP 通常是整个销售组织的总负责人，职责包括但不限于制定销售目标、制定销售薪酬体系、优化销售组织等。

- 销售运营（Sales Operations，SOPS）。当销售团队规模变大时，就需要 SOPS 处理销售计划、核算提成、制作销售报表、测量销售数据，以及制作合同等。

（3）配合角色

- 客户成功经理（Customer Success Manager，CSM）。CSM 的作用是帮助客户实现业务成果，确保客户的续约和增购，他们与销售角色存在密切的联系，比如客户的交接。CSM 的更详细工作内容，在本书客户成功部分有进一步描述。
- 客户经理（Account Manager，AM）。帮助客户正确地采用和使用产品，以保证产品的使用度，从而达到续约和增购的目的。

7.3 如何搭建 SaaS 销售团队

对于 SaaS 这种订阅销售模式，需要定义销售组织中的各种业务角色，但是要想这些角色有效协作并实现高效率的销售，就需要把这些角色按照数量、配比关系合理地组织起来，这就是搭建 SaaS 销售团队的过程。但是由于不同 SaaS 公司的产品类型存在差异、目标客户群不同、客单价有高有低、销售周期有长有短，所以并没有一个固定的组织方法，帮助我们进行精准的角色配置。

搭建和配置销售团队，通常需要考虑以下要素。

- 目标客户是小微企业，还是大中型企业。
- 产品是简单工具，还是面向复杂业务的解决方案。
- 快速成交，还是长销售周期。
- 与客户是低接触方式，还是复杂的多点交互。
- 是小交易，还是大合同。
- 用户自助为主，还是与客户共创。

只根据这些要素，还是不足以实现销售组织的合理配置。所以 SaaS 行业的通常做法是，以这些要素作为参考，根据公司的发展阶段配置相应的角色数量以及确定角色间的配比关系。所谓发展阶段，包括种子期、前期和中期。

在 SaaS 公司的种子期，因为产品刚上市，对于市场知之甚少，也没有数据的支持，所以合适的方法就是所谓的"种子"方法。具体而言，首先配置必需的主要角色，比如 AE、SDR 和 SE（也可以暂时不配置），在数量上采取"简配"的最小原则，如表 7-1 的第 2 列所示。种子期常犯的错误是为了实现快速增长而追求满配，足额配置所有的角色，特别是设置 SVP 或首席销售官（CSO）这样的高级管理职位。其实完全没必要这样做，因为种子期的销售目的是验证 PMF 和寻找规模化销售方法，而不是实现规模化增长。这不但会浪费宝贵的资金，而且对于未来获客成本指标的衡量也非常不利。此外，这时设置高管职位，很容易将未来的销售模式和方法"定调"和固化，所以销售高管角色最好是创业团队暂时担任，这对于未来招聘 SVP 或 CSO 也非常有利。

当公司过了种子期规模变大之后，这种简配的销售组织就不再能满足销售的发展要求，此时需要科学地计算人员的配置和配比，让销售团队成为可以正式独立运作的销售组织。很多创业者因为对市场过于乐观和对产品过度自信，此时很容易不假思索地配置出一个"豪华"销售组织。大量事实已经证明，因为缺乏基本的依据，这种做法很快就会失败。

正确的做法是，先设定合理的年度和季度的销售目标，计算出完成这些目标所需的总工作量，并考虑每个角色的支持水平和能力，比如一位 SE 能支持几位 AE，最后估算出每个主要角色和辅助角色的数量。特别是当销售目标和 AE 的数量达到某个量级时，就需要引入 SVP 等高管职位和 SOPS 等辅助角色。

表 7-1 的第 3、4 列就是按照这种方式计算出的角色数量。需要说明的是，表中的角色配比数据仅供参考，实际数量可以根据要素的不同，以及公司战略的需要进行调整。

表 7-1 SaaS 公司各阶段的角色数量

角色	种子期	前期	中期
SVP/CSO	0	0	1
SM	0	1	3

(续)

角色	种子期	前期	中期
AE	1～3	3～10	20～30
SE	0	2～3	3～5
SDR	1	2～3	3～10
SOPS	0	0～1	1

7.4 大客户销售方法：POD

大多数情况下，AE 都是单打独斗的，并且 AE 之间存在着竞争关系，这在某些情况下对于赢单是不利的。比如在面向大客户进行销售的时候，只凭单独的 AE 很难成交；又比如在一个新的区域市场，靠独立的 AE 很难在竞争激烈的市场销售中胜出。因此销售协作就显得尤为重要，特别是针对大客户或专业领域的销售。

近年来，SaaS 的大客户销售或行业销售，出现了一种新的组织形式，即 POD。它借鉴了独立工作仓的概念，打破了固有的 AE 独立销售方式，而是由 SDR、AE 和 CSM 组成一个销售单元，依靠内部流程和协同机制，高效完成销售。至于一个 POD 组织需要配置哪些角色、配置多少，以及角色间的衔接和协作方式是怎样的，其实并没有固定的标准或模式，这完全取决于销售需要。

根据资源的共享形式，POD 主要分为两种形式，即专属 POD 和共享 POD。专属 POD 主要面向高价值客户，他们的贡献值较高，但业务复杂度和专业度要求也很高，组建专属 POD 是为了培养更深层的客户关系，以及提供更专业的知识。共享 POD 主要面向中端市场，以应对专业度要求较高的客户。与专属 POD 不同，一个共享 POD 可以面对多个客户，而非单一大客户，共享 POD 在提供专业能力的同时，也兼顾了灵活性与销售效率。

你可能已经发现，POD 的优势是靠锁定销售和客户成功资源实现的。那么问题就来了——POD 是一个永久方式，还是一个临时的组合？这个问题同样没有固定答案，如果你的 SaaS 主要面向小微企业客户，那么就不适合 POD；反之,如果是面向大中型企业客户,那么 POD 不但是必要的,而且还需要长期存在。除了特殊销售需要,POD 销售结构还可以用来探索改进销售绩效、提升转化率的方法。如果在整个销售组织中转化率或者赢单率明显低于行业水平,又找不到有效的提升方法,就可以分出一部分资源组成 POD,这样做的好处是既能提升获客的效率,又可以找到新的转化方法。

POD 对获客效率的提升并不完全是锁定销售资源而产生的效果,而是优化组合的功劳,即降低内耗,提升协作效率。比如,在一个 POD 销售结构中,仅靠一名 MDR 和一名 SDR,每个月可以为两名 AE 创造超过 50 次与潜在客户会面的机会。在其他销售组织中,每个 AE 每月得到的客户会面机会超过 10 次就已经很好了。

虽然 POD 有很多优点,但其缺点也是显而易见的。

- 由于锁定了销售资源,其他人无法使用。
- 将所有角色局限在一个较小的范围内,并且方式和方法相对单一,这不利于角色能力的提升。
- POD 成员的临时心态可能会影响销售结果。

最后需要说明的是,POD 中要考量的绩效是整体绩效,而不是各个角色单独的绩效,至于 POD 内部的 KPI 和收入分配,应由 POD 负责人制定,并与所有成员达成一致。不管怎样,从传统 ToB 的交易型销售向订阅业务销售的转型过程中,POD 绝对值得尝试。

7.5 SaaS 销售漏斗

销售漏斗是 ToB 业务销售中的一个重要支持工具,它对 SaaS 销售也非常重要,甚至在某种程度上,对于 SaaS 销售来说销售漏斗的效能更大些。因此,销售漏斗的构建和使用,对一个 SaaS 销售组织来说,是一件重要且紧迫的事。

7.5.1 构建你的 SaaS 销售漏斗

SaaS 业务与传统 ToB 业务在销售漏斗上有着非常大的差别。比如,漏斗转化的内容不同，在 SaaS 业务中，销售关单并不意味着获客过程的结束，漏斗还将延伸到客户成功阶段等。因此，SaaS 销售漏斗更像是"获客漏斗"和"留存漏斗"的复合体。

SaaS 销售漏斗的核心是将所定义的各业务角色，通过数量配比关系，按照转化流程组织起来，以协作完成销售，并为客户持续续约和增购打好基础。一个典型的 SaaS 销售漏斗模型如图 7-1 所示。

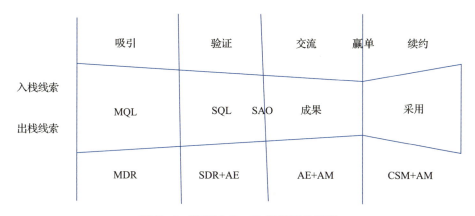

图 7-1 典型的 SaaS 销售漏斗模型

通过 SaaS 销售漏斗模型，我们可以把销售的角色、行为和转化成果等 SaaS 销售要素有机地结合起来，并通过转化率指标，逐级衡量漏斗的转化效率。可以说，SaaS 销售漏斗将一个"黑盒"的销售过程转化为一个透明的"白盒"过程，从而让销售过程的管理和改善更容易。

7.5.2 有效运行 SaaS 销售漏斗

SaaS 销售漏斗再强大，也只是一个理论模型，只有加入实际的销售数据，并测量数据流动的情况，销售漏斗才能可视化地运行起来。

销售漏斗中的客户主要来源于两种营销结果：入栈线索和出栈线索。它们是漏斗的初始输入，分别对应 MDR 和 SDR 的操作。无论采用何种线索获取方式，关键考量指标仅有 3 个，它们恰好对应了潜在客户转化的 3 个阶段：

❏ 营销合格线索（Marketing Qualified Leads，MQL）：对应处于"咨询"

状态的潜在客户，他们对你的 SaaS 表示出兴趣，通过各种方式研究你的 SaaS，寻找成功案例，咨询相关的问题。

- 销售合格线索（Sales Qualified Leads，SQL）：对应处于"需要"状态的潜在客户，他们开始相信你的 SaaS 可以帮助他们实现业务成果，所以表现出明显的需求倾向。
- 潜在销售机会（Sales Accepted Opportunities，SAO）：对应处于"想要"状态的潜在客户，他们已经明确了采购的目标，可以进入实质性的洽谈阶段。

漏斗实现以后，便可以将你的实际销售数据填入销售漏斗，并设置漏斗的阶段里程碑和测量内容，这就形成了一个可运行的销售管道（pipeline），销售管道可以以可预测的方式，等待赢单合同的输出。假如销售过程中出现问题，它也会在转化状态上表现出来，以便及早对其进行干预。不过，这一切都需要一个条件，那就是对销售漏斗的规范使用、定期清理和随时检查。

有了 SaaS 销售漏斗，就不需要向每个销售人员了解当前销售状况或每个销售机会的推进状态了，因为销售漏斗可以把销售过程以可视化的方式清晰地呈现出来。实际上，销售漏斗的作用不止于此，还可以利用它做很多更深入的工作，比如控制管道的规模，监控阶段转化率，对销售收入进行预测，以及对销售过程进行复盘等。

至于销售漏斗用什么方式实现，其实并没有硬性要求。你既可以用简单的方式实现它，比如电子表格；也可以通过复杂的软件开发实现它；还可以订阅现成的 SaaS 工具，比如各种 CRM。

7.6 SaaS 销售计划

在整个销售业务中，销售计划无疑是最重要的部分，无论是年度销售计划，还是月销售计划，甚至是一个项目的销售计划，都非常重要。对于 SaaS 业务来说，一个销售计划是否合理，决定了销售资源能否合理配置和计划能否有效执行。同时，销售计划也是实现规模化销售的保障。

7.6.1　SaaS 销售计划的特点

所有 ToB 业务的销售都需要有销售计划，一个没有销售计划的销售组织或团队，就像一支没有作战方案的部队，只能是乱打仗。传统 ToB 销售计划比较简单，通常只需要在目前的营收上加上一个增长率，作为下一个周期的销售目标，然后将销售目标分解下去，并且监督执行，计划过程就完成了。如果 SaaS 公司也这样做销售计划，根本就行不通。因为 SaaS 业务的销售模式、销售角色、收入模式，以及衡量的指标等，都与传统 ToB 业务不同。SaaS 销售计划的内容比 ToB 销售计划更多，做计划的方式也更加复杂。

这样讲可能有些抽象，我们用一个例子来说明。如果是一家软件公司，今年的营收是 1 000 万元，要求 20% 的增长，明年的销售目标就是 1 200 万元，销售团队只需要完成这 1 200 万元的目标销售额。但如果是一家 SaaS 公司，同样的营收和增长率，销售团队明年并不需要完成 1 200 万元的销售额，因为需要计算今年的 ARR 留存 + 增购 − 流失，假设计算结果为 800 万元，那么销售团队只需要完成新客户 ARR 的 400 万元即可。至于完成这 400 万元的销售目标，需要在哪个销售环节有所改善，需要增加多少销售员，什么时候把他们招聘进来，各个角色完成的指标是多少，就是 SaaS 销售计划要做的内容。

SaaS 销售计划的核心是销售与客户成功要素联合驱动的规划模型。依靠这个缜密的模型，再通过对销售要素的调整，以及客户成功的留存承诺，就能得到一个合适和可执行的销售计划。

7.6.2　做 SaaS 销售计划的 5 个步骤

虽然做 SaaS 销售计划的过程比较复杂，但是也有一个基本的步骤可以遵循。

1. 设定年度销售目标

大多数企业的销售计划都是以年度销售计划为基础的。在年度销售计划的具体制订方式方面，SaaS 公司有一个特点，即下一年的收入目标是在本年留存收入的基础上设定的，因而 SaaS 销售计划相比传统 ToB 销售计划具有更大的确定性。

2. 年度销售计划的分解

为了更有利于计划的落地和可执行,年度销售目标通常需要分解到每个季度。需要注意的是,因为启动需要一个过程,所以季度销售目标不能均分,而应采取逐渐增加的方式进行分配。设定的销售目标能否完成,主要取决于投入的销售力量,因此采取季度递增分配目标的好处是,你的销售资源不需要一次到位,比如不需要一次招满所有销售人员,而可以按季度计划滚动执行。

表 7-2 给出了一个根据季度分解的销售目标,以及相应销售人员数量配置的例子:将 1 亿元的年度销售目标分解到每个季度,假定季度销售生产率为每人 250 万元,就可以计算出每个季度所需的销售人数。

表 7-2 销售目标分解与销售人员数量配置

季度	Q1	Q2	Q3	Q4
季度销售目标 / 万元	1 000	2 000	3 000	4 000
销售人数	4	8	12	16

3. 不要忽略销售爬坡期

你可能已经想到,表 7-2 中计算的销售人数是理想状态下的,也就是每季度人均 250 万元的生产率是一个稳态能力。但实际上,刚招聘进来的新销售不太可能一上手就做到这个水平,也就是说他们需要有一个爬坡期。

实际上在做销售计划时,一个最容易被忽视的因素就是销售爬坡期。无论一名 SaaS 销售在行业里做了多久,在换到一家新公司时,都不可避免地要遭遇爬坡期。尽管销售原理相同,但因公司定位不同,目标客户不同,产品不同,所以爬坡期是无法避免的。SaaS 行业内的统计数据表明,多数销售人员需要经过 6~8 个月的爬坡期,才可能完全达到公司的平均销售生产率水平。如果你做销售计划时忽略了这个事实,认为所有销售人员都是来之即战的,均等分配销售配额,那么计划的执行结果与计划的预期就可能相差巨大。销售人员不但完不成销售目标,还会产生很大的挫折感,离职率也会增加。

因为销售爬坡期影响实际的生产效率，所以需要考虑销售人员的等效因素，比如 75% 的等效率，意味着一位新的销售人员等效于 0.75 个达标的销售人员。需要注意的是，一个销售团队的等效率是变化的。一方面，随着销售人员的日趋成熟，等效率会提升；另一方面，如果在某个季度大量招聘新销售，等效率反而会降低。综合考虑这些因素，实际所需销售人数可能要高于表 7-2 中所示人数，经过一个调整和优化的爬坡过程，最终整个销售团队的生产率才能稳定在一个标准水平。

4. 计算新客户销售目标

对于 SaaS 业务来说，并非整个收入目标都是由销售完成的，留存解决了大部分收入问题，新 ARR 中只有来自新客户的 ARR 部分是由销售完成的，因此需要先计算出新客户的 ARR，然后才能据此制订计划。

表 7-3 给出了一个计算示例，假如今年 ARR 为 2000 万元，下一年 ARR 为 3000 万元，实际并不需要销售去完成这 3000 万元，因为有留存和扩展 ARR，所以只需要销售完成新客户 ARR 的部分即可。

表 7-3 ARR 收入计算示例

初始 ARR	2000 万元
新 ARR	1100 万元
新客户 ARR	750 万元
扩展 ARR	350 万元
流失 ARR	100 万元
流失客户产生	50 万元
降级产生	50 万元
最终 ARR	3000 万元
净新 ARR	1000 万元

5. 将计划连接到销售漏斗

完成了年度销售计划的制订和分解后，就形成了一个可执行的销售计划。为了让销售计划与实际销售活动产生关联，需要将计划连接到销售漏斗，才能让整个销售计划真正运行起来。

- 吸引阶段：根据漏斗中线索和机会的存量，测算出 MQL、SQL 等指标能否满足实现销售目标的要求。这个过程会用到转化率数据，以及实现关键指标需要花费的成本。
- 验证阶段：确定将 SQL 转化为 SAO 需要的 AE 和 SE 的数量，以及他们的 POV 计划和验证动作。
- 交流阶段：确定将 SAO 转化为服务合同需要的 AE 和 AM 的数量，以及他们的推进计划和销售动作。
- 续约阶段：确定将服务合同转化为目标留存率需要的 CSM 和 AM 的数量，以及他们的成功计划和采用计划。

7.6.3 如何用好销售计划

我接触过的 SaaS 公司中，很大一部分是没有销售计划的，或者说没有可执行的销售计划。年度销售计划做出来后，就被"束之高阁"，再无人问津。很多销售组织没有完成销售目标，不能说与没有用好销售计划无关。

实际上，SaaS 业务的销售计划非常重要，以至于常常需要用"销售规划"一词来代替"销售计划"，才能显示其重要性。

1. 规划决定结果

我每年都会参加一些 SaaS 公司的年度规划会，有些公司是认真地在规划，而有些公司只是走个过场。从会后的追踪来看，销售的结果完全不同。

实际上，如果按照规划步骤仔细操作，那么就可以提高组织的销售能力。每次带团队完成一个年度规划，都有很多人表示，这几天学到的东西比几年学到的还要多。

2. 销售可视化

一份好的销售计划，为整个销售组织提供了一张目标导向的全景销售视图。它兼顾了全局与局部，通过观察和追踪每个计划的指标，不但可以准确做出销售预测，当计划出现偏差时，还可以实时干预和调整，以确保销售目标的达成。

我也看到很多 SaaS 公司的销售计划不止细分到季度，甚至细分到每周，真正做到了计划与执行的实时比对。

3. 优化销售组织

一个新建立的销售组织或团队,有许多方面需要优化,比如获客成本、销售效率、销售流程等,但苦于没有优化的依据,只能凭感觉尝试或出现问题后进行弥补。

有了销售计划后,便可以根据实际的运行数据,明确所有需要调整和优化的地方。

4. 销售复盘与汇报

所谓销售复盘,就是找出与销售计划产生正负偏差的原因。所以说销售计划就是一种很好的销售复盘工具。

销售组织需要各种汇报,比如向管理层汇报、向投资人汇报,以及常规的季度业务回顾(QBR)、月总结汇报等。但是在很多场合,销售汇报经常是"报喜不报忧",或者是"顾左右而言他",更有甚者,只临时搜集一些数据做个报表上报了事。这些现象的根本原因,就是没有一个合理的销售计划支持实际的报告。其实,利用分解后的销售计划,结合销售漏斗中的状态和数据,很快就能生成清晰的汇报内容。

7.7 SaaS 销售薪酬计划

很多 SaaS 企业的销售体系还不够稳定,比如销售人员流动过快,公司销售收入存在"过山车"现象,获客成本居高不下等。这一切都与 SaaS 销售人员的薪酬有很大关系。

因为销售人员的收入靠的就是佣金和提成,如果没有一个合理的薪酬计划,公司和销售人员就无法得到双赢的结果。

7.7.1 什么是 SaaS 销售薪酬计划

所谓销售薪酬,就是公司向销售人员每年支付的报酬。销售薪酬是吸引和留住销售人才的重要因素。销售薪酬通常包括基本工资、佣金和额外的奖金，以鼓励销售人员达到或超过他们的销售目标。

一个合适的销售薪酬计划对一家 SaaS 公司的成功至关重要。它不仅能激励销售团队取得高绩效，还能向销售人员展示出晋升空间，可以激励他们向更高级别的销售迈进。

销售薪酬计划是一个结构化的收入计划，用于确定销售人员的收入，并包括与收入有关的详细信息和数据，比如基本工资、佣金、奖金等。与传统 ToB 销售不同，SaaS 销售薪酬计划在制订、管理、考核和分配等方面都有特殊的考量。

7.7.2　SaaS 销售薪酬计划的复杂性

传统 ToB 销售的薪酬计划简单且容易实施，因为只要成交达成和关单，销售的成本和利润就随之确定了，销售按照约定的提成比例得到收入。但是 SaaS 公司销售薪酬计划的制订要比传统 ToB 销售复杂得多。即使销售赢单和服务签约，该客户的成本仍然没有确定，因为后期可能存在较高的留存成本和其他服务成本。此外，该销售的利润也没有确定，因为客户的生命周期存在不确定性。除了首年的合同收入外，其他收入在未来数年才可能取得。如果该客户在短期内流失，本次销售基本可以确定是亏本的。

这就为销售薪酬计划的制订和实施带来了非常大的不确定性。比如，销售人员工资之外的可变薪酬部分的比例应该是多少，销售额提成的比例应该是多少，如果客户在年内流失，已支付的提成是否需要追回等，这些问题在制订销售薪酬计划时都必须考虑。

所以，SaaS 销售薪酬的结构是非常复杂的，需要建立一个可行的销售薪酬计划，既能保证公司盈利，也能保证销售人员得到有竞争力的收入。

7.7.3　SaaS 销售薪酬计划的重要性

仔细权衡以建立一个适合自己公司的销售薪酬计划，对于任何一家 SaaS 公司来说都意义重大，其重要性体现在以下几个方面。

1. 留住优秀的销售人员

SaaS 公司的销售收入容易波动，一个重要原因是销售团队的不稳定性。如果薪酬待遇达不到预期，销售人员自然会流向竞争对手。同时，如果销售薪酬没有晋升梯度，销售人员也会因看不到职业发展空间而选择离开。

千万不要忽视销售人员的流动，因为 SaaS 销售人员的爬坡期比较长。即使是一名年销售额为 50 万元的销售人员流失，如果爬坡期为 6 个月的话，其产生的直接损失也可达 20 万～30 万元，更不要说高级销售人员的流失了。所以制订一个好的销售薪酬计划，对于销售团队的稳定至关重要。

2. 激励销售人员超额完成年度销售目标

俗话说"重赏之下必有勇夫"，能超额完成销售目标，大多是重奖激励的作用。多劳多得本来也是一个简单而有效的激励机制。

在一个好的销售薪酬计划中，一般对于超出目标的销售额，都会给予重奖，这将激励有能力的销售人员不断挑战新的个人销售目标，也有利于销售团队完成年度销售目标。

3. 有助于做好销售预算

每家 SaaS 公司的销售薪酬计划都因业务而异，比如有的基本工资更高，有的则提供更高比例的提成。但不管怎样，公司都应该明确其收入中有多少将作为薪酬分配给销售人员。根据一个合适的销售薪酬计划，可以做更符合公司财务状况的预算。

4. 销售与公司双赢

在年度总结时，很多公司的首席财务官（CFO）认为销售的诉求是满足了，但是公司却亏损了；也有很多销售人员认为，公司并没有按照约定给他们发放应得的提成。

实际上，一个没有销售薪酬计划或者计划不完善的销售组织，实际运行起来必然会产生混乱。这种公司每年都会因此流失大量的销售人员，影响销售团队的稳定性，公司为此付出的实际成本会更高。只有拥有合适的销售薪酬计划，才能实现销售与公司双赢。

7.7.4　SaaS 销售薪酬计划的关键要素

要设计一个完备的 SaaS 销售薪酬计划，首先要理解薪酬计划的关键要素。

1. 目标销售额（Quota）

销售计划是根据目标销售额制订的，对于 SaaS 业务来说，目标销售额指的是新客户 ARR，也就是在销售周期结束时的目标交易金额。

这里销售周期可以是年、季度或月，需要注意的是，季度或月的销售周期中，通常并不是以年度目标销售额进行平均分配的，因为大部分销售周期有"淡季"和"旺季"之分。

2. 目标收入（OTE）

目标收入是销售人员的年总收入，OTE 通常包括两个部分，即固定工资 + 可变收入。可变收入是根据销售绩效所得到的收入，比如提成、奖金或其他福利，也就是说，OTE 是在销售招聘时某个销售岗位的总收入。

既然 OTE 包括固定工资和可变收入，那就需要定义二者的比例，比如固定工资占比 60%，可变收入为 40%。对于有能力的销售人员，通常可变收入更有吸引力。那么，固定与可变的比例应该是多少才合适呢？这取决于销售的很多因素，比如销售周期、客单价、业务复杂度等，而且不同级别的销售岗位 OTE 也不同。表 7-4 是一个可供参考的占比范围，你可以根据公司的具体情况进行调整。

表 7-4　各销售岗位的可变收入占比

销售岗位	可变收入占比
SVP	40%~50%
SM	30%~40%
AE	50%
SE	20%
SDR	20%

3. Quota/OTE

在确定某个销售岗位的薪酬时，Quota 与 OTE 的比率是需要考虑的首要因素。这同样没有一个统一的标准，因业务而异。

从统计数据来看，基本上销售岗的 Quota/OTE 为 5～8 比 1，以 5：1 为例，如果年目标销售额为 200 万元的话，则该销售岗位的目标总收入为 40 万元。

4. 可变收入的杠杆作用

OTE 中的可变收入部分与销售绩效的关联最为紧密，是真正的业绩决定收入的杠杆。虽然这部分的总额是固定的，但是在实际销售过程中，大部分情况都不是正好实现预设的总额。而少数销售精英的业绩通常会超出目标销售额。这就需要明确超出目标销售额的奖励，以及未达标的处罚。

这有些复杂，我们来看一个例子。假定一位销售的 Quota 是 80 万元，按照 5：1 的比率，对应的 OTE 是 16 万元，其中固定工资和可变收入各占一半，即都是 8 万元。他完成不同的销售额，提成的比例也不同。比如当他完成 100% 的目标销售额，也就是 80 万元时，对应的提成比例是 10%，未达标或者超额完成时，提成比例会随之变化，如表 7-5 所示。

表 7-5 销售目标完成比例与收入的关系

完成销售收入/元	350 000	500 000	600 000	700 000	800 000	900 000	1 000 000	1 100 000
完成目标比例	43.75%	62.5%	75%	87.5%	100%	112.5%	125%	137.5%
提成比例	0	2%	5%	8%	10%	12%	15%	18%
可变收入/元	0	16 000	40 000	64 000	80 000	96 000	120 000	144 000
总收入/元	80 000	96 000	120 000	144 000	160 000	176 000	200 000	224 000

5. 支付周期

何时支付销售提成，不同公司有不同的做法。SaaS 公司大体上分为 3 种情况。

（1）客户签订合同时

多数情况下，客户签订合同时，出于各种原因并没有及时支付款项，而且有时签订与支付之间的时间差还很长，滞后三个月的情况也并不罕见。

要等如此长的时间，销售才能拿到提成，显然不太公平，也不利于鼓舞销售的士气，于是有的 SaaS 公司就会垫付销售提成。这样做存在一定的风险，除了可能造成公司现金流问题外，还可能无法应对客户退货的情况。

（2）收到客户付款时

收到客户付款后再给销售支付销售提成，是 SaaS 公司最理想的支付时点。这样做还有另外一个好处，就是促使销售人员尽快督促客户回款。

（3）延迟支付部分提成

如果销售的客户质量不佳，就存在客户在短时间内流失的可能，所以有些公司会采取销售提成多次支付的方式规避风险。比如在合同签订后支付一部分，而另一部分则在客户留存成功之后再支付。

6. 追回

对于交易型业务，只要销售关闭并开始履约，这笔交易就算完成，销售就能拿到销售提成；但对于 SaaS 业务销售来说，可能还存在所谓的"追回"。

追回是 SaaS 销售特有的处罚措施，它是指提成或奖励已经支付给销售，但是客户却在短期内弃用了，比如客户在季度内或半年内流失，甚至客户虽然付款但从未启用。如果这种情况发生，就要按比例追回已经向销售支付的提成。

对于追回措施，目前确实存在争议。可能有销售人员会辩解，客户已经预付了一年的订阅费，他们使用三个月与使用一年对公司来说并无区别，所以不应该有追回。

实际上，追回所惩处的，不仅仅是客户不再续约给公司带来的收入损失，更重要的是因为销售人员卖给了错误的客户，公司不但遭受了收入损失，还可能遭受声誉损失，给后续销售增加了难度。

7.7.5 如何设计 SaaS 销售薪酬计划

理解了 SaaS 行业的销售薪酬规则，以及关键要素，这时为自己公司制订一套销售薪酬计划就简单多了,实际上,你只需做好以下 3 个部分。

1. 设定销售目标策略

制订销售薪酬计划的第一部分,也是最重要的部分,就是设定销售目标策略。这不只是一个目标数字,还能发挥销售薪酬计划的指挥棒作用,也就是公司要鼓励什么和避免什么。

销售包含多个目标,基本销售目标包括增加收入、增加现金流、增加交易规模、提高客户质量等。你也可以根据目前的销售问题增加其他目标,比如降低销售费用、降低平均折扣等。这些目标可能在某个阶段产生意料之外的效果,但你必须能够通过收入调控,将销售人员引导到正确的目标方向上来。

2. 设定目标销售额

通常目标销售额并不是在销售薪酬计划中设定的,而是采用自顶向下的方式,从公司年度规划中分解出来的。因为 SaaS 公司的收入并非全部源于销售,还来自留存和增购,所以需要从公司目标收入中将新客户销售目标分离出来,作为销售团队的目标销售额。

销售组织要做的,是在销售计划中将年度目标销售额分解到季度或月,并在此基础上做出合理的销售薪酬计划。

3. 设计收入结构和比例

大部分 SaaS 公司的销售收入结构,都采用固定工资 + 可变收入的模式,不同的只是二者之间的比率。实际上,销售薪酬计划的本质,就是在收入结构上,通过调整比率关系这一杠杆,引导销售人员的行为,实现公司的目标。

销售薪酬计划所涉及的比率关系,从 Quota/OTE 到完成目标与提成比率,构成了一个变量驱动的程序。为了快速准确地计算和调整,可以借助表格或者软件工具完成。

至此，你可能已经对 SaaS 销售薪酬计划有了一个结构化的理解。如果你已经有了销售薪酬计划，可以参考这部分内容优化你的计划；如果还没有，你也可以参照相关内容初步制订一个。

7.8 通过渠道伙伴销售

一家 SaaS 公司的收入中，通常约四分之一甚至一半以上来自渠道伙伴。这也说明了 SaaS 公司要想获得高速增长，就一定离不开渠道伙伴。

7.8.1 为什么需要渠道伙伴

SaaS 业务除了自己的销售团队直销外，还会通过合作渠道伙伴来销售，这样可以带来以下好处。

1. 拓宽触达范围

只靠你自己的销售力量，很难兼顾地域的广度和行业的深度。但是区域和行业的渠道伙伴可以做到这一点，他们可以拓宽你的产品品牌和影响力的触达范围，从而完成更多收入。

2. 实现更快增长

即使你有再强大的销售队伍，也很难在短期内实现收入的高速增长，但如果与更多渠道伙伴合作，就更容易实现收入的增长目标。

3. 节省你的初始投入

销售团队的招聘成本、爬坡期成本，以及组建销售团队的所有相关成本，这些刚性的销售成本，都可以通过渠道合作而节省下来。

4. 成功后付费

渠道伙伴销售只有成功之后，你才需要向他们支付销售佣金或利润分成，这降低了一定的销售风险。

7.8.2 什么阶段需要渠道伙伴

很多人认为只有当公司达到一定规模时，才需要渠道销售伙伴的介入，事实上那样就已经迟了。所以建议尽早考虑渠道伙伴销售体系的建设。一方面，渠道伙伴的招募、洽谈和磨合等准备工作需要较长时间；另一方面，一定不要低估渠道伙伴的销售能力，特别是在那些你不熟悉的区域市场和特定的行业。对于准备"出海"的 SaaS 业务，要想尽快进入一个国家或地区的市场并立足，提前与当地的渠道伙伴合作，是成功的充分必要条件。

建设渠道伙伴体系，并不是说自己就可以放手不管，一切交由伙伴操作。实际上，每家 SaaS 公司都会有自己所谓的"战略区域"，在这些区域利用渠道伙伴可能并不是首选。如果有条件的话，最好也建立自己的直销体系，而渠道伙伴作为配合和延伸。

选择什么样的渠道，以及对渠道的依赖程度，并没有标准，主要取决于你的业务规模、业务成熟度、产品或解决方案的复杂度和对客户成功的要求。

7.8.3 谁将是你的最佳渠道伙伴

根据 SaaS 业务的特点，可能会有以下不同类型的渠道伙伴。

1. 分销商

分销商只起到市场渠道的作用，通常并不会提供增值服务，其收入来自销售佣金。如果你的 SaaS 属于简单的工具型产品，分销商是较为合适的渠道伙伴。

2. 增值服务商

增值服务商通过交付更加完备的解决方案而实现增值，其收入主要来自增值部分，而非产品本身。而且在很多情况下，增值服务商还能为你提供客户。如果你的 SaaS 是复杂业务的解决方案，那么增值服务商是最合适的伙伴。

3. 系统集成商

系统集成商通过集成产品，为客户交付更完备的解决方案。其收入主要来自集成和交付服务，而较少来自所集成的产品。如果你的 SaaS 属于某个集成方案的一部分，那么系统集成商可能是合适的伙伴。

4. 独立软件开发商（ISV）

ISV 在销售自己的软件时，会把你的 SaaS 也集成进去。需要注意的是，ISV 的收费模式可能与你不同，可能不直接向你支付客户的订阅费，而是采取其他形式向你支付费用。

5. 原始设备制造商（OEM）

OEM 将你的 SaaS 集成在自己的产品或解决方案中，但与其他方式不同，OEM 通常采用所谓的"白标"规则，即你的品牌对于终端用户是不可见的。这对于某些追求品牌和专业性的 SaaS 公司来说，并不是一个好的渠道方案。

要想渠道伙伴真正帮你实现快速增长，需要大量而复杂的前期工作。本节只是讨论了渠道伙伴的销售相关的内容，系统化的渠道伙伴建设将在第 10 章详细阐述。

7.9　SaaS 销售管理

要说 SaaS 公司什么工作最难，可能是 SaaS 销售管理。无论制订了多么合理的销售计划，投入了多少销售资源，如果销售管理不到位，销售目标就很难完成。

7.9.1　SaaS 销售管理的复杂性

虽然所有 ToB 业务销售都需要管理，但是每个人对销售管理的理解可能不太一样，对销售管理的必要性和迫切性要求也不同。比如企业软件的销售管理被很多人理解为就是对销售收入的统计分析。在潜在客户数量不多、销售周期比较长的情况下，销售管理对销售目标的完成和收入增长所起的作用的确有限。但是 SaaS 销售的特点是潜在客户数量多、销售周期较短、客户质量影响续费和增购收入等。所以 SaaS 公司不但需要销售管理，而且管理的方法、内容和目标等，均不同于传统 ToB 的交易型销售。

那么，SaaS 销售管理要管理哪些内容？怎样管理？要达到什么目的？这些看似平常的问题，即使有经验的销售管理人员也很难给出明确的回答，更不要说应用于 SaaS 销售的管理了。你可能已经听说过很多 SaaS 销售的管理方法，但是这些方法是否适合你，对于你的销售组织能不能用，什么时候用，需要借助什么工具，这些问题都需要你不断尝试，而且很可能还无法得出确定的结论。

其实你大可不必花费时间和资源去尝试各种方法，只需要做好 SaaS 销售管理的基本内容就可以。SaaS 销售管理的基本内容，可以总结为"抓两头，控中间"。两头分别是指销售前期的预测管理，以及销售后期的业务回顾；中间则是指利用销售管道，可以精确到过程中每个里程碑的推进管理。

7.9.2 SaaS 销售管理的核心：预测

SaaS 销售管理的核心，是对销售的预测，只不过预测的内容指标以及预测的方法各不相同。根据 SaaS 销售的特点，在实施预测之前，需要约定预测的节奏，这样才能统一预测的口径。预测的节奏包括以下几个方面。

- 预测的频率：销售人员或销售主管多久预测一次，这需要公司的统一要求，而不能销售人员"各自为政"。
- 预测的周期：根据销售周期的不同，预测周期可以是周、月、季度或半年。
- 合同价值单位：是 ARR 还是 MRR。
- 目标销售额周期：是年度还是季度。
- 薪酬计划周期：是年度还是季度。
- 业务评审周期：是月度（MBR）还是季度（QBR）。

7.9.3 SaaS 销售管理的利器：销售管道

前文我们已经讨论过销售管道的概念及其对于销售流程的重要性。现在我们再从销售管理的角度，分析销售管道的重要性。

1. 建立你的销售管道

因为大部分的 ToB 销售流程都是不直观的，所以销售流程的管理是极其困难的，SaaS 更是如此。不过好在我们有一个销售流程管理的利器，即销售管道（pipeline）。

销售管道相当于现实销售流程数据的一种投射，通过对这些流程数据进行分析，可以细致地洞察销售流程的状态。一个销售管道中包含了多种数据，为了简单起见，我们只使用其中的 4 个关键指标。

（1）价值

价值就是管道中某个潜在交易的金额，它不能靠销售人员的主观推测，而需要与客户沟通，或者以其他验证方式（比如客户预算）验证，从而得出结果。

对于传统 ToB 销售来说，高交易额就是一笔好的交易。而对于 SaaS 来说高交易额不一定意味着客户终身价值更大，比如包含了较高的咨询费或实施费等非经常性收入。判断客户的终身价值，对于本次销售的投入有重要的决策意义。

（2）阶段

如果把从线索到合作签约的过程看作一个整体，那么过程的管理将变得无从下手。因此，需要将这个过程拆分为不同的可管理阶段。这样一来，销售所处的阶段以及下一个阶段的推进目标就能一目了然。

SaaS 销售的阶段并没有统一的定义，每个 SaaS 公司可以根据自己销售的特点定义自己的销售阶段。但是每定义一个阶段，就必须有这个阶段明确的进入及退出标准，否则分阶段也就失去了应有的意义。比如在 SQL 阶段，SDR 根据 6R 模型判别客户资质，从而确定这是不是一个有效的销售机会。通过在销售管道中定义所分阶段，就可以根据阶段状态数据，管理整个销售流程。表 7-6 是一个关于销售阶段的示例。

表 7-6 销售阶段的定义

阶段	名称	释义
S1	SQL	根据 6R 模型评价客户资质，SDR 认为这是一个有效的销售机会
S2	SAL	根据核查，销售也认为这是一个有效的销售机会
S3	客户成果沟通完成	确认客户想要实现的业务成果，并与客户达成一致

(续)

阶段	名称	释义
S4	解决方案适配确认	客户相信我们的解决方案可以帮助他们解决问题,解决方案入选
S5	成为首选供应商	客户明确我们是首选供应商
S6	赢单	我们已经赢得这个合同
S7	输单	客户明确他们已经选择了其他供应商
S8	挂起	客户既没有选择我们,也没有选择其他供应商
S9	关闭	交易关闭/销售关闭

（3）关闭日期

关闭日期是指这个销售预计什么时候关闭,也就是客户表示要购买的日期。这个日期数据对于预测收入的时间点而言是必需的,不能随意填写,需要与客户沟通或者以某种方式确认后才可以填写。

（4）关闭可能性

在关闭日期前,交易关闭的可能性以概率表示。虽然这个数据的预测难度较大,但还是应该有一个统一的判断依据。预测关闭日期的另一个作用,就是促使销售人员紧跟进度,探求真实的信息。

虽然这4个关键要素的定义比较简单,但是在填报过程中很容易出现问题,需要从管理的角度对销售人员进行填报监督,有的公司把它们作为管理制度考核标准,以避免因为销售随意填写而导致管理误判,比如:

- ❑ 很多销售出于各种原因,填报的数据过于乐观,与实际成交数据差距巨大,久而久之预测就流于形式。
- ❑ 很多销售喜欢使用描述性语言,而不是精确数据填报。比如"如果不出意外"或"有希望赢得这笔交易"。
- ❑ 对于可能性或者概率问题,很多销售人员持抵制的态度。比如认为只要未签合同,20%概率与80%概率没有区别。
- ❑ 填报过于随意和应付了事。

所以,如果不采取有效的预测管理措施,销售管理会无疾而终。所谓有效的预测管理措施,比如多层级预测,即由SVP、SM、AE分别独立预测,然后看与实际的差距有多大,再追问为什么会这样。再比如,可以根据过往数据的环比和同比，从趋势方面进行预测，同样需要解释产生差距的原因。也有的销售管理者，在实践中总结了一些规避性的措施。比如使用"远近结合"的方法，也就是既要预测下一周，又要预测本季度末，迫使销售人员"挤干"销售管道中的"水分"，让预测更接近实际。

2."保养"好你的销售管道

销售管道对于销售管理的重要性是毋庸置疑的，但这并不是说无论怎样使用销售管道都会有好的管理效果。事实上，如果"维护保养不当"的话，销售管道在发挥作用之前就报废了。对于销售管道中的数据，即使录入和管理再严格，经过一段时间之后也还是会变得混乱，甚至很大一部分数据会变成垃圾。这对销售管道的使用效果以及输出信息的质量和准确性，都将产生非常大的影响。所以，作为销售管理重要手段的销售管道，应被及时和有效地清理、维护。特别是那些延迟的交易，很容易"淹没"在杂乱的管道中，甚至不知道这些交易最终是如何失去的。

那么，销售管道应该如何清理呢？有几个需要遵循的基本原则。

（1）管道清理的形式

召开定期的会议，用于评审和验证管道中的所有机会。否则管道的质量会迅速退化。

（2）管道清理的方法

基于每一位销售进行，而不是所有销售混在一起，评审当前季度和下一个季度管道中的所有机会。可以以表格或者图形方式，清晰地将清理的结果按照每位销售一一展现出来。

（3）"刨根问底"式提问

这有助于评估该机会的真实性，它们来自客户的真实反馈，而不是销售人员的自以为是。比如，客户说了什么让你相信处于阶段4？是客户中什么角色或职位的人给出的这一说法？

（4）管道清理的周期

过于频繁和长时间的清理，不利于提升管道的质量，所以需要根据自身销售特点，确定清理的周期。对于大部分 SaaS 公司来说，每个月清理一次是比较合适的。

由于管道中的线索或机会本身带有较大的不确定性，它们只有随着时间的推移，才能预测得更准确。所以如果频繁清理，不但会丢失本来可能成交的存量机会，还可能导致存量与目标销售额之间的覆盖比降低，这些都会影响销售目标的达成。

7.9.4 向正确的客户销售

在很多 SaaS 销售的眼里，客户并没有"正确"和"错误"之分，或者说只要能签下来就都是正确的客户。事实上，正确的客户也就是"对"的客户，他们能与你一起走过更长的生命周期，贡献更大的客户生命周期价值，他们也是你增长和盈利的保障。相反，错误的客户 90% 以上都会流失，他们其实是你的"负资产"，会让你遭受损失。因为如果一个客户不能续约，毫无疑问这笔生意就是亏本的。同时，错误的客户对公司的影响也可能是灾难性的。只有获得对的客户，你的收入机器才能真正启动。

那么，如何评估一个客户是"对"还是"错"的呢？主要有两个标准。第一个标准是 PMF，即只要产品与客户需求市场相一致，客户就是对的。另一个评价标准是 ICP，即符合理想客户画像的客户就是对的。不过以 PMF 为评价标准，虽然理论上可行，但在实际中很难清晰界定；而以 ICP 为标准则更容易判别，评估结果也更容易达成一致。

现实中客户评价的一个最大误区就是把那些大企业、大品牌或有大额预付能力的客户无条件认定为正确的客户，这可能会把整个公司带入非常危险的境地。如果非要硬签下这样的客户，你很难帮助他们获得成功，你的公司也会因此付出巨大代价。首先，所有大客户的获取成本都会很高，而当这些大客户陷入采用困境时，你的公司不得不像滚雪球一样不断地投入。而这些资源本可以用于其他有更多机会以及有更大生命周期价值的客户。其次，这些大客户更难以引导，甚至会被他们牵着鼻子走，偏离了前进方向，最后导致你的公司只能组织一个又一个的"特战队"来救火。

要求向正确的客户销售，仅靠价值观和宣传教育并不能奏效，而应当设置相应的惩戒机制，比如客户成功的"一票否决"，销售、客户成功和管理等部门的联合评估机制，甚至追回销售提成。

SaaS 行业流行一种说法，即"90% 的流失，都发生在销售环节"。也就是说，几乎所有的流失都是因为将产品卖给了错误的客户。所以，很多国外 SaaS 企业都将"销售给正确的客户"作为销售的基本行为准则。

也许有销售认为，这是客户自己的选择，而且失败的责任也在于客户自己。但不要忘了，错误的客户会向其他潜在客户抱怨你的产品和服务。如果这样的话，你以后的销售一定是障碍重重。

7.9.5 销售业务回顾

销售业务回顾是销售管理常用的有效方法，它是对过往销售周期的总结或复盘，通过总结经验教训，更好地投入到新的销售周期。除了全年的销售业务回顾，还可以以半年、季度和月为周期开展业务回顾。在 SaaS 的销售业务中，以半年太长而以月又太短，所以以季度为周期的业务回顾最为常用，即平时所说的 QBR。

销售 QBR 通常在每个季度末举行的会议上开展，参加人员包括销售管理层、销售人员和相关业务人员。QBR 的主要内容是回顾上一季度，并计划下一季度的销售情况。虽然大部分 SaaS 公司都有 QBR，但是因为缺乏有效的 QBR 方法，特别是没有聚焦于一些关键指标，QBR 很容易发散，甚至变成了"打鸡血"的动员大会。

所以销售管理团队应该制定一套包括关键指标的业务回顾标准，需要回顾的关键指标如下。

- 新 ARR 的绩效：包括季度营收、目标完成比例、上季度同比等。
- 预测的准确性：可以分解到月，分别统计实际结果与销售目标的比率。与上个季度相比，预测的准确性有无进步。如果预测偏差较大，分析原因并提出改善措施。
- 快速流失教训：是否存在签约后一个季度或更短时间弃用的客户，以这些销售案例为典型，狠抓销售的客户质量。

- 销售管道的转化率：销售管道中每个阶段的转化率，代表了销售的推进效率。而转化率指标也因其高度量化和更精细的颗粒度，成为观察销售进度和测量销售效率的重要指标。
- 销售管道中的机会统计：列出每个销售人员在管道中的销售机会，比一比谁储备的机会更多，并给予适当的奖励。
- SDR 和 MDR：销售的效率和效果很大程度上取决于线索和机会的输入，而不是销售人员的单打独斗。所以需要对营销漏斗的绩效进行分析，同时对营销团队提出改善要求。
- 本季度的客户推荐量：因为客户净推荐几乎没有销售成本，所以它应该是销售追求的重要目标之一。分析它们为什么会发生是很有意义的，有的公司还为此设置了相关奖项。
- 关键交易的赢单或丢单分析：分享获得的经验和教训。

为了准确地评估销售团队的销售绩效，需要对一些关键测量指标进行分析和追踪。这些指标包括但不限于以下几点。

- 赢单与丢单的比率。
- 对于中小型企业的演示次数。
- 对于大客户的演示次数，这里的演示包括 POC 和 POV。
- 平均销售周期（ASC）。
- 平均交易规模，也就是客单价。
- 销售爬坡期长度和成本。
- 获客成本（CAC）和 CAC 投资回收期。

为了快速地测量和分析这些指标，最好将它们做成模板，或者以软件的方式进行统计分析，并在每次开会前完成，以便在 QBR 会议上作为分析结果展示出来。最终你会发现，这些数据因为有理有据，所以对销售人员的触动会非常大。

7.9.6 销售转型成功的重要标志：SaaS 销售文化的建立

判断一个销售组织的 SaaS 转型是否成功，一个重要的标志就是是否建立了 SaaS 销售文化。企业文化一向被认为是比较虚无的，更不必说销售文化。主流的销售文化，就是想尽一切办法卖出更多的东西、拿更多的提成，其他的都不重要。如果说这是传统 ToB 产品销售的销售文化没什么问题，但是对于 SaaS 销售来说，过于激进或过于"躺平"的销售文化，都不是合适的文化。因此 SaaS 销售组织需要建立自己独特的"赢单"文化。举例来说，几乎所有销售的首要目标是合同额，但 SaaS 业务销售应首先考虑"对"的客户，然后才是合同额，显然这与主流销售文化是不一致的。

如何将 SaaS 公司的销售文化由虚做实，真正促进公司的健康增长和销售人员收入的提高，是 SaaS 公司销售文化的建设核心。一个 SaaS 销售组织销售文化的优劣，离不开一个高绩效模型作为杠杆，其主要包括两个部分：合理的薪酬模型和薪酬以外的奖励。

SaaS 企业的销售文化必须坚持一个基本原则：高绩效则高奖励，低绩效则快速提升或者被辞退。要建立这样的销售文化，SaaS 公司务必做好以下工作。

（1）以价值观定义销售文化

就像企业文化需要用价值观定义一样，一家 SaaS 公司的销售文化，同样需要以价值观来定义，即 SaaS 销售不只是卖东西，而是帮助客户取得成功。实际上，从这一价值观出发，销售更容易成功。

（2）从根本上理解 SaaS

深刻理解 SaaS 业务的本质，对于 SaaS 的销售尤其重要，那些把 SaaS 当作普通 ToB 产品或者标准化软件去销售的销售人员，大部分都已经离开了这个行业。

（3）设定更高目标

那些高速增长的 SaaS 公司，所设定的目标销售额更具挑战性。通常它们会设定比极限目标销售额高 20%~30% 的目标，并增加 OTE 中可变收入部分的比例。通过挑战更高的目标，可以获得更高的公司收入和个人收入。

（4）项目评审会制度

项目评审会是团队协作文化的具体体现。当需要时，销售主管、销售人员、相关人员可以聚在一起思考如何能赢单。

（5）分享与培训

定期的周、月、季度分享和培训会，是销售能力快速提升的重要途径。

（6）复盘

除了对赢单的复盘，对输单其实更需要复盘，复盘是提升销售能力最快的方法之一。

（7）奖励真正高水平的销售

鼓励销售获取高质量客户，不能只是挂在嘴上，而必须采取实际的行动。很多高绩效的销售组织都设有"专业销售奖"，获奖人员并不是销售组织确定的，而是由客户成功推荐和评选的，用于奖励那些获取高质量客户的销售。

（8）销售精英俱乐部

对于连续达到某一销售目标的高绩效销售，给予荣誉或物质奖励。

（9）末位淘汰

对于低绩效的销售，给予不超过一个季度的提升期，可设置每季度5%～10%的末位淘汰机制，这对于整个销售组织能力的优化非常重要。

7.10 本章小结

从本章开始，我们正式进入 SaaS 订阅销售的实践部分。无论你是 SaaS 销售的老手，还是缺少订阅销售经验的新手，都可以从本章中了解 SaaS 销售进阶的具体做法。

本章首先介绍了 SaaS 销售开始前的准备工作，描述了 SaaS 销售组织的角色和搭建方法，并详细阐述了 SaaS 销售漏斗。其次，对 SaaS 的销售计划、薪酬计划等，从实操的角度给出了详细的说明。最后，从管理逻辑、方法、指标等方面，给出了完整和可操作的 SaaS 销售管理框架。

第 8 章 | CHAPTER

客户成功方法

SaaS 本身已经是一个非常新的商业模式，而脱胎于 SaaS 的客户成功，甚至比 SaaS 本身还要新，至今仍在探索和发展中。

因为缺少可直接参考的成熟业务模式和业务方法，所以客户成功现有的很多经验还很难作为普适的定论。为了使读者能顺畅地阅读，本书把客户成功拆分成两个章节：客户成功方法和客户成功实践。前者阐述的是已经相对成熟的理论和指标体系；后者着重探讨仍在探索中的客户成功实践。本章先来探讨客户成功方法。

8.1 客户成功的历史

在 SaaS 行业听到最多的一个词可能就是"客户成功"了，客户成功也一度成为这个行业非常时髦的词汇。曾经有段时间，客户成功的概念比 SaaS 本身还要热。但客户成功究竟是什么意思呢？有很多人可能至今都没有完全搞清楚。

这也不奇怪，因为"客户成功"这个新名词其实有多种含义。它可以代表一种业务，也可以代表一个组织，还可以代表一种职业。如果用一句话给客户成功下一个定义，那就是：客户成功是客户在使用你的产品或服务时，为了确保他们能获得预期的业务成果，并且能够持续地使用下去，所采取的一种商业方法。

关于客户成功的起源，行业内比较公认的说法是 SaaS 行业的先驱 Salesforce 最早提出了客户成功的概念。别看客户成功今天已经耳熟能详，但如果把时间倒回至 2015 年以前，即使在最成功的 SaaS 企业中，也只有不到一半的公司有专门的客户成功组织。所以无论是作为业务还是作为组织或职业，客户成功都是非常"年轻"的。至于客户成功理论的发展，那更是近几年的事。实际上，即使是现在，客户成功也在不断进化之中。

SaaS 模式的成功虽然令整个软件行业兴奋异常，但 SaaS 创业者很快就发现，这个商业模式并不像他们最初所期望的那样，是个可持续的"躺赚"生意。事实上，SaaS 商业模式表现得非常脆弱，甚至有人认为它就是一个"漏水的桶"。而客户的流失，就像地心引力一般是无法摆脱的，留存反而是偶然的，"堵漏"成为挽救这一商业模式的根本措施。

早期的客户成功大多没有专职团队，而是技术支持和客户服务等部门混合进行救火式作业。显然这并没有起到多大作用，因为漏水的桶仍在漏，有数据表明，即使是头部 SaaS 公司，当时的客户月流失率也接近 10%。按照这个流失速度，不用一年的时间，所获客户就会流失殆尽，这个商业模式也就不再成立。

在万般无奈的情况下，一些 SaaS 企业开始在客户成功上加大投入，这才有了专门的客户成功组织和业务规范，客户流失的势头才暂时得以抑制，从而稳定和巩固了 SaaS 的商业模式。

可见，客户成功并不是什么先见之明，更像是一种无奈之举。

8.2 业务组织的缺位

要想系统性地修复 SaaS 这只漏水的桶，仅靠各个业务部门的修修补补是解决不了问题的，必须建立专业的组织和设计新的业务规范。

与传统的交易型业务不同，SaaS 所代表的订阅业务贯穿了整个客户生命周期。而且，绝大部分收入也产生于成交后的客户生命周期阶段。然而，在 SaaS 公司发展的早期，对于如此关键的业务，竟没有一个专门的业务组织来负责。仅有市场营销部门负责激发客户需求、获取销售线索，销售部门负责成交，专业服务部门负责交付，售后部门负责售后服务等。

这样在销售之后的客户生命周期中，就产生了一个巨大的业务"真空"，它阻断了客户从交付到价值实现之间的通路。因为靠客户自己摸索很难达到预期的目标，如果客户在这么长的时期内看不到 SaaS 的使用效果，就可能不再继续使用，流失也就不可避免。这个业务"真空"的存在，阻断了 SaaS 公司的大部分收入。

解决组织和业务"真空"问题最早的方法是通过公司各个部门的协作，帮助客户实现业务目标。但是，这种多部门协作既没有统一的业务规范，也缺少必要的绩效指标，更关键的是缺少责任主体。所以这种部门协作的方法只能算是一种临时性的解决方案，并没有彻底解决流失的问题。

为了填补这个业务的缺口，使整个生意变得完整和形成闭环，就需要一个专门的业务组织，客户成功组织应运而生。

8.3 客户成功的 3 个业务目标

SaaS 公司为什么需要客户成功？一般的书籍和培训告诉我们的理由是，客户成功的作用在于让客户更满意、更高兴。通过客户成功的工作，可以改善客户的体验，从而促使他们留存、增购和续费。

这虽然听起来很有道理，但如果你仔细揣摩就不难发现：让客户更满意、更高兴，与他们的留存、续费和增购在逻辑上并无因果关系。就像你走进一家产品质量不佳的商店，即使导购员再热情，也无法激起你的购买欲望。所以让客户满意、高兴和获得好的体验，应该是 CSM 的职责所在，并不是客户成功的目标。

总的来说，客户成功的终极目标，就是帮助客户实现他们的业务成果，但是这个大目标需要通过 3 个业务目标来实现。

1. 提高客户采用

所谓客户采用（Adoption），就是客户为了实现预期的业务目标而使用 SaaS 的方式和过程。

采用是一个重要但容易被忽视的概念，一个 SaaS 在实施和交付之后，我们以为是大功告成了，实则不然，这只是一段危险旅程的开始。不要以为所有客户都是无师自通的，实际上大部分后期流失的客户，都是因为在一开始就没搞清楚如何通过使用产品达成期望的结果。据统计，有高达 50% 以上的流失是采用的失败造成的。

2. 提高客户留存

提高留存是 SaaS 最为重要的业务目标之一，它可以用留存率等指标进行精准量化，留存率哪怕只有 1% 的变化，对应的 ARR 都可能是十万、百万甚至千万的量级。留存的反面是流失，所以提高留存的方法也就是抵御流失。

如果以为自己的产品好，价格合理（甚至免费提供），客户就会一直使用下去，那就大错特错了。实际上，有太多的因素导致客户流失，比如卖给了"不对"的客户，采用的失败，客户负责人的更换，客户使用兴趣的降低，竞争对手的渗透等，这些因素都会使流失随时发生。

我们之所以对流失无感，只是因为流失是悄无声息的。它并不像销售丢单那样令人沮丧，但其实损失是一样的，甚至可能更大。客户成功存在的首要价值，就是抵御流失。

3. 提高续费和增购

有人认为只要提高了留存，就可以维持和提高续费，但实际情况并非如此。举例来说，虽然客户还在续费，但是续费金额可能发生降级，也就是说，虽然客户没有流失，但金额留存率在下降。引发续费降级的原因与引发流失的原因是类似的，所以都需要客户成功的干预。而提高续费和增购的结果，是提高了收入的质量。

实际上，即使再优秀的 SaaS 企业，也还是有客户流失的，这会导致净留存下降，即 NRR 降低。这似乎与我们看到的情况有些不符，很多 SaaS 企业的 NRR 大都高于 100%，其实这是增购产生的补偿效应。而客户产生增购，主要还是客户成功推动的。此处还用漏水的桶举例，虽然水还在漏，但如果注水速度高于漏水速度，桶里的水还是可以维持在一个较高的水位的，甚至看起来还是满的。反之，如果注水速度低于漏水速度，桶里的水迟早会漏光。

不过在现实中，增购很容易被忽略，甚至很多公司都没有为增购设定任务指标，更不要提重视程度了，这也是国内 SaaS 公司的 NRR 大都低于 100% 的主要原因。矫枉就必须过正，因此我们把提高续费和增购列为客户成功的主要业务目标。

客户成功的 3 个业务目标，可能与你想象的如客户满意度、NPS、健康度评分等有差别，这些作为 CSM 日常的工作目标也很重要，但是如果作为商业目标，它们还是应排在客户成功的 3 个主要绩效目标之后。

8.4 国内客户成功现状

很多人认为，客户成功是与 SaaS 同步发展起来的，事实并非如此。从国外 SaaS 公司的发展路径看，客户成功发展为一个正式的专业，要比 SaaS 本身晚了十多年的时间。因为在此之前，客户成功的重要作用并没有被充分认识到，直到 SaaS 商业模式的最大漏洞，也就是流失趋势威胁到了商业模式的可行性，客户成功才被提到行业的议事日程上来。

先发虽有先发优势，而后发也有后发的好处，国内客户成功的发展路径与国外有很大的不同。比如，客户成功与 SaaS 之间几乎没有时间差，因为国内的客户成功与 SaaS 几乎是同步引入的。也就是说，在大部分 SaaS 公司创立之初，客户成功组织就是标配的。但也正因为国内 SaaS 创业公司并没有经历过"漏水的桶"的痛苦，所以对客户成功的理解没有国外早期创业者那么深刻，也因此国内的客户成功没有起到"SaaS 拯救者"那么大的作用。由此导致了国内客户成功出现尴尬局面，比如在资本充裕的时候就招聘大量的 CSM，而资金紧张的时候，CSM 首先成为被裁撤的对象。虽然管理层都认为客户成功很重要，但是在实际的公司战略中很难看到对客户成功的真正重视。

由于国内 SaaS 客户的质量普遍不佳，留存率较低，续费和增购也存在很多问题，订阅业务受到了极大的挑战。按理说，这正是国内客户成功大显身手的时机，但实际情况是，客户成功所起的作用和对业务改善的效果并不明显。

国内客户成功的状况不佳，很大程度上归因于公司管理层对客户成功的业务原理认识模糊，他们更重视销售带来的当下收入，而忽视了客户成功带来的未来持续收入。每当讨论客户成功问题时，都有很多 CEO 认为：有没有客户成功对业务的影响不大，充其量就是给客户提供了一个抱怨的对象。也有不少 SaaS 公司把客户成功当成客服或产品支持来使用。

在这样的环境下，客户成功变得可有可无，其地位也非常尴尬。所以客户成功这个职业就形成了一个恶性循环：由于客户成功的目标不明确，所以无法考核其绩效；没有 KPI 或者有错误的 KPI，导致 CSM 的服务没有章法且效率低下。长此以往，客户成功组织要么自生自灭，要么名存实亡。

可以说，今天很多 SaaS 公司的经营每况愈下，比如增长乏力和收入流失，与客户成功的衰落有脱不开的关系。这就如同一个漏水的桶，因为没有堵漏的措施和工具，桶里的水很快就会漏光。因此这种状况必须马上改变，建立和规范真正起作用的客户成功组织，已经成为国内 SaaS 企业的当务之急。

8.5 客户成功方程式

客户成功从 SaaS 模式最早的补救措施，发展为今天 SaaS 行业中一个不可或缺的业务。在这个过程中，形成了一套逐渐成熟的客户成功理论。也正因如此，客户成功才被广泛推广应用，成功的方法才可被复制。

有关客户成功的理论和方法有很多，但最基础的还是"客户成功方程式"理论。

8.5.1 客户成功方程式的内容

虽然 SaaS 公司每天都在谈客户成功，但需要达到什么样的标准才能说明客户真的成功了呢？怎样做才能达到这种标准呢？在这个过程中客户的体验是怎样的？要找到这些问题的答案，就需要有一个理论基础作为依据。于是，行业内总结出了一个客户成功方程式，它简洁而准确地回答了上述问题。

$$CS = RO + AX$$

其中，CS 为客户成功（Customer Success）；RO 为 Required Outcome 的缩写，意为客户期望的成果；AX 为 Appropriate Experience 的缩写，意为对于客户来说最适合的体验。所以客户成功就是客户所期望获得的成果，再加上适合的客户体验，如果同时满足这两个条件，就认为客户成功目标能够实现。

客户成功方程式看起来简单，但真正实现的难度很大。核心问题在于，无论是客户期望的成果，还是适合的客户体验，都必须是客户认可的，而不是你认为的。

8.5.2 客户期望的成果

我们先介绍客户成功方程式的第一个驱动要素，也就是客户期望的成果（RO）。可以直接将它理解为客户想要获得的结果，也可以引申为客户想要实现的价值，客户想要实现的业务成果，甚至是客户通过购买和使用产品想要获得的投资回报。由此可见 RO 对于客户的重要性，如果没有 RO，我们要把 SaaS 销售出去都难，更别说留存了，所以 RO 也被认为是 SaaS 业务的成功法宝。

下面举个例子。假如你是一家广告公司，你的客户花钱投广告，你认为他们的 RO 是什么呢？很多人说是点击率、客户线索、建立私域等，其实这些都不是客户想要的成果。客户的 RO 只是"买到"几个客户，就这么简单直接。

8.5.3 适合的客户体验

我们再说适合的客户体验（AX）。这里有两个关键词需要理解，即"体验"和"适合"，它们代表什么意思呢？通俗的解释是：你不但要帮助客户获得他们的 RO，而且还要以他们认为最适合的方式实现。

俗话说条条大路通罗马，要实现某个业务目标，同样也有很多种方式。比如说你要做一个业务分析报告，你可以借助 AI，或者使用 BI 工具，也可以用 Excel 表格，甚至还可以以纯手工方式计算。而 AX 的"适合"，是指在特定业务场景下，客户认为最合适的一种方式。必须注意，是客户认为，而不是你认为。

事实上，AX 还是一种很好的差异化手段，它可以解释为什么客户会选择你，而不是选择你的竞争对手。这并不是因为竞争对手不能实现 RO，只是实现的方式不被客户所接受。

需要注意的是，AX 是针对不同客户群的细分而言的，很少存在普适的情况。比如经常需要商务旅行的人，因为在飞机上有处理文件的需要，所以他们会选择相对宽敞的商务舱，而不是经济舱。但是对于那些旅游的人，性价比才是最适合的。

8.5.4 客户成功方程式的作用

虽然客户成功方程式只有 RO 和 AX 两个变量，但是它的作用却非常强大。你只要抓住这两个驱动要素，多数问题都能有效解决。实际上，后面所有的客户成功方法、过程和经验，都可以回归到客户成功方程式上来。

虽然 RO 和 AX 是客户成功方程式的两个变量，但是它们并非完全相互独立的。事实上，所有的 AX 都是以 RO 为前提的，也就是说，如果不能帮助客户实现业务成果，也就根本谈不上什么适合的体验。这也并不是说 AX 不重要，其实二者缺一不可，图 8-1 展示了 RO 与 AX 的强弱对于续费和增购的影响。

比如，第三象限的 RO 和 AX 都很弱，大概率客户既不会续费，也不会增购。第四象限中 RO 弱、AX 强，客户可能勉强会续费，但增购概率不高，很可能会转向同类 SaaS。第一象限的 RO 和 AX 都强，续费和增购的概率高。处于第二象限的 RO 强但 AX 弱，续费概率高而增购概率较低，客户终会因无法忍受不佳体验而转向竞品。也就是说，第二和第四象限的客户，处于一种不稳定状态。

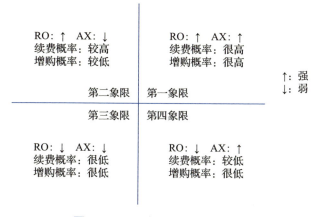

图 8-1　RO 与 AX 的组合状态

一个强大的 SaaS 应该处于第一象限，即必定是 RO 和 AX 都很强，成功才有保障。

8.6 一切为了留存

我们知道，SaaS 商业模式严重依赖于客户的留存。只要能留住客户，你的 SaaS 业务就已经成功大半了，因为留住了客户，也就意味着留住了收入。因此，客户成功组织的行动目标可以简化为两个字——"别走"。

实际上，整个客户成功的发展史，就是与流失的斗争史。

8.6.1 如何理解留存

为了实现留存，SaaS 公司可以说是想尽各种招数，比如强化服务、改善产品、续费优惠等。但实际上这些招数大都没起到什么作用。因此，只从留存本身想办法的思路不太正确，需要换一种留存思路。因为留存的反面是流失，所以要解决留存问题，可以从流失入手。只要找到了流失的途径，也就是"漏点"，堵漏总会有办法。

很多人认为，只要客户留在平台上的时间足够长，靠持续的续费就能平衡掉获取客户所花费的高昂成本，这个客户就可能成为"有利可图"的客户。如果所有客户都是这样,那你就成功了,这种状态如果持续下去,你就可能成为独角兽。

然而,这只是你的美好愿景,事实非常不幸,很多客户还是流失了。对于订阅模式的经常性收入来说,流失是一个隐形杀手,太多的 SaaS 公司因落入流失的陷阱而最终失败。所以洞悉客户流失的主要原因,并知道如何调整和改进客户成功的方法,从而最终留住客户,对于保持 SaaS 业务的可持续性和提高盈利能力至关重要。

8.6.2 客户流失对 SaaS 公司的 6 种伤害

说流失是 SaaS 业务的隐形杀手,一点也不为过。正因为流失的隐形特点,当你看到流失所带来的损害时,通常为时已晚。此处我们首先介绍流失究竟会对 SaaS 公司造成哪些伤害,以及这些伤害对一家 SaaS 企业将会产生多大的影响。

1. 降低公司的 ARR 和利润

SaaS 公司的 ARR 由两部分组成,即新客户 ARR 和留存 ARR,而流失直接导致留存 ARR 降低,从而导致总收入减少。此外,流失除了损失续费和增购收入外,还会使高昂的获客成本再也没有补偿回来的可能,这将导致利润降低。

2. 降低公司价值

虽然影响一家 SaaS 公司估值的因素有很多,但流失却是一个真金白银的损失。一个高流失率的 SaaS 公司,无论如何都是不值得投资的,或者它的估值被打了很大折扣。这对于需要大量资金的 SaaS 初创公司来说,无疑是一场灾难。

3. 缩小市场空间

大部分 SaaS 公司的业务都是面向一个利基市场的,市场空间本来就不大。很多 SaaS 公司通过"跑马圈地"的方式获得了这个市场中的大量客户,随后很多客户又快速流失掉了。要知道那些流失掉的客户基本上不会再回来了,这使原本就不大的市场空间还会进一步缩小，未来增长空间也变得更加有限。

4. 帮竞争对手的忙

那些流失掉的客户，除了极少数不再使用类似的 SaaS 外，绝大部分都会转向竞争对手的客户阵营。这除了增加竞争对手的市场份额以外，也给了他们攻击你的依据，这让你的后续的销售过程变得更难了。

5. 扩散负面的市场口碑

所有流失的客户，出于各种原因都会有一些负面的情绪，比如觉得自己买错了东西，受到同事的埋怨，产品使用体验与宣传有太大差距。无论什么原因，这种负面的市场口碑都会快速地扩散开来。

如果说竞争对手的攻击还不太可信的话，那么前客户的评价的可信度会高得多。这些负面信息的传播，将使你花费巨资千辛万苦建立起来的市场形象瞬间崩塌。

6. 伤害企业文化和员工士气

一家经常声称"以客户为中心"的 SaaS 公司，客户却在大量流失，这简直就是一个笑话。这对于公司文化和员工士气无疑会产生更深层的伤害，因为不会有人愿意干一个名不副实的、没有意义且无法长久的工作。

8.6.3 客户流失的 8 个原因

对于一家 SaaS 公司来说，最麻烦的事还不是流失，而是不知道客户为何会流失。如果找不到原因，也就谈不上解决。

1. 吸引了错误的客户

很多人不理解，为什么把吸引了错误的客户放在流失原因的首位。在客户还不确定产品能否带来价值的情况下，他们怎么会签约购买呢？

然而这种情况确实大量发生了。其中有很多原因，例如，销售人员只为了完成销售业绩，客户误以为产品会满足他们的需求，公司夸大宣传等。也有的客户抱着试试看的态度，认为付费是订阅而非买断，大不了不续费。

最大的问题是，客户成功组织无论为这些错误的客户付出多大努力，这些客户都不可能成功。也就是说，错误客户的流失是必然的。

2. 客户没有得到他们想要的结果

在 SaaS 销售培训中，我通常会先问一个问题：你认为客户为什么会购买你的产品？大部分销售人员的回答是：我们产品的功能比竞争对手要多，界面设计更美观，而且操作体验也更好。其实这只是表面上的原因，客户真实的购买原因是，你的产品或许可以帮助他们达成他们想实现的业务成果。

无论你的产品最终能否真的帮助客户实现价值和达成业务成果，大部分客户在一段时间内没有得到他们想要的结果就会离开。因为人的耐心是有限的，所以你必须尽快帮助客户实现购买时的预定目标。

3. 被动服务激怒客户

无论你的产品做得多么贴合客户需求，在他们利用你的产品开展业务时，还是会遇到这样或那样的问题。如果你的客户成功团队不能及时和主动地提供帮助，小问题最终会变成大问题。被动服务可能会激怒客户，从而疏远你的产品。随着客户对产品的疏远，离最终放弃也就不远了。

有些 SaaS 公司愿意把钱花在获客上，而不舍得在客户成功上投入。比如为了节省人工成本用机器人代替，试想那些因问题而焦急的客户与聊天机器人答非所问地对话，怎么会有好的体验？

4. 客户认为竞争对手可以做得更好

这看起来似乎不是问题，然而在现实中却大量发生了。在这一点上，SaaS 客户与消费品市场的顾客有些类似，总以为有更好的东西存在。特别是客户购买的产品或服务出现问题时，总会纠结是不是买另一个更合适，比如另一个 SaaS 的功能更多、价格更低或服务更好。

支持这种想法的有利条件是，SaaS 可以随时更换和不续约。很多 SaaS 公司不以为然，它们自认为因为转换成本，客户并不会轻易更换服务商。然而实际情况并非如此,如果能住上更好的房子,谁还会考虑搬家的成本?再说,点几下鼠标就能切换到另一个产品,哪有什么转换成本?

5. 把客户业务引向歧途

因为客户依靠你的产品开展业务,而大部分 SaaS 产品都是在特定的业务场景下才能正确地发挥作用。无论什么原因,如果你的产品不能帮助客户正常处理业务,或者使客户的业务结果产生偏差,客观上来说,就是你的解决方案将客户业务引向了歧途。

这将对客户的生产力甚至收入产生影响,客户当然就不会继续使用了。如果你不能及时引导客户正确使用,或者提供给客户变通的解决方案,客户很快就会弃用你的产品。

6. 从"止痛药"变为"维生素"

在当下的经济形势下,客户在数字化上的预算十分有限,而且他们只想投向那些对公司业务必不可少的产品,也就是所谓的"止痛药"产品。相对应地,还有一类"维生素"产品,它们有则更好,没有也不会影响什么。

如果客户是把你的"维生素"产品当成"止痛药"采购的,使用后发现并没有止痛效果,可能会去寻找真正的"止痛药",从而放弃你的"维生素"产品。

7. 客户认为你的产品定价太高

这其实是产品的精准定价问题。如果客户认为你的产品定价太高,每年的续费累加起来是相当大的一笔费用,其财务负责人可能会对此提出质疑。然后,就会向你的竞争对手寻求更低的价格,"质同价优"永远是最合适的选择。

定价对于客户留存绝对是一个决定性的关键要素。

8. 拖延续费

作为订阅服务提供商,你认为客户到期续费是天经地义的事。其实在客户内部,没人像你一样关心什么时间应该续约和续费。

记得有一次,我和一位 CSM 去一家客户公司调研。当我们问及客户离开的原因时，客户的业务负责人感到很诧异，因为他们根本就没想离开。实际上，收到我们的续费提醒和催缴邮件的业务人员，因为付款流程审批复杂，所以就一直拖着没有付款。超过催缴次数或催缴期限时，客户账户就会被限制使用。

拖延续费有很多原因，比如：资金紧张，没有准备预算；经办人没有收到续费通知，没人愿意承担责任；对产品和服务持有异议，业务没有起色；甚至我们还遇到过客户不知道怎么付款。总之，各种拖延最后可能把业务拖没了。

8.6.4 客户流失预测方法与模型

大部分流失看起来似乎都是"忽然"发生的，那些客户在流失之前根本不会跟你打招呼或者道别，更不会向你解释他们为何会离开。所以，很多SaaS公司只能被动地承受客户的离开而无能为力。尽管SaaS公司有客户流失的心理准备，但客户流失终究是一件令人焦虑的事情。

如果任由客户流失，对SaaS业务来说无异于坐以待毙，于是很多大公司开始研究客户流失的预测模型，从而找出哪些客户可能在何时流失。这样就可以预先采取措施，挽救将要流失的客户，把流失率降下来。

所谓客户流失预测，就是通过客户行为数据分析方法，发现可能取消订阅的客户。目前很多SaaS公司都有自己的流失预测方法，以确定最有可能流失的客户，这从根本上改变了被动的客户流失情况。依靠一个有效的流失预测方法，就可以有计划和有针对性地采取行动，从而改善客户生命周期价值。

而预测的最佳方法，就是创建一个数学模型，流失预测模型就是流失如何影响业务的数学化表达。流失原因多种多样，不同周期的流失率不同，客户数量的多少对于流失率的意义也不同，比如10家客户流失了1家与10 000家客户流失了1000家，虽然流失率都是10%，但它们可能是完全不同的两种趋势。从统计逻辑上看，流失1家客户也许是一个偶然，但流失1000家一定不是偶然。

由此可见，流失预测模型的建模过程极其复杂，以至于靠人工方式很难实现。好在现在AI技术已经取得了突飞猛进的发展，通过客户历史数据训练和评估流失预测模型，已经可以取得很好的效果。很多成熟的预测模型，很容易做到对客户流失的可能性进行预测、分析和排序。

接下来，介绍流失预测模型的价值和作用。

1. 流失预测模型为什么重要

我们知道，订阅业务最大的弱点就是看似很低的客户流失率，也会极大地阻止企业的增长，甚至会彻底扼杀增长。比如，每月流失率是 5%，那么一年下来一半的留存收入就没了。如果你不采取措施防止流失，将危及公司现金流的安全，还可能意味着 SaaS 创业的终结。

因此，如果不把高流失风险的客户识别出来，SaaS 公司的经营就时刻处于危险之中。识别流失风险客户有很多方法，比如客户满意度调查和续费意愿调查等人工方式，但是这些方式不但费时费力，而且准确率不高。特别是当客户数量较大时，人工处理方式几乎很难起到作用。

所以，就需要一个数字化和智能化的流失预测模型，它可以根据用户使用数据，智能化地发现有流失倾向的客户，并将他们提取出来。即使刚开始模型还不那么准确，但无论是从准确度还是效率方面来说，都比人工预测方式有质的提升。

2. 流失预测模型能帮我们做什么

一个好的流失预测模型，对于客户成功的绩效绝对是一个有力的支持工具。它能帮助客户成功组织发现和解决关键的流失问题。

（1）识别具有高流失风险的客户

虽然 SaaS 公司对流失风险有一定的认识，并力图避开这些风险，但因为产生流失的原因多种多样，所以流失风险在客户旅程内的分布也不相同，这给 SaaS 公司发现有流失倾向的客户带来极大的难度。

流失预测模型可以最大限度地帮助 SaaS 公司在客户生命周期的不同阶段找出流失风险客户。还可以通过模型的拟合，匹配出那些符合流失特征的客户。

（2）在客户流失之前与他们沟通

如果客户已经流失，那么做再多的工作也无济于事。而流失预测可以让你有机会在客户离开之前就发现他们，并可以与之进行有目的的互动，通过一些有效的补救措施，挽留成功的机会还是相当大的。在我曾经做过的统计中，有的客户成功团队的挽留成功率高达70%。

（3）找出流失的原因并加以预防

流失预测不仅有助于防止即将发生的流失，还可以为公司提供有价值的业务见解。比如客户成功团队可以从流失趋势中发现潜在的流失因素，然后以主动的方式提前做好应对各种风险因素的预案，从而避免未来发生更多客户流失的风险。

8.6.5 预防流失的关键行动

将有流失风险的客户预测出来还远远不够，还需要采取有力的措施将他们留住，也就是根据预测采取关键行动。

1. 按风险程度对客户分级

流失预测依赖客户的历史使用行为数据，所以先要确定选择和使用哪些数据。在一开始，不应该选择太多数据维度，因为过于复杂的数据分析可能会掩盖重要的流失特征。通常首先选取的客户数据维度包括：产品的整体使用率，特定功能的使用率，客户支持的工单数量，客户贡献的ARR，以及客户的订阅到期时间等。

通过这种定向分析，可以按风险程度对客户分级，这样可以避免CSM平均用力，从而提高对高价值客户的关注。

- 功能高使用率客户（低流失风险）；
- 多次增购的客户（低流失风险）；
- 有定期沟通会的客户（低流失风险）；
- 产品使用量下降的客户（高流失风险）；
- 已签约但长期（比如2个月）未完成导入的客户（高流失风险）；
- 从未发送过支持工单的客户（高流失风险）。

预测分析的结果可能与我们的直觉一致，但也可能是相反的。比如从未发送过支持工单的客户，看似他们使用顺畅，没有问题，但以往的大量数据表明，这类客户的流失风险相当高。

按照风险程度的高低对客户进行分级，目的是重点关注高流失风险的客户群，特别是那些高价值的客户，对他们的留存进行投入会产生更大的价值。

2. 开发先进的流失预测模型

上述客户分级只是按照既有经验对风险指标所做的统计和分析，这种分析得到的只是症状，还不是病因。要想阻止未来的客户流失，就必须深刻洞察客户离开的真正原因，这样才可能有的放矢地解决问题。

分级分析并未运用高级的分析模型，要精准找到流失的"病因"，需要依靠流失预测解决方案。目前，SaaS 公司在流失预测方面基本有两种解决方案。一种是早期基于客户健康度评分系统中的数据的自定义预测分析方法，依靠现有数据和经验，可以解决大部分问题。但是，要识别数据之间的复杂关系和发现未知，就需要另一种基于深度学习的 AI 方法，比如目前火热的大模型。使用 AI 流失预测模型，可以挖掘出靠常规方法难以发现的更深层次和更细的问题。

相比风险分级方式，AI 流失预测模型具有更高的效率和更细的颗粒度，这使流失预测质量得以提升。在提升留存效率的同时，还可使采取预防措施的时间更加精准，措施更加得当，成本也更低。

3. 有针对性地挽回流失客户

一旦确定了高流失风险的客户群，借助先进的流失预测分析技术，就可以准确地找出风险客户与你公司的关系在什么地方出了问题。比如，是客户成果问题还是产品问题，是服务问题还是价格问题，是竞品问题还是客户自身问题。

将这些问题列表排序之后，可以开发相应的业务脚本，将流失"扼杀"在萌芽阶段。

8.7 客户目标

在现实中经常看到 CSM 忙得不可开交，但客户成功业务却是事倍功半。实际上，要做好客户成功业务，如果只依靠努力工作，是远远不够的。因为能决定客户成功业务绩效的，是找到客户的目标，并帮助客户实现它们。

8.7.1　为什么要明确客户目标

我们已经明确了客户成功的作用就是帮助客户实现他们的目标，那么客户的目标又是什么呢？很多 CSM 要么把客户所说内容当成客户目标，要么把自己的假设当成客户目标。这些做法会造成客户目标的偏离，最终导致所有工作都失去价值。

所有的客户表面看来都知道自己想要什么，但很少有客户知道自己真正需要什么。客户"想要的"与"需要的"之间产生了一个差距，这个差距正是客户成功可以发挥作用的地方，即价值所在。

那些不成功的 CSM 存在的一个共同问题，就是把客户"想要的"当成了他们"需要的"。但实际情况是，客户深层次的需求往往超出了他们的表层描述。如果 CSM 所做的只是满足了客户的表层要求，比如在"想要的"层面让客户更满意，虽然也能对客户有所帮助，但没有发挥出 CSM 最大的价值。

因此，在帮助客户实现他们的目标之前，CSM 必须知道客户真正"需要的"是什么，以此作为客户成功的工作目标，CSM 将更容易成功。

8.7.2　客户目标的重要性

客户成功业务不理想的原因有很多，但最根本的原因在于不知道或不理解客户的目标。因此，发现客户目标是实现业务成功的第一步，否则 CSM 的工作只能是漫无目的地进行。更复杂的情况是，即使是相同行业和类似业务，客户的目标也可能存在差异，并且随着客户业务的发展，客户的目标也会发生变化。

因此，发现、理解、跟踪客户目标，是客户成功业务的关键，维护客户目标对于与客户保持持续关系、推动客户长期价值都具有重要的意义。

8.7.3　如何发现客户目标

因为我们不在客户的行业，所以找到客户目标并不容易，甚至客户自己有时也无法清晰地描述其目标。即便如此，依然有一个发现目标的框架，可以帮助我们发现并确定客户目标。具体而言，发现客户目标可以从 6 个方面入手。为了方便记忆，我们将其总结为 5W1H。

- What：客户目标的内容，它必须是具体和可操作的目标，比如"将销售额提高 20%"。
- When：找到了一个客户目标还不够，这个目标要求何时实现，也是非常重要的，比如"上半年""本季度"。这有助于了解客户目标实现的紧迫程度，对于确定 CSM 工作的优先级很有帮助。
- Why：比目标是什么更重要的，是目标背后的原因，也就是客户为什么必须实现这一目标。目标背后的原因还能揭示出，如果未能实现这一目标将会导致什么样的后果。只有了解了目标背后的原因，才能制定出有针对性的解决方案，而不只是满足客户表面上的要求。
- Who：与客户成果金字塔中的责任人类似，识别实现目标的责任人或利益相关者，对于与客户的沟通和共创都至关重要。
- Where：实现目标应该从哪里出发，是零经验起步，还是已经走了一段旅程，显然针对不同的起点所采取的策略是不一样的。
- How：确定了目标的所有问题之后，你还需要提出如何帮助客户实现他们的目标，即所要采取的步骤、方法。

利用 5W1H 的分析方法，大多数情况下你都能找到正确的客户目标。

8.7.4　客户目标与客户成果的关系

我们常说客户成功存在的价值在于帮助客户达成他们的业务目标，或者获得业务成果。虽然这两种说法都没错，但实际上，客户目标与客户成果之间既有相关性，又存在一定的区别。虽然在很多场合这两个概念可以互用，但在特定的场合是需要区分的。

客户的任何业务都是有目标的，目标代表了方向或目的地，而且其实现程度是可以被考量的，比如项目管理的目标，是实现项目管理的网络化、数字化和移动化。而成果与价值相关，比如项目管理的成果是通过免去复杂的人工计算，提高效率和节省人力成本。

从客户目标的发现过程可以看出，它确实与客户成果金字塔的结构有些类似。那么，是不是可以用客户成果完全代替客户目标呢？实际上，它们各有各的使用场合。就客户成功业务而言，首先要搞清楚客户想要实现的目标，也就是要去哪里；其次才是客户成果，也就是客户期望在这个目标上获得的价值大小。在大多数情况下，你的产品与竞品在客户目标上很可能是相似的或相同的，但是在客户成果上可能存在很大的差别。仍以项目管理为例，虽然目标是相似的，但是在提升效率方面，一个提升了50%，另一个提升30%，所节省的成本有很大不同。

如果在客户成功业务中能够找到客户成果并帮助客户实现，那是最好的。但在客户使用你的产品初期还看不到价值的实现，也就是还看不到成果。这时候就需要首先确保客户目标是对的，也就是与客户认为的目标是一致的。如果既看不到客户成果，也没有发现客户目标，那么客户成功业务就不可能取得成功。我们在客户成功业务中同时引用客户成果和客户目标两个概念，目的就在于此。

8.7.5 如何利用客户目标

找到了客户目标，客户成功才能有工作的方向和重点。那么，如何利用客户目标呢？

- 可以利用客户目标更深入地了解客户。通过揭示"什么（what）"目标背后的"原因（why）"，可以更深入地理解客户的真实动机和期望的结果。这可以在更深层面为客户制订客户成功方案和计划。
- 避免目标无关的工作。如果不知道客户的目标是什么，那么CSM的工作也就失去了重心和重点。这种平均用力的做法，使CSM看起来很忙，但很难取得绩效，因为CSM把大把时间都花在了与客户目标无关的事上。
- 可以利用客户目标改善客户关系。理解客户目标可以营造更好的客户关系，因为客户会觉得你对他们的成功真正感兴趣，而这种良好的客户关系会让 CSM 的工作变得更加顺畅。
- 可以利用客户目标衡量是否成功。当目标在各时间点上都被清晰定义时，CSM 所付出的努力与目标跟踪进度就都是可衡量的。这种数据驱动的方法，使你可以优化客户成功计划，向客户成功的目标靠近。

8.7.6　如何实现客户目标

发现和确定了客户目标，只是向客户成功迈出的第一步。为了确保客户目标的实现，CSM 必须有统一的业务方法，而不是各显神通、各行其是。很多人认为客户成功是一个整体业务，其实它还可以进一步细分。依据 SaaS 业务的 ALAER 框架，客户成功业务主要集中在 ALAER 框架的后 3 个业务上，即采用、扩展和续约，如图 8-2 所示。

图 8-2　客户成功的 3 块基石

我们知道，吸引和落地专注于新客户获取，而采用、扩展和续约则专注于现有客户群的增长。所以 ALAER 框架的前后两部分的业务策略和方法是完全不同的，很多 SaaS 公司把增长寄托于新客户的销售，而忽视了来自现有客户的收入，则很难实现指数级的增长。因为采用、扩展和续约这 3 个业务对于实现客户目标至关重要，所以它们被称为客户成功的 3 块基石。

鉴于 3 块基石对于实现客户目标的关键作用，本章后面将会用 3 节内容分别讨论采用、扩展和续约。

8.8　跨越"幻灭低谷"

很多人认为，只要产品做得好，交付给客户以后，客户正常使用下去是没有问题的。但实际情况往往是，一个 SaaS 产品从售出到客户获得成果的过程并不是一帆风顺的。大部分 SaaS 业务都需要跨越 Gartner 所说的"幻灭低谷"（Trough of Disillusionment），如图 8-3 所示。如果成功跨越，SaaS 业务就可能越做越好，但如果失败，SaaS 创业也就随之终结了。因此，深入理解 SaaS 业务的"幻灭低谷"，并采取有效的跨越方法，对客户成功至关重要。

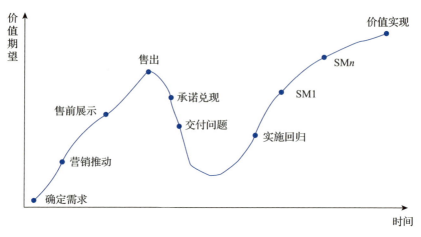

图 8-3　SaaS 业务的"幻灭低谷"

SaaS 业务的低谷通常发生在售出到交付之后的阶段。通过营销推动和售前展示，将客户的期望拉至最高点，但因为大部分解决方案都存在言过其实的成分，加上实施交付过程中会产生问题，比如签约后 SaaS 服务商失联，可能会让客户的价值期望从高峰跌至谷底，甚至有客户会觉得自己买错了。

SaaS "幻灭低谷"的普遍存在，其背后有一个根本的原因，即客户并不是为了使用产品特性和功能而购买你的解决方案，而是为了实现一个商业目标。举例来说，如果你提供的是数字营销解决方案，那么你就必须提供包括工具、技术、培训和客户成功支持等内容，使你的客户成为更好的数字营销者，实现他们的营销目标，而不只是教会他们如何操作软件功能。换句话说，如果你止步于功能使用，客户期望就可能会陷入谷底，因为无法获得他们想要的成果。

认识到"幻灭低谷"的存在只是解决问题的第一步，SaaS 服务商要想成功跨越"幻灭低谷"，就需要客户成功团队与销售和交付团队一起，采取正确的措施和行之有效的业务流程。这不但可以快速跨越低谷期，甚至可以避免低谷期的出现。

无论采用什么方法，帮助客户获得商业价值和业务成果，都是终极目标。但是要让客户看到最终成果，需要花费较长的时间和投入足够的资源，然而客户可能等不了那么久。大量成功实践表明，如果能够迅速证明价值，就可能阻止客户期望跌到谷底，并有可能反弹和攀升。一个有效的方法是对客户成果目标进行分解，也就是将其拆分为阶段性的成功里程碑（SM），并用尽可能短的时间让客户达到第一个 SM，这段时间也被称为首次价值实现周期（FTTV）。大量实践证明，与 FTTV 超过 60 天相比，FTTV 在 30 天以内跨越"幻灭低谷"的成功率远超 50%。如果达成第一个 SM，就可以使客户重拾信心和恢复期望，如果连续达成多个 SM，就完全有可能引导客户跨过"幻灭低谷"而走向成功。

实际上，对于一家成熟的 SaaS 公司，通过 CSM 的预先介入，客户的价值期望在售出后刚开始下滑的时候就有可能企稳回升，从而免去引导客户走出低谷的很多活动。

8.9 采用

采用（Adoption）是 SaaS 特有的一种业务，它的主要作用是使客户达到稳定和持续地使用你的 SaaS 的目的。作为客户成功的 3 块基石之一，采用也是留存和扩展的基础条件。因此，一家 SaaS 公司的采用水平，在很大程度上决定了客户成功的水平。

8.9.1 什么是采用

在正式讨论采用之前，我想用一个真实的案例说明采用对 SaaS 业务的影响有多大。在为一家 SaaS 公司做业务诊断的过程中，有一个指标数据出乎我的意料：在该产品所有的 30 多个功能中，用户使用率为 95% 以上的功能竟然不超过 3 个，而且还是 3 个最基本的非核心业务功能。如果用指标来说的话，就是产品的功能使用率只有 10% 左右。

为什么会是这样一个结果呢？我分别走访了该公司内部人员及其客户。销售和 CSM 认为是产品不够好，所以客户才不爱用。而我走访的大部分客户认为，产品没有销售说的那样有用，试了几次就不用了，要不是公司强制要求使用，这几个功能可能也没人用了。我研究了这家 SaaS 公司的培训资料和培训过程，最后得出的结论是，低使用率的主要原因，并非产品不好，而是 CSM 跳过了"采用"业务环节。事实也证明，在重新设计并实施了新的采用过程之后，产品的功能使用率很快就提升到 30% 以上。

从一个产品或服务的解决方案，到客户首次看到实现的价值，这个时间段就是前面讲到的首次价值实现周期（FTTV）。实际上，这个过程中隐藏着一条难以逾越的鸿沟，而且最为险要的位置，就是交付到正式使用的区间。所以 SaaS 才需要"采用"这个业务环节，以帮助客户跨过这道鸿沟。在对流失客户所做的追踪调查中发现，60% 以上的流失都是采用失败造成的。也就是说，无效或错误的采用早已埋下了流失的隐患，因此在客户观察指标中，就有 30 天、90 天的采用危险期一说。

采用的失败，源于一个错误的认知：客户都是无师自通的，只要把产品交付给客户，客户自己就能实现他们想要的结果。实际上，大部分 SaaS 交付之后，最多就是给客户做几次培训，然后就靠客户自己的悟性了。就连很多 SaaS 业内资深人士，也常常把采用和培训搞混，虽然二者确有交集，但本质上它们并不是一回事，更不能用培训代替采用。

培训是一次性的，是交付之后立即开始的；采用可以借鉴培训的形式，但采用不是一次性的，而是一个与客户持续互动的过程。换句话说，只要客户没有达到产品设计目的的使用水平和能力，采用过程就不能结束。直到客户达到 FTTV，采用的效果才初步显现出来。如果客户需要的话，采用可能会伴随整个客户生命周期，比如你的产品增加了新的功能，你发现了行业新的成功案例，都需要通过采用传递给客户，以产生新的价值。

因为采用的含义比较广泛，要想给采用下一个准确的定义不太容易。但我们可以从采用的目的出发，对采用进行分层次定义。

根据目的不同，采用基本上可以分为以下 4 个层次。

1. 为提高操作使用率的采用

这种采用是针对过低的产品使用率而采取的基本措施，也就是不管实际效果怎样，客户至少应该先使用起来。显然，这是一个入门级的采用，对于某些缺乏 IT 使用习惯的行业客户还是非常必要的。

这个层次的采用通过基本操作培训即可，对采用效果的测量也非常简单，只需测量操作使用频率和参与人员比例等几个简单维度即可。

2. 为提升功能使用率的采用

没有目的的操作，只是培养客户的数字化使用习惯，如果一直停留在此，客户很快就会对操作感到厌倦，仍有弃用的可能。此时就要为了提升客户的业务效率，有针对性地将客户引导到对特定功能的使用上。

这个层次的采用靠通常的操作培训很难解决，而是需要理解客户的业务，懂得客户的业务语言，通过设计的业务场景和业务层面的反馈，搜集和测量采用的效果。

3. 为增强解决方案的采用

事实上，"解决方案"形式的企业应用，不仅是产品或服务设计的初衷，也是客户希望实现投资价值最大化的有效途径。但在初始阶段实现这一采用目标并不容易，甚至很多客户最终也没能达到这一程度。这是产品的业务定位、销售承诺和客户成功等多重因素的影响造成的。

解决方案层次的采用，已经超越了产品的功能和特性，因而需要设计针对客户业务的采用方案，而功能只是用来支持解决方案的实现。这种采用方案的设计也更加复杂，要判断解决方案是否与客户要解决的业务目标相匹配。一个复杂的方案不可能仅通过简单介绍就让客户成功采用。如果你在销售阶段使用了 POV，现在把这个过程简化并重复，就是一个解决方案的采用方案。

4. 为实现业务成果的采用

应该说，为实现业务成果的采用，是采用业务的最高境界。它代表了客户目标的达成和客户成果的实现，客户的投资价值实现了最大化，并持续带来更多业务价值。

值得说明的是，基于业务成果的成功采用，通常是在解决方案成功采用的基础上实现的。换句话说，解决方案采用的最佳效果，就是实现了业务成果。

不过需要注意的是，前面 3 个层次的采用，都是由 SaaS 服务商主导的，而基于业务成果的采用，则是由服务商和客户以共创的形式完成的。

8.9.2 采用的 3 种状态

根据采用过程实施的效果，采用可以分为 3 种状态，从低级状态向高级状态转化，可以实现采用的目标。

1. 低采用、低效能

客户虽然购买了你的 SaaS，但是他们并没有怎么使用，这可以从后台的用户使用数据观察到。无论是只有零星的使用数据，还是客户购买之后从未使用过的零使用数据，都属于低采用、低效能，这种状态其实应该被定义为无效采用。

因为客户无法从低采用中获得任何想要的业务成果，所以这种状态意味着客户存在极高的流失风险，CSM 需要立即采取措施，改善采用状态。

2. 高采用、低效能

有时从后台数据和客户的实际表现可以看到，他们正在积极地使用你的 SaaS，这可能会给你造成一个假象：这家客户已经度过了采用风险期，于是 CSM 就放松了对初始流失风险的管理。

实际情况可能并不是你表面看到的那样，因为使用的频率是一回事，而使用的效能是另一回事。比如，客户虽然尝试了各种操作方法，但就是没有看到他们想要的理想效果。也就是说，客户没有获得你承诺给他们的全部业务成果，这会令客户感到非常失望，认为你不是他们理想的服务商，这就存在客户转向竞争对手的可能，因此也存在较高的流失风险。

这种情况下，CSM 必须尽快查明阻碍客户达成目标的原因。是产品问题，操作问题还是业务流程问题？只要及时帮助客户提升效能，这类客户的流失风险就会降低。

3. 高采用、高效能

不但从后台用户使用数据可以观察到客户有较高的使用频率,而且在与客户共创的过程中也能发现客户的绝大部分业务都能够闭环完成。也就是说,客户已经初步实现了他们的业务目标,或者已经能够看到部分价值的实现。

这说明因为采用阶段的成功,客户关系已经达到了较为理想的状态,后续的续费和增购都应该不会有太大的问题。

通过用户使用数据的反馈,不断改善采用方案,才能实现采用状态向高级转化,保证初始流失率不断降低。转化过程如图 8-4 所示。

图 8-4 采用状态的转化

8.9.3 客户导入

站在服务商的角度看待采用,采用是 ALAER 模型中的一个关键业务。而从客户旅程的视角来看,采用对应的是客户的 Onboarding 过程。Onboarding 一词经常被译为"新手引导",但此译法容易让人对这个业务的含义产生误解,它常常被简单理解为"教会客户如何操作和使用产品",如果仅停留于此,那么远远不能帮助客户实现业务价值。也有人将 Onboarding 译为"入职",沿用此译法可能会对采用的理解更加深刻一些,也就是让客户"入职"到你的系统。

为了既能准确描述,又能通俗易懂,我把它译为"客户导入"。而导入成功的判断标准,不是客户能否熟练操作,而是能否达到客户生命周期中的第一个成功里程碑,达到该 SM 所需的时间,也就是 FTTV。

所以,客户导入不能只从技术和产品功能角度考虑,那样只会让客户走一遍培训的过场,让产品"启动并运行"而已。实际上,导入是价值交付的第一个里程碑，其重要性不言而喻。在导入阶段，客户虽然还没有实现最终期望的成果，但是通过设计良好的导入流程，可以让客户实现初步的成功，也就是首次价值交付（First Value Delivery，FVD），进而让客户感受到你的产品或解决方案的价值潜力。

相反，如果导入不成功，客户就会对你的产品或服务产生疑虑，失去对价值潜力的感知，由此也种下了流失的种子。虽然客户此时不会立即弃用，但随着时间的推移，实现业务成果的希望会越来越小，客户流失也就不可避免。

导入的成功逻辑，不只适用于已签约客户，也适用于从试用客户到付费客户的转化过程。与传统业务不同，大多数 SaaS 业务需要经过试用阶段，潜在客户才能决定是否成为付费客户。遗憾的是，试用到付费的转化率实在是太低了，经过漫长的试用，最终还是流失了。实际上，这个糟糕的结果来自一个误区，即认为只有在试用过程中，完全验证了能够实现期望的结果，客户才会下决心购买。但实际上，很少有客户能够完整走完这个漫长的试用过程。而利用导入的成功逻辑，可以有效破解这个难题。通过设计试用阶段的导入流程，重点是发现客户的 FVD，并将其定为第一个成功里程碑。这样只要帮助试用客户达到 FVD，就有可能提前结束试用过程，而将他们转化为付费客户。

因为服务的行业不同，客户的规模不同，业务的复杂度不同，客户的水平也存在差异，所以不可能设计出一个通用的导入流程。但是有个重要的设计原则是必须遵守的，即任何导入流程设计的基础，都是 FVD。如果找不到 FVD，只能说明你对客户的目标理解还不到位，导入流程可能是无效的。而找到 FVD 之后，剩下的只是引导方式的问题，比如可以以视频或邮件方式一对一或一对多进行引导。总之只有一个目的：将 FVD 传递给潜在客户，并帮助他们达成目标。

像其他业务一样，导入也需要衡量绩效，而其中最有效的衡量指标是 FTTV，也就是达到第一个成功里程碑所需的时间。这个指标主要由导入流程的执行效率决定，可以是 30 天，也可以是 3 天。因此在 CRM 的客户档案中，除了记录签约时间，还需要记录导入完成时间。标准的做法是记录每家客户达到导入成功标准的完成时间，而不是签约后的一个固定时间。这个指标数据非常重要，除了能以此衡量 CSM 的导入效率外，也能据此判断客户的流失风险，通常导入周期越长，流失风险越大。

8.9.4 采用的实施

经常有人问：能不能做一个通用的采用实施模板，让采用的实施更方便一些？这个想法固然很好，但是实际情况中，受客户业务的复杂度和对 SaaS 的接受程度等多种因素的影响，很难在采用的实操层面统一。

但这并不是说，采用业务没有规律可言，实际上我们仍然可以找到采用实操的原则，只要遵循这些原则，大部分采用的实施都能获得较好的成效。

1. 成果驱动的用户主动性

很多人认为，采用就是 CSM 推动用户的使用，以提高用户的参与度。其实采用应该是客户的主动行为，而不是靠任何人的推动。最好的采用过程，是让客户的主观能动性得以充分发挥。

要做到这一点，就需要为采用设定目标或业务成果，比如提高业务效率、提升 ROI、达成 KPI 等，否则很难激发出客户的主动性。因为这些目标或业务成果是客户看得见、摸得着和需要实现的，可以让客户认识到，如果正确地使用你的产品或服务，就一定会实现业务价值。

至于如何实现这一目标，就需要为每个客户分别设计采用计划和采用方案。内容包括实现这些业务成果需要多长时间，需要用到哪些功能的组合，如何使用它们，需要怎样的操作过程，有哪些工具可以使用等。

2. 采用的内容和形式

采用计划和方案设计好之后，如何传递给客户，并与之形成有效的互动，这有多种形式。

培训是采用中用得最多的一种形式，但是会花费培训人员和 CSM 大量的时间，这无形中增加了双方的培训成本，而且只靠培训很难看到首次价值交付（FDV）。可以换一种角度思考，培训只是为了启动采用，这样采用才能自动地运行下去，直到实现 FDV。

实际上除了培训以外，采用还可以有不同的内容和形式。比如在内容上可以有产品介绍、白皮书、新手入门、最佳实践、成功案例、问答集锦、业务模板、他山之石等，形式上可以采用纸质资料、电子资料、短视频、论坛、在线会议、客户之声、专家访谈等。无论什么形式，采用的目的只有一个：让客户能够自主地使用起来。

3. 数字化采用工具

互联网时代丰富的采用内容和多样化的采用形式，在给采用带来效果改善的同时，也使采用的实施变得更加复杂和难以把握。

可以依靠数字化技术将采用做成一个通用的服务平台，即数字采用平台（Digital Adoption Platform，DAP），并且目前已经出现了专业的 DAP SaaS 服务商，比如 Walkme、Pendo、Chameleon 等。它们通过低代码或零代码方式使客户可以自定义采用的内容和形式，并与 SaaS 应用在操作页面上合为一体，实现用户操作过程中的伴随式导航。这在很大程度上降低了采用的成本，也在一定程度上降低了采用实施的复杂性。

如果你能把以上 3 个方面结合起来，就可以做出不同的个性化采用方案，可以将它们作为你的采用实施方案。

8.9.5 避开采用的误区

在帮助 SaaS 公司改善采用服务的过程中，我发现很多公司的采用过程存在几个误区，它们使采用的效果大打折扣。只有有效避开这些误区，才能保证采用的效果。总结下来，影响采用效果的误区包括以下几个方面。

1. 交付与采用脱节

交付与采用在时间上脱节，是影响采用效果的重要原因。正常情况下，交付和采用计划是连贯的，最佳做法是在正式交付日期之前，就准备好了采用计划，其中重要的是采用的开始时间。

采用开始的最佳时间，应该是交付后的一周之内，最好不要超过半个月。原因在于，采用的成功启动离不开客户的紧密配合和参与，实施交付期间客户处于工作投入度最高的状态，而交付后投入度会逐渐下降，配合度也会随之降低。国外 SaaS 公司的调查数据表明：45 天后开始采用的效果会降低 30%，而 180 天后开始采用，则几乎没有任何效果。因为客户的工作重点已经不在这里，甚至公司都忘记采购过 SaaS 这件事了。

所以，趁热打铁是成功采用的首要原则。

2. 交付后未持续陪伴

虽然 SaaS 公司在交付后为关键客户做过一次或几次培训，但如果你认为这样就可以让客户使用起来，那么大多数情况下你会失望的。因为培训只是起到启动采用的作用，并不能使采用长期自动运行。换句话说，为了达到采用目标，你需要做好陪伴客户旅程的准备。

不过这又涉及 CSM 的工作量和留存成本的问题，所以你需要在客户旅程的不同阶段提供有针对性的采用方式和内容，并更多使用非人工的数字化方式和 DAP 工具。

采用并不是一次性的培训，而是一个持续性的旅程陪伴过程，在留存成本允许的情况下，应尽可能增加客户旅程的陪伴时间。

3. 没有效果反馈与业务优化

有些公司的采用服务做得非常完善，内容丰富且形式多样，采用的效果也比较明显。即使如此，他们仍有很大的业务改善空间，也就是效果的反馈和业务的优化。

有一位负责采用的 CSM 告诉我，他们找到了提升用户登录率的方法，效果非常明显，于是他们就向所有客户推行了这种方法。我看了其后台的客户健康度指标后发现，除了登录率在开始确有提升外，其他指标看不出有任何改善，反而产生了许多无意义的数据，以及大量半途终止的业务流程。

这个例子告诉我们一个事实，不同客户处于不同的旅程阶段，需要不同的采用内容和方式。那么，这一点如何实现呢？这就需要针对不同客户的使用反馈进行业务的优化，而数字化是低成本、高效率地实现这一目的的重要方法。具体的做法是，制定客户的健康度评分表（后面会详细介绍），根据每家客户的指标状况，发现该客户需要帮助解决的问题，通过对应的采用措施，有针对性地解决这些问题。这样不但可以降低采用服务的整体成本，还可以持续提升采用服务的效率和改善效果。

采用业务的复杂性，导致在实施过程中隐藏着很多误区，但是如果能够避开本节讨论的 3 个误区，采用的效果就会明显体现出来。

8.10　扩展

随着客户数量的快速增加，获客成本越来越高，流失率也会随之增加，因此增长变得越来越困难。如何在不增加获客成本的情况下，仍能实现快速增长，扩展成为不二的选择。

作为客户成功的第二块基石，扩展对于实现客户目标的重要性不言而喻，特别是在补偿客户流失产生的损失以及保持较高留存率水平方面，扩展都是不可或缺的。

8.10.1　什么是扩展

扩展概念包含两层意思，一个是扩展收入，一个是扩展业务。但概括来说，扩展就是确保来自现有客户的增购收入的实现，其本质是扩大客户续约以外的新价值。

当 CSM 终于堵住了客户流失这个大窟窿，准备松一口气时却发现，这只是暂时缓解了增长的下滑趋势，离所设立的增长目标仍然很遥远。可以说，你目前的客户成功能力，还构不成增长的驱动因素，而更像是一个停止收入萎缩的措施。实际上，对于现代客户成功组织而言，续约或续费已经不是客户成功的终极指标，或者说，它们只是 CSM 的基本职责，要实现指数级增长，离不开扩展。而客户成功推动增长的主要方式，就是让现有客户随着时间的推移向你支付更多费用。

扩展之所以能发生，是因为客户已准备好在整个生命周期的不同阶段或时间点，为了实现更多成果，向你更频繁地购买，如追加销售、交叉销售、购买附加组件等。随着客户价值的一步步实现，你只需要适当引导客户，扩展就可能会发生。

实际上，扩展才是持续和长期的增长驱动力，它不是自然发生的，而是有目标和计划的。也就是说，扩展并不是一个可选项，而是一家 SaaS 公司增长战略的必选项。

8.10.2　为什么扩展如此重要

因为订阅业务总会存在流失，所以无论客户成功团队如何努力，只依靠续费，NRR 很难突破 100%。而弥补流失的最主要措施，就是提高扩展收入。因为扩展来自我们已经与之开展业务的客户，所以不需要销售阶段那么高的获客成本。扩展除了能提升 ARR 和 NRR 之外，还能大幅增加毛利，所以扩展是订阅业务的重要收入来源。

国外 SaaS 业务数据表明：从新客户那里获得 1 美元的 ARR，所花费的成本将近 2 美元。而扩展仅花费 0.5 美元左右，即可获得 1 美元的 ARR。这意味着扩展成本的效益更大。

正因为扩展对于增长的重要推动作用，所以当一家 SaaS 公司需要融资、上市或者被收购时，良好的扩展率对其估值有很大影响。

8.10.3　扩展的业务原理

甚至很多 SaaS 行业的业内人士，也经常把扩展和复购混为一谈。虽然二者在重复购买这方面很像，但是它们本质上不是一回事。实际上，作为客户成功的三大基石之一，扩展有自己的业务逻辑。

尽管 SaaS 业务存在扩展的可能，但这并不意味着扩展就会自动发生，而靠销售手段去强推扩展更不可行。实际上，扩展的成功依据了客户成功的一个扩展实现逻辑，如图 8-5 所示。

如果客户实现了他们期望的成果，扩展自然会发生，但那样就有些迟了。实际上，在客户旅程的每个成功里程碑（SM）处，都可能存在扩展的机会。一旦客户达到一个成功里程碑，就会有一个扩展机会等着他们。而 CSM 的工作，就是确保客户业务进展到每个设定的成功里程碑。

图 8-5　扩展实现逻辑

实际上，在客户生命周期中，主要有 3 个扩展机会点。从扩展的实现逻辑图可以看出，第一个机会点出现在签约后的交付阶段，对应客户导入成功的 SM。如果客户导入成功，至少说明产品是适用的，排除了"选错"的可能，客户就有可能补足签约时的用户数（为了规避失败的风险，很多客户会购买比实际用户数少的用户许可）。第二个机会点对应达到首次价值实现周期（FTTV）的 SM。该阶段客户首次看到了产品带来的价值，FTTV 增强了客户持续使用的信心。为了扩大成果，客户可能会增加用户数，也可能会升级到更高的版本，或者购买其他增值应用或插件。

最后一个机会点出现在客户完全实现了他们期望的业务成果阶段，使用你的服务让客户看到了回报。这时 CSM 通过与客户回顾成果和设定新的业务目标，客户大概率会进行增购。这是一个最具确定性的扩展机会。在整个客户生命周期内，可能存在多次重复的扩展机会。

可以看到，扩展成功的逻辑在于：在正确的时间实现正确的成果，这样扩展就会自然而然地发生。

8.10.4　如何实现扩展

SaaS 业务的扩展通常被理解为传统商业增购的概念，包括向上销售（up-sell）和交叉销售（cross-sell）。虽然 SaaS 业务的扩展与这两个增购概念有较大的相似性，但在扩展的具体操作中，又有较大的不同。特别是扩展的内容以及扩展的实现方式，在 SaaS 业务中需要重新认识。

总的来说，SaaS 业务主要包括 4 种扩展形式：用户许可数、更高级版本、相关产品和用量。而最理想的扩展当然是 4 种形式的全面扩展，但实际这是很难同时实现的，因为每种扩展形式都可能受限于产品或服务的具体形态。

（1）扩展用户许可数

客户追加购买用户许可数量这种扩展形式适用于大部分 SaaS 产品。可以根据客户购买的用户许可数、购买但未分配的许可数以及实际的用户总数等，找到用户许可数扩展的机会。

（2）升级到高级版本

当客户的业务复杂度超出当前版本的功能和能力时，引导客户将当前产品版本升级到更高级的版本。这同样可以通过对客户业务的分析，评估客户是否存在升级的机会，从而引导客户进行版本升级。但需注意，不能不做机会分析就硬性要求客户升级，那样可能会引起客户的反感。

（3）购买相关产品

对于产品线丰富或者深度绑定生态的产品，当客户业务超出本产品或服务的业务范围时，可以在合适的时机向客户推荐相关的产品或服务。这是一种低成本、高收益的扩展方式，在增购相关产品方面，Salesforce 是当之无愧的大师，丰富的产品线和生态产品，使其以极低的获客成本带来源源不断的收入。

（4）增加用量

有些 SaaS 的收费是通过用量来计费的，比如电子签章所签合同份数、代账服务的凭证数量等。根据对客户用量购买和使用数据的分析，很容易发现可能的用量增购机会。

8.10.5　谁来执行扩展

随着扩展收入的占比越来越大，很多 SaaS 公司开始把扩展的任务作为销售收入的一部分，交给销售团队完成。在了解扩展逻辑之前，这样做还可以理解，但在了解了扩展逻辑后，还这样做就是大错特错了。因为销售人员很可能在客户不需要的时候（不正确的时间）和看不到价值的时候（不正确的成果），试图向客户硬推扩展。客户除了不会接受以外，还会对销售人员的工作产生怀疑，会觉得所有人工作的目的就是向他们出售更多他们不需要的东西。

因此，扩展工作应该由客户成功团队执行，主要原因在于扩展逻辑本身与 CSM 的工作紧密结合。相较于销售人员，CSM 更加能够准确设定和预测扩展的机会，因此扩展成功的可能性更高，同时不会影响客户的体验。也有观点认为，CSM 擅长的是服务而不是销售，实际上确实存在许多 CSM 错过扩展机会的情况，甚至在扩展激励制度不明确的情况下，CSM 根本不会主动推进成功里程碑。

为了解决这一问题，需要设计关于扩展的激励制度，其目的是将扩展首先归为 CSM 的职责，在业绩中提高扩展的占比。如果扩展过程中需要进行谈判，或者客户购买过程比较复杂，可以请销售团队出面共同推进，并对扩展业绩进行分成。

8.10.6 国内 SaaS 公司的扩展

虽然扩展收入是 SaaS 业务重要的增长驱动因素，但是国内 SaaS 公司迄今为止对扩展普遍不太重视，或者说因忙于完成销售任务和应对流失，还没有时间考虑扩展问题。实际上，很多 SaaS 公司的增长乏力，都与扩展有关。

总的来说，扩展收入的损失是因为客户成功组织的"三无"造成的，"三无"是指以下 3 个方面。

- 没有扩展的绩效指标：所有 SaaS 公司都有销售的绩效指标，大部分公司有留存的绩效指标，但是很少有公司有关于扩展的 KPI。没有绩效考核，也就意味着没有业绩要求，CSM 就是"搂草打兔子"，有机会就试一下，不成功也不会损失什么。
- 没有扩展的业务流程：从前面的扩展逻辑可以看出，扩展与销售一样需要在合适的时机（成功里程碑）实现。而扩展的业务流程，就是用来推动客户到达成功里程碑。因为没有扩展目标，也就没有扩展的业务流程，所以 CSM 只能靠自己的理解随意开展扩展业务。
- 没有专业的扩展团队：国外的客户成功组织都有专职的续约和扩展团队，像销售一样制定扩展目标，并统一纳入公司的营收规划。而国内的客户成功组织中，扩展业务大多属于兼职，在 CSM 配置本就不宽裕的情况下，兼顾扩展业务可能会顾此失彼。即使客户已经到达某个成功里程碑，也可能因为没有跟进而失去扩展的机会。

实际上，因为国内 SaaS 公司的流失率普遍比较高，所以就更需要通过扩展来补偿这部分损失。随着依靠新客户销售实现增长越来越难，更应该开展扩展业务，促进规模化增长的发生。

8.11 续约

续约在 IT 领域并不是一个新概念，比如软件与硬件的维护合同就是一种续约。与 SaaS 的续约所不同的是，在维护合同中，客户已经支付了硬件或软件的款项。为了确保软件或硬件设施的正常运行，无论是否愿意，客户都必须续约，或者说维护的续约是客户必须支付的保险费用，客户基本上没有选择余地，可谈判的空间并不大。

而 SaaS 业务中，客户可以选择不续约。事实也表明，SaaS 选择不再续约的现象，要比维护合同不再续约普遍得多。这是因为 SaaS 的客户并不像维护合同那样被厂商绑定，也就是说，客户总是有其他选择，比如转向更低价格的供应商。总之，在续约问题上，供应商彻底失去了主导权。

8.11.1 续约面临的挑战

续约是 SaaS 业务中的一个重要部分，也是客户成功的一块基石，因为它决定了续费收入，并影响收入的增长。很多人认为客户续约是天经地义的事，然而事实并非如此，对任何一家 SaaS 公司来说，续约都是一件令人头疼的事。特别是在经济不景气的情况下，不但新业务销售会遇到瓶颈，老客户的续约也同样会变得更加困难。由于未来的不确定性，很多客户开始减少甚至取消续约，表现为到期后续约出现拖延甚至取消。

我们也发现，原来由业务负责人审批的续费权限，很多都已经上升到 CEO 审批才能付费。这些问题导致处理续约问题更加艰难和复杂，除了需要高超的处理技巧，还要修改续约的流程和方法，尽量不触碰客户关系的底线，比如不要客户不续费就立刻停服，那样即使赢了规则，也会失去客户和未来收入。

这也给很多 SaaS 企业提出了一个新问题：是否要将续约业务委派给专门的岗位？

8.11.2 谁来执行续约

在 SaaS 行业发展的初期，多数公司的续约或续费都是 CSM 的职责，后来随着续费金额的增大，有的公司把续约任务委派给销售执行。无论是 CSM 还是销售来执行续约，都有相应的利弊问题。

CSM 负责续约的有利条件是，帮助客户实现期望的业务成果本身是客户续费的基础，续约看起来是水到渠成。但是 CSM 的强项是服务和帮助客户，对于带有销售行为的续费却是 CSM 的一个弱项。特别是金额较大的续费，可能需要复杂的商务流程，如果没有销售的推动，实现续费的难度很大。

销售负责续约的优势是，销售有推动大额续费交易的谈判能力和商务能力。因为很多客户都以效益不佳为由，要求打折和赠送增值产品或服务，所以谈判能力和商务能力必不可少。但销售负责续约的问题也是明显的，比如销售人员会要求与新客户差不多的佣金或提成，所以会提高续约的成本。另一个劣势是，销售的目标就是销售收入，而较少顾及客户是否实现了价值。如果硬性销售，有可能破坏 CSM 已经建立起来的客户关系，使下一个续费周期更加困难，同时也减小了扩展的可能。

权衡这两种情况的利弊之后，越来越多的 SaaS 公司开始设置"续约经理"岗位。这虽然看起来使组织变得有些复杂，但从成本效益方面考量，增加续约经理的岗位还是非常值得的。

8.11.3 续约经理的职责

对于续约经理这个新角色，需要清楚定义其职责范围，因为他们的业务边界可能与 CSM 或者销售有所重合。通常，续约经理的岗位职责涵盖以下几个方面。

- ❑ 通过对客户数据的分析，评估客户价值实现的程度，优化客户成功的订阅管理策略。

- 续约的预测,发现可能的不续约客户,提前采取行动。
- 跟踪订阅到期的客户,并启动续约流程。
- 维护并确保续约的最佳价格和条款。
- 与内部和外部利益相关者协调,在满足客户需求的情况下,确保客户的续约。
- 维护准确的记录和文档,以实现合规性和应对审计。

8.11.4 续约经理的价值

很多人担心独立设置续约经理岗位,除了增加岗位成本外,还可能使客户成功组织结构变得更复杂,从而增加管理负担。其实这些担心都是多余的,设置续约经理利大于弊。

1. 节约成本

首先,续约经理的岗位成本远低于销售经理,从而降低了整体续约成本。其次,续约经理通过为可重复的规范性活动构建系统、工具、流程,可以规模化实现最大的续约率。这是销售经理无法达到的交易处理效率。

2. 主动订阅管理

如果把续约这件事安排给 CSM 或者销售人员,他们只会根据系统的提示,在客户订阅到期之前去联系客户续约,这种被动的做法给续约成功带来了很大的不确定性。

由于职责所在,续约经理会提前较长时间去分析续约客户的风险,并主动启动续约流程,以提高续约率。

3. 提高效率

依靠续约数据分析和续约流程,无疑可以大幅提升续约的效率。

4. 增强客户关系

订阅到期要求客户续费,看起来是天经地义的,实际上非常突兀。很多

CSM反映，每催一次续费，客户关系就下降一大截。所以，"聪明"的公司总会在续费到期之前提前做好"铺垫"工作。显然这个工作由专职的续约经理来做是最合适的，至少可以确保督促续约不会影响CSM已经建立起来的客户关系。

5. 合规与风险管理

像销售一样，续费也是一种交易，有时还是一个金额较高的交易。因为SaaS是一种新型的业务模式，其续费业务也面临新的交易合规和风险的问题。续约经理可以通过用于支持合规和审计目的的文件，以及合理的风控流程解决这些问题，从而降低不合规处罚或法律问题的风险。

8.11.5 中小客户的续约

中小客户的续约是否需要特别关注和管理，一直是一个有争议的话题。它们的续费和增购金额通常不大，但由于数量众多，所以构成了公司收入的重要部分。然而，从经济性和可行性角度考虑，为这些客户配置足够的CSM或续约经理并不现实。这时，可以考虑采用CSM与自动化工具相结合的方式来完成中小客户的续约。

"自动续约"和"续约自动化"这两个术语经常被混用，实际上它们代表两个不同的概念。一般情况下，自动续约是一个合同条款，除非客户事先提出解除服务关系，否则合同到期会自动延续。

续约自动化则依赖自动化工具，在不需要或只需少量人工介入的情况下，完成报价、问询、续签、开发票等工作。在AI技术快速发展的今天，这些自动化工作的顺畅完成已经成为可能。特别是在客户数量较多的情况下，与依靠纯人工的续约方式相比，续约自动化具有更小的折扣、更高的续约率、更少的流失和更及时的续约等特点。

8.12 客户成功的能力框架

因为SaaS还是一个全新的行业，大部分业务都缺少规范和标准。作为

SaaS 核心业务的客户成功，同样缺少标准的业务规范。大部分 CSM 的工作，都是根据自己的理解和认知各行其是。因为缺少业务规范，自然也就没有统一的测量口径和绩效标准。这给客户成功组织的建设、责任的分配以及绩效考核，都带来很大的影响。

因此，客户成功领域急需开发一个通用的业务能力框架，来定义客户成功组织必须具备的能力，以及 CSM 必备的知识、技能和行为方式，只有这样才能让客户成功有规律可循。而一旦达到能力框架标准，客户成功组织的效率、效能和规模化能力都会有质的提升。

不过，构建客户成功能力框架，不能站在自己的认知和能力的角度，而要站在客户业务的视角。无论你的客户是什么行业，也无论你向客户提供什么服务，客户成功的唯一基础就是客户价值的实现。实际上，除了价值你很难找到其他与客户的共同语言，价值就像一条主线，贯穿整个客户生命周期。

所以，客户成功的框架必须围绕客户价值建立。只有在为客户价值做出贡献的情况下，客户成功才能在为客户带来成功的同时，也为 SaaS 厂商带来持续的经常性收入。因此，我从价值出发，构建了一个客户成功的能力框架，定义了客户成功组织和 CSM 为实现价值所必备的能力和工具。

围绕如何实现客户价值，定义了客户成功组织的 6 个能力，如图 8-6 所示。

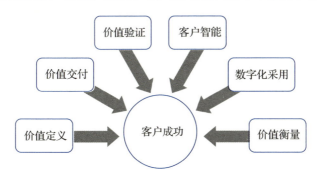

图 8-6　客户成功的能力框架

8.12.1　价值定义能力

价值是客户成功的基础和出发点，但 SaaS 服务商定义的价值与客户想要的价值在很多情况下并不一致。因此价值定义能力，是所有其他能力的前提和基础，如果跳过这一步，客户成功的工作就会变得漫无目的。

很多客户成功组织认为，价值定义在销售阶段就已经完成了，所以不需要重新定义。实际上，虽然销售阶段是基于客户价值向客户营销和销售的，但那是出于销售目的，可能并不是客户真正想要的实际价值。为了说服客户采用自己的解决方案，所表现的价值大都是笼统的和不可衡量的，这些价值没有通过具体的量化方式表达出来，也很少被书面记录。因此，随着销售的结束，价值会被淡化甚至被彻底遗忘。

清晰、可衡量且可验证的产品价值定义，是推动规模化留存和扩展营收的重要基础。反之，模糊不清、不可量化和无法验证的价值会让采用、留存和扩展极为困难。因为一旦客户认为无法获得期望的价值，弃用就只是时间问题。

那么，怎样才能做到价值定义的清晰、可衡量和可验证呢？这就需要用到前面介绍的业务成果的概念。因为它们承载了业务价值的所有内容，所以被用于价值定义时也被称为基于价值的成果（Value-Based Outcomes，VBO）。

然而，仅仅定义价值还不够。到目前为止，这些价值定义都是从你的角度出发的，它们未必会得到客户的认可。因此，像软件开发过程中的需求确认一样，还需要与客户就所定义的价值达成一致。

需要说明的是，无论是业务成果还是价值的定义，都不能只停留在口头上，而必须以正式文档的形式记录下来。应在整个客户生命周期内对其进行有效管理，并将其作为成功计划（Success Plan）的重要内容。

成功计划是价值定义阶段的主要工具，它之所以被称为成功计划，而不是客户成功计划，是因为这个计划不但要保证客户成功，也要确保 SaaS 服务商的成功。

8.12.2 价值交付能力

虽然在价值定义阶段与客户一起定义并对齐了价值，但是从采用阶段开始，那些定义的价值常常随着交付而被淡化，甚至被忽视。这也是导致采用失败的主要原因，如果还没有体验就弃用，那实在太可惜了。所以，为了确保在整个客户生命周期中的采用、扩展和留存等各个阶段,所定义的客户价值都能得到有效传递,即不会被中断、变形和弱化,就需要有一个价值交付管理的过程。

价值交付的本质,是业务成果的交付,这个过程的执行标准是根据成果交付计划制定的。这个计划定义了成果交付中的所有关键要素,包括业务角色、执行时间、触发条件、活动、流程,以及与客户的交互方式。同样成果交付计划也必须与客户达成一致。

8.12.3 价值验证能力

价值的定义和交付能力,说到底也还只是一个计划,它们只说明了"我们打算怎么做"。但每到一个阶段,客户更关心的问题是:"我们做得怎样?""我们实现业务价值了吗?"如果客户看不到具体的、量化的效果,他们就会对产品使用失去信心,从而怀疑对 SaaS 的投资是否值得,所以仍然存在离你而去的风险。这就需要我们测量和验证客户价值是否被实现,以及实现到什么程度。所以价值验证也是客户成功必须具备的一种实操能力。

价值的测量和验证是两个不同的过程。测量的基准是已定义的业务成果,使用的是当前的业务状态数据;而测量的结果与基准业务成果的偏差,就是验证的结果。需要说明的是,我们验证的是业务成果的实现,而不是功能的实现。价值验证的结果需要被记录下来,并在适当时间提交给客户,或者在业务汇报会上展示给客户高层。价值验证的成功,将极大地增强客户持续使用的信心,从而为续约和增购提供保障。

有很多 CSM 反映准确测量价值非常困难,只能测定一个大概结果,但客户对这样的结果常常是不置可否。产生这个问题的主要原因,可能是业务成果的定义不够量化,尤其是缺少成果金字塔中的关键维度,如 KPI。这种情况下,就需要返回到价值定义与对齐能力,重新定义可量化的客户成果。

8.12.4 客户智能能力

由于订阅业务的特点,针对庞大的客户数量,配置再多的 CSM 也总是显得不够用。如果采用纯粹的人工主导方式，除了增加服务成本外，客户洞察的范围和精度都很难满足业务要求，有时甚至不可能实现。所以客户成功必须以数字驱动方法，帮助客户实现价值。

SaaS 行业的客户智能（Customer Intelligence，CI），是通过对客户数据、合同数据和产品使用数据的综合分析，洞察和测量客户在价值实现过程中所取得的成果或遇到的问题。在客户提出要求前，主动采取措施帮助他们解决问题，可以保证在整个客户生命周期内规模化地实现留存和扩展。因此，客户智能是客户成功组织的一项必备技术能力。

依靠一个设计良好的全方位客户智能平台，可以追踪和观测到每个产品功能的使用细节，智能化地获得使用的洞见，并给出最优化的使用建议，极大地提升客户成功的效果和效率。

8.12.5　数字化采用能力

前面我们讨论过，采用作为客户成功组织的一个关键业务，对于防止客户流失起到重要的作用。不过考虑到 SaaS 业务的特点，即需要服务的客户数量庞大，以及客户生命周期存在长尾效应，如果完全依靠人工方式实施采用，效率显然太低，无法实现规模化和快速地帮助客户使用起来。

因此，客户成功需要一个数字化的采用方式，在减轻 CSM 工作量的同时，也能改善客户体验。实际上，在产品导向增长（Product-Led Growth，PLG）的基础上，产品导向采用（Product-Led Adoption，PLA）也正在成为一种创新的技术趋势。

8.12.6　价值衡量能力

在 SaaS 行业，价值正在由一种理念变为可货币化衡量的交付物。价值不只是对于客户而言，服务提供商同样需要衡量自己的价值投资回报。也就是说，供需双方都需要在财务上实现产出大于投入，否则这个商业逻辑就无法成立。

实际上，无论对于服务商还是客户来说，价值衡量都是复杂的。要实现准确合理的衡量，就离不开测量模型。至于具体实现方法，可以根据指标自行开发一个系统，也可以订阅现成的商业化软件。

因为 SaaS 服务商与客户的价值衡量体系不同，所以要分别进行价值的衡量。这不但需要深刻理解自己的客户成功的价值实现过程，还要对客户的业务价值实现过程有准确理解。但不管怎样，这"两笔账"都要算清楚，给客户和自己一个明明白白的投资回报结果，这就是价值衡量能力。

8.13 客户健康度管理

SaaS 业务的收入除了来自新客户销售以外，更主要的是来自既有客户。可以说，SaaS 收入的管理就是对现有客户健康度的管理。只有健康的优质客户，才可能是"有利可图"的客户，而那些健康度不佳的客户，其实都是成本。

8.13.1 客户健康度的概念

对于交易型业务来说，并不存在客户健康度问题，因为一旦交易完成，客户的一切就都与你无关了，他们无论是否"健康"，都不会影响这笔交易的收入。但是对于 SaaS 这种订阅业务来说，一个客户的健康度应该是整个客户生命周期中时时刻刻都必须考虑的问题，因为这关系到该客户的续约和扩展。说得严重一些，客户健康度可能会影响到 80% 以上的 ARR。

一个 SaaS 客户是否"健康"，其实仅凭表象是很难判断的。因为客户的健康状态除了受到多重影响外，还可能在一定条件下突然发生变化。又因为 SaaS 公司的客户数量庞大，要把他们全方位、无死角地管理起来，难度实在是太大。这就要求我们换一个思路来评价客户的健康度，即根据客户的使用情况来评估客户的健康度。所谓客户健康度，就是客户会持续使用你的产品和持续付费的程度。因为用户使用数据的存在，所以分析和管理使用状态容易很多。

很多 CSM 认为他们非常了解客户行业和客户需求，只要他们的服务到位，客户的健康度就不会有问题。其实了解客户与客户健康度完全是两码事。客户健康度是一个客观的现实，它会受到很多因素的影响，而且变化之快超出了

CSM 的想象。忽视客户健康度的观察和管理，会给公司带来极大的风险，因为健康度恶化的客户会直接变成公司的成本。为了预防和化解这一风险，SaaS 公司需要一个全方位、可量化和可衡量的客户健康度评价与监控系统。这就是行业内广泛使用的客户健康度评分系统（Customer Health Scoring，CHS），它可以通过量化的评分机制，实现对客户健康状态的精准预判和管理。

客户健康度是执行客户成功计划、调整运营策略、制定客户成功的 KPI、预防流失和保证续费与扩展的重要依据。简而言之，好的客户健康度可以确保在客户生命周期内客户价值最大化。只有拥有健康的客户，公司才有健康的收入增长。所以管理好客户的健康度，就是管理好公司的收入。

8.13.2 客户健康度管理的重要性

目前很多 SaaS 公司的客户成功工作，都是"救火式"的，CSM 每天忙于应付客户的各种突发事件。往往是在客户流失实际发生时，CSM 才发现这一事实，此时针对已流失客户的任何补救措施都是徒劳的。虽然客户流失意味着实际的收入损失，但如果要追究流失责任，也很难找到责任人，因为 CSM 已经"尽力救火"了。

因此 SaaS 企业需要精准管理客户的健康度，只有这样才能制定有针对性的流失预防措施，而建立一个 CHS 是目前极为有效的策略。

实际上，引入 CHS 的作用不仅仅是流失预防。以下是 CHS 带来的好处。

1. 利用 CHS 找到优质客户

在指标定义合理的情况下，CHS 中评分高的客户就可以认为是优质客户。优质客户除了能带来更高的收入外，你还可以把他们挑选出来作为你的营销资本。比如他们可作为行业典型客户，为你带来良好的口碑和新的客户。他们对产品提出的有益建议，可以帮助你改善产品和体验。

很多没有 CHS 的 SaaS 公司所推出的所谓成功客户案例是不可靠的。因为缺乏实际的数据支撑，它们除了经不起推敲之外，也很难为你带来真正的收益。

2. 续约和扩展的量化模型

虽然我们都知道好的体验将有助于续约和扩展，而差的体验可能导致客户终止续约，但是客户体验与续约或扩展之间的关系，还是无法精准地量化或以货币化方式预测。

现在你可以借助 CHS，将用户使用数据与续约数据关联起来，这样不但可以找到它们之间的量化关系，还可以通过该关联发现续约和扩展的规律和机会点，从而提高续约和扩展的可能性。

3. 识别流失风险

利用 CHS 可以连续追踪和监控每一家客户的使用数据，根据风险特征识别及时给出流失预警。识别的重要性在于，挽留的成功率大都可以达到 50% 以上，也就是说，那些看似铁了心要离开的客户，通过提前的挽留措施有一半可能会留下来。

4. 对客户整体健康状况做到心中有数

借助数字化的 CHS，除了可以追踪和监控每一家客户的使用数据以外，还可以对公司的所有客户给出分析和预测的趋势报告。

很多 SaaS 公司使用如 BI 仪表盘等分析工具对客户数据进行分析，虽然也能对客户趋势做出某些维度的预测，但是它们不能代替 CHS。因为除了数据报表之外，智能化的 CHS 还可以通过深度的数据洞察，揭示和发现未知的规律和趋势。

整体的客户健康度管理可以使客户成功组织在规模化风险爆发之前，做好充分的防范预案，预防风险的发生，而不是等到年终总结报告时再做计划，那时已经无法挽回了。

5. 对齐北极星指标

建立一个有效的 CHS，可以使整个客户成功组织都运行在 CHS 上。除了流失的预测和预防外，还可以支持更高的增长目标。也就是说，一个客户成功组织的 CHS 可以与自己的北极星指标对齐，实现更高的续约率、更多的扩展，以及更高的 NRR 等。

8.13.3 关于 CHS 的 5 个关键问题

既然 CHS 如此重要，SaaS 公司应该尽早建立。但在开始建立之前，需要对 CHS 有一个正确的认知，以使所建立的 CHS 真正有效。很多 SaaS 公司因为对 CHS 的理解存在一定的偏差，所以 CHS 并没有发挥出预想的作用。比如，CHS 经常被认为是一个复杂的软件系统，而且功能越多、数据分析能力越强大越好。虽然 CHS 的终极建设目标应该如此，但在客户成功的初始阶段，建设一个庞大而复杂的 CHS 不但需要较大的投资，而且学习成本也很高，还未必能准确洞察到目前客户的健康状况。实际上，并不存在一个统一的或标准化的 CHS，因为每家 SaaS 公司所处的发展阶段不同、当前的目标不同、产品不同。所有这些不同说明，很难有一个放之四海而皆准的 CHS。

即使如此，还是有一些建立 CHS 的原则和规律可以遵循，关于如何建立一个 CHS，需要思考 5 个关键问题。

1. 定义你的最小可用 CHS

开发 CHS 如同开发软件系统一样，首先需要设计软件的架构，而建立一个有效的 CHS，则需要设计与组织目标相契合，而不是一上来就搜集尽可能多的数据开始分析。比如定义 CHS 的基本内容包括区分健康客户和不健康客户的标准，以及测量客户健康度的"最佳"指标和方法。

虽然可能有不同的设计方法，但需要遵循的一个基本原则是：你定义的 CHS 必须与组织当下的目标相对齐，也就是与组织的北极星指标对齐。如果你觉得这个原则不易把握，还有一个简单直接的方法，就是目标的倒推法，也就是根据当前要解决的问题，倒推出需要测量的指标，然后在 CHS 中加以实现。比如，如果目前考量客户成功的指标是增购，那么就需要定义符合增购特征的成功里程碑处的机会指标。总之，定义一个最小可用的 CHS，先用起来再说。

2. 定义测量指标

与组织的目标对齐，意味着所选取的测量维度和指标必须是可理解的、目标明确的、有所指向的,以及可以采取行动的。现实中我们经常看到,很多 SaaS 公司定义的指标要么太简单,比如用户活跃度、登录率等;要么过于复杂,比如用 BI 工具做出很多复杂的仪表盘或报表。这些做法导致一个共同的问题,那就是没有明确的指向性目标,所以也无法采取有目的的行动。我们需要时刻牢记的是,CHS 用来解决当下影响收入的最主要问题。

虽然 CHS 没有统一的测量指标,但在指标选取的原则上还是有规律可循的。一般来说,测量指标分为客户类和产品类,产品类指标是基础,客户类指标是产品使用的结果。

产品类指标可以包括以下几个方面。

- 产品的使用度。即客户使用的功能数量与产品总功能数量的比例关系。
- 产品差异化功能的使用。如果你自认为自己的产品中有差异化的亮点功能,那就需要监控客户对这些差异化功能的使用情况。
- 产品反馈。判断客户对产品的反馈是积极的,还是负面的。
- CSM 的工单数量。工单数量过少,或者没有工单,可能是一个危险的信号。

客户类指标如下。

- 客户参与度。通过 CSM 与客户的共创,实现和完成了多少个业务目标。
- 客户推荐度。有多少客户向潜在客户推荐了你的产品或服务。
- 客户关注度。有多少客户参与过你的各类市场活动。
- 演示的次数。在各种场合,向现有客户演示新案例或新功能的次数。
- 拜访或线上会议的次数。记录你与客户关键互动的频率。
- 客户扩展率。
- 客户续约率。

3. 测量数据的质量

定义了测量指标之后,就可以开始测量了。不过有很多人反映:按照所定义的指标,数据测量分析的结果与预期的目标并不一致。比如数据测量表明,对某一功能的使用频率很高,但最终结果是这个功能的完整使用率并不高,这可能是数据质量问题所导致的。

出现数据质量问题，不一定是指标定义或算法有问题，所以不要急着修改指标和算法。其实更可能是客户旅程的不同阶段导致的，因为在客户旅程的不同阶段，数据的稳定性和质量并不相同。比如，采用完成后的新手用户因为操作不熟练，数据的质量不高，测量的结果不能准确反映指标的意义。处于不同旅程阶段的客户，需要在 CHS 中进行区别对待，避免对客户健康度评分的结果产生干扰而得出偏颇的结论。

4. 广泛的数据驱动

如果只依靠产品和客户数据，则很难真实和全面地反映客户的实际健康状况。这就需要更广泛的数据来源，即来自公司其他部门的客户信息和数据，通过这类数据不仅可以洞察客户的真实意图，更重要的是可以根据问题数据采取全面的改善行动。比如：

- 技术支持部门的数据。需要对支持工单进行分类，比如从产品、业务、操作等层面进行分类。
- 市场部门的数据。客户对你推送的市场内容感兴趣吗？有多少客户参加过市场活动？他们对行业案例的反映怎样？
- 培训部门的数据。客户参加培训了吗？他们对培训内容的反映怎样？

对来自不同业务的数据进行综合，可以弥补来自单一客户使用数据的不足，让 CHS 揭示出的客户健康状况更真实且全面。

5. 客户的商业属性

除了使用详细的测量指标外，还可以在 CHS 中加入客户的商业属性，以帮助判断和预测客户的趋势。客户的商业属性包括以下几点。

- 成为客户的时间。
- 订阅合同的起止时间。
- 上一次续费时间。
- 上一次扩展时间。
- 有无并购或业务变更。

❑ 业务负责人有无变动。

实际上，客户的商业行为可能会更深刻地影响客户健康度，这些指标的劣化可能会使客户健康状况迅速恶化。比如，应该增购而未增购客户、发生并购的客户、业务负责人变动的客户，极有可能毫无征兆地流失。

8.13.4 如何搭建 CHS

SaaS 业务完全是基于数据运营的，这说明在正式开始运营 SaaS 业务之前，你需要先建立一个数字化的运营平台。而 CHS 定义的测量指标和所需数据，除了专门搜集之外，主要来自数字化的运营平台。实际上运营平台的数据很少是直接录入的，而是来自用户使用数据、CRM、MarTech、客服系统、调查问卷、工单、财务等其他业务模块。因为我们已经定义了 CHS 的框架和主要测量指标，现在只需要将不同来源的数据同步到定义好的 CHS 中即可。

在建立 CHS 时，还有几个关键问题需要注意。首先，你的 CHS 并不是定义好就一成不变的，而是根据业务发展的不同阶段不断调整和优化的，甚至有可能重新定义，包括指标的选取、重要性排序和数据源的改变。这就需要 CHS 在技术上是支持自定义的。其次，CHS 的所有测量数据作为一个整体，数据口径和时间点必须对齐才能准确反映所设定的监控指标。最后，建成一个有效的 CHS 并非一朝一夕的事，特别是在开始时，可能没有其他数字化业务模块提供各种所需的数据，比如市场活动数据、调查表数据、支持工单数据，这些数据可以先用 Excel 表记录，然后导入 CHS 中，只需注意数据的口径和时间点对齐即可。

至于 CHS 的技术实现，可以有多种方式。比如自行开发 CHS、利用 BI 工具搭建、使用表格软件、基于运营平台搭建等，此外也可以购买或订阅商品化的客户成功平台。

8.13.5 CHS 的价值输出

到目前为止，我们只是定义了 CHS 的测量数据指标，虽然它们是 CHS 的重要基础，但这些指标本身并不是一个完整可用的 CHS。换句话说，你需要把这些测量指标按照一个框架组装起来，才能得到一个当前适合你公司的 CHS。

完成了这一切后，我们就可以从一个组装好的 CHS 中输出很多重要的客户健康洞见。

1. 客户关系的健康度

一家客户与你的客户成功团队的互动程度，可以反映出客户关系的健康度。一项相关调查结果表明，在已流失的客户中，有 85% 从未与客户成功团队有过任何互动记录。而那些有过多次支持工单记录或者有过 CSM 拜访记录的客户，流失的概率就小得多。

根据 CHS 的相关输出数据，可以为客户关系健康度评分。这个输出不但对于洞察客户健康度有帮助，更重要的是可以揭示出客户成功团队与客户的互动程度，即客户关系的健康度。

2. 产品使用的健康度

产品的使用度反映了客户与你的产品之间的健康关系。实际上，客户使用产品的频率、深度和广度，很大程度上可以揭示出客户是否通过使用你的产品实现了他们的业务价值。

通过 CHS 输出的产品使用数据，可以准确地判断出客户的产品使用健康度。

3. 客户旅程的健康度

经过产品的采用阶段，客户便会进入从初始阶段到成熟阶段的客户旅程。在不同的旅程阶段，客户的产品使用方式有所不同。只有当客户按照产品设计目标使用产品时，客户旅程才能被认为是健康的。

那么，客户究竟是不是按照产品设计目标使用的呢？CHS 中的用户行为和使用数据就能给出答案。通过对比同行业的客户旅程，识别当前客户所处的旅程阶段，并帮助客户顺利进入下一个阶段，可以显著提高客户旅程的健康度。

4. 客户价值感知的健康度

所有的 SaaS 公司都声称为客户提供了价值，但对这些所谓的价值，客户可能并不认可。他们常常以不续约或弃用表示对价值的无感。相比其他指标，客户价值感知的健康度虽然看起来有些"虚"，却是客户最重要的健康指标。客户是否从你的产品和客户成功过程中真的获得了价值？这件事需要以数据说话，比如满意度调查、NPS 等，不过这些方法的效率较低，也缺乏足够多的数据支持。

CHS 中的成功计划却可以告诉我们客户对价值的感知程度，比如已实现的业务成果数量，通过这个指标几乎就能确定客户价值感知的健康度。

8.13.6　如何分析 CHS 数据

在使用 CHS 时，我们时刻不要忘记建立 CHS 的初衷：可预测和可行动。可预测代表所监测的数据可以对客户的流失、扩展或续约有决策支持作用；而可行动是指每个监控指标都必须指向具体问题，CSM 可据此采取相应的改善行动。

但现实中我们经常看到，分析 CHS 数据很容易出现两个极端。有的客户成功团队纯粹是为了分析而分析，不仅浪费了大量时间，分析结果也可能偏离当初建立 CHS 的初衷。而与此相对的另一个极端是，因为缺少分析数据，所以就用相关性很弱的指标数据，比如登录率、日活数据等，进行粗略的分析。

过于简单和过于复杂的分析，都不会获得我们想要的结果。虽然对于如何分析 CHS 并没有一个固定的规范，但有一些分析原则可以借鉴。

1. 指标的健康度标识

CHS 指标虽然可以计算出精确的分数，但追求精准数据其实并没有太大意义。比如某个指标分数是 7.2 分还是 7.8 分，所代表的健康度差别并不大。为了简单和直观，在实际使用中，可以采用交通信号灯的颜色对其进行分级标识。比如绿色代表健康，黄色代表亚健康，而红色代表不健康，这样可以不必拘泥于分析数据是否精准，就能对要采取措施的客户一目了然。

2. 指标的优选

虽然我们定义了大量的健康度测量指标，但这并不意味着它们是同等重要的。事实上，一家 SaaS 公司在不同发展阶段，当前需要关注的客户健康度指标是不同的。这意味着需要对当前监测指标进行优先级排序，并且选出一级指标和次级指标。这不但可以大大减少指标数量，而且因为排除了多项指标的影响，预测会更加精准，也为改善行动安排了优先级。

事实上，能作为一级指标的测量维度并不多，通常只有 ROI、产品使用度、实现的业务成果数量、价值实现周期（Time to Value，TTV）等。而且只要有一项一级指标达成，客户就大概率不会流失，续约和扩展的可能性也会比较大。也就是说，只要有少数的一级指标是绿色的，就可以认为这个客户目前是健康的。

因为一级指标过于宏观，它们很难揭示可能存在的细节硬伤，所以为了安全起见，在条件允许的情况下，你还可以选取一些次级指标，比如一段时间内产品使用频率是否出现下降、支持工单的响应和完成情况等。即使一级指标是绿色的，但如果次级指标是红色的，也代表存在一定的风险，必须及时采取行动。

3. 少即是多

很多客户成功团队使用 CHS 做数据分析时，总认为分析指标应该多多益善。实际上，"少即是多"才是正确的做法。

如果你不能确定应该选择哪些分析指标，那么有一个简单原则可以帮你做决定：去掉那些不能直接帮助你看清流失、续约和扩展，以及不影响你绩效的指标。

4. 使用分析工具

为了提高数据分析的效率，分析工具是必不可少的。在确定数据分析原则的基础上，可以使用商业软件、AI 技术、BI 工具，甚至使用 Excel 表也未尝不可。

5. 分析的形式

利用 CHS 进行数据分析的形式，基本上有 3 种。

❏ 0/1 分析：指标结果"是"或"否"的判断，比如客户业务负责人是否变更。
- 趋势分析：客户某一健康度指标是上升还是下降的趋势，比如产品使用度的变化趋势。
- 预警门限分析：客户某一健康度指标处于警戒线以下触发告警信息。比如产品使用度低于 20%。

6. 进阶分析

在利用 CHS 取得初步成果后，客户成功组织可以开展高级分析，以找出客户健康度的新规律和模型。例如，通过大数据或 AI 分析，可以找出流失客户与未流失客户的主要区别特征。

8.13.7 根据 CHS 指示采取行动

建立 CHS 的最终目的，并不是统计和分析，而是产生洞见，以此指导 CSM 的行动，这是我们在建立 CHS 之前就已经明确的。在 CHS 中我们搜集了很多数据，也得出了一些分析结论，现在到了让它们发挥作用的时候了。

1. 低分区域

客户的健康分数较低，表示该客户业务存在薄弱环节，它们会影响 CSM 的绩效，所以需要将他们提取出来。通过资源的倾斜，改善这些客户的健康度，并对他们进行持续观察和追踪。

2. 趋势和转折点

将更多客户使用数据按照目标维度呈现在同一个视图上，就可以发现客户正在做什么，他们的趋势是怎样的。特别是客户旅程的里程碑处的趋势，可以帮助团队发现有机会或风险的转折点。比如出现增购的特征指标，可以将其分派给对应的 CSM，推进该客户的扩展。

3. 风险的排序和呈现

将所有可以预测风险的数据，按照风险高低进行排序，并将其呈现在同一个风控视图上。根据风险的重要程度和发生的机会，可以产生对应的预防方案和执行计划。

4. 团队和个人发展计划

CHS 的作用不只是数据的追踪，它的更大价值是根据追踪数据产生的洞见，为整个客户成功组织和每个 CSM，指明未来的工作方向和重点，以制定业绩提升的发展计划。

8.13.8 CHS 的最佳实践

目前国内建成 CHS 的 SaaS 公司并不多，在 CHS 的使用方式上也是多种多样，所以需要借鉴成功 SaaS 企业使用 CHS 的最佳实践。

1. 迭代和优化 CHS

一个 CHS 建好后，并不是一成不变和一劳永逸的。事实上，随着 SaaS 公司的不断发展，以及客户数据的不断丰富，CHS 也需要不断迭代和优化，再根据所产生的新的洞见，增强 CSM 的行动能力。

2. 救火模式转向预测模式

CHS 在使用初期经常会在短时间内发生某些指标警告，然后客户成功团队就开始四面出击，去处理各种问题。

随着 CHS 的数据丰富和模型成熟，CHS 在产生预警信息之前，会给出趋势性的提示。这样客户成功团队就可以有时间做出预案和行动计划，从救火模式转变为预测模式。

3. 直接输出行动计划

很多公司直接把数据开放给 CSM，由 CSM 根据自己的理解去采取相应的行动，其实这样做是有问题的。首先，CSM 需要把数据的含义"翻译"出来，这增加了 CSM 对数据的理解和认知负担。其次，因为对数据含义的理解存在差异，产生的行动可能并不一致，所以需要统一翻译和解读。

因此，利用 CHS 的最佳方式，是直接给 CSM 提供可理解的行动信息，而不是一堆需要再分析的数据，比如"就 ×× 问题，立即致电该客户"。

4. 指标文化与开放的心态

在建立 CHS 之前，大家都没有数据，或者数据口径不一致，所以 CSM 是否该采取行动以及行动的效果，没有统一的考量。然而，CHS 输出的数据会揭示某些指标的异常或恶化，公司可能会根据这些指标惩处对应的团队或个人。于是就可能会造成所有人的眼睛都放在指标上，而忘记了建立 CHS 的初衷：产生洞见，改善服务。甚至有人想着如何"修正"CHS 的指标，使其看起来健康。

实际上，这种大公司的指标文化并不适合客户成功组织。SaaS 公司必须建立自己的数据指标文化，甚至可以把"负激励"变成"正激励"。比如每发现一项异常指标，应该认为是终于找到了业务的改进点，给予适当的奖励，直到所有问题都得到改进，指标自然就变健康了。

8.14 客户成功的评价指标

一个客户成功组织怎样才算是做得好，也就是如何对他们的业绩进行考量、评价，一定要有一套公允的评价指标体系。关于客户成功的效果，虽然有很多指标可以评价，但是只需要两个关键指标——净收入留存率（NRR）和总收入留存率（GRR），就能比较全面地评价客户成功的成果了。

8.14.1 NRR

我们知道，客户成功的主要作用是通过留存和扩展，推动公司收入的增长。而全面评价留存和扩展能力的重要指标，就是净收入留存率（Net Revenue Retention，NRR）。同时 NRR 也是 SaaS 公司的北极星指标中最重要的指标，更是衡量客户成功的金标准，对于 SaaS 公司的估值，NRR 也是一个热门的指标。

在讨论 NRR 之前，我们需要明确的是，NRR 只关注现有的客户群，并不涉及任何来自新客户的收入。也就是说，NRR 衡量的是从现有客户群中保留，以及在现有客户群中扩展的收入。因此，NRR 是 SaaS 公司的经常性收入和客户群是否健康的重要标志。

计算 NRR 主要有两种方法，区别在于对经常性收入的计算口径。也就是说，你可以用总经常性收入来计算总留存率；也可以采用时序分组的经常性收入，比如说某一月份所获客户的经常性收入，来计算特殊分组的净留存率。

NRR 的计算公式为

$$NRR = \frac{初始ARR + 扩展ARR - 流失ARR - 收缩ARR}{初始ARR}$$

从 NRR 的计算公式中可以看出，NRR 的输入包括 4 个部分。

- 初始 ARR：可以是总的经常性收入，也可以是按时序分组的经常性收入。
- 流失 ARR：指客户不再使用你的 SaaS 而彻底离开（也称 Logo 流失）产生的收入损失。
- 扩展 ARR：包括交叉销售和向上销售，所产生的收入都属于扩展收入，也就是通常所说的增购。
- 收缩 ARR：也称为降级 ARR，指虽然客户没有流失，但是减少了在你的产品上的花费。比如减少用户数、降级为低版本、不再使用相关的组件等。

为了深入理解 NRR，我们把其中关键指标的业务影响展开来讨论。

1. 流失的意义

流失是指客户完全离开你的平台，或者停止使用你的产品或服务。

流失的原因：客户流失的发生，通常是因为客户为了达成某些业务目标，订阅了特定特性或功能，但未能实现价值，或者不能满足他们的业务需求。

客户成功影响：CSM 对产品功能的理解，以及客户打算如何使用这些功能来解决业务问题至关重要。多数情况下，并不是产品不能满足客户的业务需求，而是客户的采用方法存在问题，CSM 需要向客户展示客户使用产品所产生的业务成果与他们期望的结果相一致。CSM 可以利用远程方法或 CHS 提示的信息来评估产品使用情况,并采取对应的措施。

2. 收缩的意义

收缩即客户使用量的减少,它除了减少收入外,也可能是客户流失的前兆。

收缩的原因:产品未能完全满足最终用户的业务需求。很多情况下,订阅业务的采购者并不是最终的使用者,所以就可能会出现使用评价的差异,而导致使用量的减少。

客户成功影响:找出采购者与最终使用者的期望差异,通过提高客户的参与度,缩小感知差异,预防进一步降级。

3. 扩展的意义

扩展即现有客户产生的增购,它是提升 NRR 的主要因素。

扩展的条件:值得注意的是,扩展并不是自然或者必然发生的。只有当客户看到他们购买的产品和服务实现了他们想要的业务成果时,扩展才有可能发生。

客户成功影响:可以看出,扩展完全是价值驱动的。数据研究发现,客户的价值实现周期(TTV)与扩展有较强的关联。

尽管 NRR 指标对 SaaS 公司非常重要,但非常遗憾的是,NRR 是一个"事后诸葛亮"的滞后指标。滞后就是说一旦发现 NRR 指标已经深度劣化,基本上就没有挽回的机会了。

NRR 被称为 SaaS 业务衡量的金标准不是没有道理的。实际上,SaaS 业务指标中很少有像 NRR 这样对公司的价值有如此高的洞察力和影响。通过分解扩展、收缩和流失等要素,可以清楚地了解到一家 SaaS 公司能够从现有客户那里获得多少增长,以及这些客户对所交付价值的满意度。

事实上,NRR 背后对应的是两个故事:收入流的健康故事和客户的健康故事。这两个故事都不是自然发生的,它们离不开客户成功的推动。反之,如果 NRR 指标劣化,这两个故事都无法再讲下去了,除了公司的品牌力和价值会随之降低外,对于经营也会产生不利的财务影响,比如:

❑ 较低的客户生命周期价值(LTV),导致续费和增购收入降低。

- 为实现收入增长目标，需要更多的新客户来抵消流失造成的损失。
- 给毛利率带来了更大的压力，增加了 CAC 的投资回收期，并给盈利带来了压力。

所以，鉴于 NRR 的重要性，SaaS 领导者需专注于这一指标，并通过不断优化 NRR 公式的每个要素，使客户成功团队能够达到市场领先的 NRR 水平。

SaaS 行业经常讨论的一个关于 NRR 的问题就是什么样的指标是合格的，这其实很难有一个标准。但从国外 SaaS 企业发布的 NRR 指标来看，还是有个大致的界限。行业一般认为，合格的 NRR 应该达到 120% 以上，当然这有个假设前提，即面向中端市场和企业客户。而对于价格低、数量多的中小企业客户，NRR 只要大于 100% 就算是合格了。这样 NRR 就可以划分为 3 个区间——低（Poor）、中（Median）和高（Great），所对应的中值分别为 95%、105% 和 115%。

需要说明的是，这个数据只是一个参考值，并不代表绝对意义的统计数据。随着 SaaS 公司数量的迅速增加，以及客户成功技术的不断提高，这个数据会发生变化。

8.14.2　GRR

经常有 SaaS 公司的 CEO 或 CCO 拿着自己公司的 NRR 数据问我：基于这个数据应该做什么？其实无论 NRR 是高是低，直接从 NRR 中很难看出客户成功到底有没有问题，以及问题可能出在哪里。因为前面我们说过，NRR 背后对应的是两个故事，即客户的健康故事和收入流的健康故事，二者虽然有关联，但本质上不是一回事。要讲清楚这两个故事，就需要再引入一个指标，即总收入留存率（Gross Revenue Retention，GRR）。

与 NRR 不同的是，GRR 只考虑流失率，不考虑扩展和收缩，所以 GRR 的最大值是 100%，即没有流失，这当然是理想情况。很多人认为，NRR 已经是最好的指标了，因为它综合了续约和增购两种收入流，完美地反映了一家 SaaS 公司的留存和增长水平。那么，为什么还要再定义一个更"简陋"的 GRR 指标呢？根本的原因是，GRR 能更清晰地衡量客户的流失情况，以及业务的长期健康状况。因为 NRR 加入了扩展的补偿,反而会掩盖掉实际的流失状况,这可能会导致你采取错误的措施。比如当 GRR 很低时,你需要做的是"堵漏",而不是续约和扩展。每一种情况所用的处理方法是完全不同的。简言之,GRR 关注的是续约和流失,而 NRR 关注的是健康度和增长。

对于处于融资期的 SaaS 公司来说,GRR 比 NRR 更重要一些。因为投资人此时重点考察的,不是你的客户成功水平,而是这个业务究竟是否可行。如果 GRR 低到一个下限,意味着大部分客户都会流失,这个业务可能就不是市场的"刚需"。而对于将要上市或者已经上市的 SaaS 企业来说,用 NRR 衡量显然更加科学,因为除了衡量流失外,投资者还需要评价你的经营能力,这需要通过扩展来实现。如果投资者以收入增速对企业进行估值,那么用 NRR 考量会更合适。但如果一家公司的增长缓慢,那么首先优化 GRR 才是更好的策略。

所以,NRR 与 GRR 哪个更好,其实没有定论,它们随衡量的目的不同而各有千秋。你目前需要优化 NRR 还是 GRR 指标,同样取决于你当前的阶段。实际上,NRR 与 GRR 并非完全对立,你完全可以二者兼顾,也就是堵流失和扩增购并举,只是随着业务的发展和稳定,衡量的重心会逐渐向 NRR 倾斜。

现在我们给 GRR 也下一个定义,即 GRR 衡量的是现有客户群中留存的收入。同样,GRR 只关注现有的客户群,而不包括任何新客户的收入。从流失的角度,GRR 测量的是客户群内部的流失,也就是完全失去的客户带来的收入减少,以及客户收缩带来的收入减少,比如原有用户数减少或版本降级所带来的收入损失,所以 GRR 不可能大于 100%。GRR 的计算公式为

$$GRR = \frac{初始ARR - 流失ARR - 收缩ARR}{初始ARR}$$

可以发现,GRR 的计算公式只有初始 ARR、流失 ARR 和收缩 ARR 3 个输入项目。

与 NRR 比较一下,就可以看出 GRR 只是少了扩展 ARR 这一项内容,也就是说没有扩展的"掩盖",真实的流失状况会暴露无遗。

经常有人问什么样的 GRR 指标才算是合格的。与 NRR 类似,很难有一个标准,但从国外 SaaS 企业发布的 GRR 指标可以看出大致的界限。行业一般认

为，一流的 GRR 应该达到 95% 以上，这同样有个假设前提，即面向中端市场和企业客户。而对于价格低、数量多的中小企业客户，GRR 只要大于 80% 就算是合格了。

这样 GRR 也可以划分为 3 个区间——低（Poor）、中（Median）和高（Great），所对应的中值分别为 80%、85% 和 95%。同样需要说明的是，这个数据只是一个参考值，并不代表绝对意义的统计数据。

8.15　本章小结

首先，本章详细阐述了客户成功的基本概念和基础理论，为下一章的客户成功实践奠定了必要的基础。实际上，无论是客户成功理论还是实践，其基本逻辑都源于客户成功方程式。该方程式从原理上解释了客户成功的基本原理。

其次，本章深入讨论了客户成功的三大基石——采用、扩展和续约，并结合实际进行了理论分析。

最后，本章介绍了客户成功的能力框架和客户健康度的管理。此外，还给出了客户成功关键评价指标 NRR、GRR 的概念和计算公式，并分析了它们对收入增长和客户成功成果的影响。

第 9 章 | CHAPTER

客户成功实践

在上一章中,我们对客户成功的基础理论、能力框架和管理工具等做了详尽的介绍。然而,对于客户成功的实际应用,读者可能仍会感到无从下手,特别是在遇到具体问题时,更是不知如何解决。

这一方面是因为客户成功还是一个新兴事物,另一方面是由于客户成功业务涉及与客户的深度互动,理论与实践之间确实存在一个不易快速跨越的鸿沟。因此,本章的主要目的就是解决客户成功的实践问题。

9.1 客户成功从理论到实践

大部分 CSM 对客户成功理论都有基本的认识,但是从理论过渡到实践,首先需要摒弃一些不合适的认识。

9.1.1 不要将客户成功复杂化

我们现在接触到的客户成功书籍或者培训，大都是针对成熟的 SaaS 企业的，而不是针对起步阶段的初创 SaaS 公司。所以客户成功看起来无比复杂，令很多初入行的 CSM 望而却步。其实，从客户成功的初衷来看，其本身是非常简单的，甚至用一句话就能将客户成功概括出来，即客户成功就是 CSM 通过与客户的互动，帮助客户实现所期望的业务成果。需要注意的是，在这个简单的定义中，包含了两个关键词。

- 成果：强调成果是客户期望获得的，而不是 CSM 给客户建议的。
- 互动：强调 CSM 与客户的共创过程，而不是客户对产品的单方面使用。

所以当你被复杂的客户成功概念所困扰时，只要抓住"成果"和"互动"这两个关键词，就不会感到无从下手。实际上，任何复杂的客户成功内容，都是上述简单定义的扩展。现在行业内有一种趋势，即把客户成功拔得太高，设定的愿景也过于宏大。所谓物极必反，过度夸大客户成功的作用，对这一新兴事物并没有什么好处，因为最终还是要将客户成功与公司收入的改善关联起来。

客户成功其实很简单，不要将其复杂化。有了这个认知，才能将客户成功更好地融入 SaaS 业务，在改善公司营收方面发挥实际作用。

9.1.2 所有 SaaS 业务都需要客户成功吗

现在国内 SaaS 领域还存在一个争论：是不是所有的 SaaS 业务都需要客户成功？SaaS 理论派认为，只要是 SaaS 业务就必须有客户成功；而 SaaS 产品派则认为，没有客户成功，也不会对 SaaS 产品有多大影响。

两种观点代表了客户成功的两极，都有其合理性和所代表的场景。如果从客户成功的简单定义来看，即从"成果"和"互动"角度，不同 SaaS 业务的客户成功需求强度确有不同，但有一个基本的约束条件：为了使客户对业务成果认可，CSM 必须有足够的参与度。如果用一个函数表达 SaaS 业务对客户成功的需求强度，那就是锁定"客户成果"这个变量，调整"CSM 参与度"这个参数，即可以量化出客户成功的需求强度。也就是说，在多数情况下，如果没有 CSM 与客户的互动，客户就不会认可业务成果。

所以从理论上讲，所有 SaaS 业务都需要客户成功，只是需求的强度大小不同。也就是说，客户想要实现的业务成果越容易、越简单，对客户成功的需求强度就越低，比如 IM、Office、云会议等。反之，客户想要实现的业务成果难度越大，或者业务越复杂，客户成功也就越不可或缺，比如云 ERP、HCM、CRM 等。

不过需要指出的是，需求强度低和没有客户成功是两回事。虽然客户成功并不一定就意味着必须投入大量的 CSM，完全可以用自动化和智能化的工具或 AI CSM 替代人工 CSM，但这与没有客户成功还是不一样的。此外，即使是一个通用的工具型 SaaS，在启动的初期，投入足够数量的 CSM，也是非常有必要的。

9.1.3 从解决关键问题入手

因为客户成功的需求强度不易把握，所以在开展客户成功业务时，难以做出正确的投入。投入过低对于收入的改善起不到作用，但投入过高则可能会造成留存成本的增加，从而影响投资回报率。

客户成功在不同阶段的投入确实可能不同，那些书籍或培训所告诉你的"应该"怎么做，在不同阶段和面临不同问题时，可能成了"不应该"的。这就要求我们在客户成功的不同阶段，有针对性地解决当前的关键问题，而不是全面铺开。

对于一家初创 SaaS 公司来说，摆在客户成功面前的关键问题主要有以下 6 个方面。

1. 缺乏预防意识

预防流失始终是客户成功存在的最主要的理由。很多 SaaS 公司建立客户成功团队的初衷，就是无法忍受流失造成的收入损失。不过，流失只是一种"症状"，并不是"疾病"本身，也就是说，客户成功的存在并不是为了阻止各种形式的流失，而是预防流失的发生，这种意识目前是缺乏的。

2. 低效采用

造成 SaaS 业务流失的早期原因是低效的采用，统计表明，高达 50% 以上的流失是采用问题引起的。所以客户成功的一个关键问题是解决低效采用问题。

3. 与客户体验脱节

产品的体验问题，通常需要通过产品本身解决，但 SaaS 业务所指的体验，并不完全是客户对产品的使用体验，而是客户在实现业务成果过程中的体验。从客户成功方程式 CS=RO+AX 可以看出，如果无法为客户提供合适的体验，即与客户体验脱节，是无法实现客户成功的。

4. 缺乏客户可视化

对于传统 ToB 业务来说，成交之后客户状态便不再重要。对于 SaaS 业务来说却恰好相反，成交后的客户状态更加重要，因为客户状态决定了客户能否续约和扩展。然而客户状态是看不见的，很难监控和管理，所以如何实现对现有客户的可视化，也是客户成功的关键问题。

5. 错过续约与扩展的机会

SaaS 业务的续约和扩展都不会自动发生，因此，如何避免大部分续约和扩展的机会被错过，也是一个关键问题。

6. 规模化困境

规模化是衡量一个 SaaS 业务优劣的最重要的标志，规模化意味着销售规模化、续约规模化和扩展规模化。续约和扩展的规模化离不开客户成功的推动，如何摆脱现有规模化困境也是客户成功需要关注的关键问题。

综上所述，如果客户成功不能解决这些行业痛点，也就失去了存在的价值。可以说，客户成功是为了解决行业关键问题而产生的实践。

9.2 客户成功的定位与地位

很多 SaaS 公司虽然建立了客户成功部门，但客户成功业务的效果不佳，有的甚至会失败从而解散团队。这可能并不是客户成功部门本身的问题，而是公司对客户成功的定位有偏差所导致的，这些偏差包括业务的目标设置错误，对 CSM 岗位的错误定位等。而产生定位偏差的深层原因，是对客户成功业务有诸多误解。

如果客户成功一开始就定位错了，自然不会有好的结果。这不但影响到公司的收入，对于 CSM 的职业成长也是一种浪费。所以在正式讨论客户成功业务之前，有必要明确客户成功的定位。

9.2.1　为什么客户成功成了尴尬职业

根据 SaaS 行业的统计，大多数 SaaS 公司 80% 以上的收入都是靠客户成功取得的。按照这个逻辑，客户成功团队或者 CSM 的重要性是毋庸置疑的。然而令人惊讶的是，国内现在还有 SaaS 公司的 CSM 是兼职的，他们的角色定位不清晰，在公司里的地位和薪酬待遇也不高，其重要性甚至排在最后。

为什么会出现这样的结果？这很大程度上源于客户成功的定位问题，包括客户成功组织的自我定位和公司内部所给出的定位。定位决定了客户成功是一个战略性业务，还是一个可有可无的辅助业务，这又影响了 CSM 在客户心中的定位。错误的定位，不但使 CSM 自己感到迷茫，而且客户也不知道为什么会有一个称为 CSM 的人出现在他们的业务里面，更不知道该如何与 CSM 沟通和合作。SaaS 公司的本意是希望客户将 CSM 视为值得信赖的顾问和帮助他们实现业务目标的伙伴，现在由于定位错误，这一切都难以实现。

CSM 最常见的错误定位包括客服的另一个名称、被包装的技术支持、产品专家、客户助手等，这导致 CSM 对自我责任认知的错位和职业的尴尬。关于责任认知问题，我曾询问过很多 CSM，他们的回答基本一致：服务好客户，提高客户的满意度，这也是公司在招聘 CSM 时的岗位要求。但即使 CSM 的工作符合这些要求，所创造的价值也很难被看到，因为这很难与改善营收的目的关联起来。

令人不解的是，一家 SaaS 公司成立市场部门和销售部门是很自然的一件事，为什么建立一个正式的客户成功部门却那么难呢？究其原因，还是没有厘清客户成功的价值问题，具体来说是客户成功的 ROI 问题。因为销售的 ROI 很容易衡量，所以没有人对销售部门的定位有疑问。其实，客户成功的 ROI 也是可以衡量的，并且其 ROI 一点也不低于销售部门。要想改变客户成功的尴尬地位，需要从内部和外部重新定位客户成功。

那么，如何在公司内部改变客户成功的定位呢？很多 CSM 采取"讲道理"的方式，比如根据国外知名 SaaS 企业的客户成功实践，或者拿书本上的说法照本宣科，试图以此影响公司高层和其他业务部门的看法。在我看来，这样做基本上没什么效果。因为即使高层暂时相信了他们的说法，但如果最终没有对营收产生积极的作用，这些道理也只能停留在道理层面。客户成功的定位仍然无法改变，反而高层会更加确信客户成功的作用有限。

其实最管用的做法是，以改善营收的事实和数据说话，哪怕改进的指标数据并不是很高。记得我参加过的一次 QBR 上，客户成功团队在报告中提及了一个指标数据：本季度客户留存率提高了 30%，多挽留了 25 家有严重流失倾向的客户，按平均续费 10 万元计算，挽回损失 250 万元，对于公司来说相当于增收了 250 万元，减轻了向新客户销售 250 万元的压力。结果你也能想到，因为这一数据的影响，改变了整个客户成功部门的定位，不但减少了很多与改善营收无关的工作量，对客户成功团队的目标优先级也做了重新排序。

解决了客户成功的内部定位问题，外部定位问题就会迎刃而解。比如，客户原来把你当成了产品专家，但当客户再向你提出产品问题时，你就不会再就产品谈产品，而是反问客户想要获得什么样的业务成果。实际上，客户能够从与你共创业务成果的过程中感知到 CSM 给业务带来的帮助，就会将 CSM 视为可以信赖的顾问和伙伴、帮助他们实现业务目标的人。

客户成功通过主动的重新定位，可以摆脱尴尬的职业定位，从而成为一个改善营收的职业。

9.2.2 对客户成功定位的 10 种误解

尽管我们不断强调客户成功应该做什么和不能做什么，但目前在整个行业中，对客户成功的定位仍存在很多误解。其中有的是概念上的误解，有的是方法上的误解，还有的简直就是 CSM 自设陷阱。

所以无论你是新入职一家 SaaS 公司，还是作为成熟的 CSM 被分派了新的任务，先不要想着怎么把客户成功工作做好，而要先学会避免落入客户成功的这些"坑"。

1. 客户成功不是魔法

前面我们讨论过，只有"对"的客户，也就是有成功潜力的客户，才是客户成功的工作对象。虽然所有 SaaS 公司都宣称"以客户为中心"，但是对于那些没有成功潜力的客户，客户成功也无能为力。也就是说，CSM 在这些客户身上花费再大的工夫或做再大的努力，也很难将他们变成"有利可图"的客户。

因此，我们不应该要求和指责客户成功团队对这种客户的流失负有责任，因为客户成功并不是点石成金的魔法棒。

2. 客户成功不是"改头换面"的客服

说起客户成功，很多人最先想到的就是它只是一个部门，甚至认为客户成功部门与原来的客户服务部是一回事，就是为了迎合行业的时髦概念，直接改名而来。这实在是对客户成功的一个极大误解。那些只是改换名头而来的客户成功部门，不但失去了原来的服务功能，而且距离真正的客户成功要求也相去甚远。

所以最好是按照客户成功的目标和帮助客户成功的理念，重新建立一个真正的客户成功部门或团队。即使你已经有了一个客户成功部门，客户能否成功，也不只是这一个部门的事，需要通过所有部门的协作，帮助客户实现业务成果，为客户带来收益。而客户成功部门，只是深入客户群体中的一支队伍。

3. 客户成功不仅仅是客户管理

很多公司都有专门的客户管理部门或岗位，其主要工作包括：处理客户问题，对客户群收入数据进行统计和分析等。因为客户在客户管理部门的眼中只是一堆编号和数字，所以传统的客户管理对于改善公司的营收和增长起不到实质性作用。

SaaS 业务虽然也需要客户管理，但目的不同，SaaS 公司的客户管理目标是通过管理客户实现续约和扩展。但这也容易导致一个问题，即客户管理关心的只是续约和扩展收入，并不关心客户是否真正"成功"。所以只能说客户管理是客户成功的一部分，如果只靠客户管理，客户是不可能获得期望的成果的。

4. 客户成功不是客户支持

客户支持是技术公司提供的一种有价值的服务，所以就有人想到用客户成功代替客户支持。但是 SaaS 公司只提供技术支持是远远不够的，因为技术支持只能帮助客户正确使用产品或解决应用方面的问题，并不能保证客户的成功。这种想法的错误之处在于，它拉低了客户成功的作用。

本质上，客户支持是一种不连续的、随机的和补救性的措施，只有客户遇到问题或产品出现错误时，客户才会要求技术支持，而这与帮助客户实现他们预期的成果没有必然联系。虽然客户成功可能包含了客户支持内容，但客户成功并不等于客户支持。

5. 高水平客户成功的目标，不是避免流失和挽留客户

客户成功的目标难道不是避免客户流失、挽留将要流失的客户吗？在前面的章节中，我们的确讨论过很多关于 CSM 处理客户流失的方法。然而这只是客户成功的下策，也就是"消防员"式的客户成功。事实上，如果你每天都只这样做的话，那么客户成功的价值就无法体现，因为这种留存措施就像四处封堵漏水的桶一样，非常被动。

高水平客户成功的目标，并不是挽留即将流失的客户，而是不让客户达到即将流失的状态。要想实现这个目标，又需要回到客户成功的本质：帮助客户实现他们预期的业务成果。

6. CSM 不是客户联络人

很多 SaaS 公司也意识到与客户保持密切联系的重要性，于是 CSM 就被当成公司与客户之间的"联络人"。维护客户关系这件事本身是有意义的，但是 CSM 的作用并不在于此，否则客户成功很快就会变得毫无价值。我们也经常看到很多 CSM 有事没事就给客户发个微信、打个电话，甚至亲自上门到客户处

打卡。其实这些做法不但没有意义，还可能会损害公司的专业形象和服务承诺。

请注意客户成功定义中的一个关键词：互动。它的意思并不只是联系，而是强调与客户的共创过程，比如发现客户的下一个成功里程碑，并帮助客户尽快到达那里，这才是"互动"的真实含义。

7. 客户成功不是客户的保姆

到今天为止仍有很多 SaaS 公司把客户满意度、服务的星级评价、回答客户问题的数量等作为客户成功的首要 KPI，因此很多 CSM 就会变身客户的保姆或贴身服务管家，以求 KPI 过关。为客户提供热忱的服务，这本身无可厚非，也是值得提倡的，但必须考虑到效果、资源和成本等可持续因素。

客户满意了就不会离开，从而产生持续的复购，这在其他行业已经成为一项服务的信条。但是在 SaaS 行业，客户满意就会永远留下来这个结论已经被证实是非常不可靠的。因为客户只有在一种情况下离开的可能性才会最小，那就是他们实现了想要的成果。再者，SaaS 公司的客户数量都很庞大，承担不起那么多的保姆责任。

8. 客户成功不仅仅关注产品使用

帮助客户用好产品，是很多 CSM 的首要工作，但如果只关注产品使用，CSM 也没有存在的必要。因为除了 CSM 外，还有更多方法和工具可以帮助客户使用产品，比如 AI、数字化采用工具等。

如果把"帮助客户用好产品"当作 CSM 的主要工作，可能会得出一些错误的结论。比如，很多公司以用户活跃度来评判客户是否用好了产品，很多调查都已经证实：活跃度与客户留存的关系并不大。

9. 客户成功不能靠关系

包括一些资深的 CSM 都认为，客户成功也可以像销售一样，依靠与客户的良好关系，维持客户的成功。他们的逻辑听起来很合理，因为良好的关系可以让客户高兴，而一个喜悦的客户是不会离你而去的。

实际上，如果一位客户买了你的产品，但没有得到他想要的结果，这会令他在公司内部承受很大的压力，他怎么能高兴得起来？你去跟他搞好关系，可能在他看来就是想多拖延一段时间或再增加一个续费周期而已。

10. 满意度调查的陷阱

正是因为有前面对客户成功的种种误解，所以衡量客户成功成果，很多人认为最"公允"的方法是所谓的客户满意度调查。

发现客户不满意之处本来是件好事，但是这种调查方式如果运用不当，可能会引发严重的客户负面反应，也就是满意度调查陷阱。它的意思是，调查没有达到预期效果或漏掉了因其他原因不满意的客户，这可能会"激活"那些客户的消极情绪，从而使负面被放大和传播。但这不是说你不应该做这种调查，而是在调查之前应该确认客户的心理状态，如果发现这种负面客户，你要做的是与他们联系并帮助他们解决问题，而不是调查。

9.2.3 永远的售前

在传统的软件企业中，通常都设有售后服务部门。因为没有软件产品是完美的，客户总是需要服务或技术的支持，企业软件才能被正常地使用下去。与传统软件的业务模式不同，SaaS 公司很少设置专门的售后部门，因为 SaaS 业务需要的是永远的售前。也就是说，在订阅业务中，并没有所谓的售后服务，所有活动都是售前活动。这是因为只要客户没有流失，"下一次销售"就会一直发生，或者是续约，或者是扩展。而为了下一次销售的成功，所有客户成功工作都是售前活动。

可能有些售后服务人员并不同意这种说法，因为用户确实需要技术支持或其他形式的售后服务。其实这并不矛盾，从客户成功的目标来看，这些"售后"服务所产生的效果，比如帮助客户使用起来，提高客户满意度等，恰好也是"下一次销售"的售前。因为如果没有这些售后形式的售前，下一次销售就很难成功。

对于从传统售后服务转型而来的 CSM 而言，理解 SaaS 业务"永远的售前"非常重要。他们中很多人原来都认为，只要像以前那样努力服务好客户，只要提升客户体验和满意度就够了。然而抱有这种想法的 CSM 的工作业绩很难被组织认可，因为如果 CSM 的工作与留存、续约和扩展挂不上钩的话，他们的工作就没有为公司带来实际价值（营收）。而有了"永远的售前"的工作理念，客户成功组织的目标、绩效、流程和方法都会重新思考和设计。

9.2.4　客户成功在初创公司的定位

经常有初创 SaaS 公司的创业团队问我：公司才刚刚起步，业务还需要更多探索，这时客户成功会有用吗？是不是等公司再发展成熟一些，再考虑客户成功的事？

初创公司不需要客户成功的想法是错误的，相反，SaaS 公司在初创阶段更需要客户成功，理由如下：

（1）初创阶段客户不仅少，且更容易流失

因为初创阶段的 SaaS 公司对行业、业务、客户等方面的经验还有所欠缺，所以客户更加不稳定和易流失。一旦仅有的客户流失，你的客户验证就需要重新开始，这肯定会影响创业的进程。

（2）只有客户成功了，你的创业才可能成功

这是一个绕不过去的规律和前提，虽然与公司处于什么阶段没有关系，但是越早帮助客户成功，你的成功机会才能越大。

（3）与客户互动的需要

只有通过 CSM 与客户的互动，才能深入探索和了解客户，真切地感知他们想要实现的成果是什么，这个过程本身就是积累宝贵经验和产生洞见所必需的。

（4）减少客户摩擦

早期的产品方向与客户成果的契合度普遍不高，这就不可避免地会产生客户摩擦。通过 CSM 与客户的实际接触，可以发现可能存在的摩擦点，并通过改进产品来消除它们。

（5）建立客户文化

CSM 作为 SaaS 公司与客户之间的服务桥梁，拉近了与客户的距离。只有关注客户并了解客户的想法，才能从一开始就真正建立以客户为中心的客户文化。

所以，尽早建立客户成功团队对于初创 SaaS 公司是非常重要的。只是在公司的初创阶段，投入的客户成功资源并不需要一次到位地完全配置，而是可以由少到多。很多公司开始只有两三个 CSM，但即便如此，也比一个都没有要好很多。

9.3 建立客户成功组织

既然客户成功对于 SaaS 公司如此重要，那么 SaaS 公司应该考虑建立一个正式的客户成功组织了。

9.3.1 何时开始建立客户成功组织

初创 SaaS 公司并非一开始就需要一个正式的客户成功团队（Customer Success Team，CST）。这里所说的"正式"，主要包含两个方面：一是 CSM 的数量，二是客户成功的规范和流程。如果一开始就创建一个正式的团队，除了消耗创业资金外，效果也不一定好。因为此时的重点不是客户留存或增长，而是验证和确认所选择的创业领域是否行得通。推荐的做法是，在初始产品上线之后，招聘少量的 CSM，比如一两个成员就足够了。而且他们的工作内容也以接触客户、解答问题和搜集用户反馈为主，这时甚至不能称其为真正意义上的 CSM。

那么，SaaS 公司何时需要组建正式的 CST 呢？有以下几个参考条件。

- 客户数量达到一定规模时，比如超过 100 家。
- 客户流失率大于某个门限时，比如月流失率大于 10%。
- 新客户销售速度放缓，或者开始下降时。
- 获客成本过高时。
- 扩展收缩到某个门限之下时。
- 开始对客户进行划分或者产品跨多个行业时。

当出现上述一种或几种情况时，就需要考虑建设正式的 CST 了。因为少数 CSM 已经无法满足发展的需求，而这些问题需要一个系统化的解决之道，即完整的客户成功组织。按照对"正式"的理解，此时需要的是逐渐健全客户成功规范和流程。至于 CSM 的数量，并不需要一次招全，随着客户数量的增加以及经验的积累，后面的招聘会更加精准。

9.3.2 客户成功的中坚力量：CSM

CSM 是客户成功组织最基础的执行角色。也可以说，一家 SaaS 公司的客户成功组织的能力强弱，很大程度上取决于该组织内的 CSM 水平，CSM 构成了客户成功的中坚力量。随着更多 ToB 业务从交易型模式向订阅型转变，留住客户成为所有 SaaS 企业的核心，CSM 也成了一个热门的职业。2019 年，领英（LinkedIn）关于"最有前途的职业"调查排名中，CSM 位列第 6。

在不同的公司，CSM 可能还有其他各种称谓，如客户经理、客户支持、客户专家等。称呼可以不同，但业务目标和业务方法必须是相同的。因此，如何打造一支高效的 CSM 团队，对于公司的营收乃至发展都至关重要。

实际上，CSM 还可以进一步细分。大体上可以归纳为以下 5 种典型形式。

1. "消防员" CSM

在 SaaS 公司的早期阶段，包括客服、产品支持、售后、续约等所有工作，都会落到 CSM 身上。因为缺少专业的流程以及服务资源有限，这个时期的 CSM 主要扮演了"消防员"遇到问题解决问题的角色。

这样做的好处是，CSM 是"一站式服务"，客户的所有问题都能一次性解决，而无须等待不同的专业服务人员，这在一定程度上保证了基本的客户体验。而消防员型 CSM 带来的最大问题是，"救火"模式很难形成服务的规模化，即使 CSM 是个多面手，也很难扛住全部的压力。

2. 以销售为导向的 CSM

如果一家 SaaS 公司的产品复杂度较低，比如工具型 SaaS，那么该公司要解决的首要问题是高度竞争环境下的收入规模化和销售效率问题。收入来源除了新客户外，更重要的是既有客户的续费和增购，销售毫无疑问成为 CSM 的工作重点。

这样做的好处是，CSM 可以确保续约的成功。当然坏处也是很明显的，这可能会在客户中产生负面的"销售"印象。

3. 面向服务的 CSM

如果一家 SaaS 公司业务成熟且产品复杂度中等，则 CSM 的业务重点在于服务，这也是大多数 SaaS 公司 CSM 的基本状态。随着客户数量的增加和客户接触频率的提高，公司需要有更多的 CSM，以达到服务标准。

4. 与销售集成的 CSM

在针对大客户或行业的复杂销售中，POD 是一个常用的销售模式。一个 POD 小组中，除集成了 SDR 和 AE 外，CSM 也是一个重要的成员角色。

与销售集成的 CSM 比普通 CSM 的要求更高，他们除了需要熟悉自己的产品或解决方案以外，还需要懂得客户的业务语言，了解客户业务，在实际签约之前，就能从客户成果的角度让客户相信你的产品或解决方案可以帮助他们获得价值。

5. 专家型 CSM

如果一家 SaaS 公司的产品或解决方案非常复杂，就需要专家型 CSM 支持销售和客户成功。与 POD 中的 CSM 不同的是，专家型 CSM 并不会绑定在某个 POD 中，因而他们的模式具有更大的可复制性，其效率也相对较高。专家型 CSM 的缺点是，绩效评估比较困难，不容易计算岗位的 ROI。

虽然上述几种 CSM 形式没有优劣之分，但是作为 CSM，必须明确自己的职业发展方向，即使从消防员型 CSM 做起，也要努力向专家型 CSM 发展。另外，即使处于面向服务的 CSM 状态，也必须清楚一个理念，那就是将客户成功的业务前移，而不是被动地在后端等待。

9.3.3 优秀的客户成功领导者的特点

开始正式招聘时，最好先招对 CST 的负责人，借助他的经验和能力，组建的 CST 会更稳定，上手也会更快一些。反之，一旦负责人招错了，对客户成功组织后期建设的影响会非常大。

但在实际招聘中，主要考察的是候选人的行业资历和带团队的经验，这些固然重要，但并不是一个 CST 领导者的充分必要条件。那么，对于客户成功负责人，应该如何甄别呢？可以参考以下优秀的客户成功领导者的几个特征。

1. 以增长为目标

优秀的 CST 领导，会全面看待收入的增长，并以增长为目标。比如他们不会只满足于让客户待得更久一些，而是把扩展率的降低视为一种风险；又比如他们无一不把 NRR 作为关键的业绩指标，紧盯客户成功的阶段性里程碑，并从中发现增购的机会。

2. 以成果为导向

低水平的 CST 领导试图通过平息客户的抱怨、提高客户满意度来维持留存率。而优秀的 CST 领导则以成果为导向，通过帮助客户实现他们的业务成果来提升自己的 NRR。普通的客户成功领导眼中只有客户的问题，而优秀的客户成功领导则紧盯客户的业务成果，这就是二者最大的区别。

3. 效率优先

低水平的 CST 领导会在一张问题工单上花费大量的时间，直到把问题彻底解决为止。而优秀的 CST 领导则认识到大多数情况下客户是主要责任人，CSM 只处于辅助地位，所以不会把所有工作都揽到自己身上，他们更善于利用技术和知识解决客户问题。

这并不是一个小问题，因为两种 CST 领导的效率相差数倍之多，这对于公司来说就是数倍的成本问题。

4. 计划能力

一个不善于做计划的 CST 领导，会经常被客户问题搞得手忙脚乱，这样不但效率低，效果也不会太好。

而一个有计划的 CST 领导，应该能够告诉客户在未来的一个月、两个月将会发生什么，CST 需要配合做哪些工作，才能实现这些目标。相对于客户数量来说，CSM 的数量在任何时候都是紧张的，所以计划能力就是一个 CST 领导极为重要的能力之一。

5. 使用数据的能力

所有优秀的 CST 领导无一不善于利用用户数据进行管理和规划。比如根据 CHS 数据、工单、新产品发布计划，排定 CST 未来一周、一个月、一个季度的工作计划。

9.3.4 不要盲目扩张

经过前面的努力，你已经可以从无到有地建立一支能发挥作用的 CST 了。如果运行顺畅，公司的客户数量也会有一个量的飞跃，比如从几十家变成数百或数千家。这就到了该扩大客户成功组织的时候了，比如从需要几名 CSM 到需要数十名，把一个 CST 变为规模更大的与产品、销售部门相当的组织。

不过，CST 的扩大阶段也是最容易失控的，比如在留存和扩展方面的效率和效果可能随着 CSM 数量的增加而变低，还可能要开启更大规模的"救火模式"。这是因为两三个 CSM 面对几十家客户与几十个 CSM 面对成千上万的客户，根本就不在一个量级上。所以在扩大客户成功组织的过程中，务必要规避相关风险，可以重点关注以下几个方面的建设。

1. 领导力与客户成功文化

与 SaaS 的销售业务相比，客户成功缺少像目标销售额那样的明确指标，这也说明客户成功更加难以量化和衡量。要想让客户成功组织有好的绩效，领导力和客户成功文化是极为重要的。

这里的领导力，是指制定清晰、可持续的指导方针和策略，只要客户成功组织遵循这些指导方针和策略，客户成功的目标就能实现。

而客户成功文化，是 SaaS 企业特有的文化。相比一般意义上的企业文化，客户成功文化更像是对纪律的自觉遵守，比如注重与客户互动的方式、流程和行为规范，以帮助客户成功为己任。良好的客户成功文化，对于客户成功具有重要的意义。

2. 客户生命周期的指标、管理和计划

由于客户生命周期较为漫长而且过程复杂，如果允许 CSM 任意而为，客户就很难实现其业务成果，所以需要实施客户成功管理，包括客户生命周期的指标、客户成功计划、旅程阶段、成功里程碑等重点内容。

3. 教练与培训

早期的 CST 成员将从 CSM 具体工作中脱离出来，转为教练的角色，这样可以帮助新 CSM 快速熟悉和掌握客户成功管理的内容。

培训与考核是客户成功组织扩张阶段的重点。除了内部培训，也需要参加外部客户成功的交流活动，以及引入外部的培训，这些可以起到拓宽视野和纠正错误认知的作用。

9.4 CSM 的招聘与薪酬

一个客户成功组织建设得好与不好，首先取决于两个重要的基础因素，即 CSM 的招聘和薪酬设计。

9.4.1 CSM 的招聘标准

组建 CST 时，一项非常重要的工作是 CSM 招聘。现在很多 CSM 招聘对岗位要求描述得非常笼统且常规，比如要求有几年的 CSM 经验，善于与客户沟通，具有服务意识等。

实际上，由于每家 SaaS 公司的成熟度、所在行业、产品和岗位不同，如果仅按照这些常规要求，很难招到合适的 CSM。并且不是所有 CSM 承担的工作都是相同的，因此，CSM 的招聘比预想中要复杂得多。尽管近来各大招聘网站上有很多 CSM 的应聘者，但从中找到真正合适的仍然并非易事。因为你要招聘的不是水平最高的 CSM，而是与公司发展阶段最匹配的。

又因为很多招聘方自己也没有招聘标准，所以只能以工作年限等常规要求

为标准，但是在 SaaS 这样一个不成熟的领域，3 年经验还是 1 年经验的区别并不大。评价一名 CSM 候选人是否合适，你不可能做到面面俱到，但也有快而准确的初筛方法，比如着重考察以下 3 个方面。

1. 客户服务能力

客户服务是优秀 CSM 所需的最基本能力，主要体现在沟通、演示、帮助和关系维护等方面的技巧，以及过去在客户关系管理方面的经验上。

2. 产品技术能力

CSM 需要从用户的角度了解自家产品技术，将自己定位为该技术的高级用户，使客户确信该技术的未来先进性，能够帮助他们以最优的方式实现其业务目标。

3. 业务职能

好的 CSM 必须了解客户的运营细节、业务内容和行业知识，这样可以在产品技术和客户目标之间建立连接，拥有这种能力的 CSM 常常被客户视为业务伙伴和可信赖的顾问。

即使把评价维度缩小到 3 个，也有可能招到不适合的 CSM，所以还需要在每个维度上设定一个标准。初创 SaaS 公司在具体的标准设定上有一个简单的窍门，那就是在公司现有的 CSM 中抽象出每个维度上的最高水平作为刻度。也就是说，要招聘的 CSM 必须在公司最高水平之上，这样的 CSM 招聘才有意义。

如果你是一家成熟的 SaaS 公司，那么招聘的标准还要更高、更具体，因为此时 CSM 的数量不是主要问题，关键在于能够解决目前的客户成功面临的业务障碍。比如，先判断公司在客户成功的三大基石中，是采用薄弱，还是扩展遇到问题，抑或留存有问题，所招聘的 CSM 必须能够填补当前业务能力的短板。

一旦确立了 CSM 招聘时重点考察的能力维度和标准，就可以设计面试的问题和评估标准，之后 CSM 的招聘就容易得多，也更容易招到适合的 CSM。

9.4.2 CSM 的行为分类

建立 CST 需要招聘 CSM，而 CSM 也有多种类型，每种类型各有强项。从 CSM 的行为分类来看，CSM 大致可以分为 3 种类型：被动型、攻击型和自信型。在 CSM 的招聘过程中，首先要识别出这 3 种行为类型的 CSM。

被动型 CSM 是招聘中遇到最多的一类。他们的特点是，极易被客户的问题或情绪所影响，并被客户的想法牵引，即使明知道是陷阱也会跳进去。他们试图通过解决或应付所有的问题来取悦客户，以此换取自己在公司内的口碑或绩效。被动型 CSM 的优点是易于管理，不容易与客户发生冲突，且具有良好的服务意识。但他们的弱点也很明显，比如在无意义的事情上花费了大量时间和精力，承诺了太多力所不能及的工作，因而可能会损害公司的利益。

与被动型 CSM 相反，攻击型 CSM 认为客户的使用水平不行，因此将自己的想法强加给客户。尽管这类 CSM 比例不大，但对公司造成的伤害远超过被动型 CSM。无论他们的实际水平如何，缺乏同理心和与客户共情的能力，是客户成功的大忌。如果遇到强势的客户（多数情况下都是如此），他们很容易忘记原本的客户成功目标，进而与客户形成对立关系。这会导致什么样的后果，不言而喻。

自信型 CSM 有时与攻击型 CSM 并不太容易区分。他们同样引导客户按照自己的想法行事，但更注重客户的业务目标和利益。当与客户产生方向上的偏离时，他们会立即进行干预。这尽管可能导致客户的不快，甚至在解决问题时与客户发生冲突，但这些都是暂时的。当客户实现了业务目标时，客户会对自信型 CSM 的坚持表示感谢。但如果确实是自己的建议错了，自信型 CSM 也会主动承认并修改计划。

显然，自信型 CSM 是招聘的主要目标，其次是被动型 CSM，应尽量避免招到攻击型 CSM。

9.4.3 CSM 的薪酬原则和要素

因为客户成功领域仍在快速发展中，加上 CST 中的角色多样化，所以很难给出一个放之四海而皆准的"合理"薪酬方案。不过无论采用什么样的薪酬方案，都有一个基本原则，即 CSM 的薪酬方案不应是固定的，而应该包含可变薪酬。

因为客户成功的业绩主要体现在采用、留存和扩展这 3 个部分，所以客户成功可变薪酬的设计，也必须围绕这 3 个部分的指标。要想设计得更合理，还需要根据以下要素进行调整。

1. 业务侧重

处于不同发展阶段的 SaaS 公司的业务侧重有所不同，比如有的阶段侧重于流失，而有的阶段侧重于扩展。这就需要根据侧重点调整可变薪酬的权重，侧重什么就激励什么。

2. 岗位角色

大公司的客户成功组织通常还会进一步细分角色。比如除了通常的 CSM 以外，还可能设置续约岗位、扩展岗位、支持岗位，不同的业务岗位应设计不同的薪酬方案。

3. 客户分级

如果公司对客户进行了分级，比如大企业客户、中型企业客户和小微企业客户，并按照不同的分级配置了不同水平的 CSM，那就需要按照不同的级别设计不同的薪酬。

总之，客户成功薪酬设计应该是动态的，而不是一刀切的。无论设计什么薪酬考量指标，都需要基于实际数据进行衡量和评价，这些数据基本上都能在 CHS 中找到。

9.4.4　CSM 的薪酬计划

在基本薪酬原则和考量要素的基础上，可以设计一个完整的客户成功薪酬计划。CSM 的薪酬计划主要包含以下几个构成要素。

1. 目标留存 ARR

由于 CSM 的目标计划是根据留存目标制订的，因此 CSM 的薪酬计划也应按照目标留存 ARR 制订，该指标包含续费和增购的收入。许多公司对销售有目标销售额要求，但对客户成功却没有与收入挂钩的目标，这是非常不合理的，这也是造成目前 CSM 薪酬计划难以制订的主要原因。

不过也有人认为，目标留存 ARR 不宜与 CSM 的个人业绩挂钩，只能与整个客户成功团队的绩效挂钩，因此无法像考核销售那样考核 CSM 的留存收入目标。事实上，在成熟的 SaaS 公司，给每个客户都分配一名或多名 CSM，留存 ARR 绩效完全可以关联到 CSM 个人，因此每个 CSM 的目标留存 ARR 都是可以考核的。

2. 目标总收入（OTE）

目标总收入（On-Target Earnings，OTE）即 CSM 的薪酬总收入，也就是在 CSM 招聘时说明的岗位总收入。OTE 通常包括两个部分，即固定工资和可变收入，可变收入是根据绩效完成情况所获得的收入，比如提成、奖金等。

3. 比例关系

OTE 既然包括固定工资和可变收入，那就需要定义二者的比例。比如，工资占比 70%，可变收入为 30%，对于有能力的 CSM，通常后者更有吸引力。

那么，对于 CSM，固定工资和可变收入的比例应该是多少才合适呢？这取决于 CSM 的不同细分岗位，细分岗位有普通 CSM、续约 CSM、管理 CSM 等。

不过，CSM 不同于销售，比例关系并不能完全用留存 ARR 来决定，因为他们还有其他目标，比如降低客户流失率。所以，可变收入部分的比例不能像销售那么大，你可以试着对其进行设定和调整，自行定义其中的激励和处罚内容。比如一位 CCO 告诉我：他们公司对续约 CSM，奖励高达 20% 的年续费。想想这还是非常有道理的，公司没有多花任何成本，凭空获得了另外 80% 的收入。

9.4.5　CSM 的招聘与应聘技巧

无论处于什么发展阶段的 SaaS 公司，都需要合适的客户成功人才。但现实情况是，很多 SaaS 公司在客户成功人才的招聘上从一开始就存在问题，这反过来导致了许多应聘者采用错误的应聘方式。最终的结果是客户成功团队的水平没有提高，稳定性也更差，人才流动性增加，进而需要更多的招聘工作。

1. 如何招聘到合适的 CSM

很多 SaaS 公司的 CSM 招聘，无一不是招有大公司工作背景、多年工作经验且能力超强的"全才型"人才。这种招聘思路看起来合乎常理，但实际情况并非如此。首先，这种人才的薪酬成本很高。其次，他们在现阶段可能发挥不了关键作用，也就是说现阶段很难提升留存收入。最后，这种人才在融入现有客户成功团队时也存在较大阻碍，很难快速提升客户成功团队的整体能力水平。

虽然我们定义了 CSM 的能力水平框架，但每家 SaaS 公司由于处于不同阶段，对细分业务能力的要求不一样。有的侧重于采用，有的更关注续约，有的要求更强的增购能力。因此，"全才型"未必比"专才型"更能发挥作用。此外，全才型 CSM 可能与现有团队的运营产生冲突。我们经常看到，新招聘的全才型 CSM 大多"新官上任三把火"，制定了与现阶段不符的制度、指标和 SOP 等。然而，由于受制于当前条件以及原有团队成员的配合，很难真正推行起来。

CSM 招聘的另一个极端是完全按照所谓的员工总数招聘，只要有了职位空缺就立即补齐。这在成熟行业和熟练岗位上可能没有问题，但对于 CSM 来说，这种招聘方式非常不合适，只是为了招聘而招聘，至少浪费了提升客户成功组织能力的机会。

实际上，无论是全才招聘还是填坑式招聘，对于 SaaS 公司来说都是不合适的。客户成功人才的招聘必须考虑两个核心问题：一是与公司现阶段状态相适应，二是对所招聘人员能力的重新定位。

之所以强调与现阶段要求相适应，是为了实现增长。在每家 SaaS 公司的不同发展阶段，对客户成功业务的三大基石——采用、续约和扩展（增购）——一定有一个侧重点或发展的先后顺序，而不是平均用力。比如，如果发现大部分客户在一年内流失，甚至购买后根本没有启用，那么很可能是由于采用业务的问题，而与续约和扩展暂时没有关系。所以，此时的招聘需要侧重于擅长采用业务的 CSM，而不是全才型 CSM。同样，如果发现留存收入受制于续约或扩展业务，那就需要招聘相应的专才型 CSM，如续约专家、挽留专家或扩展专家。这些细分业务的增强，有助于对所招聘人员的能力进行重新定位，同时容易产生立竿见影的效果。

2. CSM 如何有效应聘

只有理解了招聘方深层次的需求和招聘思路，应聘者才能有效地应聘。现实中大多数 CSM 应聘者并未考虑这一点，而是把自己打造成全才型 CSM，而非招聘方所期望的细分业务专家。这种应聘策略的问题在于，要么不符合招聘方的需求而导致应聘失败，要么即使应聘成功，也会按照招聘方的期待对整个客户成功业务大包大揽、重新规划，而想在一个新环境下成为一个变革者，失败是大概率的，在这个岗位上很难干得长久。

作为应聘者要知道的是，招聘方"想要的"与"需要的"其实并不是一回事。如果按照"想要的"去准备应聘，就可能会导致上述结果。所以，正确的应聘思路应该是了解招聘方当前阶段的业务要求，找出招聘方真正需要的是什么，才有更大概率应聘成功。不过，招聘方真正需要的内容通常不会出现在职位描述上，需要你从其他渠道进行了解，或者根据公司当前的状态来准确判断。

9.5 客户分层与 CSM 资源配置

所有客户成功组织都会面临 CSM 资源的合理配置问题。靠"拍脑袋"配置 CSM，要么资源不足而影响客户成功的效果，要么资源过量而加大了服务成本。

所以 CSM 资源配置必须讲究方法，而对客户进行分层，就是一种有效的配置方法。

9.5.1 为什么要进行客户分层

大部分客户成功组织都在努力应对高流失率、高收缩率、低扩展率问题。在这个过程中，有限的客户成功资源很快就出现捉襟见肘的局面。比如救火型的 CSM 疲于应付各种客户问题，而实际的效果并不理想，这就难免使 CSM 产生倦怠甚至造成人才流失。

之所以会产生这种问题，主要是因为整个客户成功组织在所有客户身上平均用力，即不考虑哪些客户依赖哪种形式的客户成功。

如果能够对客户进行分层，然后配置合适的 CSM，这个问题就有解。

9.5.2　为什么传统客户细分不再有效

实际上，也不能说目前对客户完全没有区分，比如按照大客户和小客户划分也是一种区分。不过在客户细分与资源投入的逻辑上，始终还是采用传统的方法，比如按照客户规模、贡献或行业进行分类。现在已经证明这些传统细分方法不再有效了。

按照传统客户细分方法配置客户成功资源，看似有一定的合理性。比如，按客户规模和贡献配置，因为大客户对 SaaS 公司收入的贡献大，当然要投入优质的 CSM 资源把他们"照顾好"；而对于低价值的中小客户，就不值得投入太多 CSM 资源。反过来，也要求投入大量 CSM 资源的客户必须有高价值的回报。

事实上，大企业通常有自己的 IT 部门，大部分问题并不需要求助外部 CSM。在这种情况下，配置给他们更多或更优的客户成功资源反而是一种浪费。

按行业配置相同的 CSM 资源也存在类似问题，即使行业相同，不同企业的信息化水平也可能存在较大差别，CSM 资源在帮助客户实现业务成果时的作用会有较大不同。比如，你的 SaaS 产品提供的是项目管理服务，那么对于设计院和建筑施工企业这两种客户来说，体验上的差别可能很大，他们对 CSM 资源的依赖程度和要求也会不同。

因此，为了更精准地配置客户成功资源，就需要有新的客户分层标准。

9.5.3　客户分层的新标准

既然不适合以客户规模和贡献作为分层标准，那就需要找到新的标准。好消息是，最近行业内确实提出了一个新的客户分层标准，那就是从适合的客户体验（AX）的角度，对客户进行进一步细分。根据这个标准划分的结果，能够更加准确地配置不同数量和不同能力水平的 CSM。

这种分层方法的依据是，不同的客户群体使用相同的产品或服务，在实现所期望的业务成果的过程中，他们的 AX 相差巨大，从而影响了持续使用的意愿。比如，你是一家提供 CRM 的 SaaS 公司，对于科技企业和生产制造企业的客户来说，他们使用你的 SaaS 的 AX 是完全不同的。如果采用一个通用的客户成功方案，对于改善客户的体验就没有什么帮助。

再以建筑行业为例，从 AX 角度来看，设计院和施工单位需要的客户成功方案显然也是不同的。

需要说明的是，基于 AX 对客户分层的目的，并不是为每个客户分别制订个性化的客户成功方案，而是说，只需要根据现有 AX 分类，在不同的成功计划中配置对应的方案即可。

9.5.4　通过客户分层估算与配置 CSM 的数量

你去任何一家 SaaS 公司都会发现，工作量最饱满的总是客户成功部门，似乎配置再多的 CSM 都不够用。那么，一家 SaaS 公司究竟应该配置多少 CSM 才合适？

目前，大部分 SaaS 公司按照年度经常性收入（ARR）划分客户，通常将客户群分为三个层次：大型企业、中端市场和小微企业。收入贡献多者将获得更多 CSM 资源，以至于 SaaS 公司的客户成功资源分配向大型企业和中端市场倾斜，小微企业基本上得不到 CSM 资源。

虽然单个小微企业的收入贡献很低，但考虑到长尾效应和庞大的数量，这些客户加在一起就构成了不容忽视的收入占比。如果不对小微企业投入 CSM 资源，会导致它们迅速地大量流失，从而影响公司的收入和增长。你可能会认为小微企业数量过于庞大，所以很难经济有效地管理这些客户的成功。但是，不投入资源与难以管理是两回事。其实，合理投入 CSM 的前提是合理的 CSM 配置估算。

统计表明，国外 SaaS 公司配置 CSM 的标准大约是每 200 万美元的 ARR

配置一名 CSM。虽然不清楚这个数字是如何得出来的，但仅按照 ARR 配置 CSM，这种方法忽略了业务的不同复杂度和客户成功潜能的差异。

那么，究竟应该如何更合理地估算 CSM 的配置数量呢？借用软件工程中的工时估算方法，再结合我们上面讨论的 AX 客户分层标准，可以相对准确地估算出所需 CSM 的数量。

在满足不同 AX 的前提下，这个过程只需要以下几个简单的参数。

- C1：一位 CSM 每个月直接花在客户身上的工作小时数，不包括如开会、做文档、学习等非直接用于客户的时间。
- C2：一位 CSM 每个月平均花在一家客户身上的工作小时数。
- C3：公司现有的客户数。

$$所需的 CSM 数量 = C3/(C1/C2)$$

例如，C1 为 125 小时，C2 为 2 小时，C3 为 2000 家客户，则公司需要 2000/(125/2) = 32 名 CSM。

这个估算结果还有些粗，如果想计算得更准确的话，就需要考虑到客户分层这一要素，也就是按照 AX 进行分组，在每个分组的内部重复应用上面的公式。

尽管这个计算过程有些烦琐，还需要采集更多数据，但考虑到精准估算带来的效率和成本收益，还是非常值得的。其实，计算过程本身就是对 CSM 资源的数据盘点和配置的细致思考。

9.6 客户成功的业务要点

一个客户成功组织若想取得优异的绩效，除了具备足够的客户成功资源外，还需要训练并养成良好的业务习惯，即必须掌握客户成功的业务要点，才能使自己和客户共同获得成功。

9.6.1 转被动为主动

无论是新建的，还是有经验的客户成功团队，所面临的最大问题就是"被动"的习惯。可以说，被动已经扎根于很多客户成功组织的文化中，比如被动地响应、被动地变更、被动地处理各种客户问题。这种忙于被动应付的救火式客户成功，已经超出大部分 CSM 的能力边界，以至于招聘再多的 CSM 也不够用。现在必须结束被动状态，而转为主动方式，客户成功才能真正成功。

那怎样才能做到呢？以下 5 点可以帮助你快速地由被动转为主动。

1. 客户成功的优先级

客户成功团队之所以处于被动状态，一个主要的原因是没有排序优先级，也就是对客户没有"区别对待"。这听起来似乎与客户成功的理念有冲突，因为帮助所有客户成功是 CST 的工作信条。不错，每个客户都很重要，但我们必须面对现实：并非对每个客户的行动，都能产生相同的投资回报率。所以你必须降低某些客户的优先级，明确什么是有必要做的，什么不是。事实上，在被动状态下，大部分消耗 CST 时间和资源的请求，往往来自那些低优先级的客户。

降低优先级并不是要你忽视那些客户，而是让你看清所消耗的资源去了哪里。同时将资源从那些对收入影响低的工作转移到积极主动的高影响活动上，这种转移将可以释放宝贵的客户成功资源，CST 也能获得更好的绩效。

2. 客户成功目标具体化

在 CSM 的所有活动中，那些漫无目的的"服务"，无论是对于整个组织，还是对 CSM 个人，都没有一点好处。首先，这种服务的效果无法明确说明是因你的工作产生的；其次，组织对这种服务也没有明确的考核指标。

很多客户成功的目标过于偏颇或者笼统，比如提高用户活跃度，投诉率降低 10%，帮助客户发现和使用产品的价值；还有更宏大的，比如帮助客户成功。这些目标要么执行起来没有得到想要的效果，要么无法落地。

所以无论是对 CST 还是 CSM，都必须让目标具体化。比如，下个季度的目标是提升客户参与度 15%，流失预警的准确率提高 5% 等，然后围绕这些细化的目标制定或修改成功计划。这种目标不但容易考量，还能看到带来的切实收益。

3. 对齐客户成果

虽然目标排序优先级和目标具体化的道理谁都懂，但还是有很多 CSM 负责人会问：如何知道哪些目标是必须设定的，而哪些目标要排在优先级列表的前面？

这里有一个非常简单的判别方法，那就是只要是与实现客户成果直接对应的内容，都应该纳入高优先级和目标设定的范围，反之它们就不属于你的主动战略。

4. 再小的成功也值得庆祝

成功挽留一个即将流失的大客户固然值得庆祝，但是这种机会并不容易遇到。实际上，在帮助客户成功的过程中，更多的是那些较小的成功，它们其实更应该庆祝。比如通过团队的努力，客户参与度在上个季度终于提高了 10%，这样的庆祝累加起来，更有助于增强团队从被动转向主动的信心。

5. 依靠数据的可视化

如果没有数据的可视化，即使想发挥业务主动性，也是有心无力，因为你根本就没有发力的方向。借助数字化的客户运营平台，你可以通过数据跟踪并验证预定的目标和指标状态，以决定主动出击的方向，以及采取措施的合适时机。

9.6.2 提高客户参与度

对于像软件那样的交易型业务，并不存在客户参与度的概念，因为软件一旦签约交付，供应商就与客户脱离关系了。但是对于 SaaS 业务来说，客户参与度是非常重要的。因为在整个客户成功过程中，如果没有客户的参与，仅靠客户自己或 CSM 单方面完成工作是不可能的。可以说，CSM 的绝大部分工作都是在与客户的交互过程中完成的。在客户生命周期中，客户的大部分时间都在与 CSM 互动。通过 CSM 与客户的共创，帮助客户实现预期的业务成果，这个过程如图 9-1 所示。

客户参与并不是一个独立的过程，而是指多种与客户互动的方式和活动，比如发送一封邮件和回复，推介一项新功能，应答一张工单，召开一次高层汇报会等，都算是客户参与和互动。

图 9-1 CSM 与客户的互动过程

很多人对客户参与抱有疑虑：这种客户参与的互动过程，岂不是会消耗更多的客户成功资源？理论上是的，但在实际的操作过程中未必如此。首先，CSM 只会在必要的"关键时刻"发起与客户的联系。其次，互动的流程、模板和工具等内容都是预先准备好的，并不会为每位客户重新做一次。最后，可以借助如视频、AI 等技术，在某些环节用 AI CSM 替代人工 CSM。

所以，CSM 资源并不会成为问题，而如果客户的参与度较低，才是最大的问题。这将导致 CSM 的工作根本无法开展。比如，你发了邮件却没有得到回复，你安排的高层汇报会被不断延期。因此，客户成功的前提是如何提升客户的参与度。事实上，大多数客户成功组织都将客户参与度作为一项重要的 KPI。提高客户参与度的方法可以总结为几个方面。

1. 站在客户的立场

许多 CSM 抱怨客户很少回复他们发出的消息，其中绝大部分原因是 CSM 站在自己的角度，而不是客户的立场。所谓站在客户的立场，就是"急客户之所急"，这是一个放之四海而皆准的道理。比如，客户正在为数据分析出错而着急，你却发起了一个续约沟通会，他们怎么可能会响应你？

想要从客户的立场出发发起互动，首先需要了解客户当前所处的旅程阶段以及该阶段通常会遇到的问题；或者，通过运营平台的数据，发现客户可能遇到的问题。这时提供的建议，很有可能会引起客户的兴趣。

2. 目标明确

每发一封邮件，每发起一次高层 QBR，你都必须目标明确，不能为了互动而互动。比如，按照计划确实需要召开一次 QBR，但如果没有明确的目标，就没有召开的必要。这样既节省了自己的时间，也节省了客户的时间。

3. 找对角色

以往做软件业务时，客户方的所有问题都集中到 IT 部门，再由 IT 部门转交给最终用户，对接人列表里很少有最终用户的名字。SaaS 业务再这样做就不行了，因为对你的 SaaS 最有发言权的不再是 IT 人员，而是业务用户。

因此，必须找对角色，即互动沟通的对象必须是实际使用你产品的业务人员。请业务人员参与的另一个好处是，能让他们感觉得到了重视，从而认为你是来帮助他们实现业务目标的，这样他们的参与度自然就会提高。

4. 以客户可接受的方式

现在与客户的沟通方式越来越多，比如电话、微信、视频会议和客户现场会议等。如果没有统一规划，每个 CSM 都可能以自己喜欢的方式与客户互动。不同的表达方式可能会改变内容传递的效果，有时还会导致内部信息混乱，而且有些沟通方式客户也未必能接受，所以应以客户可接受的方式来互动。

最后需要说明的是，客户参与度提升与否需要用数据衡量，但衡量内容和过程不必太复杂，能够看出趋势即可。比如，要衡量一家客户的参与度，可以统计你发起的消息数量、客户响应的数量，以及客户的工单数量和客户发起的数量等。客户参与度并没有标准值，你只需在你的客户群中进行横向比较即可。

9.6.3 识别假象

客户成功中的留存是一件非常不确定的事情，所以实际情况可能与预期大相径庭。解决这种不确定性的有效方法是防患于未然。然而，有许多具有欺骗性的假象使我们无法准确预料未来。因此，我们需要从识别假象开始。

1. 登录和点击假象

直到今天仍有 SaaS 公司在使用日活跃用户数（DAU）或登录率之类的指标，作为自己的留存标准。它们认为，大量用户在使用自己的产品，它们一定能从中获得价值。

用户获得价值确实有可能提高 DAU，但反过来的逻辑并不成立。实际上，产品被使用并不等于 SaaS 公司获得价值，因为高 DAU 的假象可能来自大量的试用用户，他们被广告和营销活动导流而来，也可能受某种利益的驱使。总之，登录和点击率与留存率之间有很大的距离。

2. 高使用率假象

高使用率指的是功能的高使用频度，相比登录率等假象，高使用率更容易让人相信客户通过使用产品或服务得到了价值。然而，实际上，高使用率和高流失率同时存在的情况比比皆是。很多客户成功负责人正是因为过于信任高使用率，而忽视了对客户流失的防范。

出现高使用率现象有多种原因。比如，客户确实有很多人在处理业务，比如写销售日报；也可能是刚培训完，客户在做操作练习；还可能是因为 SaaS 公司考核销售，销售让客户帮着制造使用率数据；也有可能是统计问题，比如围绕某一功能统计全部的使用排名。而实际上，大部分业务功能的使用频率都是相对稳定的，或者有一定的周期性，比如招聘季的 HR 业务。更关键的是流失，其产生的原因很多，比如业务转型、负责人更换、用户对使用效果疲劳等，这些也值得关注。

3. 净留存假象

一家 SaaS 公司的净留存率很高，并不一定意味着经营良好。实际上，这也可能是一种假象，主要是由于混淆了收入流失和客户流失的区别所致。比如，我曾见过一家公司的 NRR 超过 115%，看起来很不错吧？但这家公司的客户流失率却高达 30%。NRR 高是靠少数大客户的增购实现的，如果我们关注那 30% 的流失客户，心里一定会非常忐忑——那么多客户离去，说明目前的产品没有帮他们实现价值。如果被高 NRR 所迷惑，我们可能看不到这一点，直到这种产品的不适在客户群体中大面积爆发。

那么 NRR 和 GRR 都很高，这总该没问题了吧？其实也未必，两个高留存率同样可能会产生假象。实际上，并非所有客户都可能流失，比如那些在你统计时还没有到下一个续费周期的多年合约客户，在统计留存率时，应该将这些不可能流失的客户剔除在外。举个例子，假如有 100 家客户，流失客户 10 家，则流失率是 10%；但如果考虑其中不可能流失的客户是 20 家，那么可能流失的客户就是 80 家，此时的流失率就是 12.5%，也就是说实际只有 70 家可能流失的客户真正留下来，这才是真实的情况。

4. 对"僵尸"客户的忽视

那些已经付款但超过 6 个月没有使用过产品或服务的客户，被定义为"僵尸"客户，一般认为他们重新成为正常客户的希望渺茫。对于僵尸客户的合理处理方法，包括告知和询问。国外一些有商业格局的 SaaS 公司，甚至还会退还剩余月份的订阅费用。

不过，大部分 SaaS 公司没有这种格局。退款是一回事，而利用僵尸客户"占坑"可能更有价值，因为他们使指标数据看起来更漂亮，这对于 SaaS 公司的外在表现和估值都有很大作用。如果僵尸客户数量较大，在进行指标测量时就要注意，因为这种测量结果具有很大的蒙蔽性。如果连 SaaS 公司自己都信以为真，可能会因此付出代价。

9.6.4 保持好奇心

现实中，大部分 CSM 的工作方式都是照章办事、中规中矩和有问必答，但是也有一些 CSM 对客户的业务和问题有着无比的好奇心。事实证明，后者在客户成功领域大都成了优秀的 CSM，在激烈的职场竞争中得到了提升。事实上，当你真正对客户及其业务感到好奇时，客户的参与度很快就能提升，而你也能快速地与客户建立融洽的关系，并取得他们的信任。

首先，好奇心可以帮助你发现客户业务的痛点，基于解决业务痛点的客户沟通，会使你与客户的互动过程更加高效。其次，好奇心能帮助你发现连客户自己都未察觉的业务新机会或新方法，这样可以扩展你的产品应用范围，提高客户的增购机会。最后，如果所发现的业务痛点足够大且足够痛，解决这些痛点很可能就是实现客户业务成果的关键，客户的持续使用就不成问题。

最重要的是，客户今后遇到类似的业务问题，首先想到的就是你，因为他们把你当作可信赖的顾问和业务伙伴。

9.7 客户成功与销售的"握手"

目前市面上的 SaaS 书籍或者培训，大多数都是销售讲销售、客户成功讲客户成功，也就是说这两块业务完全是割裂的。这其实非常不科学，因为客户成功与销售既是两个紧密关联的业务，也是两个关系密切的部门。

这种关联不仅体现在业务的上下游关系上，更体现在两个组织之间的协作上。如果协作有效，收入增长是必然的；如果协作出现裂痕，甚至出现销售"挖坑"和 CSM"甩锅"的现象，那么包括客户在内，所有人都很难获得成功。

9.7.1 为什么收入漏斗会阻塞

我们知道，传统 ToB 业务的收入漏斗是一个倒三角形，经过销售过程中的逐级转化，最后到达漏斗的终点——成交。然而，对于长尾周期的 SaaS 业务来说，收入漏斗的终点并不是 SaaS 业务的终点，反而是一个新的收入起点。实际上，SaaS 的收入漏斗不是倒三角形，而呈现为一个沙漏的形状，如图 9-2 所示。

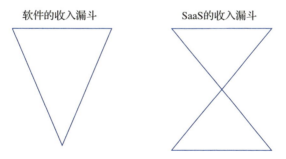

图 9-2　软件与 SaaS 的收入漏斗比较

虽然 SaaS 收入漏斗在中间部分收窄，但是在下半部分又会重新扩张。SaaS 收入漏斗的上半部分，也就是销售漏斗，是由销售负责的；而收入漏斗的下半部分，是由客户成功负责的。在沙漏模型的腰部，就是销售与客户成功的连接点,这是一个重要的节点。对于一个运行顺畅的 SaaS 业务,销售与客户成功在这个点上也是顺畅的。反之,对于一个糟糕的 SaaS 业务,沙漏模型的腰部常常发生阻塞。

沙漏模型发生阻塞,不只是因为销售漏斗流入的客户减少,还包括流入客户的质量下降,这些都影响收入的"再生"。为了"修复"低质量的获客,需要投入额外的客户留存成本(CRC),而这部分成本原本是可以节省的。

9.7.2 销售能弥补流失吗

国内很多 SaaS 公司的销售,目的不是获取新客户,而是为了弥补流失带来的收入损失,让收入数字好看些。比如我们要在本季度完成 200 万元的销售任务,但其中的 100 万元是为了弥补上个季度的损失,以至于我们所有的努力和成本其实只是增加 100 万元的收入。

无论是对于销售还是客户成功,这都不是一个正常的状态。一家 SaaS 公司内部,销售与客户成功的正常关系可以用一个比喻来说明,即销售相当于在生产农作物的种子,而客户成功相当于在利用生产来的种子种植农作物。如果这种协作获得丰收,这种生产模式就可以持续下去。但如果农作物种植失败从而导致歉收,最糟糕的做法是用种子冲抵歉收的产量,然而,种子多贵啊!

所以,用新客户销售来冲抵流失造成的收入损失,在财务上是一种非常不划算的做法。新客户是花费巨大获客成本获得的,用它来弥补流失收入,将会拉高整体业务的成本,让增长和盈利都难以实现。而且这种做法还有一个更大的副作用,就是种子的质量(即客户质量)会不断降低,因为销售会认为,反正种子是用来充数用的,为什么要提高质量呢?很多 SaaS 公司就是在这种恶性循环中靠"烧钱"度日。

9.7.3 客户成功始于正确的销售

种植农作物,要想取得好的收成,除了自然条件外,种子的品质也是关键。同样,客户成功业务要想真正成功,客户的质量尤为重要。一个好客户的获得,其实从销售阶段就开始了。追踪那些已经流失的客户,你就会发现问题大部分出在销售阶段。

如果 SaaS 公司招到为了卖产品而卖产品的"推销员"式销售，不但是公司的不幸，更是客户成功的灾难。因为这种销售方式产生的客户，质量普遍不高，这不是对他们能力的评判，而是从他们的销售方式中得出的结论。

其实无论你做什么产品，你的目标客户群都是非常有限的，但推销员型的 SaaS 销售并不认可这一点。他们的销售信条是"广撒网"，认为只要接触更多的客户，就可以实现他们的销售目标。但是这种没有"深交"的客户，短期内流失的可能性非常大。相反，专业的 SaaS 销售深知，虽然目标客户群不大，但他们只去接触那些与公司 ICP 完美匹配的客户，充分理解他们想要实现的业务成果，然后转交给 CSM。这样，流失率自然就会降低，而 CSM 所花费的工夫也可以少很多。

9.7.4　设计有效的从销售到 CSM 的接续流程

"交接"这个词，无论是对于公司内部还是对于客户来说，听起来都有些奇怪。在公司内部，销售将签约客户转交给了 CSM，似乎是终于甩掉了一个难缠的包袱。而 CSM 因为职责所在，只能接过这个包袱，至于这个客户将来能不能持续使用从而留存下来，心里一点儿底都没有。实际上，当你这样看待"交接"时，客户成功就已经种下了失败的种子。其实本不应该存在"交接"这个词，它造成 SaaS 销售对客户了解的中断，CSM 也相当于面对一个完全陌生的客户，这让之前销售所做的工作前功尽弃。最理想的状态是，CSM 与客户的接触自始至终都应该是无缝和连续的。

不过这种连续性不会自动发生，而需要一个有效的从销售到 CSM 的接续流程。这个接续流程不是一个为了业务效率的普通业务流程，而是一个强制性的纪律和规定，用来保障公司和 CSM 的利益。我们知道，客户交接失败是由一个前置问题所导致的，即销售阶段所产生的客户质量过低。这除了给公司带来较大流失风险外，对 CSM 的业绩也会造成影响。如果一名运气不佳的 CSM 被分配到几个低质量的客户，可能一个月甚至一个季度的业绩都会因此泡汤。

因此在接续流程中，必须包含一个关于客户"成功潜力"的评价过程，以便为交接给 CSM 的客户打一个质量标签。同时交接的还有客户的档案，它在销售阶段建立，并一直伴随整个客户生命周期。一份客户档案除了记载客户基本信息外，还包括客户为什么买、业务目标是什么，以及其他可能影响留存和增购的变化因素。越来越多的公司要求：客户质量评价和客户档案只要有一项缺失，CSM 就有权不接收这个客户，直到销售补齐所有信息。

只有公司内部的客户接续流程并不能解决外部问题。实际上，即使销售已经关单，他们与客户的关系"仍在继续"，所以外部实际的关系移交动作不能省略，至少应该让客户知道：帮助他们购买的是一个人，而帮助他们实现业务价值的是另一个人。只有移交内容是无缝和连续的，客户的感受和体验才会更好。

9.7.5 CSM 最好提前介入

多数情况下，CSM 都是在销售与客户正式签约后才介入，因此会出现许多"交接"问题，而补救这些问题所花费的额外成本，常被认为是理所当然的。这在财务上也被视为合理的，毕竟这些钱是花在已签约的客户身上，无非是增加了成本。但是，如果你对整个业务算一笔总账，就会发现还有另外一个降低成本的方案，就是让 CSM 提前介入。

所谓提前介入，就是当销售评估赢单可能性已经很高了而销售进度才刚刚过半时，派一名 CSM 介入销售过程。这样做可能带来的问题是，如果最后没有签约成功，CSM 的投入成本就被浪费了。但是这样做的好处也是显而易见的。

- ❏ 与销售同步掌握客户的所有信息，签约后的客户成功过程就是连续的。
- ❏ 消除了交接问题，特别是客户已经把 CSM 当作一副熟面孔，而不是签约后又换了一个新人来。
- ❏ 帮助销售成交，这一点其实是很重要的。多数情况下，客户拖延时间迟迟不签合同，就是销售还没能让客户相信所购买的解决方案确实能帮助他们实现业务成果。但这件事对于 CSM 来说，可以说是小菜一碟。
- ❏ 对于典型行业客户或者大客户，CSM 提前介入不是可选项，而是必选项，这样可以在一定程度上提升销售成功率。

大量分析数据也表明，CSM 提前介入的销售成功率，平均可以提升 40%，更重要的是，客户留存率也有显著的提升。

9.8 CS 导向的客户旅程地图

如果你是从头阅读本书的，至此应该已经系统学习了客户成功的基础理论，以及客户成功业务的基本框架和关键业务方法。接下来我们即将进入一个关键阶段，那就是如何把这些内容"组装"起来，完成一个真正的客户成功实践过程，正式开启客户旅程。

9.8.1 什么是客户旅程

客户旅程或客户旅程地图的概念，对于产品和运营人员来说并不陌生，它描述了在特定环境下用户所经历的过程。客户旅程地图作为一个客户旅程的模板，可以更好地理解客户的行进规律。在传统交易型业务中，客户旅程可以帮助我们按照客户的习惯进行销售；而在 SaaS 业务中，客户旅程有助于 SaaS 公司在整个客户生命周期中，帮助客户不断实现预期的成果。

不过，在我合作过的 SaaS 公司中，如果让它们画出客户旅程，大多数情况下会得到这样一个旅程：评价→销售→客户引导→使用→增购→续费。遗憾的是，这反映的是作为 SaaS 服务商的旅程，而不是客户的旅程。因为这样的客户旅程设计，始终围绕的是你的产品、功能或业务目标，而不是客户的体验。很多时候我们精心制作的客户旅程地图，要么没什么用，要么把我们和客户都带向未知之地，而没有通向客户想要的结果。

之所以会产生这样的结果，是因为这种客户旅程的设计存在着严重的误区，比如：

1. 服务商导向的，而不是客户成功导向的

虽然被称为客户旅程，但绝大多数都是 SaaS 服务商从自身业务角度设计的，而不是客户成功导向的。

2. 仅关注客户生命周期的早期阶段

受传统交易型业务的思维影响，大部分客户旅程都只关注成交前的早期阶段，而忽略了未来 3 年、5 年之久的 SaaS 客户生命周期，导致占收入 80% 以上的客户旅程并没有地图的引导。

3. 假定所有客户都是一样的

在客户旅程设计中，存在两个不符合 SaaS 业务实际的假设：一种假设认为客户都是静态的；另一种假设认为所有客户都是相同的。

而实际情况是，SaaS 业务的客户始终处于发展中，客户并不完全相同，而且需要细分。

9.8.2　如何制作一张 CS 导向的客户旅程地图

考虑到 SaaS 业务的客户生命周期内的活动变化，与其用"地图"来描述客户旅程，倒不如用"导航"更为合适。那么，如何定义 SaaS 业务的客户旅程地图呢？这里就用到我们之前提出的成功里程碑（SM）的概念。

成功里程碑就是一系列的行动或事件，它们标志着客户朝着预期结果不断前进与发展的旅程中的重大变化或阶段。如果你知道客户当前在哪里（如 A 点），那么根据客户预期成果的方向，就可以很容易地推断出他们从 A 点到 B 点的步骤。把这些步骤连接起来，就构成了客户旅程地图。

虽然被称为客户旅程地图，但其实它们的表现方式不一定是一幅图，还可以是一张包含步骤的列表，我个人认为，多数情况下列表的表现方式会更严谨、更清晰。此外，成功里程碑也不一定就是固定的业务节点，也可以是为了达到该节点再细分出来的更小的里程碑。比如，从客户评估到服务签约，这是一个重大的里程碑，但是在这两个里程碑之间，还可以细分出来产品范围评价、POV、演示、试用、功能评价等更小的里程碑。再举一个客户生命周期后期的例子，交付和增购本身就是两个重要的里程碑，但其间还存在更细分的里程碑，比如客户导入成功、客户看到首次交付价值（FDV）、为客户生成了初步的 CHS 报告等。定义成功里程碑的例子如图 9-3 所示。

步骤	里程碑		步骤	里程碑		步骤	里程碑
1	供应商评估		1	产品范围评价		1	客户导入
2	服务签约		2	POV		2	FDV
3	实施交付		3	演示		3	CHS报告
4	实现增购		4	试用		4	
5			5	功能评价		5	

图 9-3　客户成功里程碑

举这些例子的目的只是想说明 CS 导向的客户旅程地图的一种有效的制作方法，你可以参考这些方法绘制你自己的客户旅程地图。

9.8.3　客户旅程地图的价值

一张好的客户旅程地图，无论是对于整个公司还是对于 CSM 个人来说，都是一张蕴含价值的宝藏地图，那么，它的价值体现在哪里呢？

1. 优化转化率

将一个咨询客户转化为付费客户，转化率可能是 5%，也可能是 20%，这取决于过程中的若干有效的步骤。而这些步骤就是客户旅程地图中的一个个成功里程碑，它们也构成了客户旅程地图的一个个关键路径节点。

如果每个 SM 都定义得当，并且不断地优化，转化率就一定会提高。

2. 发现收入的机会点

一家客户可能在什么时候增购，看似是偶然的，没有什么规律。其实不然，客户在什么时候可能增加用户数、升级版本、添加插件，都是有规律的。

要找到这些规律，并及时发现和抓住增购机会点，就必须搞清楚客户旅程地图中的 SM。只要引导和帮助客户达到 SM，增购就有可能发生。举例来说，大部分客户为了规避风险，首次订阅的用户数量都会少于实际用户数。比如明明有 200 名销售，却只买了 150 个用户账号，这种情况下采用成功就是一个重要的 SM。

3. 确保客户成功

如果没有一张合适的客户旅程地图，你与客户就是没有目标地盲目互动，客户成功完全是偶然的。

现在不但有了一张地图，而且还设计了通向成功的目标，也就是实现客户成果的详细路径，你要做的就是引导用户，走在正确的轨道上。

4. 一致的共识和行动

因为客户旅程地图中的里程碑建立在客户成果之上，所以很容易在客户成功团队和客户之间建立并达成一致的共识，这种互动的摩擦很小。

此外，客户旅程地图标明的里程碑，也在 SaaS 公司内部设置了共同的业务目标，成为每个活动的操作指南，从而避免了 CSM 按照自己的理解行动。

实际上，SaaS 客户旅程地图的作用和价值远不止这些。你对客户旅程地图开发得越深、越细致，客户成功的机会就越大。

9.9 开启客户旅程

将客户旅程地图绘制出来只是一个开端，更重要的是开启客户旅程。在整个客户旅程中，既有需要选择的岔路口，也有很多用好客户旅程地图的窍门。

9.9.1 制订客户成功计划

在开始客户旅程之前，你和客户首先要制订一个成功计划。它是 CSM 与客户共同认可的目标和过程的执行方案，其中包括要实现的目标、所用的方法、衡量成功的关键里程碑，以及实现目标的时间表，它也规定了标准化的成果交付过程。

客户成功计划在规范客户成功组织行为方面极为关键。通过计划，可以记录客户希望实现的成果，以及客户成功团队为帮助客户实现目标所需采取的规范性操作。此外，因为客户成功计划涉及双方共同的目标和共同的责任，因此它不仅在客户成功团队内部使用，还必须与客户共享。随着客户业务的不断改善与进步，成功计划也不是一次性的或一成不变的。客户要实现的成果在生命周期的每个阶段都会不断变化，需要对成功计划不断修正。

客户成功计划是客户旅程中至关重要的工具，也是所有其他计划的主计划。成功计划的设计过程始于业务成果，换句话说，它是基于客户成果建立的标准化工作流程。

你可能会问：SaaS 企业可能会有数万家乃至数十万家客户，如果为每家客户都设计一套成功计划，那工作量岂不是太大了？其实，为每家客户设计一个计划是完全没有必要的。由于之前我们做过客户的细分，因此为每一类客户设计一个计划就可以了。对于那些战略型大客户，确实需要设计个性化的成功计划。

不幸的是，现实中的客户成功计划，大多不是从成果开始制订的，而是将客户成功部门的工作规范当作成功计划，其实这种计划跟客户的成功与否并无多大关系。

9.9.2　客户旅程中危险的交接点：从销售到 CSM

业务流程从获客阶段到采用阶段的过渡被称为客户旅程的转交或交接。对大量流失案例的分析可以发现，大部分客户流失的起因都可以追溯到这个业务交接点。可以说，一个客户的生命周期长短，以及能否持续付费和产生增购，很大程度上是由销售到 CSM 的转交好坏决定的。如果没有一个好的管理交接流程，就为客户旅程埋下了隐患，即种下了流失的种子。所造成的结果，轻则会为未来的旅程增添障碍，缩短客户生命周期，重则会使客户"刚买就后悔"，还没正式使用就产生放弃的念头，这相当于旅程刚开始就被取消了。

销售到 CSM 的交接点之所以危险，是因为存在两种可能性：一种是把产品或服务销售给错误的客户，其成功潜力当然就很低；另一种是销售到 CSM 的转交失真，而又没有及时修正，所以只能在后续的过程中付出更多。无论是哪一种原因，产生的后果都是一样的，都是降低了客户的成功潜力。

为了避免将低成功潜力的客户引入旅程，建议 CSM 在售前阶段就介入业务，这样可以把问题在客户落地平台前解决。还可以使用客户质量评价工具，通过计算该客户的成功潜力分值，评价所签客户的质量。过去，交易质量评价是由销售、CSM 和运营三个业务的负责人根据参考数据人工得出结果，这种方式存在较大的主观性，有时评价结果无法达成一致。现在，可以借助 AI 工具产生更加客观的评价结果。

利用对客户成功潜力的量化结果，可以解决外部和内部的很多问题。比如，对成功潜力过低的客户（比如 30 分），在新手引导阶段就加大力度，根据采用水平决定后期是否值得更大的投入。如果在采用阶段流失，需要扣除或追回销售人员的业绩，而对 CSM 没有影响。反之，一个成功潜力很高的客户（比如 90 分），如果在短期内流失，或者次年不再续费，就要大比例扣减 CSM 的业绩。

保证销售到 CSM 的成功交接，还有两个重要的工具，即"客户档案"和"销售-CSM 交接单"。大部分 SaaS 公司都有 CRM 系统，但主要用于销售，对一个客户的记录在销售关单之后也随之终止。但对于 SaaS 公司来说，CRM 不应该只用于销售，而应该用于整个客户生命周期。"客户档案"由 CRM 系统提取的客户主要信息和数据组成，比如客户的规模、所属行业、年经营收入、所在的地区等静态信息，这些信息对于客户的分类、里程碑和关键时刻的定义都有重要作用。而另外一些动态信息，如购买的目的、期望的成果、IT 水平、销售中的关注点、业务负责人等信息，对于 CSM 的顺利接手也非常重要。如果没有完整的客户档案，CSM 一开始就会遇到很大麻烦，因为客户不愿意把跟销售交流的内容再向 CSM 重复一遍。

客户档案结合合同中的主要条款，形成一份"销售-CSM 交接单"，它是一个有效的转交连接工具。它以文档的方式记录完整的客户交接信息，根据这些信息，CSM 就可以准备"新用户引导计划"和"客户成功计划"了。

总之，不管使用什么样的方法和工具，都是为了安全度过从销售到 CSM 的交接点。

9.9.3 重新确认客户成果

客户订阅你的 SaaS 服务，一定是有一个或多个明确的目的，也就是客户期望获得的成果。一个专业的 SaaS 销售会在销售过程中不断与客户确认他们想要实现的成果，并且就此与客户达成共识。但是在有些情况下，客户的目的表述得并不清楚，销售为了尽快签约，没有与客户明确要达成成果的具体内容。

无论是哪种情况，为了谨慎起见，CSM 都不应该直接使用销售阶段的客户成果，作为帮助客户成功的业务目标。因为客户成果一旦有偏差，后续的工作可能都是徒劳的。因此，接受转交来的新客户后，首要的工作是重新确认客户成果，并与客户达成共识。

这个步骤最容易犯的错误是把使用产品的方式当作客户的成果和目标。而实际上，所有的客户成果都必须是基于价值的，也只有这样客户才有可能持续地使用。这个阶段的工具是"客户成果设计"，它提供了一个客户成果的设计框架，帮助 CSM 发现和设计出一个可衡量的客户成果。

不过，此时设计出来的客户成果，仅仅是根据销售阶段的记录，加上设计者的一些假设。这些成果是否与客户心中的理想结果精准匹配，是否有遗漏，还需要与客户进行确认。这项工作开始得越早越好，因为一旦正式开始客户旅程后再发现方向错了，不仅浪费工作量，还会在一开始就降低客户满意度。至于你选择什么样的机会，以什么样的方式开始这项工作，并没有统一的规定。例如，你可以利用欢迎新客户的机会，也可以专门安排一个线上或现场的会议。这项工作如果做得好，不仅会增强客户的成功信心，还能展现你对客户行业的理解能力，从而巩固或重建客户关系。

然而不幸的是，现实中看到太多的 CSM 并没有经过客户成果设计，就跑去客户那里问东问西。这会让客户不耐烦，因为又得把以前对销售团队说的话，对 CSM 重复说一遍，以至于客户可能认为销售把自己转交给了一个不靠谱的 CSM，甚至会对是否能实现想要的结果产生怀疑。这也会对随后要开始的新手引导过程设置障碍，可以说从一开始就不顺了。

9.9.4　干系人管理

对于干系人管理，所有销售都不陌生，其实不只是在销售阶段，在整个客户旅程中都需要对干系人进行管理。如果说销售阶段的干系人主要是有购买决策权和影响力的人,那么对于整个客户旅程来说,干系人则主要是有权决定是否持续使用你产品的人,理解和认识到这一点非常重要。

虽然客户旅程中有众多干系人,比如业务线负责人、IT 负责人、关键用户、财务负责人等。但最为关键的应该是业务负责人,也就是使用你产品的部门领导或最终用户。他们是你沟通最频繁的联系人,也是业务汇报的主要对象,对续费和增购起到决定性的作用。所以你必须通过客户成功过程,帮助他们改善和提升 KPI。正因为干系人的重要性,你需要在公司的 CRM 系统中像销售一样,增加一个"关键联系人"字段,并维护好他们的信息和动态。

销售阶段的干系人只在销售过程中起作用,关单后他们的影响力就没那么重要了。但 SaaS 业务的客户生命周期可能会长达数年,这期间可能出现业务领导的频繁变动。你可能想象不到,每次干系人的变更都是一个重大的客户流失风险。在流失风险排名中,干系人变更导致的流失远远超过产品或解决方案不适而导致的流失。所以才需要对干系人进行重点管理,而你的真诚支持必定会得到回报。比如,如果你与干系人关系融洽,他们在离职之前就会把消息告诉你,你可以尽快与新的联系人建立关系,并且离职的联系人还可能会重新成为你的客户。同样要关注的是,新的干系人也可能会带来新的 SaaS 服务商,也就是你的竞争对手,所以你必须尽快与其建立信任,才能安全度过这个风险期。

9.9.5 业务汇报的重要性

1. 什么是业务汇报

在一个客户旅程中,你需要定期地向客户提供业务报告,除了提供业务整体健康状况外,还需要告知客户,按照成功计划现在已经到了哪一步,取得了哪些业务成果,需要解决的问题是什么等。这个过程就是业务汇报(Business Report,BR)。BR 本质上是一项价值报告,表明你正与客户一道向既定目标前进。

BR 的频率通常是每季度或半年一次,有的公司将业务汇报称为季度业务回顾(QBR)。其实不仅客户时间很紧张,SaaS 公司的资源也没那么充裕。所以大多数情况下并不会安排得那么频繁,有些情况下是客户采用你的解决方案遇到问题时要求进行 BR。但是为了与客户保持紧密的联系和呈现成果，最起码应该保证按季度安排 QBR，并将时间点标注在客户旅程地图上。

2. 为什么需要业务汇报

业务汇报是客户生命周期中一项极为重要的工作。通过业务汇报能够向客户表明，到目前为止你们的业务仍在按照计划正常进行，并且可以向客户阶段性地展示所获得的成果，以及这些成果为客户带来的业务价值。业务汇报还有一层隐含的意义，就是让客户根据当前状况采取你所建议的行动。如果你在推进成功计划遇到来自客户内部的阻力时，也可以利用业务汇报的机会向客户表明，如果这些问题不解决会带来的危害。这会引起业务领导的重视，并使他投入资源帮你解决问题。

站在客户的角度，一份好的业务汇报会给客户带来一种安定感，让客户确信当初选择你公司是正确的，同时也会给客户内部各相关负责人一个持续使用你的产品的充分理由。站在你的角度，一份有效的业务汇报会为即将到来的续费和增购铺平道路。

也正是出于这个原因，业务汇报的时间最好安排在续费时间前的一段时间。既不能太早，比如提前半年，成果可能会被淡忘；也不能太晚，比如续费当月，因为要为解决所有问题留出时间。通常根据业务的复杂性和问题的多少，提前 45～60 天为宜。

3. 如何做业务汇报

对于 CSM 来说，做业务汇报很有讲究。首先是对参加人员的要求，客户方必须有高层参加，如业务领导、IT 负责人、财务负责人等。你方参加人员则包括 CSM、客户成功负责人等，如果条件允许，也可以带上该客户的销售人员以及产品经理，以显得你公司的重视和投入。

其次是业务汇报的内容和结构，主要内容和结构顺序如下。

- ❑ 健康状态报告。给出业务整体健康度的结论，解读报告数据，提出可能存在的使用问题。
- ❑ 陈述取得的成果，以及带来的业务价值。说明按照成功计划已经取得的成果，以及每项成果带来的业务价值。然后，回答和讨论客户高层关于这些成果的问题。
- ❑ 提出目前存在的问题，以及如果不解决可能带来的影响。注意要站在客户角度，想客户所想，避免被误解为"告状"。
- ❑ 阐述公司的产品路线图，表达对客户未来业务的更好支持。给客户带来SaaS业务的免费升级效果，让客户觉得购买你的产品或服务物有所值。
- ❑ 对于客户提出的问题，给出明确的答复或承诺。但要注意，不要在本次BR会议上讨论，避免把主题引向无益的争论。
- ❑ 跟进计划与会议纪要。给出实现下一个里程碑的计划和时间表，并随会议纪要一同发给参会者。

4. 如何破解业务汇报中的难题

BR虽然是客户成功的一个非常有效的工具，但是在具体实施时，CSM可能会遇到一些棘手的问题，甚至使BR根本就无法进行。比如，有的CSM因害怕被拒绝，只会去邀请客户的基层员工参加；有的虽然邀约到客户的高层，但这些高层实际上并没有参会；有的把BR变成了客户吐槽会，这就事与愿违了，因为客户高层的吐槽更有杀伤力，可能起到完全相反的效果；还有的是BR本身能够正常进行，但是效果不尽如人意。

大部分BR的失败，基本上都是两个原因：方法不对和内容准备不足。比如，有的CSM在做BR的陈述时，先说了一堆问题，而把取得的成果放在最后，或者一笔带过。这样做的本意是想提醒客户关注问题，以便更好地改进，但实际上却是一种缺乏职场经验的做法。这等于在客户的上级面前告了合作客户的状，只能让接下去的工作更难以进行，严重的可能会直接导致客户不续约。

如果客户高层不参加，是否BR就真的无法进行了？其实也未必。如果多次确认了客户高层不能参会，而你又需要此次BR的结果，那么会议也可以照常进行。所不同的是，你更需要在BR的结论和提交上下功夫，比如可以将BR作为一项客户使用情况的审计报告，直接转到客户高层手中。你可能对此心存疑虑，高层都不愿意出席，他们会看提交的报告吗？这一点你不必过于担心，因为客户高层也想知道这笔投资究竟产生了多大效果。而你真正需要的只是高层的认可，这种方式至少对于下期续约是有很大帮助的。

为了达到续约这一目的，方法总比困难多，BR 只是一种沟通形式，也可以有很多变通的方法让这项工作更有效。比如可以不用上门去现场开会，通过视频会议方式也能达到类似的效果。如果什么都做不了，那还可以直接发送业务使用的审计报告，当然这需要事先与协作的客户达成一致，而不是绕过他们。

5. 将业务汇报视为重要工具

对于留存来说，BR 是一个非常重要且有效的工具。有效地使用 BR，也是客户成功团队和 CSM 需要具备的重要能力。它对于提升客户成功的绩效，起着不可替代的作用。

不过在实际工作中我们发现，很多 CSM 的性格偏于内向，比如邀约 BR 会议时畏首畏尾，担心被客户拒绝、高层领导不来参加等，在这方面，从销售转行的 CSM 表现得更好一些。其实这些担心都是没有必要的，因为客户方也想知道他们花的钱所得到的效果和回报，如果新 CSM 实在发怵的话，CSM 团队的领导可以帮助他们邀约。

总之，一定不要浪费 BR 这个重要工具的使用机会，否则后续的续费和增购可能会有更大的麻烦。

9.9.6 利用工具和模板使客户旅程更顺畅

因为 SaaS 客户的生命周期长，客户旅程也更复杂，实际操作起来确实有很大难度。效率低不说，还经常容易出错，一个小的失误就可能导致客户流失。因此，很多客户成功组织把复杂业务进行了工具化、模板化。比如：客户档案、客户质量评价表、销售－CSM 移交表、客户成功计划、成果汇报会模板、CHS 报告等。

客户成功业务工具化、模板化的好处不言而喻。比如可以提高业务处理的效率，提升平均业务水平，避免业务团队交接问题，使数据口径一致，最大限度地避免出错的可能等。而在客户旅程中大量使用数字化工具或模板，也有助于实现客户旅程的自动化和智能化,从而确保在充满十字路口的客户旅程中,不会因为错误的选择而流失客户。

9.9.7 客户旅程的数字化

在交易型业务中,经营的成果是一份份合同,业绩也是由合同所签的金额决定的。而在 SaaS 业务中,经营的成果和业绩来自对大量数据的运用。换言之,对于一家 SaaS 公司来说,除了签约的客户以外,最有价值的生产资料就是数据。

为什么数据会如此重要呢?因为 SaaS 企业服务的客户太多了,客户生命周期也更长,对每个客户状态的了解,除了通过数据之外,没有更好的办法。可以说,整个客户旅程都被"数据化"了,即客户旅程完全是一个数字化的过程。由此带来的好处是,通过数字化的方式可以管理更多的客户,也可以观察客户的旅程状态,更可以通过数字化的评估判断客户是否实现了他们的业务成果。所以数据不仅仅是数字,更是客户使用你的产品的旅程故事。

旅程数字化的一个有利条件是 SaaS 模式可以获得传统软件无法获取的客户使用数据。也可以这样说,客户成功的工作本质上是对旅程数据的处理,以至于现在很多需要 CSM 与客户接触的工作,借助数字化,可以由 AI 或智能 CSM 完成。

9.9.8 如何做好客户导入

上一章我们已经讨论过 Onboarding 过程,也就是客户导入,这个环节之所以重要,是因为它是 CSM 与销售交接后的第一个成功里程碑。CSM 在客户导入方面最容易犯的错误,就是把客户导入简单理解为教会客户如何操作,或者产品培训。而实际上,客户导入交付的并不是什么产品使用技巧,而是达成客户成果的方法。

如果这个问题理解偏了,成功里程碑也就跟着错了。客户导入可能是客户旅程中最关键的阶段,因为它为后续旅程的客户关系定下了基调。在营销和销售阶段,你只需承诺给客户他们将要实现的价值,而客户导入的成功完成,会让客户看到使用你的产品可能获得的真正价值。

那么客户导入这个过程的周期需要多长，或者说它的里程碑完成标志是什么？有人认为在对客户进行培训之后，这个过程自然就算完成了；也有人认为周期至少是 30 天甚至更长。其实以时间定义客户导入的周期是不科学的，正确的方法应该是以达到里程碑定义的标准作为客户导入结束的标志。前面我们介绍的首次价值实现周期（FTTV）的概念，正是里程碑完成的标志。也就是说，通过客户导入过程，只要客户达到 FTTV，就认为客户导入过程成功完成。反之，如果在很长时间内客户都没有达到 FTTV，则说明客户导入过程存在问题，需要重新导入。如果是一个不成功的客户导入，那么后续的旅程一定走不了太远。到那时再想返工，将很难得到客户的配合，从而导致失去降低流失、增加续费和扩展的机会。

然而遗憾的是，很多 SaaS 公司的客户导入，只是一场培训和答疑，而且这种培训的主要内容还是讲自己的产品功能。这种从产品出发的培训很容易使客户对产品能力产生不切实际的期望。比如在培训的答疑环节，客户所提的问题将是"产品有没有这个功能？""产品能不能实现某种效果？"，以至于完全把业务目标和成果抛在脑后。

客户导入现在还没有一个统一的流程。因为客户旅程中的差异性极大，这与客户分类、业务复杂度、客户成熟度等多种因素有关。即使如此，仍然有一些设计原则可以参考。

1. 定义客户导入流程

在定义客户导入的流程之前，有必要先定义客户导入在你公司内部所代表的含义和内容。不同的 SaaS 公司对客户导入的概念有不同的理解，更有公司把客户成功部门的培训流程当成客户导入流程。

2. 考虑差异化

你不能假设对所有新客户的导入，都是从同一个起点出发的。事实上，客户的规模不同、行业不同、IT 经验不同、业务的成熟性不同、对软件的依赖程度不同，所有这些差异都要求你的客户导入流程有不同的起点。

3. 可重复和可规模化

尽管客户差异较大，但也不能为每个新客户单独定制导入流程，你需要考虑经济性交付要求。一个可行的方法是通过前面所讨论的客户细分逻辑，对每个分类定制可重复和可规模化的流程。

4. 定义关键时刻

客户差异性导致客户导入流程中的关键时刻也不相同，同样可以利用客户细分逻辑对每个客户分类定义各自的关键时刻。

5. 明确里程碑

每个SaaS的应用目标虽然大致相同，但是对于不同客户来说，里程碑标志可能不同，因此，里程碑同样需要分类定义。

如果需要规定一个客户导入流程的周期，不能是像30天、60天、90天那样的硬性规定，而应该根据大数据对FTTV的分析得出不同客户群的周期。里程碑一旦定义，则所有客户导入流程都以此为衡量标准。

9.9.9 做好采用的重要性

顺利完成客户导入，客户就基本具备了实现业务成果的能力。如果说客户导入回答了客户"能不能"实现业务成果的疑问，那么采用这一成功里程碑的达成，解决的就是客户"用得好不好"的问题。

如果你看到客户在使用你的解决方案时经常遇到想象不到的困难或障碍，那么意味着你的解决方案并不像你想象中那么容易使用。如果不对方案做出改变，这些使用障碍可能会改变甚至颠覆客户对你的SaaS帮助他们获得价值的看法，最终会对你的SaaS采用率产生负面影响。

如果分别从SaaS服务商和客户角度看待采用，就会发现二者的目标并不相同。作为SaaS服务商，当然希望提高采用率，因为客户使用的产品越多，就越有可能购买更多产品，续约的可能性也更大。而对于客户而言，越是良好的采用越可能实现期望的成果和更好的投资回报。但这都是理想的状态，多数情况是，客户没有用好产品，因此没有得到想要的成果，而 SaaS 服务商也没有实现预期的续费和增购。不仅如此，采用的失败还是造成客户流失的重要原因。

虽然采用是 ALAER 业务框架中的一个重要部分，但是在客户旅程中，采用的范畴其实并不清楚，甚至在一些 SaaS 公司中，采用还没有正式的定义。有人认为好的采用就是有更多用户使用，也有人认为是用户使用了更多的功能，还有人认为是功能使用的深度。

这些说法不能说不对，但如果你把注意力都放在"提升"这些指标上，就可能忽略了采用的意义。比如，很多 CSM 都会与客户订立采用的指标，比如启用率 >90%，功能使用率 >70%。如果客户乐于合作的话，会配合你把指标做到达标，但这终究无法长期维持，实际上这些指标确实不是靠人力就能提升的。

既然采用这件事在指标层面无解，那我们回到客户旅程地图和成功里程碑处寻找答案。具体过程是，先不要与客户订立采用率指标，而是先与客户设定未来 30、60 或 90 天内所要实现的成果目标，然后再为客户计划实现这些成果目标要有哪些业务人员参与、需要做哪些事、用哪些工具或功能，以及明确实现的标准是什么。这就是客户旅程地图和成功里程碑的作用，只要达到这些成果目标，各种采用率指标自然就会提升。

现在你该看出来为什么那么多采用会失败。数小时的培训，不分远近成果和目标，把所有内容一股脑地倒给客户，然后只制定一个采用率指标作为自己和客户的 KPI。这样一来，当 KPI 不可能达到时，采用就变成了一场毫无意义的"指标游戏"。

9.9.10 发现增购的机会点

许多新手 CSM 在客户成功旅程中过于关注客户的体验感受，或特别在意客户对自己的评价，而忽略了客户成功旅程的真正目的。实际上，除了续约外，扩展或增购也是客户成功旅程中的重要目标。相比续费而言，增购具有更大的不确定性，即客户增购可能发生，也可能不发生，因此实现增购在很大程度上依赖人为推动因素。但好消息是，看似偶然的客户增购，其实也是可以预测的。在客户成功旅程中，只要在预设的阶段性成功里程碑处按照扩展计划执行，就可能预测出增购的机会点。随后，通过 CSM 的主动促成，增购便可能实现。

增购的发生需要有不同的条件。比如，客户因为不确定所订阅的 SaaS 能否达到预期的结果，所以刚开始多数客户所购买的用户数都会少于实际用户数，只要采用成功，客户就可能补足用户数的差额，这样增购在采用阶段就可能发生。再比如，客户初步获得成果之后，可能还有更多业务成果或业务目标要达成，所以在 FTTV 之后客户就可能会增购相关产品或者更高级的版本。

那么，如何及时识别出这种增购机会点呢？这需要依靠数字化的旅程地图，通过对用户使用数据的分析，以及某一类客户旅程的增购机会点的发生概率，自动地为 CSM 输出提示。这样就能最大限度地及时发现并抓住增购的机会点，从而提高增购的业绩。

9.9.11 挽留行动

尽管客户成功组织做了各种准备和努力，但客户的流失仍无法避免。更令人无语的是，客户在流失之前连一个招呼都不跟你打，就决绝地离你而去，这也表明客户一旦离开，再回心转意的机会几乎等于零。因此你不能等到客户真的发生流失了才采取行动，那就已经晚了，而要先发制人，采取挽留行动。

所谓挽留行动，其实是一种针对客户流失的行动预案，将流失扼杀在萌芽状态。据相关统计数据，以及结合我自己的实际经验，如果时间提前量合适，挽留的成功率最高可达 80%，一般成功率可以达到 50% 左右，你可以自己计算一下，这将挽回一笔多大的收入损失。

挽回成功其实是利用了客户感知的一个变化过程。客户之所以能成为你的客户，原则上与你并不存在强烈的利害冲突，而弃用行为的发生是一个较长的感知积累的变化过程。也就是说，从有离开的念头到真正弃用之间，存在一个补救的时间窗口机会。理解了这个逻辑，你就可以通过对客户使用情况的数据分析，找出哪些客户处于感知的变化过程，存在流失倾向。只要将他们识别出来，总会找到导致他们产生流失倾向的真实原因：是产品使用问题还是成果的达成问题？是使用者个人的问题还是业务本身的问题？

相信你找出来的原因，都有对应的处置方法，据此所采取的行动多数情况下都是有效的，所以挽留成功率较高也就不足为奇了。

9.10 客户成功管理

我们知道，销售业务包括销售和销售管理，同样，客户成功业务也包括客户成功和客户成功管理，但很多人并不理解这二者之间的区别，甚至把客户成功和客户成功管理混为一谈。

客户成功指的是，客户通过使用你的产品，以及与 CSM 的互动，实现他们预期的业务成果。实现业务成果需要经过客户旅程，因此需要对客户成功过程进行管理。所以客户成功管理可以被定义为：通过对客户旅程中关键要素和节点的管理与控制，将客户持续推向实现业务成果。

那么，一个系统化的客户成功管理，需要管理哪些内容，具体需要做什么呢？

9.10.1 管理客户期望

大多数客户要么抱有不切合实际的期望（销售时被灌输的），要么没有明确的期望，这都会导致客户在价值实现周期之前流失，因此对客户的期望进行管理显得尤为重要。但管理客户期望，不能停留在口头的劝说上，而需要在成功计划中明确告知客户，在未来的 30 天、90 天、180 天将会达到什么样的阶段里程碑。如果能够就期望值与客户达成一致，则可以说最难的过程已经过去了。

有效地管理客户期望，将会减轻客户的成果焦虑。以近期目标引导客户进入下一个目标，缩短价值实现周期，可以平稳度过危险的采用周期。

9.10.2 定义关键时刻

CSM 是一个需要与客户密切接触的岗位，而大多数 SaaS 公司对 CSM 与客户的接触缺乏规范和管理，任由 CSM 根据自己的想法，要么频繁接触用户，要么长期没有联系。前者不但对客户造成困扰，也过度消耗了 CSM 自己的时间，后者则可能失去增收的机会。

实际上，要实施客户成功管理，就必须以合适的方式主动与不同分类的客户接触。这里所说的"合适",就是合理使用与客户接触的关键时刻,及时、准确、有效地解决客户问题。管理 CSM 与客户的接触,首先需要针对不同客户群定义"关键时刻"。比如,一段时期内客户的使用数据异常、定期的业务审核、客户已经达成第一个里程碑和客户的负责人离职等,都是需要与客户立即接触的关键时刻。

9.10.3 测量客户成功趋势

如果一个业务不可测量,那么也无法对其进行管理,因此有效的测量是客户成功管理的重要基础。换句话说,通过测量可以观察客户所处的状态,以此判断是否需要引导和干预。

很多人认为客户健康评分表(CHS),已经能够反映客户的当前状态,所以没有必要再单独制定指标进行测量。但问题在于,CHS 只相当于客户当前状态的一个快照,它并不能反映客户的变化趋势,因而不能据此预测下一个目标能否达成,以及客户状态的未来发展趋势。

所以,客户成功管理又从众多指标中另外选取了两个可以测量客户成功趋势的指标,即前面讨论过的成功潜力和成功里程碑。

1. 成功潜力

客户的成功潜力,即通过定义不同的适配属性,比如技术适配、功能适配、经验适配和能力适配等,量化客户的成功可能性。比如按照适配的程度,以 10 分制给出一个分值,来定义成功潜力值。通常完全适配的客户有更大的成功潜力;而所有属性都不适配的客户,无论 CSM 如何努力,获得成功的可能性也是极低的。

成功潜力这个指标在预测和评价客户价值方面非常有用,即一个客户的成功潜力越高就越有价值,这个指标相当于给每个客户都打上了一个价值标签,从而可以有效辅助客户成功管理。

2. 成功里程碑

成功里程碑(SM)即客户为实现业务成果所经历的关键节点。因为每个

SM 都有标准的进入和退出条件，所以除了可以通过 SM 明确客户旅程的关键路径外，还可以据此做出收入的概率性预测。

比如有 100 家客户达到了第一个里程碑，而在该里程碑处的增购概率是 80%，该分组中的平均增购金额是 5 万元，那么就可以预测收入为 100×80%×5=400 万元。但这并不是说到达里程碑，增购就一定会自动发生，而是说当客户到达该里程碑时，CSM 可以抓住这一机会推动增购发生。

9.10.4 合理利用数据

SaaS 业务管理的最大优势，就是不但可以观察到客户的使用数据，而且还能知道这些使用活动的业务价值，这样就可以对客户进行有针对性的干预。能掌握的数据包括产品使用数据、客户的交互记录、工单等。

这些数据使客户动态可视化了，如果使用得当，就可能从中发现有价值的管理洞见，然后采取个性化的、有针对性的措施。比如当数据显示客户没有达到里程碑时，CSM 可以提前评估或判断要采取何种有效的干预措施。

与 CSM 不同的是，客户成功管理看待客户数据，是站在增长的视角，而非运营角度。所以客户成功管理需要在整个客户生命周期中从增长角度去定义不同的采集数据，并使用相应的分析方法。

9.10.5 开发客户成功作业流程

在我的咨询服务中，很多客户都期望能为其开发一个标准的客户成功作业流程。这的确是客户成功管理的一项重要工作，但标准的作业流程，其实是很不现实的。因为需要考虑的因素太多了，比如：如何判断交付是不足的还是过度的；CSM 的操作是高接触的还是低接触的；流程中是以人工为主的还是依靠自动化的；如何解决客户成功规模化和服务个性化的矛盾等。如果这些因素考虑不周，轻则会增加成本，降低利润；重则会得到相反的效果。如果把客户群的细分也考虑进去，那标准化作业流程更是不现实的。

但这也不是说客户成功作业流程就无法开发了，其实只要你前面对客户群的细分做得足够到位，针对每一分组客户开发成功作业流程是完全可行的。实际上，在客户分组的基础上，通过对客户旅程的细化，以及对关键要素的裁剪与组合，完全可以开发出一个适合自己的客户成功作业流程。

9.11 如何让其他部门认识到客户成功的价值

虽然我们一直将客户留存视为客户成功的核心价值，但实际上，客户成功不仅仅是为了留住客户，它还在驱动增长、提升经营效率，以及实现 SaaS 公司长期愿景方面发挥着重要作用。客户成功团队自身也在不断努力宣传客户成功的重要性。然而，在实际工作中，我们经常发现客户成功部门的价值被其他部门甚至管理层低估。这确实是一个既影响士气又令人尴尬的局面。

尽管有很多原因，但根据我与客户成功部门的接触，发现他们在公司中得不到应有的重视，主要还是因为他们不知道如何传达他们带来的价值。拿销售部门作为对比，可以说销售就是客户成功的"平行宇宙"。销售团队天生就在公司中拥有重要的地位，因为他们既处于外部市场的前沿，又处于公司内部的核心位置。更为关键的是，销售是创收的代言人。那么，承担 80% 收入的客户成功部门的价值就不大吗？这显然不符合事实。客户成功价值被忽略，往大处说是客户成功部门不知道如何扩大其影响力，往小处讲是其工作方法有问题。

现实中经常可以发现，越是绩效不佳的客户成功团队，越爱强调客户如何难沟通，困难有多大，等等。与其总是强调问题或挑战，不如以积极的态度和取得的成果去影响他人。事实上，业绩优秀的客户成功团队就是这样做的。这并不是说让你到处炫耀，而是要有具体的方法。事实上，你至少有以下几种扩大影响力的方法。

首先是从财务层面看。表面上，客户成功与财务毫无关系，但实际上二者之间的联系很紧密。一个最基本的事实是，成功的客户往往是付款最及时的客户。当客户感受到客户成功的价值时，他们会做出持续使用和按时付款的承诺，而这种承诺会直接影响公司的财务状况。因此，有必要时，可以请财务部门的同事分享他们的见解，这将有效地扩大客户成功部门的影响力。

其次是通过与销售合作来扩大客户成功的影响力。虽然表面看来客户成功与销售是两条平行线，但其实有很多办法让二者相互成就。由于客户成功对客户的了解和理解更为深入，因此客户成功部门可以为销售人员提供典型客户特征、客户期望的业务成果以及客户对产品的使用方式等详细见解。客户成功可以彻底改变销售策略和营销话术，使销售更容易赢单。

最后是影响公司高层。高层对客户成功的影响力至关重要，因为高层不仅对客户成功部门的评价具有话语权，更掌握着对客户成功投入预算的决策权。

在影响公司高层方面，客户成功可以借鉴销售部门的做法。销售部门之所以备受关注，主要原因在于其设定并承诺了销售目标。同样，如果客户成功组织也能够设定并承诺续约和扩展（增购）的目标，那么客户成功就有了与公司高层对话的资本和条件。如此一来，不仅客户成功部门的地位会有所提升，CCO 或客户成功负责人也将在公司高层中占据重要位置。

9.12 如何让客户成功部门成为公司的利润中心

由于各种原因，国内 SaaS 公司客户成功部门的地位还比较尴尬。往好处说，他们大多被视为公司的售后服务部门；而往坏处说，他们可能被认为是可有可无的。甚至当公司现金流紧张时，CSM 可能被当成公司的财务负担，而首先被裁撤。在很多场合都能听到"客户成功没什么用"的声音，客户成功部门被认为是纯粹的成本中心。

为什么会这样呢？原来在所有的 SaaS 业务中，只有客户成功是彻头彻尾的"舶来品"。市面上有很多关于客户成功的书籍，给出了一套又一套的客户成功理论，也告诉你应该如何做，却很少有人告诉你为什么这样做，这些做法是否真的适合你公司的现状，这些理论成立的条件是什么。正是因为缺乏这些思考，客户成功部门才容易被他人定位，以至于在国外 SaaS 企业中被公认为利润中心的客户成功，硬是被视为成本中心。

我们知道，由于 SaaS 业务的订阅特点，客户的生命周期可以很长，也可以很短，而长短直接决定了收入的差别，能够改善收入差距的，只有客户成功部门。但不幸的是，很多 SaaS 公司的客户成功组织并没有承担起这一改善营收的重要责任。尽管工作做了不少，但成效却不大。因此，在经营不景气的时候，客户成功部门往往成为裁员和优化的重灾区。其实公司的做法也并非不合理，如果作用不显著，客户成功部门确实没有存在的必要。

不过，许多裁撤客户成功部门的 SaaS 公司也因此付出了沉重的代价。统计数据显示：在有无客户成功部门介入这两种条件下，两者的 LTV 相差 3~5 倍，这意味着公司可能会因此损失最高 80% 的留存收入。如果换算成每年的收入损失，这是一个惊人的数字。更重要的是，减少的留存收入几乎等同于净利润的减少。

既然客户成功对于增收的作用如此重要，那么怎样才能让客户成功部门从成本中心转变为公司的利润中心呢？其实不用做太多改变，只需做好以下几个方面就能见到成效。

9.12.1 改变认知观念

我参加过无数次的客户成功团队内部会议，大部分都是围绕"怎样服务好客户"这个主题。为什么一定要服务好客户呢？最诚实的回答是：催收续费时，才可能带来收入。

这个逻辑在消费服务领域绝对正确，比如海底捞，投入全部热情、用尽一切办法去服务，以服务好感动顾客，顾客会毫不犹豫地掏钱。然而，这个逻辑在 SaaS 行业基本不成立，也就是说，如果没有帮助客户实现预期的成果，客户并不会因为"服务好"就买单。不过也请不要误会，我这样说的目的并不是让你与客户对着干。热情和专业的服务本身就是 CSM 的基本职业素养，但是这跟收入没太大关系。其实我想说的是关于"服务"的观念现在需要改变了。在客户成功领域，除了热情服务以外，还需要挖掘更多改善营收的方法。把服务好客户作为 CSM 的工作宗旨，并不会为公司创造明显的收入，这样的客户成功时代已经过去了。实际上，客户成功存在的真正理由以及工作宗旨只是改善营收。

那为什么还有那么多 CSM 把服务好客户当作立身之本呢？可能因为这样做最容易，对于服务来说，只要热情就够了，不用考虑更多的东西。实际上，

CSM 真正需要培养的，是帮助客户实现预期的业务成果的能力。

9.12.2 围绕收入设计业务流程

到目前为止，你已经通过本书或者其他关于客户成功的书籍学习了很多客户成功的理论和方法。如何将这些理论和方法应用于你公司的客户成功呢？因为不能把每种方法都一一尝试，所以现在可以借助"将客户成功部门变为利润中心"这个主题，将这些理论知识落实到客户成功的实践中。

要将客户成功部门变成公司的利润中心，有一项非常简单的原则，即所有客户成功体系的设计，特别是流程、措施和行为方面，都必须围绕获取收入这一点进行，获取收入的优先级排在所有业务内容的前面。尽管这种说法有些过于"势利"，但确实能改善续费和增购的收入，提升客户成功组织的绩效。

为了说明什么是围绕收入设计业务流程，我们以续费为例。所有 CSM 日常面临的最大难题就是续费，按时按点续费的客户不能说没有，但是太少了。好一点的情况是走流程需要时间而迟交一段时间，严重一点的是直接没有下文了。更让人绝望的答复是："我们早就不用了，还续什么费"？很多 CSM 只能跟公司汇报说已经提前给客户发过书面续费通知，但这件事就这样不了了之了。为什么会出现这种情况呢？从根本上说，续费流程和措施的安排，并不是围绕续费的收入而设计的。

前面我们讨论过一个称为业务汇报（BR）的工具。根据我们追踪的数据，CSM 成功做过 BR 的客户，90% 以上都能续费。其实 BR 的秘密就在于它的核心内容，即就业务成果与客户高层达成一致。其隐含的意思是，既然通过使用产品实现了业务价值，续费就是一件顺理成章的事。这个例子说明，你的业务流程应该把 BR 设计进去，关键时候它就会发挥作用。

再举一个增购的例子。SaaS 公司通常有成千上万家客户，你总不能挨个儿去问这些客户今年是否需要增购。但是你可以利用客户旅程，设计一个发现增购机会的流程，通过设置条件，发现哪些客户有增购的可能。比如到了增购最可能发生的阶段或里程碑，客户业务人员数量与购买许可数量有差值，客户扩大了业务规模，客户收购了新业务，客户使用产品获得了显著的效果等。

这时你可以根据这些增购机会点去联系客户。围绕收入机会设计业务动作，会取得事半功倍的效果。

9.12.3 设置正确的 KPI

要想实现从成本中心向利润中心转变，客户成功的绩效评价方法和指标也需要随之改变。与销售领域相似，KPI 是指导 CSM 行为的重要工具。KPI 指向什么，CSM 就做什么。正因如此，许多公司将净留存率、续费率等指标设为 CSM 的主要 KPI。

但这样做其实是有问题的，虽然这些指标都是关于收入的，但它们都是未来的结果目标。比如说如果把续费率设为 CSM 团队或者个人的 KPI，那 CSM 势必会把大部分时间花在续费的催收上。

所以需要设置引导 CSM 行为的指标，如采用率、BR 次数、发现增购机会数、发现风险客户数和挽留率等。通过设计这些有指向性和引导性的 KPI，可以培养 CSM 高效做事和做正确的事的能力。

9.12.4 优秀 CSM 的晋升之路

国外 SaaS 行业的高速发展，离不开客户成功，而 CSM 也成了一个热门的新职业。但与国外客户成功形成鲜明对比的是，国内 CSM 的职业现状十分堪忧。

究其原因，从公司角度来看，一些 SaaS 公司本身还处于生存的边缘，无暇考虑客户成功带来的助益，甚至有些公司根本不相信客户成功能发挥作用。从 CSM 角度来说，很多 CSM 确实缺乏担当、能力和方法，难以为公司提供有效帮助。这两方面因素的叠加，使得 CSM 普遍缺乏职业稳定感，甚至产生了生存危机感。

作为一名 CSM，尽管无法改变行业现状，但可以通过提升职业能力找到自己的机会。CSM 变得成熟和优秀是完全可能的。实际上，与其他任何职业一样，CSM 的职业稳定感也来自自身的不可替代性。

那么，CSM 如何让自己变得不可替代？这里总结了 CSM 职业晋升的 5 个关键点。

1. 找到一家"好"公司

这里所说的好公司，无关公司的新旧和规模，而是指那些从客户成功业务中尝到过增长甜头的 SaaS 公司。它们对客户成功真正有需求，而不是"叶公好龙"。

这一点非常重要，因为它保证了最基本的职业稳定性。而如果找错公司的话，CSM 就可能频繁地换工作。

2. 找到一个"好"位置

通常客户成功体系成熟的 SaaS 公司，即使部门人员都称为 CSM，也有更细的专业划分。比如国外成熟的客户成功体系中，CSM 除了划分内部和对外业务外，还划分了续约、扩展、支持、再销售、数据分析等细分岗位。

在这种细分岗位的客户成功组织中，那种万金油式的 CSM 就很难获得职业发展机会了，所以 CSM 找到一个合适的、擅长的位置非常重要。当然，如果能在每个位置上都历练一遍，也能快速成熟起来，从而更容易找到适合自己的位置。

3. 快速出业绩

在大家还在到处尝试之时，快速出业绩无疑是一个 CSM 能力的最好证明，但很多 CSM 却恰好卡在了这里。如果是一家成熟的 SaaS 公司，出业绩并不难，只需认真做事就行了。但是很多 CSM 的现状却是：既找不到好公司，更没有好位置，能保住工作就不错了，哪里还会快速出业绩？

换一个角度，也可以说这正是 CSM 发挥能力水平的好机会。如果把一家烂公司变成好公司，把万金油式的岗位做出细分，并开始发挥作用，这本身就是最大的业绩。

再换一个角度，即使一个 CSM 做不到改变公司和细分业务，也不是说就不能出业绩了。因为你也可以只在一个细分指标上做到最好，比如你可以研究各种流失挽留手段，成为公司的挽留专家，这为公司创造的效益同样是巨大的。

当然，无论是哪种情况，做出业绩一定是建立在能力的基础上，而不能依靠运气成分。

4. 获得认可

在成熟的 SaaS 企业中，除了销售部门外，客户成功部门也是公司的利润中心，而不是成本中心。不幸的是，迄今为止国内很少有企业将客户成功部门视为利润中心，甚至很多 SaaS 公司认为这是一个可有可无的部门，导致客户成功部门难以得到其他部门的认可。

无论是客户成功部门还是 CSM 个人，如果不被认可，很容易被替代。但只讲客户成功的大道理，是很难被别人认可的。要知道，所有的认可都是建立在实际业绩的基础上的，业绩就是可衡量的收入贡献。

5. 不要错过职业成长期

虽然 CSM 的职业上升空间很大，但职业成长期却很短，如果抓不住成长期的时机，以后很难再有机会。实际上，在客户成功领域，很多早期的 CSM 已经离开了这个行业，因此 3 年工作经验与 1 年工作经验的 CSM 小白的差别并不大。

客户成功的职业发展道路，并不像很多人认为的那样——只要服务好客户就足够了。从一名 CSM 新手晋升为职业高手，最终达到不可替代的地位，除了需要具备扎实的客户成功理论外，还必须深刻理解整个 SaaS 业务的商业模式，这是跨越职业晋升道路上一切阻碍的基础。

9.13 本章小结

迄今为止，客户成功业务仍处于发展和演进中，这也给客户成功的内容组织带来了极大的难度。如果将目前有限的实践和方法作为通用方法或者最佳实践传达给读者，显然是有风险的。

因此，本书将客户成功的内容分为两部分：一部分是第 8 章阐述的相对确定的业务框架和理论，另一部分则是本章的一些客户成功实践。

本章在第 8 章的理论基础上，针对关键的实际业务，比如，如何从无到有地建立客户成功组织、如何招聘到合适的 CSM、如何为 CSM 制订薪酬计划、如何为业务匹配 CSM，以及销售如何与 CSM 成功"握手"等，提供了可借鉴的实操方法。

除了上述对客户旅程实践落地方法的讨论外，围绕收入设计业务流程也是本章关注的重点内容。

最后，本章在客户成功的理论基础上探索了有效的实践，最终目的是彻底改变客户成功组织的地位，使其从成本中心转变为公司的利润中心。

第 10 章 | CHAPTER

SaaS 渠道

虽然渠道本身并不是一个新事物,但是 SaaS 渠道却是一个全新的概念。SaaS 渠道除了在业务内容方面与传统渠道存在差别外,在伙伴要求、业务方式、绩效指标以及管理等方面,也都与传统渠道有非常大的差异。

10.1 为什么 SaaS 需要渠道

如果不使用渠道,那就只能依靠直销。对于专业而复杂的 SaaS 业务来说,依靠自有销售团队的直销似乎是一种更有效的销售模式。然而,直销的最大挑战在于难以实现收入的规模化,这主要受以下因素的影响。

(1) 规模化销售

面对庞大的目标市场,无论你招聘了多少销售人员,也无论他们多么有能力,对于收入规模化增长的要求来说,都显得杯水车薪。事实上,作为一家初创公司，由于财力有限，招聘足够的销售人员并不现实，况且真正高水平的销售人员也未必愿意来一家初创公司工作。

即使是成熟的 SaaS 企业，公司的销售力量也是相对受限的，这严重制约了收入的规模化增长。因此，除了依靠渠道进行规模化销售，没有其他更好的解决办法。

（2）获客成本

虽然你拥有足够的销售人员，但他们所产生的获客成本很高。营销与销售会消耗大量的现金流，使公司较长时间内都没有盈利的可能。很多公司的获客成本偿还周期长达数年，不用说盈利，就是把获客成本偿还掉，就已经需要这么长的时间了。

把高昂的获客成本"转嫁"给渠道，是降低获客成本最直接的办法。

（3）区域范围限制

大部分 SaaS 公司都是创业公司，无论是市场影响力还是市场覆盖范围，都是非常有限的。然而，SaaS 业务只有在尽量短的时间内获得大量客户，才能实现收入的快速增长。这两者在本质上是矛盾的，因为活动范围限制了获客的数量。

虽然可以借助互联网扩大传播范围，但在竞争激烈的市场环境下，仅靠单方面的信息传播，显然无法为 SaaS 业务带来大量优质客户。而通过渠道合作伙伴的网络触达能力和专业知识储备，SaaS 企业能够接触到原本难以接触到的客户。

SaaS 创业公司解决这些问题的直接方法，就是在各地建立分公司或分支机构，采用直销方式扩大市场，但这会大幅增加获客成本，并不是所有公司都有这样的实力。因此，开拓渠道就成为首选的解决方案。国外 SaaS 行业的经验也表明，渠道已经成为 SaaS 企业的主要营销和交付形式，SaaS 企业的很大一部分收入都是渠道贡献的。

10.2　SaaS 渠道的 6 个固有缺陷

虽然渠道对于收入的规模化和市场的快速扩张有着非常重要的作用，但 SaaS 渠道模式也有以下 6 个固有的缺陷。

（1）难以控制

渠道毕竟不是属于公司的组织，如果再考虑 SaaS 业务长周期的特点，那么 SaaS 渠道的最大挑战就是难以管理和控制。比如，渠道经理很难介入渠道商的销售和服务过程，这不仅可能导致交易无法控制、成交周期不确定，还可能影响客户成功业务，最终影响收入。又比如，SaaS 厂商一项制度的变革，很难传递到渠道商并严格执行，这常常导致渠道商执行的制度是过时的。再比如，渠道商的业务流程可能与 SaaS 厂商的不一致。

由于渠道管控的问题，我们经常可以看到客户对渠道伙伴的投诉率更高，其客户留存率也远低于 SaaS 厂商。

（2）反馈阻碍

在直销模式下，产品或服务在交付后产生任何问题，都能在第一时间得到直接反馈。而通过渠道反馈的问题或建议，要么不及时，要么失真，甚至还可能被截留。

然而，SaaS 产品的迭代和改进严重依赖于客户的即时反馈，那些将大部分客户托付给渠道伙伴的 SaaS 厂商，往往是最后一个知道出问题的。

（3）降低利润

依靠渠道可以降低获客成本，但必须分出一部分利润给渠道伙伴。这肯定会降低厂商的利润，而且分润本身也是 SaaS 业务中一个很难处理的问题。

（4）渠道习惯

传统渠道的强项在于以产品为中心的销售逻辑，其最擅长的销售技巧是利用产品的差异化优势。然而，这与 SaaS 所要求的成果销售逻辑存在冲突，可能会影响客户的成交和留存。

渠道商很难改变这些固有的销售习惯，或者认为改变不值得。因为新的业务模式不仅需要改变原有的能力，还需要额外的投入，而如果转型不成功，这些损失只能由自己承担。

（5）品牌风险

头部 SaaS 厂商之所以对渠道商的筛选较为严格，一个重要原因是避免品牌受到损害。一些不专业的渠道商常常采用有利于自身利益的方式向潜在客户推销，比如偏离价值、夸大效果、过度承诺以及成交后失联等。

这些问题将严重影响厂商的品牌和口碑，还可能使厂商自己的销售受到负面信息的阻碍。

（6）撞单

所谓"撞单"，就是直销与渠道伙伴争夺同一个客户，这种冲突极为常见。即使有严格的规则，撞单现象也难以避免。撞单的频繁发生，会使渠道销售变得极其混乱。实际上，撞单不仅发生在直销与渠道伙伴之间，渠道伙伴之间也可能会发生撞单，因为所有销售人员都不愿放弃可能得到的销售提成。撞单会引发很多问题，比如需要花费大量时间来"裁判"应该跟谁签约，内部的低价竞争会给竞争对手创造机会。

所以 SaaS 渠道是一把双刃剑，渠道出现任何问题，都可能给 SaaS 厂商带来严重后果。

10.3　SaaS 渠道的特殊性

在大多数领域，我们常常将"渠道"等同于"销售渠道"，这是没有问题的。然而，对于 SaaS 业务来说，"销售渠道"这个说法并不准确，甚至可能会带来误导。按照订阅模式的要求，把产品销售出去只是完成了整个业务的第一步，而更多收入来自客户的留存，即续约和扩展。这就需要在整个客户生命周期内为客户提供持续的服务，以帮助他们实现业务价值。因此，渠道的责任就不仅仅是销售，还包括专业服务和客户成功业务，这也是 SaaS 渠道特有的要求。

现实中，许多渠道伙伴没有意识到 SaaS 渠道的特殊性，还是只将自己视为销售代理，并未准备承担销售之外的责任。持这种思维的渠道商，要么销售效率低下，要么客户流失率极高，因此这种渠道合作难以持续。

10.4　国内外 SaaS 渠道的差距

SaaS 行业要实现规模化增长，渠道是不可或缺的，行业内增长最快的 SaaS

企业，都离不开渠道的贡献。

但从国内 SaaS 渠道的发展来看，上述结论并不完全适用，国内外渠道的差距主要体现在以下几个方面。

（1）渠道收入占比

与国外情况相反，国内多数 SaaS 公司的绝大部分收入还是来自直销，而不是渠道伙伴。这也反映了渠道贡献能力的不足，以至于对于很多 SaaS 厂商来说，渠道是可有可无的，实现增长根本指望不上渠道。

（2）渠道客户质量

对比直销客户与渠道客户的 LTV，就会发现渠道客户的价值要低很多，或者说渠道所获客户的流失速度更快。这不仅与渠道伙伴的销售方式和获客质量有关，更与渠道的客户成功业务能力有关。

无论是哪种原因，所产生的结果都是相同的，即渠道客户的质量问题。实际上，相较于渠道的获客成本，这些来自渠道的客户已经让公司产生了亏损。

（3）渠道的专业度

国外头部 SaaS 企业的渠道伙伴对所服务的客户行业通常非常熟悉，甚至其本身就是行业内的成员。因此，在专业度上，渠道伙伴有时比厂商更为专业，更多地扮演增值服务商的角色，而客户更愿意为产品之外的服务付费。

但国内的 SaaS 渠道伙伴大多从传统 IT 代理商转型而来，既不太熟悉 SaaS，又不太懂客户所在的行业。凭借与客户的关系，一门心思只想把 SaaS 销售出去，其实这对客户根本没有什么价值可言，客户当然不会有付费和续费的意愿。

（4）渠道合作周期

一家渠道伙伴与 SaaS 厂商能合作多久，完全是由伙伴的获利水平决定的。而 IT 转型而来的渠道伙伴，在传统的代理业务中，大多是能够赚到钱的，因为交易型业务所获得的都是购买"全款"。而转型 SaaS 订阅业务后，所获得的是首年合同额的分成，这要比"全款"少很多，只有 20%~30%。

所以短期内渠道伙伴是很难从合作中赚到钱的，这也决定了渠道合作周期不会太长。

（5）渠道资源匮乏

国外 SaaS 厂商有一个理念非常值得借鉴，就是把渠道伙伴视为自己的另一种客户，即能产生客户的客户。有了这种认识，投资于渠道伙伴就是自然而然的。因为 SaaS 在国内还属于一种新模式，所以市场上缺少现成的合格渠道资源，所以只能通过 SaaS 厂商的发现和培育。但这需要投入，并不是所有厂商都愿意对渠道伙伴投资。

事实上，国内 SaaS 渠道业务经营得异常艰难，而专注于 SaaS 业务的渠道公司的数量更是屈指可数，大部分渠道都是从 IT 产品渠道转型来的，还有的是兼职做 SaaS 业务。在这种情况下难免会让人产生疑问：传统的渠道模式在 SaaS 行业是否行得通？

10.5　SaaS 渠道的 4 种类型

像其他 ToB 业务一样，SaaS 渠道也有多种形态和类型。总结下来，国内的 SaaS 渠道类型主要有 4 种。

1. 线索型渠道

顾名思义，线索型渠道只做销售线索，其余业务一概不参与。本质上，线索型渠道还算不上真正的渠道，其可能还经营其他业务，或者利用已有客户关系顺便做渠道。

线索型渠道的价值大小和所起的作用很难评估，通常并不会太大。在信息高度开放的商业时代，其实并不存在客户采购信息的不对称情况。大部分线索只是关系的介绍，如果最终成交，SaaS 厂商只需给线索型渠道一定的信息费，而无须真正进行利润分成。

2. 销售型渠道

销售型渠道是目前最常见的渠道形式，具体又分为专注 SaaS 的销售型渠道和兼职 SaaS 的销售型渠道两种。因为兼职型渠道同时还有其他业务，所以这种渠道会用自己熟悉的产品销售方式去销售 SaaS。

虽然销售型渠道所起的作用很大，但因为其并不承担除销售外的其他业务，所以其实际贡献的价值也是有限的。一般其实际贡献大小与所获客户的质量或成功潜力成正比。

3. 全业务渠道

因为订阅业务的特点，销售只是整个业务的一个部分，在客户生命周期中，还有交付、采用、扩展和留存等整个价值链业务。因此，理想的渠道当然是全业务渠道。而全业务渠道本质上是利用 SaaS 工具为客户提供增值服务的，所以有时又被称为增值服务商。

然而，由于成本和风险因素，某些渠道商会尽量减少人力资源配置，例如配置的 CSM 数量与其客户数不成比例。这种情况下，可能会影响服务质量，降低客户体验。

4. 解决方案伙伴

解决方案伙伴是一类特殊的渠道伙伴，虽然其业务并不依赖于与你的合作，但是在为客户提供解决方案时，可能需要集成你的产品，从而使解决方案更加强大。解决方案伙伴可能是像你一样的 SaaS 提供商，也可能是技术集成商。说其特殊，是因为你不能像管理其他渠道伙伴那样去管理解决方案伙伴，你们之间的关系是生态合作关系。

一家 SaaS 公司选择哪种渠道类型，要根据当前的需要来定。实际上，对于初创公司来说，因为既没有品牌，也没有产品口碑，所以并没有多大的选择余地。但对于相对成熟的 SaaS 企业，最佳选择一定是全业务型的。只有全业务型的渠道伙伴，才有可能帮你撑起大部分收入。更重要的是，因为全业务型渠道能够完全独立地维护整个客户生命周期，所以 SaaS 公司可以节省下很多支持资源。

10.6 如何判断当前是否需要渠道

虽然合适的渠道策略可以帮助你快速扩张，但并非所有的 SaaS 企业在当前都适合采用渠道策略。同样的渠道策略，对某些 SaaS 企业可能效果显著，对其他企业可能投入巨大却回报甚微。

在决定是否开始采用渠道策略之前，必须仔细权衡一下它当下是否适合你的企业。

1. 时机是否合适

如果你当前的目标不是收入规模化和快速扩张，或者你的产品还不够成熟，那么现在就不急于启动渠道计划，而更适合采用直销的方式，以获取一手的客户反馈。

2. 流程是否成熟

如果你的销售流程和客户成功流程还不够成熟，就无法将其复制给渠道伙伴。而此时盲目开始实施渠道策略，渠道伙伴可能会无所适从，也可能会按照自己习惯的方式进行销售和服务。这势必导致其业务受挫或获客质量不佳，渠道伙伴甚至可能终止与你的合作。

3. 是否具备控制力

渠道的管理是一项复杂的工作，涉及伙伴的筛选、赋能培训、激励与分润、指标的考核，以及伙伴的优化。这些工作牵涉大量的人力和物力，是对厂商渠道管理能力的考验。如果评估自己暂时不具备这些能力，则应先建立这些能力，再考虑建设渠道。

10.7 如何选择合适的渠道

渠道的选择是建设渠道要解决的第一个问题。来者不拒或者过于严苛，都不会选到合适的渠道伙伴。许多刚开始建设渠道的 SaaS 公司，在渠道选择方面遵循的最基本原则就是宁缺毋滥。国内很多 SaaS 厂商为了快速占领市场而招募大量的代理商，这可能在短期内会有一些效果，但对于订阅业务来说，如果在渠道伙伴的遴选上出现问题，渠道策略不仅很难持续，还可能给未来埋下隐患，例如较高的客户流失率、负面口碑的产生，也会让后续的渠道发展更加困难。因此，SaaS渠道伙伴需要精挑细选，否则渠道业绩不仅无法提升，厂商还会浪费大量资源，导致收入损失。

但作为一家初创SaaS公司，初期渠道选择的标准不能过高，否则可能选不到合适的伙伴。一般来说，只要能满足以下3个方面的条件，就具备了合作的基础。

1. 愿意转型

因为国内SaaS行业尚未成熟，现有的SaaS渠道多为传统渠道转型而来，熟悉销售订阅业务的渠道商极为稀缺。毕竟传统产品销售模式与订阅销售模式存在较大差异，只有愿意转型订阅业务的渠道商才可能成为合格的渠道伙伴。

然而，现实中我们发现，不少渠道伙伴仍在采用传统的销售模式获客，并且这些渠道伙伴对订阅业务的收入模式不认同。对于那些抵制转型的渠道商，最好将其排除在合格渠道伙伴之外。

2. 愿意投入

很多人认为SaaS代理很容易做，只是卖一个账号那么简单，也不需要什么投入。但实际情况并非如此。然而当渠道商看到SaaS业务的复杂性，以及需要大量投入时，很容易将其视为副业。

抱有这种心态的渠道商不仅很难成功，还会耽误和浪费SaaS厂商的市场机会。所以，对于那些不愿投入的渠道商，也不应将其视为合格的渠道伙伴。

3. 有能力投入

只是愿意投入，还远远不够。实际上，一个SaaS业务的渠道投入，远超最初的想象，而且随着客户数量的增加，所需投入还会进一步加大。除了设置专业岗位、配置足够的人员、提升技能等固定投入以外，还有巨大的获客成本等可变投入。

所有这些预期的投入，都需要在正式合作之前告知清楚，渠道商除了要有投入的意愿外，还要有投入的资本能力。

10.8　渠道的协作方式

比转变销售观念更重要的，是转变 SaaS 厂商与渠道伙伴的协作模式。传统的 ToB 业务厂商与渠道之间的销售协作模式主要有两种：一种是将渠道作为销售通路或销售管道，也就是所谓的 sell through 模式；还有一种更为直接，即给渠道代理商压货，也就是所谓的 sell to 模式。如果是硬件销售，这两种模式都是有效的，因为无论是谁来销售，对于客户而言，产品的功能特性都是一样的。

但如果用这两种销售协作模式去销售 SaaS 订阅业务，就很难奏效。因为 SaaS 并不是实体化的产品，而是一种服务，它的功能和特性并不是客户关注的，客户关注的是能否帮助他们实现业务价值。无论是 sell through 模式还是 sell to 模式，都很难传递 SaaS 原本的业务价值或业务成果。所以对传统代理商来说，SaaS 销售的难度非常大，更不要提效率问题了。

实际上，除了 sell through 和 sell to 模式外，还有一种渠道模式，即 sell with 模式，也就是与渠道伙伴一起销售。对于如硬件设备等产品，一起销售是没有必要的，因为需要厂商投入额外资源去帮助渠道达成业绩。但是对于 SaaS 业务来说，sell with 模式却是非常必要的，因为 sell with 模式的真正意义是在价值和成果层面上 SaaS 厂商与渠道对齐。比如厂商和渠道在销售流程和销售方法论上完全一致，在销售技巧上互通有无，双方共享销售工具和数据等。

通过价值和成果的有效传递，帮助渠道伙伴就客户成果与客户达成共识，这不但对于销售，而且对于成交后的留存也大有裨益。

10.9　渠道的培训与赋能

实现 sell with 渠道模式的第一步，就是为渠道伙伴赋能，这需要通过多次的培训和不断的输出。但是很多 SaaS 公司的渠道培训是达不到赋能目的的。因为这些培训的主要内容，还是教给渠道伙伴技巧性的东西，比如各种"花式打法"。其实技巧也好、打法也罢，大部分都只是少数人的销售体会，而缺少 SaaS 订阅销售的理论支持，因此很难形成一套普适的、可复制和可传授的销售方法论，以至于这种培训并不能真正为渠道伙伴赋能。

前面我们讨论过，SaaS 这种订阅业务采用的销售模式是订阅销售，而不是传统 ToB 产品的交易型销售。订阅销售模式对应着一套完全不同的方法论，它的销售逻辑是成果销售。要想让渠道伙伴从"产品差异化销售"转向业务价值销售或成果销售，是渠道培训的重要内容。也就是说，首先要帮助渠道向订阅销售模式转型。

如果要为渠道赋能工作的标准提出建议的话，我认为 SaaS 厂商内部的销售赋能应与渠道伙伴赋能完全同步。也就是说，厂商的销售能力达到什么程度，输出给渠道的能力也应该达到相同水平。具体来说，就是使用完全相同的培训方案、内容和工具。

实际上，因为渠道并不会像厂商那样有"先入为主"的意识，所以在其销售实践中，可以对现有的销售方法论和工具进行打磨，同时来自渠道的客户案例可能更接地气。这就形成渠道赋能的反馈和闭环，而不是厂商单向的灌输。这种正能量的积累达到一定程度，渠道的力量就能够充分发挥出来。

10.10 渠道的考核与认证

要想规模化提高渠道收入，就需要提升渠道能力和水平，而对渠道的考核、认证和授权等，是建立 SaaS 渠道体系的重要内容。从全球来看，国外 SaaS 企业对于渠道伙伴都有严格的认证和授权体系，这充分保证了渠道伙伴的能力和水平与原厂一致，这也是渠道规模化发展的必要措施。而国内 SaaS 企业的渠道建设，不但起步晚而且发展慢，因为对 SaaS 业务的渠道需求特点认知不足，导致建成后容易分散。多数企业没有严格的考核和认证体系，或者仅有一些没有约束力的协议。

现实已经证明，没有严格考核认证的渠道体系，其实是非常脆弱和不稳定的。实际上，SaaS 渠道认证的真正意义，是对渠道的模式、标准、方法、能力的统一考量和认定，它是厂商和渠道长期合作的基础，也是渠道有效性的根本保障。对于全业务型的渠道伙伴，SaaS 厂商认证的内容除了销售认证以外，还包括产品线认证、实施交付认证以及 CSM 认证等。

渠道实践已经证明，通过认证和未通过认证的渠道伙伴，实际表现完全不同。比如，通过认证的渠道伙伴会使用订阅销售方法论销售客户的业务成果，所以可以将客单价做得更高，而不会像以前那样通过低价来竞争。又由于通过认证的渠道伙伴采用系统的销售方法，销售效率也会更高，因此，认证渠道能为厂商带来更大的确定性和可预测性。

此外，获得高级别认证的渠道，在厂商支持、销售线索和收入分配等方面，也会享有更多的权益或收益。

10.11　共享信息和数据

由于 SaaS 具有云端特点，客户使用的所有数据和信息只有厂商可以访问，渠道伙伴很难共享。然而，SaaS 业务的各个环节都需要依赖数据支持。不仅 SaaS 厂商需要信息和数据，渠道伙伴也需要。

不仅如此，数据的共享并不是单向的，SaaS 厂商和渠道伙伴之间应进行双向的数据共享。

渠道传递给厂商的数据有以下几种。

- 渠道用户使用数据。
- 渠道客户流失风险预警。
- 渠道客户可能增购的产品。
- 常见问题的解决方法。
- 产品未来方向和路线图。
- 渠道所在区域或行业的信息和线索。

厂商传递给渠道的信息有以下几种。

- 客户产品用例。
- 客户业务成果。
- 产品反馈。
- 客户动态（负责人变更、业务改变、角色变动）。
- 销售信息（销售周期、竞争对手、客户预算）。

❑ 采用信息。

厂商与渠道伙伴之间的数据共享,能够更加充分地发现客户的销售和增购机会,这对于收入的增长具有重要意义。

除了用户数据的共享外,厂商和渠道伙伴信息也可以共享给所有的潜在客户。为了让潜在客户能够容易地找到经过认证的渠道伙伴,最好的方式是在厂商的官方网站或渠道伙伴的首页上展示渠道伙伴列表。这个列表可以按照区域划分,也可以按照行业划分。这样不仅可以为渠道伙伴直接带来线索,也方便了潜在客户快速地找到渠道伙伴,并且直接邀约渠道伙伴上门交流,而无须通过厂商的商机再分配。

10.12 渠道的激励与分润

由于 SaaS 是一种新的商业模式,特别是其订阅业务的特点,使得渠道商在短期内的投资回报存在较大的不确定性。因此,国内 SaaS 厂商与渠道商的合作并不会像传统的 IT 渠道那样激烈到渠道商竞相争夺代理权。实际上,SaaS 厂商和渠道商之间存在双向选择。这意味着,许多渠道商并不急于参与,而是处于观望状态,同时也有不少渠道商因未能获得预期收益而退出合作。在这种微妙的状态下,对渠道商的激励和分润规则显得尤为重要。如果不能有效地利用分润这一杠杆,SaaS 厂商与渠道商的合作关系将难以维系,最终会分道扬镳,渠道也只能重新招募。

由于国外 SaaS 行业的渠道形式相对单一,且业务分工与分润规则明确,因此收入分配问题较少。通常情况下,除了支付给 SaaS 厂商的产品费用外,若无特别约定,其余大部分收入均归渠道商所有,例如咨询服务、实施交付,甚至包括部分续费和增购等收入。这里有一个特别的逻辑:SaaS 渠道商除了需要具备销售能力外,更为重要的是要具备在行业或领域内的专业服务能力。通常,服务的价值高于产品本身的价值。因此,渠道商可以依靠专业服务赚取更多收入。

而国内大部分渠道商并不具备这种增值服务的能力,所以只能挣产品分销那点有限的钱,如果再没有续费和增购的收入,大部分渠道商都难以坚持下来。

这就是国内外 SaaS 渠道商不同境遇的根本原因。

因为国内 SaaS 渠道的形式多样化,所以激励和收入分配规则也更加复杂,可能需要不同的激励手段和分配方法。

1. 尝试阶段

由于存在双向选择的问题,SaaS 厂商在早期招募渠道时就会遇到较大的困难。因此,SaaS 厂商需要采取向渠道倾斜的招商策略,例如高折扣的产品费用、高比例的收入分成,甚至补贴渠道商,以完成初期的渠道招募。

但这些措施只适用于业务发展初期的招商阶段,不能成为渠道合作的常态,目的还是遴选到合适的渠道伙伴。

2. 线索型渠道

严格来讲,线索型渠道还算不上渠道伙伴,因为这种合作关系更像是临时的或随机的。除了提供客户的采购信息,线索型渠道本质上是客户线索的交换,所以并不存在分润问题,充其量只能算是一种信息服务的佣金报酬。

3. 销售型渠道

销售型渠道合作是目前国内 SaaS 的主要渠道合作模式,本质上这种 SaaS 渠道商与传统 IT 渠道商没有太大区别,所以收入分配方式也与传统渠道类似,通常是对首年的合同收入按比例分成。

4. 全业务型渠道

全业务型渠道是 SaaS 行业的主流渠道模式。虽然全业务渠道伙伴的激励和分润看起来比较复杂,但其实是最简单的。复杂之处在于激励和收入分配规则的制定,但一旦制定好了渠道的责、权、利规则,执行起来就简单得多。渠道的自我管理也使 SaaS 厂商的管理成本随之降低。除了首年合同额的分配收入,全业务型渠道伙伴还可以获得如咨询费、集成费等一次性收入,以及续费和增购的分成。

目前全业务型渠道模式可能存在的争议,是关于续费和增购的分配比例。

有一种观点认为，续费和增购的绝大部分收入，甚至全部收入都应该归渠道伙伴所有，因为在销售阶段渠道伙伴花费了大量的获客成本。而续约周期内的低成本续费收入，应该算是前期投入的回收。但也有一些强势的大品牌厂商认为自己应该分得续约收入的大部分，这种观点也有其道理，因为如果 SaaS 厂商没有续约收入，SaaS 这个商业模式就很难成立，公司也会长期亏损。尽管 SaaS 厂商获客的可变成本因渠道模式分担得以降低，但毕竟还有人员、设施、运营等高昂的固定成本。其实，这是一个财务计算模型的问题，也是订阅业务的渠道模式新课题。公允的分润比例，一定是基于财务模型综合计算出来的，而不是单独考虑某一方的利益得出的。

10.13 渠道管理原则

与传统渠道不同，由于 SaaS 业务的复杂性，渠道伙伴之间的合作更加困难且充满不确定性。作为 SaaS 厂商的重要资产，渠道管理尤为关键。如果渠道管理失败，可能会产生一系列的严重后果。例如，尽管渠道伙伴口头承诺负责客户生命周期内的所有业务，但其可能不会按照订阅业务的方式进行操作，而是采用自己习惯的方式行事，以降低自身的投入风险。这可能导致获客效率不达标、客户流失率增加，并在行业内产生负面影响，最终导致渠道目标的失败。

这些年来，我为很多 SaaS 公司做过渠道的建设和培训服务，但有不少公司最终也没能在渠道合作方面取得成功。观察那些取得成功的 SaaS 厂商，你就会发现它们具有某些共性的管理原则。

1. 把渠道视为一项投资

既然渠道在实现规模化收入方面不可或缺，那么可以把渠道作为一项重要的投资，虽然这种投资不是直接以资本的形式提供的，但 SaaS 厂商为了使渠道伙伴达成目标，综合投入资源是必不可少的。

传统的渠道投资大都体现在品牌和营销支持方面，但对于订阅业务的渠道，这些方面的投入远远不够，也无法获得较高的投资回报，这就是 sell through 和

sell with 的区别。所以不转变渠道投资观念，很难建立起有效的渠道。

2. 渠道伙伴利益优先

SaaS 厂商与渠道的合作，不仅对厂商来说是一项投资，对渠道伙伴来说同样是一项投资。由于订阅业务的复杂性，做好 SaaS 业务需要"五脏俱全"。例如，渠道伙伴也需要配置相应的资源，如销售、实施和 CSM，这是一笔不小的投入。对于一个新团队来说，订阅业务的风险其实很高，投资回报是渠道不得不考虑的问题。

如果 SaaS 厂商不能帮助渠道伙伴有效化解风险，甚至向伙伴出让一部分利益的话，那么合作关系很难维持。比如可以在销售线索提供、"撞单"问题、利润分成、续费和增购收入分配等方面，将利益向渠道倾斜。

3. 有一套成熟和可复制的方法论

虽然很多 SaaS 厂商都很重视为渠道伙伴赋能，但实际的效果并不理想，甚至有时会把伙伴引向错误的方向。

其实赋能的真正意义，是传递客户的业务价值，但这首先需要 SaaS 厂商自己有一套成熟的业务流程或可复制的方法论。打铁还需自身硬，如果厂商自己都没有章法，也就谈不上将价值传递给渠道伙伴了。赋能并不是简单地打鸡血和培训，而是需要把内容、培训、考核、认证、评估、迭代和提升作为一个赋能体系。

赋能最好的效果，是渠道伙伴的各项业务水平与 SaaS 厂商的业务水平相接近甚至一致。这听起来似乎有些不可思议，但要知道，国外 SaaS 厂商的渠道伙伴在其专业领域的业务水平有时远高于原厂商。

4. 宁缺毋滥

虽然发展渠道的目的是收入的规模化，但是发展渠道的顺序是先保证质量，然后才是数量。如果一上来就为追求渠道数量而全面铺开，失败是必然的，甚至可能会殃及厂商。因为口碑和品牌的损害，并不都是可以修复的。

所以说宁缺毋滥是发展渠道的首要原则。实际上，一套体系只要跑通了少量的渠道伙伴，渠道复制就不是什么难事。

10.14 渠道管理计划

按照 sell with 的合作方式,渠道伙伴就不只是渠道,而是厂商的另一类客户。如果能把这个理念贯穿于整个渠道管理计划,渠道的建立和发展就会顺畅很多。

按照这个思路,一个渠道管理计划应该包含下列内容。

1. 伙伴营销计划

我们已经知道,SaaS 业务框架的获客阶段是从吸引(Attract)开始的,如果把渠道伙伴视为客户,同样也要依靠吸引来获得渠道伙伴这一类客户。事实上,对于一家 SaaS 公司来说,除了业务模式是新的以外,品牌力和知名度也很缺乏,此时先不要想招募到合适的渠道伙伴,能吸引到渠道的关注就已经很不容易了。

想一想你的获客过程是怎样吸引潜在客户的,现在就可以采取相同的方式,只不过所用的内容有所不同。除了要吸引到潜在的伙伴之外,更要吸引到"对"的伙伴,即其业务范围与你相同或者相近,比如你是做 HR 的 SaaS,渠道伙伴最好也是做人力资源服务的公司。这不但使吸引更容易,还会为后续的合作奠定共同的基础。

2. 需求与帮助

毫无疑问,所有伙伴加入渠道的目的都是从合作中获得收益,否则不会有兴趣与你合作。但并非每家伙伴的诉求都是一样的,比如有的需要销售线索,有的需要售前技术支持,有的需要提供客户成功方面的帮助。

所以你应当像了解客户需求那样去了解每家伙伴的需求,然后才能有针对性地提供支持。

3. 选择伙伴类型

理想的渠道伙伴当然是全业务型的,但这类伙伴也会分走更多的利益。实际上,你应当根据公司业务目前所处的阶段选择不同类型的伙伴。比如你的客户成功力量较强,你就应该选择销售型的伙伴。或者你的销售团队已经部署在各地,这时线索型伙伴的作用更大。关键是付出更少的渠道成本来实现更快的规模化收入增长。

4. 激励计划

渠道伙伴毕竟不是公司的组织，很少感受到 SaaS 公司创业的各种压力，在主动销售和服务方面可能会倦怠，甚至会坐等客户上门。对于 SaaS 厂商来说，这就失去了发展渠道的意义。因此 SaaS 厂商必须像要求内部组织一样，对渠道提出要求和绩效考核标准，并且写入渠道合作协议。对于多次绩效不达标且没有改进措施的渠道商，要解除合作。但也有些 SaaS 厂商对此采取宽容的政策，它们关注的是渠道商的数量，而不是质量，这就违背了宁缺毋滥的原则，使公司在渠道上的投入没有产生应有的回报。

除了严格的绩效考核外，激励措施也是必不可少的。激励包括但不限于：营销、产品、售前和销售的支持，典型客户成功案例的支持，以及业务工具和模板的共享等。对于有较大贡献的伙伴，还可以提供销售线索等赢单机会或其他有效的奖励。

5. 定期沟通计划

我采访过很多业绩不错的渠道经理，请他们分享其中的工作窍门，绝大多数渠道经理的秘诀是与伙伴保持密切的沟通，这几乎占据了他们绝大部分的工作时间。

的确，如果渠道伙伴很少收到 SaaS 公司的消息，就不会了解厂商的最新动态、产品更新和战略变革，厂商也无法了解其业务进展和遇到的困难。久而久之，渠道伙伴就不会对合作投入那么多了。等到你发现问题时，往往已经恶化到无法挽回只能解约的地步。

其实，与伙伴的定期密切沟通，并不需要渠道经理花费太多精力。在网络发达的今天，通过视频会议和社交聊天工具等方式，可以随时随地进行沟通。渠道经理只需要提前准备每月、每周的沟通计划即可。

10.15 考核渠道的 3 类指标

一家 SaaS 公司的渠道做得好不好，是需要用指标来衡量的。整个渠道的指标体系中主要有 3 类指标：整体运营指标、渠道伙伴的业绩指标和渠道经理的业绩指标。

1. **整体运营指标**

- 伙伴总数：已注册有效的渠道商总数。
- 流失率：年度内解除合作的伙伴占比。
- 伙伴的总收入：伙伴贡献的收入。
- 伙伴收入比率：伙伴收入与直销收入的比率。

2. **渠道伙伴的业绩指标**

- 平均销售周期：伙伴的平均销售周期。
- CAC：伙伴的获客成本。
- NRR：伙伴单独统计的净收入留存率。
- GRR：伙伴单独统计的总收入留存率。
- 扩展率：伙伴的平均增购率。

3. **渠道经理的业绩指标**

- 伙伴销售目标达成率：达成年度收入目标的伙伴占比。
- 平均伙伴成本：从伙伴的招募到出业绩花费的平均成本。
- 伙伴平均价值：伙伴的平均贡献额。
- 伙伴平均爬坡期：从伙伴的招募到出业绩花费的平均时间。
- 培训次数：年度或季度统计的伙伴培训的总次数。
- 认证比例：已经通过认证的渠道伙伴比例。

10.16 伙伴关系管理

由于 SaaS 业务本身的复杂性，随着合作伙伴数量的增加，管理也将变得愈发复杂。例如，会产生伙伴业务状态的不可见、收入数据的不可预测、缺少管理所需的数据以及收入结算的不透明等问题。如果这些问题处置不当，可能会增加伙伴的流失率，还会影响伙伴的业绩。

在客户关系管理方面，已经发展出了成熟的 CRM 框架。同样，对于伙伴关系的管理，也需要一个有效的 PRM（Partner Relationship Management）框架。像 CRM 一样，PRM 也只是一个框架，可以自行开发，也可以采购或订阅 PRM 平台。实际上，真正重要的不是 PRM 如何实现，而是如何利用它解决现实中的伙伴关系管理问题。PRM 的一些优点如下。

1. 有利于渠道招募

虽然你的产品很好，但并不一定能吸引到潜在的伙伴。有经验的渠道商在决定是否加入合作伙伴计划时，评估的不仅仅是产品，还有相关支持。如果厂商不能提供有效率的业务流程和工具的支持，渠道商就很难从中赚到钱。反之，如果你有一个强大的 PRM 系统来提供这些支持，就很容易吸引到潜在的伙伴。

2. 高效的渠道赋能

从伙伴的招募到伙伴能够独立运作，其间需要不断地进行赋能和各种培训。大部分 PRM 平台都具备在线培训能力，可以对不同水平的伙伴提供个性化的内容和批量化的培训。除了有更好的培训效果外，还能为厂商节省一大笔培训成本。

3. 有效的渠道沟通

与渠道伙伴保持定期的密切沟通非常必要，但要做到这一点需要花费较大的时间成本，还会大幅增加渠道经理的工作强度。

有了 PRM 以后，大部分沟通都可通过 PRM 在线上进行，比如渠道政策的发布和变化、新产品或新版本的功能变化、最新的客户案例库等。除了这些单向的信息发布外，也可以在 PRM 平台上与伙伴进行互动。这不但提高了沟通的效率，也提升了沟通的质量。

4. 工具和模板分享

在长期的运营过程中，SaaS 厂商内部已经积累了大量的方法论、业务流程、模板等业务工具，比如订阅销售方法、报价单生成、合同模板等。

将这些工具放到 PRM 平台上，伙伴就可以下载这些最新的业务工具。

5. 预防"撞单"冲突

其实撞单除了发生在厂商与渠道伙伴之间以外，更多的是发生在渠道伙伴之间。因为销售机会报备的口径不统一，撞单会经常发生，而渠道经理为了裁决撞单问题，需要花费大量的时间和精力。

在 PRM 平台上，预先设置了各种报备规则，可以有效防止伙伴之间的撞单。

6. 渠道经营的可预测和可视化

如果没有 PRM 平台，各区域的渠道数据就需要由渠道经理分别进行统计、上报和汇总。这不仅费时费力，还难以保证数据的时效性和统计口径的统一性。

在 PRM 平台上，伙伴可以实时录入各种数据，比如线索、成交客户、收入金额等。而 PRM 所具有的数据分析和预测功能，能够将数据以可视化的方式呈现给相关人员。

7. 基于数据指标的渠道管理

虽然我们定义了很多有关渠道绩效的指标，但这些指标对应的数据，渠道管理部门很难实时获取到。所以要对渠道进行有效的管理，必须依赖 PRM 平台上的数据，而根据这些数据就很容易计算出伙伴是否完成了 KPI。

8. 分润结算的透明化

由于对渠道政策的理解不一致，或者遇到某些特殊情况，每当渠道结算时，都可能会对分配结果存有疑问，而核算过程又需要花费很大的工作量。

借助 PRM 平台，可以做到一笔交易完成后，伙伴立刻就能看到应得的金额，这实现了分配的透明化。

10.17 对渠道经理的要求

从渠道战略到渠道计划的执行，SaaS 公司的渠道经理是一个非常关键的角色。他在公司与伙伴之间建立了一种连接，将公司的产品或服务的价值以及帮助客户达成的业务成果传递给伙伴，通过帮助伙伴成功，推动公司收入的规模化增长。

但是对渠道经理的招聘和培养，很多 SaaS 公司还缺少实际经验，这里总结了一些对渠道经理的基本要求，可供参考。

- ❏ 能够整合公司内部资源，如技术支持、营销、销售、客户成功和法律等相关部门，满足伙伴成功所需要的所有条件。
- ❏ 能够确保伙伴遵循已经达成的协议和执行标准。
- ❏ 会主动帮助伙伴实现其销售目标。
- ❏ 能够为伙伴提供所需的所有业务工具。
- ❏ 能够使用营销材料、营销活动、网络研讨会和活动等工具为伙伴创造需求。
- ❏ 能够定期与伙伴公司的利益相关者沟通。
- ❏ 能够每周、每月或每季度前往伙伴所在地，进行面对面的沟通。
- ❏ 能够在快节奏、复杂环境下独立工作。
- ❏ 能够通过 PRM 平台开展工作。
- ❏ 能够适应长期出差。

你也可以根据这些要求撰写渠道经理的岗位招聘说明，或者在面试中考量候选人的某一项特长。

10.18 本章小结

本章对 SaaS 渠道进行了全面阐述，涵盖了 SaaS 渠道的特点、类型、内容、构建方法、激励、分配及管理等关键要素，最后用 PRM 框架对这些内容进行了整合与概括。特别是揭示了 SaaS 渠道与传统渠道的巨大差异，并给出了详细的落地实践参考。这对于国内 SaaS 企业如何从 0 到 1 建成一个有效推动收入增长的渠道，有较大的参考价值。

渠道经理或相关管理岗位可以单独阅读本章，但还是建议读者在掌握 SaaS 业务原理的基础上再阅读本章，以对 SaaS 渠道有更深刻的理解。

第 11 章 | CHAPTER

SaaS 生态

也许你已经发现,大部分 SaaS 应用作为一个单点业务,刚开始发展可能很快,但是达到一定的规模后,发展就会变缓,增长也似乎陷入停滞。如果你尝试了各种增长方法后仍然无效,那问题也许出在 SaaS 的生态上。

事实上,除了极其垂直的专业领域,大部分 SaaS 都是高度依赖生态的。或者说,如果没有生态的话,大部分 SaaS 应用都很难在客户复杂的 IT 环境下扎下根来,并长久地生存下去。

11.1 什么是 SaaS 生态

因为 SaaS 是一种新的商业模式,当前人们对于 SaaS 生态的理解存在非常大的差异,所以在深入讨论 SaaS 生态之前,我们首先给它下一个定义。SaaS 生态,是一组相关的 SaaS 应用、第三方组件和内容的组合,它们可以无缝地协同工作，以更全面的方式帮助客户实现他们更完备的业务目标。从技术角度看，SaaS 生态也构成了一个基本的"生态系统"，它描述了许多相关的技术解决方案，通过这些解决方案的协同作用，能够以系统化的方式解决客户的业务问题。

从这个 SaaS 生态定义中，暂时还看不出来 SaaS 生态化经营的意义。为了说明这一点，我们用 SaaS 与企业软件做一个对比。我们知道，大部分软件都设计为一个系统，无论系统是大还是小，它们都具有业务的完整性特征。但这也产生了一个问题，就是这些系统必须具有足够的功能冗余，才能全面覆盖客户的业务。但是因为客户需求各不相同，所以这种覆盖其实是很难真正实现的，不能覆盖的部分只能靠定制开发的方式来满足客户需求。但这样做的结果无法复制，会导致软件的规模化发展受到制约。

在解决客户特定需求与规模化问题上，SaaS 采取了与企业软件截然不同的解法，即 SaaS 并不是设计为一个有包罗万象的功能的大系统，而是以单点业务为主要特征，可以理解为 SaaS 更面向一个利基市场，解决某一特定客户群体共性化的核心问题。因而 SaaS 可以做到没有功能冗余，所解决的客户核心业务问题也更加精准和深刻。又因为 SaaS 的完全可复制性，这也使 SaaS 的规模化增长变得更加容易。

不过，SaaS 的这一特点也为自己带来了一个非常大的局限，甚至可以说是 SaaS 模式的一个天生缺陷。那就是几乎没有任何一个 SaaS 应用，能够独立满足单个客户的完整业务需求。所以一个 SaaS 就必须与其他相关的 SaaS 联合，共同满足客户端到端的业务需要，以覆盖和满足客户的整体业务。由此带来的问题是，随着客户购买和采用越来越多的 SaaS，客户在 SaaS 的使用、管理和数据统一等方面，会变得越来越困难。比如，做一个业务可能需要登录多个 SaaS，一个完整的业务流程可能被分成多段，使得业务数据分散在各个 SaaS 中而无法统一，甚至不同 SaaS 可能产生功能的重叠。更为严重的是，这些 SaaS 在企业内部可能会产生越来越多的信息孤岛。

图 11-1 是国外调查机构给出的一家企业每年平均使用 SaaS 应用的数量，从 2015 年的 8 个增加到 2022 年的 130 个。在这种情况下，客户对内部 SaaS

进行业务集成的需求越来越强烈，SaaS 应用生态概念由此出现。

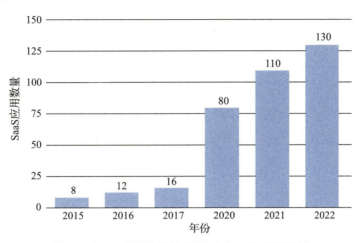

图 11-1　客户每年平均使用的 SaaS 应用数量

这种集成从表面看是应用集成，但其本质是基于价值链的业务集成，它在业务单点深化的基础上实现了 SaaS 生态的系统化和高价值。而生态作为一个业务集成的载体，与每个 SaaS 应用密不可分，繁荣的 SaaS 应用背后，也离不开 SaaS 应用生态的支撑。

11.2　为什么需要 SaaS 生态

与每个单点业务的 SaaS 相比，集成形成的 SaaS 生态，能够更好地满足客户的业务需求和帮助客户实现业务成果，同时也会改善客户体验。

那么，为什么生态对于 SaaS 行业是不可或缺的，或者说为什么 SaaS 公司必须融入生态？这个问题需要分别从 SaaS 企业和客户的角度进行阐述。

11.2.1　生态对 SaaS 企业的重要性

一家 SaaS 公司需要融入生态，无外乎有如下几个原因。

1. 解决业务单点化问题

孤立的业务单点化问题，是任何 SaaS 业务都不得不解决的问题，也是建设 SaaS 生态最基本的动因。

如果没有生态，为了覆盖客户更广泛的业务，一个 SaaS 就只能不断扩展自己的产品范围，直到覆盖客户要求的业务范围。这样做的后果是，很难使 SaaS 公司专注于自己擅长的领域，产品变得越来越庞杂，最终失去差异化和专业化优势。

但如果依靠生态的组合增强，就不用担心产品的功能和需求覆盖问题，专心做好、做强自己的核心产品即可。这样不但可以少树立竞争对手，还可以扩大自己的市场。

2. 依靠护城河参与竞争

对于一家 SaaS 公司来说，构建 SaaS 应用生态系统，可以形成自己的护城河。因为产品功能很容易被竞争对手仿制，而依靠生态系统形成护城河，即使功能仍然可以被复制，SaaS 应用生态也很难被抄袭，这不仅可以使企业免被竞争对手模仿和侵害，还增强了公司的竞争优势。

不仅如此，护城河还能阻止你的竞争对手"挖"你的客户。因为对于客户来说，从单一 SaaS 转向另一个 SaaS 的成本并不高，但要从一个生态迁移到另一个生态，则是相当困难的。

3. 系统化的解决方案

一组配置合理的 SaaS 应用，形成了一个"标准化"的解决方案，比如说电商业务解决方案。实际上这种解决方案更像是一个系统化产品，它有精准的目标客户群、明确的业务目标以及标准的业务方法，还可以有统一的销售流程和客户成功流程，以及很难被砍的价格。

对于客户来说，一个系统化的生态并不是集成在一起的若干 SaaS 应用，而是一个整体方案。

4. 生态合作伙伴

在代理关系下，厂商与渠道之间存在着以厂商为中心的从属关系。我们在讨论 SaaS 渠道时，提到一类技术合作伙伴，因为技术互补的需要，其与厂商的关系并不是代理关系,而是去中心化的平等关系。

在生态环境下,一个好的解决方案并不是临时拼凑起来的几个 SaaS 的集成,而是需要建立技术伙伴之间的各种协议,包括技术协议和商务协议,比如接口和收入分配等。

5. 生态定价优势

无论你做什么应用,最终都会遭遇产品的同质化挑战,这使单个 SaaS 产品难免会陷入价格战。而价格的一降再降,最终会导致盈利无望。

但是生态系统就不同了,你的生态解决方案不但不会受价格战的影响,而且具有强势的定价权。

6. 降低流失和提升 LTV

毫无疑问,相较于单点业务 SaaS,生态解决方案具有更高的留存率,因而也具有更高的 LTV。这是因为单点业务 SaaS 的流失难以避免,而生态解决方案的客户黏性要高得多,客户的迁移成本和切换损失也更高。

11.2.2 生态对客户的重要性

讨论完 SaaS 企业为什么需要生态,再说说客户为什么需要 SaaS 生态。从前面的讨论中可以看出,SaaS 服务商需要生态,完全是出于经营的需要。实际上,SaaS 的客户更需要生态,他们的目的是获得更好的业务成果。

现在越来越多的客户希望 SaaS 企业将生态解决方案作为一个标准化的整体来交付。这样他们就不用分别订阅不同的 SaaS 产品,然后再花费额外的费用进行集成了。也就是说,客户期望 SaaS 生态解决关键问题,比如:

1. 解决数字化孤岛问题

多个孤立的 SaaS 应用,最终必定会在客户企业内形成数字化孤岛,而解决多个 SaaS 形成的数字化孤岛的需求,来自客户而非服务商。这个需求的满足往往是滞后的,而 SaaS 服务商并没有准备好预案,等到客户已经不能忍受这种分散的 SaaS 时,再想解决这一问题往往需要花费更大的财力和物力,而且还不一定能解决好。

2. 比自建解决方案更省时间

交付一个 SaaS 应用，也许花一个月的时间就够了，但是要自建一个完整的解决方案，可能会花费一年甚至更长的时间。这严重拖延了客户业务成果的达成时间，可能导致客户因为长时间看不到成果而放弃使用。

SaaS 生态解决方案相当于一个现成或产品化的解决方案，可以拿来即用，这不但可以为客户节省更多时间，还能让客户尽早看到业务成果。

3. 整体评估和统一采购

因为市场上缺少生态解决方案，所以客户只能分别订阅或采购单独的 SaaS 应用。这不但增加了评估和采购的总成本，还可能存在不可集成的风险。而生态解决方案可以作为一个整体，进行统一评估和采购。这不但简化了复杂的分别评估和采购过程，方案的有效性也可以得到保证。

4. 对齐业务水平

单点业务 SaaS 的分别评估和采购，很可能会产生众多 SaaS 的应用程度高低不一，导致业务体验和效果变差。在生态解决方案中，预先考虑了各个 SaaS 业务水平的对齐问题，不会因不同 SaaS 应用得有深有浅，而影响整体业务体验。

5. 节省成本

分散采购不可避免地会增加后续的集成成本，而且集成成本还可能非常高，这就失去了选择 SaaS 的意义。

6. 统一服务界面

生态解决方案交付后出现任何问题，只需要找主集成方案的厂商解决即可，避免了客户自己集成或请集成商集成时，遇到问题求助无门的情况。

7. 统一的客户成功

设想一下，一家客户使用了数十个乃至上百个 SaaS 应用，其中任何一个

SaaS 出现问题，只能找对应服务商的 CSM，除了过于麻烦之外，还可能会导致整个业务中断。

生态解决方案作为一个整体，可以把客户成功业务也"集成"起来，统一提供给客户。

从 SaaS 企业和客户角度分别对 SaaS 生态的需求进行分析后，可以得出结论：SaaS 生态不是一个可选项，而是一个必选项。

11.3 国内外 SaaS 生态的差异

虽然 SaaS 生态已经发展成熟，但国内 SaaS 行业对生态还存在很多的误解和误用。无论是在生态发展的理念上还是做法上，国内外 SaaS 生态发展都有相当大的差距，甚至可以说，国内外 SaaS 行业的差距本质上是生态的差距，生态将是国内 SaaS 发展的下一个瓶颈。

要缩短生态差距，就必须找出产生差距的原因。

11.3.1 国内外 SaaS 处于不同的生态阶段

一方面，国内多数 SaaS 公司还处于业务发展的初级阶段，这个阶段的重点是发展自己的 SaaS，所以还没有认识到生态的重要性和必要性。另一方面，客户采用 SaaS 而非软件处理自己的业务刚刚开始，客户企业内使用的 SaaS 数量不多，对于互联和集成的要求还没有达到迫切程度。

上述原因导致国内 SaaS 行业的生态观还没有建立起来，也就谈不上采用什么样的生态策略，以及如何发展 SaaS 生态。虽然有的 SaaS 公司已经建立了生态部门或负责生态的团队，但是其主要工作目标是寻求渠道合作机会。能够输出成熟生态解决方案的公司还不多，这就与国外 SaaS 生态形成强烈的反差。

11.3.2 产品思维差异

当一个 SaaS 的功能无法满足客户的业务扩展需求时，SaaS 公司可能会有两种应对思路：一种是开发新的功能覆盖客户业务需求；另一种是与其他具有相应功能的 SaaS 合作，而不是自己开发。国内的技术创业者大部分会采用自己开发新功能的方式，而国外 SaaS 公司大多会选择后者，即以生态方式解决。

国内 SaaS 领域受传统软件的影响较深，无论公司大小，都在强调所谓"一站式"的产品思维，殊不知这种产品思维不仅不适合 SaaS，还会使自己独特的核心产品能力最终被堆砌的平庸功能所埋没。

11.3.3 生态技术差距

如果只是把几个相关的 SaaS 应用简单地集成在一起，并不能成为一个高质量的 SaaS 生态解决方案。为了给客户带来好的业务体验，一个 SaaS 在加入生态之前，除了要确定自己在业务价值链中的位置之外，更重要的是必须在技术架构上支持业务和数据的互联互通，比如提供业务接口和开发工具。

但是大多数处于初期的 SaaS 公司把所有注意力都放在自身功能和业务上，很少考虑生态技术问题。在条件允许的情况下，最好还是在 SaaS 产品的初始版本中就考虑和预留相关的技术内容。

11.4 SaaS 生态的集成方式

构建 SaaS 生态的核心是业务的连接与集成，而目前主流的 SaaS 生态集成方式，主要有 3 种，即 API 集成、通用集成和原生集成。

11.4.1 API 集成

成熟的 SaaS 企业会在自己的 SaaS 产品或 PaaS 平台中开放 API，这样做除了可以满足自己的产品扩展之外，更可以为技术伙伴提供各种业务开发接口。任何客户或第三方服务商都可以使用这些 API，将其业务集成进来，增强或扩展成新的解决方案。

因为 API 屏蔽了底层技术细节，所以这种方式最大限度地避免了代码级的二次开发，让集成更加便捷，在集成方式上也更加标准化和无缝化，有效提升了用户的集成业务体验。

不过 API 集成方式存在相当大的限制，比如只有技术开发人员才有能力使用，而绝大部分客户并不具备这样的开发能力。另外，现有 API 可能并不满足客户的业务需求，这时不可避免地要进行代码级开发。这就是很多 SaaS 产品虽然具备 API，但实际使用率非常低的原因。

11.4.2 通用集成

除了 API 集成方式，大部分生态解决方案都是通过直接集成 SaaS 应用来实现的。现在已有很多通用的 SaaS 集成工具，比如 Zapier，可以借助这些工具实现不同 SaaS 应用之间的连通。相比于 API 方式，通用集成对技术能力的要求低得多，在大多数情况下，客户自己就可以完成。

不过，这种集成方式也有一些缺点。比如它们并不是标准化的，连通 SaaS 应用并不难，问题是：连通后的业务流程是怎样的？需要传递哪些数据？业务异常逻辑会如何返回？这些都不是标准化的，要依赖实施人员的业务理解。此外，采用这种集成方案，客户很可能会从你的产品"穿越"到其他的产品中，这可能会非常影响客户体验，甚至可能会令使用者感到非常困惑。

尽管如此，通用集成仍是目前 SaaS 生态中主流的集成方式。不过，随着业务方案的确定性不断增强，更多的通用集成可能会被原生集成代替。

11.4.3 原生集成

所谓原生集成，是指在同一个平台环境下创建或者增加 SaaS 应用。比如 Hubspot 可以为各种细分业务领域提供数百个原生集成方案。你可以把原生集成简单理解为事先集成好的解决方案，虽然集成了多个 SaaS，但原生集成更像是一个整体的产品。

原生集成方式有很多优点，比如不同 SaaS 之间没有明显的"缝隙"，它们有一致或相似的用户界面（UI），可以隐藏各个 SaaS 的标志，即所谓的"白标"效果。除了外部 UI 的一致性以外，内部业务流程的顺畅性和数据的一致性，也会让客户的实际体验更好。

在交付方面，原生集成更具优势。比如可以一次性交付，而不是陆陆续续地交付。再比如"开箱即用"效果，可以让客户更早看到解决方案的价值。更重要的是，客户无须再支付额外的许可费用和集成费用。

此外，原生集成还有一个鲜为人知的效果，那就是营销。只要客户关注到所集成的任何一个功能，就能顺带宣传被集成的所有产品功能。

11.5 SaaS 生态与应用市场

SaaS 生态出现后，一个新的问题又产生了，那就是即使我们的生态做得很好，客户也无法发现和了解我们的生态解决方案。

因此，我们必须把生态向潜在目标客户呈现出来，而目前最合适的呈现方案，就是建设所谓的应用市场。

11.5.1 公共应用市场

在很多 SaaS 公司的网站上，都能看到一张很长的 SaaS 应用列表，几乎所有知名 SaaS 都位列其中，它们按照分类被编入目录，比如 CRM、电商、人力资本管理（HCM）等。这种方式呈现的应用市场就是公共应用市场（Public App Marketplace），它的作用是告诉客户这些 SaaS 是可以互通和集成的，集成方案可以满足客户对业务的扩展需求。

然而，公共应用市场本质上并不是一个生态解决方案，而是一种集成的可能性。它的作用仅是向客户传达生态和集成的理念。

11.5.2 内部应用市场

与外部的公共应用市场相对的是内部应用市场，也称为专有应用市场。它在形式上与公共应用市场类似，只是在集成的 SaaS 数量上要少得多，通常只包含与你的产品有紧密集成关系的少数 SaaS。一般情况下，内部应用市场在网站上是看不到的，只有登录你的 SaaS 之后才能看见。

值得说明的是，内部市场表达的不是可集成性，而是一个直接可用的生态解决方案，简称为一个集成（Integration）。与公共应用市场相比，内部应用市场对于潜在客户来说更加方便和友好。比如客户更容易找到他们想要的解决方案，也更容易评估解决方案的效果，安装和订阅可以在一处完成。

内部应用市场还有以下优势。

1. 高度的可集成性

由于 SaaS 业务具有单点特点，所以非常依赖与其他 SaaS 的集成。一个不可集成的 SaaS 将面临客户业务扩展带来的巨大挑战。事实上，在成熟的 SaaS 市场中，客户选择 SaaS 的考量标准中，可集成性要求常常排在首位。

2. 节省时间和资源

从一个单点 SaaS 到一个应用集成，不仅客户需要花费大量的寻找时间，SaaS 公司为了满足客户要求，同样需要花费大量时间和工作来构建方案，这将导致更长的销售周期和交付周期。而在一个成熟的内部应用市场中，所需要的构建时间、销售周期和交付周期都将大大缩短。

3. 为客户提供新的洞见

SaaS 业务的单点特征，限制了客户的业务应用范围，有时候即使是一个应用集成，也可能遮蔽客户的业务视野。但一个优秀的内部应用市场所展现出来的能力，可以为客户提供更深远的洞见，帮助客户发现之前没有注意到的新场景。

4. 一致的用户体验

随着业务的扩展，客户会陆续订阅更多 SaaS，把这些不同时期的 SaaS 集成起来，客户的业务体验一定不会好。而内部应用市场的集成是经过统一设计的，从业务的流畅性到相似的用户界面，都能给客户带来更好和更一致的体验。

5. 给公司内部带来好处

内部应用市场除了给客户带来好处外，也会给公司内部的各个部门带来好处。

- 产品部门：更专注于核心功能，无须为客户扩展开发新的功能。

- 交付部门：减少二次开发时间，缩短集成所需时间。
- 营销部门：触达更多潜在客户，获得更多线索，还能与生态伙伴协作营销。
- 销售部门：吸引更多潜在客户，获得更多销售线索，缩短销售周期。
- 客户成功部门：改善"采用"，提高使用率，减少客户因功能欠缺导致的流失，保证了续约，以及实现更多增购。

11.6 如何构建应用市场

目前已有不少成熟的 SaaS 厂商，像云厂商和 SaaS 平台厂商，都建立了自己的 SaaS 公共应用市场。但是从实际的效果来看，公共应用市场的发展并不是很好，甚至有很多已经成了陈列台，或者说就是个摆设。也有不少 SaaS 厂商建立了内部应用市场，但实际效果与公共应用市场类似，虽然投入不小，但远未达成预期的目标。

当然，一个应用市场的发展与很多因素有关，但是最重要的还是市场构建之前没有做好充分的准备。厂商想当然地认为，把几个 SaaS 放在一起就是一个应用市场。实际上，准备工作的好坏基本决定了所建应用市场的成败。

那么，如何才能构建一个有效的应用市场呢？

11.6.1 确定构建的目标

在构建和发布应用市场之前，你必须明确建立它们的目标，很多应用市场的失败，都是源于"为了生态而生态"。实际上，每家 SaaS 公司建设应用市场的目的，都可能是不同的，或者说在众多的战略目标中，你必须有一个优先级排序。

构建一个内部应用市场，基本目标通常包括：

- 扩大业务的覆盖范围；
- 增加公司的收入；
- 提高客户留存；
- 降低流失率；

- 缩短销售周期；
- 提升用户安装率；
- 提升来自合作伙伴的收入；
- 增加来自合作伙伴的流量；
- 吸引更多渠道伙伴加入生态。

确定的目标不同，那么现阶段的做法也就不同，在这些目标中，你需要做一个优先级排序。

11.6.2 找到客户成果

一个 SaaS 失败的最主要原因，就是没有找到客户成果。对于一个单点 SaaS 来说如此，对于集成后的生态解决方案来说更是如此。也就是说，不要指望一个本身就没有客户成果的 SaaS 集成后就会有。事实上，大部分技术伙伴对于这种 SaaS 都是排斥的，因为它们不仅不能带来任何价值，还可能会对集成产生负面作用。即使某些平台为了显示其应用的繁荣，允许这种 SaaS 上架，其结果也是无人问津。

所以在决定构建应用市场之前，必须确保你的 SaaS 具有明确的客户成果，而构建应用市场，就是为了扩大和增强你的客户成果。无论是你嵌入别人的内部应用市场，还是别人加入你的市场，有无客户成果都是一个最重要的考量。反之，想要借助应用市场找到客户成果，就本末倒置了。

11.6.3 培养去中心化的意识

考虑自身商业利益是企业的常情，但是在 SaaS 生态环境下，如果企业处处以自我为中心，认为其他企业都在为自己挣钱，那么生态就不可能建立起来。要知道，生态并不是你想不想加入的问题，而是客户业务的要求所决定的，所以你的眼光不应该只盯在你的产品这一个点上，而应该放在客户业务生态这一个面上。所有生态伙伴都不应该以自我为中心，而应该以生态解决方案为中心，这样解决方案才可能被客户接受，所有伙伴才能从生态中获益。

生态说起来简单，实际操作起来却非常困难。在生态利益和厂商个人利益面前，显然后者是更实际的选择。然而，SaaS 生态的发展不能仅仅依靠认知的提升。实际上，国外 SaaS 生态的发展，不仅源自客户需求的驱动，更在于现实挑战的教育。

11.6.4　构建应用市场的基本要求：产品达到稳定阶段

如果你的 SaaS 还处于寻找或调整客户成果的阶段，那么现在就不适合建立应用市场。产品达到稳定状态，是构建应用市场的基本要求。所谓稳定状态，是指一个 SaaS 除了具有明确的客户成果之外，产品的结构、功能和标准都达到平稳状态，而不是处于频繁修改中。

这个原则之所以重要，是因为在一个集成系统中，只要有任何一个产品发生改变，就会导致整个集成系统发生变化。例如，一个业务外部的改变，可能会导致外部业务接口调用发生变化。如果其他产品不及时做出相应调整，整个集成系统就可能发生错误。虽然变更是不可避免的，但频繁的变更将大大增加集成系统的维护成本，也会对合作伙伴的产品带来负面影响，甚至可能导致合作信任度降低和合作解体。

11.6.5　开放 API 对 SaaS 生态的价值

无论采用什么样的集成方式，都离不开 API 的开放。就像产品需要稳定一样，你的外部 API 也需要确保成熟与稳定，并配备完整的支持资源，比如 API 文档、视频资料、支持小组等。如果后续出现问题，源于产品内部还好，不会影响伙伴产品和客户；但如果问题源于 API，那么对客户和伙伴的影响远比你想象中要大得多。

开放 API 对于 SaaS 生态的价值已经被提升到了一个新的高度，甚至出现了 API 即服务（API as a Service）的说法。所以对于 SaaS 生态的 API 如何设计，这里稍微展开介绍一下。

1. 围绕客户成果

在开放 API 方面，很多 SaaS 公司存在一个误区，认为应用市场开放的

API 越多越好，因为这样客户就有了灵活和丰富的 API 可以调用。然而事实并非如此，这其实是一种缺乏业务理解的惰性思维。

实际上，并不是开放的数量越多越好，而是有价值的 API 的开放程度。也就是说，并非所有开放出来的 API 的价值都是相等的，它们有些只是为了产品内部使用，而有些是将你产品最具价值的客户成果传递给客户或伙伴产品的。

2. 确保 API 的稳定性

API 稳定的重要性毋庸置疑，除了技术栈的因素外，API 的稳定性还取决于所选择的 API 的价值。这很容易理解，API 开放的数量越多，问题出现的概率就越大；只有关注少数最有价值的 API 内容，才可以提高外部 API 的稳定性。

3. 清晰的定义与设计

从客户成果和价值出发，清晰定义和设计每个 API 的内容与交互方式，才能保证它们完备地实现和表达有价值的内容、流程和数据等。

4. 完备的测试和反馈

在 API 正式开放之前，需要公司内部组织技术合作伙伴、开发者和客户对其进行破坏性的测试，而不是你自己组织内部人员测试。对于反馈的 bug 或者业务问题，需要进行迭代和再测试，直到达到开放标准。

11.6.6 将构建应用市场作为一个项目

很多 SaaS 公司都是从现有技术团队中抽调几个人就开始构建应用市场，其实这种方式做出来的应用市场，很容易成为摆设。虽然投入不算太大，但是也没有什么产出。

从构建应用市场的准备过程就可以看出，这不是一个简单的工作。除了周密的规划和计划，还需要耗时而复杂的构建和维护。从这个意义上讲，它并不比开发一个 SaaS 产品简单，甚至可能会更加复杂。因为开发一个 SaaS 产品，所有协作关系都只限于公司内部；而构建一个应用市场，从业务目标到产品收入都与外部合作伙伴紧密关联，比如仅是管理合作伙伴就是一项极其复杂的工作。

因此，需要将构建应用市场当作一个项目来实施，还需要配置足够的资源和预算。典型的项目结构包括：

- 负责人 / 项目经理：既负责项目的内部管理，比如目标、计划、进度和成本的管理；也负责外部管理，比如伙伴的管理和协调。
- 开发团队：专职的项目组成员，负责应用市场的实现。
- 维护团队：负责应用市场的维护，确保集成的可用性。
- 测试团队：负责应用市场这一集成系统的测试。

11.7 集成平台

虽然不借助任何平台，你也可以把几个 SaaS 集成起来，但是要想吸引更多优秀的技术伙伴加入生态，你就必须依靠一个集成平台来发展你的内部应用市场。

目前构建应用市场所采用的集成平台，基本可以分为 3 类，即自研平台、iPaaS 和 iMaaS。

11.7.1 自研平台

出于扩展的目的，很多 SaaS 产品都基于一个内部的平台，也就是自研平台，也常被称为 aPaaS（Application PaaS）。aPaaS 通常并没有什么标准，而且平台化程度也不同。

对于一家 SaaS 公司来说，采用自研平台构建应用市场有很多优势。其中最大的优势是，它可以应对任意复杂度的 SaaS 应用。此外，因为开发团队对整个平台的结构非常熟悉，所以对应用市场的构建有更大的掌控度。当然还有一个重要原因，它们已经被开发出来了，如果不利用就会产生浪费。

但是自研平台的缺陷也很明显，比如基于自研平台的集成需要花费更长的时间，客户的体验通常比较差，集成方案的稳定性难以保证，成本也比较高，因此需要配置专门的预算和资源。

更关键的是，因为 aPaaS 不遵循任何标准，所以合作伙伴产品的集成很不方便，于是很难吸引到优质的伙伴加入。事实上，是选择购买现成的集成平台还是选择自研平台，这本身就是在构建应用市场之前的一个重要决策。

11.7.2 iPaaS

iPaaS（Integration PaaS）意为集成平台即服务。与自研平台类似，大部分iPaaS 最初也是用于内部开发的自动化目的，只是它们为外部连接预留了足够的空间。随着应用市场需求的成熟，iPaaS 逐渐发展成为一种主流的 SaaS 集成方式，已经出现了如 Zapier 等独立于任何 SaaS 应用的专业 iPaaS。

采用 iPaaS 集成的好处是可以按照业务定义快速实现集成的预配置，而且不用技术人员参与也可以完成。即使要连接的 SaaS 数量较大，所需要的时间也不长。

不过目前 iPaaS 也有不少缺陷，比如如果你的产品比较简单，iPaaS 基本可以胜任；但是你的 SaaS 的业务逻辑较为复杂时，靠预配置的集成很难满足客户需求，可能需要代码级的开发。此外，因为所集成的 SaaS 之间是通过 iPaaS 连接的，所以当一个 SaaS 更新时，并不会立刻更新与之相连的 SaaS，而要等待 iPaaS 的通知才更新，这会产生一定的延迟。

基于 iPaaS 的预配置集成还有一个更为关键的问题，那就是客户可能通过你的 SaaS 穿越到另外的 SaaS 而引起失控。因为 iPaaS 集成并非基于前端的集成，所以无论是从界面友好性还是业务的顺畅程度来说，用户体验都不太理想。

11.7.3 iMaaS

构建一个应用市场，除了自研平台和 iPaaS 之外，采用 iMaaS 是另外一种选择。从即服务的观点来看，所谓 iMaaS（Integration Marketplace as a Service）就是集成市场即服务。与自研平台和 iPaaS 的后端集成方式不同，iMaaS 采用的是前端集成方式，它提供了一个端到端的集成平台，因而基于 iMaaS 的集成有更流畅的业务过程，可以给客户带来更好的体验。

不仅如此，iMaaS 集成还更具经济性，相较于自研平台和 iPaaS，iMaaS 的建设周期要短得多，可以在数日或一个月内完成。iMaaS 不仅可以采用预配置的集成方式，当一个 SaaS 业务过于复杂时，也可以采用代码级的程序集成方式，因而 iMaaS 兼具简单业务的敏捷能力和复杂业务的应对能力。

对于应用市场的集成平台，虽然我们给出自研平台、iPaaS 和 iMaaS 三种可选择的方案，但其实这 3 种集成平台并无优劣之分，关键在于是否适合你的 SaaS。或者说，在构建应用市场之前，你必须根据自己的 SaaS 特点以及构建应用市场的目标，做出合适的评估和决策。

11.8 如何选择理想的生态伙伴

要建设生态和应用市场，就一定离不开合作伙伴的参与，但是在选择合作伙伴方面，很多 SaaS 公司存在着严重的误区。比如选择那些平时关系比较密切的 SaaS 公司合作，或者与容易合作的 SaaS 公司合作。这种不考虑互补性和集成效果的随意组合，既浪费了大家的资源，也浪费了市场机会。因为选择的合作伙伴不合适，应用市场中的集成方案也很难卖出去，更不要说实现生态目标了。

所以选择理想的合作伙伴，对于一个成功的商业化应用市场来说尤为重要。而如何选择理想的合作伙伴，有很多方面需要考量，其中主要有客户的集成需求、GTM 机会、收入贡献 3 个方面。

11.8.1 客户的集成需求

就像做产品时要考虑客户对产品的需求一样，建设应用市场也要考虑客户对集成的需求。这一步之所以重要，是因为它决定了应用市场中集成的方向和边界是否与你建设应用市场的目标相一致。

要精准实现这一点其实并不容易。由于缺少足够的业务案例，对客户的扩展需求无法准确把握。要想解决这个问题，可以从以下 3 个方面入手。

1. 调研客户的业务扩展需求

你现在直接可用的方法就是通过调研求证你的假设。最直接的调研对象当然是你的销售人员，因为他们与客户接触的机会最多，对客户业务扩展的期望也更了解。但要注意的是，对于销售人员的调研，必须抓住本质，而不是全信销售人员的话。因为大多数销售的想法是，你的产品最好包罗万象，功能越多越好，这可能会误导你的调研结果。

其实 CSM 是更合适的调研对象，因为他们在服务客户的过程中，更了解客户真实的业务扩展期望，所以对他们的调研结果更加客观。当然如果能直接接触客户，也可以直接向客户调研，了解目前产品对他们业务的限制，以及希望如何扩展以满足他们的业务需求。了解了客户的业务扩展需求之后，自然就可以找到需要集成的 SaaS。

2. 产品的分类评估

在 SaaS 领域，已经按照业务或功能形成约定俗成的分类，比如：协作、CRM、项目管理、云会议、BI 等。你首先需要从分类角度评估你的 SaaS 最有可能集成的类别，而不是直接评估某个 SaaS。

需要注意的是，在做这些评估时，必须从客户角度，而不是你的角度。即搞清楚客户是如何使用某类 SaaS 的，客户对它们的依赖程度如何，如果集成了你的 SaaS，客户将获得怎样的效益提升或改善哪些绩效。

这种分类评估往往是双向的，除了主动的分类评估，你还有被选择的可能。即某类 SaaS 并没有在你的评价结果中，但是其服务商却主动找你寻求合作。这种情况下，你可以直接进入产品的协同性评估阶段。

3. 产品的协同性评估

所谓产品的协同性评估，考量的是所集成的 SaaS 之间的业务互补性，以确保集成价值的最大化。也就是从某个 SaaS 的类别中选出一个具体的 SaaS 进行集成评估，这种评估必须基于具体的业务场景或用例，才可能得到最佳的集成方案。

具体评估内容包括但不限于以下方面：
- 当前客户对集成的需求；
- 未来可能的集成需求；
- 候选伙伴在这个分类中的强项；

- 产品用例或业务场景；
- 集成对客户体验的影响。

11.8.2 GTM 机会

不仅要评估合作的技术可行性，还需要评估合作伙伴在商业机会方面的潜力，即应用市场集成的 GTM（Go To Market）机会评估。具体而言，就是看合作伙伴在营销、销售和客户成功增购等方面，能否为你带来更多机会。可以从以下几个方面入手。

- 品牌关联。你需要评估伙伴的品牌，能够多大程度帮助你扩大行业影响力，以及影响的受众群体有多大规模。
- 联合营销。你需要关注合作伙伴是否发布了你们的合作信息和应用市场集成，比如关注合作伙伴的官网、营销物料、解决方案、营销活动等。
- 合作伙伴带来的流量。合作伙伴对 GTM 的促进作用，最终必须体现在各种线索和机会方面。你需要测量合作伙伴带来的 MQL 和 SQL，以及带给客户成功团队的增购机会。

通过对这些指标的评估，可以评价每家合作伙伴对集成的绩效，并与合作伙伴密切沟通，以管理和改进这些绩效。

11.8.3 收入贡献

在应用市场运营的早期，由于数据和案例尚不充分，集成所带来的收入预测可能不够准确。但我们仍希望通过分析现有数据，对某个集成做出相对准确的收入预测，以评估合作伙伴可能带来的利益，从而更好地决定成本的分配。

1. 输赢单分析

SaaS 销售经常会碰到这样一个场景，即因为缺少某个应用的集成，销售未能赢单。或者说，客户因此流向了有相应集成方案的竞争对手。

这种情况发生的频率需要记录并统计出来，这项数据对于判断一家伙伴的合作价值非常重要。

2. 客户使用数据分析

无论是你发布的还是合作伙伴发布的集成，都可能会吸引潜在客户的关注或试使用。客户的关注和使用数据，虽然不能直接与输赢单相关联，但是可以从中评价出这个集成对于客户有多重要。

关注客户使用数据可能会有两种结果：一种是有很多客户使用，另一种是无人问津。如果是后一种情况，你就要当心了，这个集成很可能只是你的假设，而不是客户的真正需求，与该伙伴的合作价值不大。

3. 线索和转介绍分析

如果是合作伙伴发布的内部应用市场集成，那么登录伙伴 SaaS 的客户就有可能访问你的 SaaS。相当于合作伙伴为你导流了销售线索，或者直接为你做了转介绍。

你需要做的是将线索或转介绍记录并统计出来，然后量化它们的价值，也就是评估这些线索转化后的收入价值是多少，以此评价一家合作伙伴的线索价值。

4. 转化率分析

如果只是分析线索或者转介绍的数量，还远远不够，因为我们的目的是看到实际的收入，所以还需要分析这些线索的转化率。

行业内有人做过统计，那些来自知名品牌的 SaaS 公司的线索要比来自知名度不高的小公司的线索的转化率高 5~8 倍，这也是所有 SaaS 都愿意与知名大公司合作的原因。不过品牌和知名度的影响也有例外，比如某些细分专业领域的 SaaS 的公众知名度虽然不大，但是来自这些伙伴的线索的转化率可能比较高，这种情况在 SaaS 领域并不少见。

5. 直接收入分析

一旦客户购买了包含你产品的集成方案，你就可以获得来自你产品的收入，或者分享集成的收入。应用市场发布初期的直接收入可能并不多，但是你可以根据收入的增长情况，判断合作伙伴的长期价值。

6. 留存分析

对于 SaaS 业务来说，留存即收入。有行业数据表明，一个有内部应用市场集成的 SaaS，其留存率要比没有集成的 SaaS 高 20% 左右。这是因为，一方面，集成满足了客户业务扩展的需求；另一方面，复杂的集成提高了客户的迁移成本，这时客户迁出的不只是一个 SaaS，而是一个生态，过高的迁移代价在客观上阻止了流失。你可以根据这个标尺，评估你的集成的留存水平。

11.9 应用市场的发布和运营

如果你认为你的 SaaS 与其他 SaaS 能够连通，就算建成了应用市场，那么未免想得太简单了。实际上，把所有相关 SaaS 应用集成在一起，然后发布它们，只是创建 SaaS 生态的第一步。

像你的 SaaS 刚上市一样，应用市场也需要营销、销售和客户成功，只是对象不再是单一 SaaS 产品，而是应用市场中的若干集成。实际上，SaaS 业务的 ALAER 框架仍然适用于应用市场中的集成。

11.9.1 如何营销应用市场

对于 SaaS 的营销过程，你一定不陌生，现在你需要把做过的营销过程再做一遍，不过这次营销的不是一个 SaaS 产品，而是一个集成方案。除了单一和集成的差别外，营销的对象也不一样，应用市场有两个，一个是潜在客户，另一个是合作伙伴。除了让客户相信你的集成可以更好地帮助他们实现业务成果之外，也要让合作伙伴相信你们的集成会为其带来价值。

你需要在你的网站上设置一个专门的伙伴计划（Partner Program）页面，阐述应用市场给合作伙伴带来的价值，以吸引更多伙伴的加入。同时，你还需要为现有客户或潜在客户设置一个页面，说明你的集成的强大能力，它可以帮助客户实现什么业务目标。

这两个页面的内容越详尽越好，这样可以节省人工咨询的成本。例如，可以包括集成的典型应用案例演示、集成的工作原理、集成的亮点和强大之处。除了网站推广外，触达潜在客户的各种形式的推广活动也必不可少。除了你自己组织的营销活动外，还需要利用合作伙伴的营销活动进行联合营销，比如在伙伴的活动中带出你的集成方案。

总之，你需要尽快地把应用市场推广出去，快速吸引新客户，或者引导现有客户从 SaaS 产品向集成升级。

11.9.2　如何销售应用市场

对于应用市场的销售，情况稍微有些复杂，除了你的销售团队外，还有合作伙伴的销售团队，以及其他渠道伙伴的销售团队。因为每个团队所用的销售流程和销售工具可能不一样，所以销售的效率和效果可能也有很大差别。

实际上，哪怕对于你自己的销售团队来说，销售 SaaS 产品和销售应用市场也有很大的区别。因为后者加入了伙伴的产品，现有的销售内容、方法、流程和工具都需要修改或重新开发，同时还需要对销售人员进行重新培训。

因此，你需要先完成所有销售准备工作，然后再对伙伴进行赋能。这项工作十分重要，因为如果伙伴无法从应用市场销售中获得收入，其销售集成的积极性就会大大降低。

11.9.3　应用市场也需要客户成功

对于一个应用市场来说，其实最困难的部分是客户支持和客户成功，也就是怎样帮助客户把应用市场按照设计方案使用起来。

因为一个应用市场既包含了客户的使用内容，也包含了技术层面的内容，比如 API 和集成，这为客户成功增加了很大的难度，所以应用市场既需要客户支持，也需要客户成功。又因为应用市场包含了不同伙伴的 SaaS 应用，所以单靠某一个支持团队或客户成功团队，显然无法支持整个应用市场。最后，对于 API 级别的技术，不但要对客户提供支持，还要对伙伴提供支持。

尽管应用市场的客户成功难度不小，但是我们仍然可以通过一些实践方法降低它的客户成功难度。

- 面向客户成功设计。一个面向客户成功设计的应用市场，可以让客户容易地发现、安装和管理他们所需的集成内容，这可以减少客户引导方面的工作量。
- 详尽的文档资料。因为集成的复杂性，通过简单说明和介绍很难定义和描述得清楚，所以应用市场需要大量详细的文档和资料。比如 API 技术文档、集成技术文档、培训文档和问题解答等。
- 技术伙伴的责任分工。集成技术支持需要事先协商好谁负责什么，并可以将客户问题通过预设的路径导向对应的技术伙伴。
- 综合数据看板。发挥 SaaS 业务的使用数据可见性优势，并通过一个可定义的综合数据看板展现。这样可以根据客户的使用数据发现潜在的问题，从而让问题在客户提出之前就得到解决。
- 协作的客户成功团队。通过建立伙伴客户成功团队的明确分工和协作机制，借助综合数据看板，不同伙伴的 CSM 主动服务各自负责的客户业务。对于客户服务请求，根据客户的问题，通过预设路径导向对应的客户成功团队。

在客户看来，客户成功仍是一个统一的界面，并不需要因为不同的产品找不同的客户成功团队。

11.10 本章小结

本章首先阐述了 SaaS 业务为何依赖生态，然后比较了国内外 SaaS 生态之间的差距。其次，由于生态的本质是业务集成，本章对几种集成方式进行了比较和分析。最后，总结了构建应用市场的流程和方法，并对生态合作伙伴的选择与合作提供了具体的建议。

第 12 章 | CHAPTER

以客户为中心的增长

SaaS 公司的所有经营成果都体现在收入的增长上,因此增长是 SaaS 行业永恒的主题。SaaS 商业模式之所以被广泛看好,也正是因为其规模化的增长能力。但在具体讨论如何实现增长之前,我们需要搞清楚增长的概念和含义。

当与 SaaS 公司增长负责人沟通时,我发现他们对"增长"的理解有较大差异,对于不同的公司,增长代表的含义也不同。比如有人认为,增长意味着收入的扩张;也有人认为,增长是客户数量的增加;还有的人认为,增长就是注册用户数量的增长,甚至是用户日活或月活的增长等。所以这里我们需要统一一下增长的含义,后面再谈到增长都是指收入的增长。为了表明 SaaS 业务以客户为基础的增长特点,行业内又将增长称为"以客户为中心的增长"。

明确了 SaaS 增长的具体含义,接下来所讨论的目标、策略、方法和措施,都是基于收入增长制定的。

12.1 SaaS 业务增长面临的挑战

有增长的潜力和能力，并不意味着 SaaS 行业的增长会更容易。事实上，作为一个 ToB 业务，SaaS 行业受到许多经济方面的不确定因素的影响，其增长也面临巨大的挑战。除了行业外部的挑战外，也有行业内部的挑战。

1. 新商业模式的挑战

SaaS 的订阅模式看似很吸引人，但订阅收入存在较大的不确定性。因为 SaaS 业务的收入增长更多来自客户生命周期中的留存和扩展，这样一个长尾阶段不可避免地会存在流失。

而流失掉的收入，就需要更多的新客户收入来填补，这就削弱了增长，甚至可能产生负增长。实际上，很多 SaaS 企业的长期不盈利都源于这种不确定性。

2. 多收入流的管理

收入流指的是收入的主要来源，来源越多越难以管理。传统 ToB 业务的主要收入流是销售；而 SaaS 业务的收入流除了新客户销售以外，更多是客户生命周期的长尾收入，比如续费和增购的收入、外部的渠道收入等。

SaaS 业务的收入流正在从新客户销售向客户生命周期中的续约和扩展迁移，因此给收入流管理带来巨大的挑战。流失的存在也使续约和扩展收入的管理更加复杂和困难。

3. 复杂的增长协作

多收入流的实现，需要各个业务部门的协作才能保证，这些业务部门包括销售、续约、扩展、渠道和产品支持等。

而对专业化协作的要求，让增长变得更加复杂和难以控制。因为实际上并不存在一个所谓的增长团队，而各个业务部门的目标和 KPI 都是相对独立的，比如销售为了完成业绩目标，可能会产生低质量和易流失的客户，这将影响续费和增购的收入。因此，这些部门所形成的合力，并不一定有助于实现公司的增长目标。

4. 效率与成本的平衡

如果不计成本的话,收入的增长并非难事,但这样会损害公司的利润。因此在增长的同时,还必须同时考虑获客成本(CAC)和留存成本(CRC)的问题。

增长与成本本就是一对难以平衡的矛盾,比如,获客成本并非越低越好,因为那样可能会丧失快速增长的机会。但如果为了增长而不计投入,则将很快消耗大量的资金,而使公司出现现金流问题。

5. 收入的规模化

传统交易型业务的收入规模化,主要取决于大额交易,也就是高客单价的销售。而对于 SaaS 业务而言,大额交易的机会并不多,订阅业务的收入规模化,主要取决于业务的可复制、可重复和可扩展。这就要求除了销售规模化,还需要交付和客户成功的规模化,这些要求让收入的规模化增长更加困难。

由此可见,如果不解决以上这些抑制增长的问题,增长就难以发生。

12.2 SaaS 业务增长的特点

不同于传统交易型 ToB 业务,商业模式决定了 SaaS 业务增长的特点和要求。要实现增长,首先要认识 SaaS 业务的增长特点。

12.2.1 多收入流的驱动与平衡

要想获得收入增长,首先需要了解 SaaS 收入的结构和收入流的来源。从 ALAER 业务框架可以看出,除了营销阶段(Attract)不产生收入以外,其他所有业务阶段都可能产生收入。比如 Land 阶段产生 ACV,Adopt 阶段产生实施收入,Expand 阶段产生增购收入,而 Renew 阶段产生续费收入。特别是,最后两个业务阶段产生的是经常性收入,它们对于增长起到决定性作用。除了内部收入流,SaaS 业务还依赖一个关键的外部收入流,那就是来自渠道伙伴的收入。

这样看来，SaaS 主要有销售收入、留存收入、扩展收入和渠道收入 4 个收入流。一家 SaaS 公司要想实现高速增长并盈利，一定要 4 个收入流同时发挥作用才行。它们就像是 4 个紧密咬合联动的齿轮，如图 12-1 所示。

图 12-1　驱动收入增长的齿轮

只要其中一个齿轮出现转速不够或不能吻合的问题，整体收入就会受到严重影响，不但增长很难发生，盈利也会变得遥遥无期。

12.2.2　增长驱动要素的迁移

在订阅经济时代，指望靠大额交易驱动增长是不现实的。事实上，对于订阅业务而言，收入增长的驱动要素正在从交易向留存迁移，也就是从销售向客户成功迁移。如果按照老的增长套路，在营销上砸更多的钱，招聘更多的销售或者铺更多的渠道代理商，已经不可能实现增长了。订阅业务要想获得持续增长，除了在客户成功上投入，别无他法。

尽管其中的道理不难明白，但国内很多 SaaS 创业者仍在一遍遍地重复着固有的增长观念。比如，很多投资人都问过创业团队一个问题：你如何实现增长？如果不出意外，创业团队基本是这样的答案：

- 做一个伟大的产品；
- 找大量的销售或者代理商；
- 因为市场足够大，增长必然会发生。

这个逻辑听起来没什么毛病，但最后并没有实现增长，而是陷入"做更伟大的产品"和"雇用更多人推销"的死循环，直到再也没有钱做产品和招人。

这种增长失败的主要原因，不一定是产品不好，或者销售人员能力不行，而是死磕销售这一个收入流，增长驱动要素没有向客户成功迁移。

12.2.3 增长的扼杀者与加速器

获取新客户的确有可能获得增长，但这种增长几乎是不可持续的，而且还有一个弊端，就是增长的成本太高。随着竞争的加剧和市场的饱和，获取新客户的销售增长速度将不断降低，增长会受到越来越大的限制。

幸好 SaaS 还有留存和扩展收入，所以才可能有比传统 ToB 业务更快的增长速度。更为重要的是，留存老客户的增长成本，要比获取新客户低得多，因此这是一种高质量的增长。也可以说，留存才是 SaaS 业务增长的加速器。

然而，实际情况可能并非这般美好，因为 SaaS 的订阅模式还有一个天生的硬伤，也就是流失。如果流失发生，极端情况下就成了"1－1+1＝1"。这个过程相当于用高成本产生的新客户，置换掉流失的低成本的老客户，所以流失既扼杀了增长，也吞噬了利润。

如果你的增长目标是不计成本地发展大量的新客户，那么势必会带来"泥沙俱下"的结果。其中很多本不该签的低成功潜力的客户，将削弱收入增长的健康度，这不但会让公司失去利润，最终还会让增长陷入泥潭。

12.3 SaaS 业务增长的重要目标

对于传统的交易型业务来说，只要销售收入能够增长，就可以说是实现了增长的目标。而对于 SaaS 业务来说，并非实现收入增长，就算实现了增长目标。规模化、专业化和高绩效，是 SaaS 增长的 3 个重要目标。

12.3.1 规模化

所谓规模化增长，是指全面和放量的收入增长，而不是靠"爆品"昙花一现般的收入短期暴增。同时规模化增长也是 SaaS 行业的基本要求，即以客户为中心，而非以销售产品为中心的增长。所以说 SaaS 的规模化增长，是一种更高境界的增长。

对于 SaaS 企业来说，规模化增长既取决于销售，更依赖于客户成功，规模化增长本身是一种能力，即订阅销售能力 + 客户成功能力。具体而言，向更多高质量和有增长潜力的客户销售，然后在客户生命周期内实现续约和扩展的规模化。

但 SaaS 企业通常服务的客户数量众多，不同客户处于不同的发展阶段，客户的业务目标和期望也不尽相同，再加上客户的个性化需求，这一切都增加了规模化增长的难度。好在随着订阅销售理论和客户成功理论的日趋成熟，以及对专业岗位和工作的定义愈发明确，再加上数字技术的引入，特别是 AI 和自动化技术的支持，销售、续约和扩展的规模化成为可能。

12.3.2　专业化

规模化的增长，取决于更多的"售出"。除了销售外，续约和扩展本质上都带有"销售"性质。对于 SaaS 销售人员来说，销售就是其本职工作，他们自然具备销售能力。不过对于客户成功组织来说，很少有 CSM 具有足够的销售能力，特别是面对复杂的产品和业务时，需要更专业化的销售技巧、经验和能力。

为了满足客户成功阶段对于销售能力的要求，就需要对客户成功组织进行岗位改造，即设立新的岗位角色，以及重新定义 CSM 的工作内容，以更有效地处理续约和扩展。这种新的专业化细分，是实现规模化增长的充分必要条件。比如为了保证续约率，很多客户成功组织设置了续约负责人，其称谓多种多样，如续约专家、续约经理等。虽然称谓不同，但目的是相同的，即专门负责续约和扩展。这一岗位更像是客户成功组织的销售人员，通过更多的"售出"实现收入增长目标。相反，如果不这样细分，而是把续约分给 CSM 去完成，那么大概率无法保证续约率，增长也就很难发生。

实际上，为了实现客户成功阶段的续约和扩展，人力资源不一定非要限制在客户成功组织内部。比如对大客户，仅靠客户成功内部的岗位可能很难应对，这时不妨请原来的销售人员加入续约团队。因为续约阶段的销售也是一个细分的专业，他们的加入对于完成大客户的续费或增购，可以起到关键的作用。

12.3.3 高绩效

所谓高绩效增长，就是既有效率又有效益的增长。因此，以往那种招聘大量销售的人海战术，或者在营销上投入大笔资金等粗放的增长模式，不再符合 SaaS 对高绩效的增长要求。

那么，如何衡量增长是不是高绩效的呢？行业里引入了一个简单的测量方法，即收入获取成本（Revenue Acquisition Cost，RAC）的概念，其计算公式为

$$RAC = 营销与销售的比率 / 增长率$$

其中，营销与销售的比率的计算公式为营销与销售费用 / 收入，假设它的值为 30%，增长率为 22%，那么 RAC=30%/22%≈1.36。显然，RAC 越小，增长的效率越高。

RAC 计算公式虽然简单，但是它却能准确地反映增长的绩效。所以建议你在衡量增长的效率时，不妨用 RAC 来估算一下。

12.4 SaaS 业务的增长框架

很多人认为，增长就是靠大力销售。这种想法对于交易型业务来说可能比较合理，但是对于订阅业务来说就有较大的偏差。因为 SaaS 的增长并不是靠增加销售收入这个单一措施，而是靠客户旅程中多业务联合驱动的多收入流增长。

在实际的业务增长过程中，很难做到多业务齿轮的紧密咬合和收入流的均衡增长。这就需要一个合理的 SaaS 业务增长框架，其解决的核心问题有两个，一个是复杂的业务协作问题，另一个是多收入流的均衡驱动问题。开发框架的目的是减少增长的摩擦和确保实现稳定、高速的增长。

显然不可能脱离 SaaS 的业务模式另外开发一个增长框架，我们自然而然

地会想到 SaaS 的 ALAER 业务框架。我们只需要基于这个业务框架确定 SaaS 增长的路径，再找出各收入流的增长机会点，然后沿着增长路径，在每个增长机会点上配置对应的资源和角色以及正确的业务动作，就能保证增长目标的实现。将这些要素放在一起，就形成了 SaaS 业务的增长框架，如图 12-2 所示。

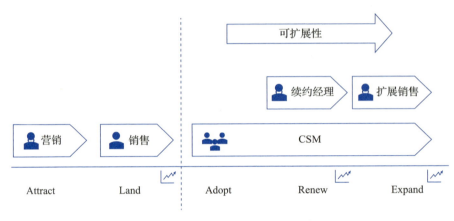

图 12-2　SaaS 业务的增长框架

SaaS 业务增长框架所表达的核心逻辑，是在恰当的业务时机投入对应的合适资源，在每一个增长机会点上驱动增长发生，因此，增长框架也是整个组织的增长地图。从这个增长框架还可以看出，收入增长特性明显分为两个部分，即以销售为代表的低扩展部分以及以续约和扩展为代表的高扩展部分。为了实现均衡和稳定的增长，你需要在高扩展的业务上投入更多资源，而不是死磕销售。

这个增长框架对于实现 SaaS 业务增长非常实用，因为它是基于实际业务的发生过程的，具有极强的增长指引和导向作用。实际上，很多 SaaS 公司的增长停滞甚至衰退，都是业务过程的混乱所导致的，这个增长框架可以最大限度地避免增长过程的无序性和非逻辑性。

SaaS 业务增长框架除了可以用来预测增长之外，还可以用来对增长进行规划和设计，比如你想通过扩展收入提升增长，就需要计算出对应的扩展资源投入。如果你能基于这个增长框架开发出自己的增长地图，增长也就有了更大的确定性。事实上，后面我们讨论的所有增长内容，都是这个增长框架的进一步分解。

12.5 谁来负责和组织增长

因为SaaS业务增长的复杂性，特别是对于部门业务协作的要求很高，所以增长的组织和执行的责任谁来担就成为关键。受增长黑客概念的启发，很多消费品公司设立了首席增长官（Chief Growth Officer，CGO）的职位，以推动公司的增长。有人将CGO概念复制到SaaS公司，不过效果并不明显，这主要还是因为没有考虑SaaS业务增长的特点，即收入增长并非取决于与客户的一次性交易，而取决于客户生命周期中的长期收入。另外，CGO在消费品公司的初始定位主要偏向营销侧，这显然并不适合SaaS业务的增长模式。

所以SaaS公司中的首席增长官被定义为首席营收官（Chief Revenue Office，CRO），不要小看名称中的一个字母之差，实际上，他们的定位和职责发生了很大变化。CRO的主要职责是优化产生所有收入流的业务环节，确保公司收入的最大化。从这个定义可以看出CGO与CRO的主要区别：前者偏向前端的市场营销，并不直接对营收负责；而后者的责任贯穿业务的全生命周期，并直接对营收增长负责。

很多人对SaaS公司设置CRO岗位不太理解，因为公司已经有首席客户官（CCO）负责客户成功，也有销售副总裁（SVP）负责销售，为什么还要设置一个CRO呢？这主要是为了增长协作。SVP虽然对销售收入负责，但他们只关注当年的销售收入，而不对客户生命周期内的收入负责。而CCO的主要责任是帮助客户取得成功，并不直接对收入负责，也无法控制销售的客户质量。因此，解决问题的最好方法就是设置负责全面营收的CRO。如果你还分不清这些职位的界限，那可以看一下他们的KPI，这样责任边界就一目了然了。显然CRO的KPI与SVP和CCO是不同的，比如CRO不但关注本年度的收入，还必须关注未来3~5年的收入，确保符合经济性的健康增长，当然渠道伙伴的收入增长也需要CRO负责。

从SaaS的增长框架可以看到，最重要的资源是人员和角色，尤其是那些保证收入的责任岗位，比如销售、CSM和续约经理等。正因为实现增长需要如此多的岗位角色，他们分属于不同的部门并且有各自的KPI，所以很难将他们组织起来协同行动。如果组织不力，即每个团队各自为战，那么所有的努力都是低效和成本高昂的。因此，需要有一位总的负责人——CRO，才能让虚拟的"增长团队"发挥最大作用。

现在很多 SaaS 公司都设置了 CRO 的岗位，而且 CRO 的职责定位也越来越清晰。比如 Salesforce 对 CRO 的定义是：CRO 负责组织中产生收入的每一个过程，并连接组织中所有与收入有关的职能部门，从营销到销售、客户成功、定价和运营。

实际上，CRO 的主要职责包括但不限于以下 6 条。

- 制定增长的长期策略。其实，销售负责人和客户成功负责人也需要制定各自的增长目标和策略。与之不同的是，CRO 必须制定 3~5 年的长期增长战略。
- 平衡增长与利润。大部分 SaaS 公司的"亏损"，都是因为在某一时期内的增长速度过快，即牺牲利润换取增长。为了获取更多客户，这种策略在初期是合理的，但如果将其作为增长的唯一手段和习惯，就会使组织失去盈利的能力。所以需要更高层面的 CRO 统筹和平衡增长与利润的关系，当公司有需要时，可以在增长和利润之间有所倾斜。
- 管理和协作增长团队。CRO 的一个重要职能就是设计公司顶层的增长目标，包括增长团队的绩效，并根据增长目标，管理和协调增长团队的活动。
- 营收资源投入的效率和效益。CRO 负责测量和管理资源成本与增长之间的关系，使它们与行业水准对齐。所用的测量方法可以是前面介绍的 RAC，不同的是成本项，对于销售是营销 & 销售成本，对于客户成功是留存成本。
- 数据和分析。对于庞大的客户群体和复杂的收入流，CRO 的所有决策和计划都是基于对收入数据和用户使用数据的分析做出的。
- 管理客户商务关系。与其说续约是履行协议，不如说是一种再销售的过程，因为大部分续费都不是到期自动发生的，这就需要像销售那样，与客户建立稳定的商务关系。但此时销售过程已经结束，不可能让销售继续维护客户的商务关系，而 CSM 的职责是帮助客户实现价值，并不承担商务的责任。所以管理客户商务关系的责任，就落到 CRO 及其团队身上，特别是对于大客户，更需要 CRO 关注。

国内 SaaS 公司也开始认识到 CRO 对于增长的重要性，但很多公司为了精简岗位，让销售负责人兼任 CRO 的职责。其实这是非常不合适的，因为销售负责人的目标是短期的，对长期增长的作用有限。此外，交易也不是营收的唯一驱动因素，大部分营收源于交易之后的客户生命周期，SVP 对此并不负责。

12.6 建立增长团队

SaaS 业务的收入呈现出一个显著的特点，即收入源正在从单纯的销售向全客户生命周期转变，收入模型呈现出沙漏的形状，SaaS 增长的推动方式也因此发生了巨大的变化。以往的增长主要依靠销售团队，现在显然不行了，SaaS 公司要想实现增长，就需要一个增长团队。

为了增长还要再建一支增长团队，那会不会让组织变得更加庞大和臃肿？其实并不需要单独再成立一个专门的团队，增长团队是一个"虚拟"的团队，即为了增长，重构整个业务协作流程，以形成新的增长能力。增长团队的首要责任，就是统一整个组织的营收策略。比如，对传统销售方式进行改造，既强调获客数量，更强调获客的质量，而不仅仅是增加销售额。又比如，对于客户成功团队的营收策略，强调对持续续费和扩展的要求，而不仅仅是让客户满意。

12.6.1 增长团队的挑战

由于 SaaS 增长的特殊性和复杂性，要实现增长战略并非易事。实际上所有增长团队在授权、协作和赋能方面，都不可避免地面临巨大的挑战。

1. 授权

无论是制定营收战略，还是重新定义业务协作流程，或者设计和执行新的岗位工作内容，都需要有足够的权力。但现实中很多 SaaS 公司的增长团队是市场营销部门的底子，既缺乏业务经验，更没有足够的授权，所以很难起到增长团队的作用。

所以增长团队在建立之初，就必须有来自公司高层的专职责任人，比如CRO，同时要把增长团队当作一个实体组织，赋予其为推动增长所需的全部权力。尽管这样可能会与原有的权力体系产生冲突，但是为了实现增长，重新授权是必需的。

2. 协作

增长的核心在于协作，但协作说起来容易，做起来非常难，尤其是在整个公司范围内实现全业务的协作更是困难重重。因为这涉及组织中的角色或岗位利益、业务协作流程和绩效。当公司中所有业务单元只考虑自己部门的利益时，收入流程就变得既没有效率也没有效益，并且代价高昂，从而导致公司的整体营收战略很难实现。

显然，增长团队要对此做出改变，将面临极大的挑战。实际上，很多SaaS公司的营收战略最终失败，主要是因为没有解决好协作问题。

3. 赋能

从增长团队的构成可以看出，它并没有实际增加什么新的业务组织，为什么就能实现增长呢？实际上，虽然组织还是原来的组织，但是以增长为目的为每个业务团队重新赋能，可以优化组织的营收能力。

其实SaaS公司对各个业务单元营收能力的赋能一直都有，但这种单业务的赋能方式，很难产生协作效果。幸运的是，因为有了ALAER业务框架，以此为基础构建的增长能力框架，能够为赋能提供一套有效的方法论。

12.6.2 重构增长的业务角色

建立增长团队需要从重新设计工作流程开始，包括优化对新客户的销售以提升获客效率，完善续约流程以促进收入增长，以及通过扩展来有效补偿流失造成的收入减少。你可能会认为这些工作就是原本的要求，确实如此，SaaS企业从成立之初，其组织架构就是围绕增长目标设计的，但如果仅有要求而没有相应的组织结构，仍然无法实现增长目标。随着业务逐渐专业化，每个业务单元也变得更加独立，从而削弱了整个组织的协作性。这对于 SaaS 这样的长周期业务而言，增长会变得更加困难，因此，需要重构增长的业务角色。

首先，要明确促进增长是增长团队的责任，而增长团队的绩效由 CRO 负责。其次，为增长重新设计业务流程和关键活动，并将其重新赋能给各个业务角色，如销售和 CSM。最后，定义和考核各个业务之间的协作关系，比如对销售转交给 CSM 的客户质量，也就是客户成功潜力等设置 KPI。这个过程如图 12-3 所示。

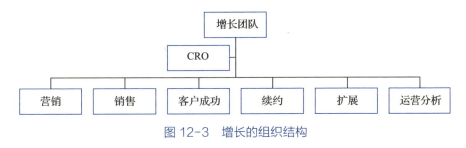

图 12-3　增长的组织结构

可以预见，通过这样一系列的增长设计，在组织层面形成新的增长能力，可以保障整体业务收入增长的实现。

12.7　如何实现 SaaS 增长

有了增长的框架，指定了增长的责任人，建立了增长团队，其实就已经事半功倍了，剩下的就是纯粹的执行问题。增长并不是单独的一个业务，而是针对目前业务，以增长为目标组织和协调符合绩效的活动。

从收入的来源角度，增长大体上分为两个部分，即销售驱动的增长和客户成功驱动的增长。

12.7.1　销售驱动的增长

强调客户成功对增长的作用，并不是说销售不重要。实际上如果没有销售获客，也就缺少了客户这一重要的增长基础，增长也就成了无源之水。所以

SaaS 业务要实现指数级增长，就必须尽可能地扩大获客规模。但是扩大获客规模只是增长的必要条件，而非充分条件，要想实现销售驱动增长，还必须加上两个条件，即获客的效率和获客的质量。

"疯狂"获客是 SaaS 销售的共同特点，对于订阅业务也是非常必要的，只是必须考虑获客效率。所谓获客效率，不只是指获客的速度，更主要的是获客的成本，通常用获取并转化一个客户的平均成本的多少来衡量。但这种评价方法存在一个问题，即获客成本的高低并不一定能准确反映获客效率，因为除了成本，还要看获客带来的利润大小。所以还有另一个获客效率的衡量方法——前面讨论的 CAC 投资回收期指标，即以毛利偿还获客成本需要多长时间。

相较于获客效率对增长的影响，获客质量的影响更大。所谓获客质量，也就是所获客户的成功潜力，它代表了该客户持续使用产品的可能性，也就是我们常说的"对"的客户。这也很容易理解，获客相当于增长的种子，种子的质量当然决定了收获的多少。把一个"不对"的客户转交给客户成功团队，无论 CSM 花费多大努力，流失也难以避免，增长自然也不会发生。

以前由于缺乏对增长管理的认知，无论是在获客效率还是获客质量方面，对销售人员大多处于放任状态。因为没有绩效考核指标，销售人员根本不考虑获客的成本问题，更不会关注获客的质量问题，所以出现了增长的两极：一种是在增长中苦苦挣扎的公司，它们一直试图弄清楚如何以尽可能少的成本来获取客户，因为没有足够多的客户，再加上客户流失的影响，使得增长极其缓慢；另一种是增长迅速的公司，它们关注的重点并不是如何在获客方面少花钱，而是如何提高获客的效率和质量，这些公司客户的留存率明显提高，实现了快速增长。

虽然销售业务负责人并不是 CRO，营销和销售成本也不是 CRO 所能决定的。但是确保健康的增长是 CRO 的责任。CRO 可以制定有利于增长的业务评价标准和流程，比如获客质量的评估标准和流程，促使销售向着健康增长的方向发展。

12.7.2 客户成功驱动的增长

虽然销售为增长打下了重要基础，但随着市场趋于饱和，新客户销售的增速也会放缓，所以增长的重心和主要驱动因素必须向客户成功转移。我们知道，客户成功阶段有两个收入流——续约和扩展，然而不幸的是，无论是续约还是扩展，它们都不会自动发生。如果客户成功流程已经优化，并且客户成功团队能力很强，那纯粹是增长团队的幸运。但实际情况是，多数客户成功并不能有效地解决"漏水的桶"的问题，更不要说增长了。如果没有增长团队的引导和支持，增长就很难发生。所以以增长为目标的客户成功组织，需要重新调整业务流程，在保证自己业绩的情况下，确保客户成功阶段的收入增长。

这并不是说由 CRO 或者增长团队帮助客户成功组织重新设计业务流程，而是在现有客户成功业务流程的基础之上，通过数据分析的方法识别出那些可能产生收入的关键机会点，并采取合适的措施或行动，以确保每一个收入机会的变现。

实际上，相对于销售团队，CRO 或增长团队与客户成功团队的互动要更加顺畅。因为对获客效率和获客质量的要求，对于销售团队的业绩只会产生些许影响；而对于客户成功阶段收入机会的发现，与客户成功团队的业绩和利益则是完全一致的。

12.8 增长与盈利

在 SaaS 兴起的初期，几乎所有的 SaaS 企业都将经营重点放在客户的增长上。但随着行业的发展日益成熟，SaaS 企业的盈利成为经营的重点。

12.8.1 靠增长掩盖"无利可图"的时代已经过去

许多 SaaS 公司的估值和股价下降，不仅受到经济形势的影响，还与投资者对 SaaS 公司的要求从追求高速增长转向关注盈利有关。自 SaaS 出现以来，增长一直是投资者评估 SaaS 公司潜力的最重要的指标。如今，SaaS 公司不仅需要展示它们的快速扩张成果，还必须阐明实现盈利的具体计划和可行路径，即向外界展示盈利的可能性。总之，仅靠增长来掩盖"无利可图"的日子已经一去不复返了。

这对于整个 SaaS 行业来说是一件好事，也是对商业本质的回归。正是因为投资者对 SaaS 公司长期盈利能力的担忧，所以公司估值和股价的下降也就不难理解了。但是这也反过来促使 SaaS 公司重新思考，坚实的财务基础对于 SaaS 行业长期成功的必要性。特别在当前经济形势下，正需要通过是否增长来证明 SaaS 商业模式能否真正抵御经济的波动。

从追求增长速度到关注盈利能力，这一转变促使 SaaS 公司重新评估其战略和运营模式。一家优秀的 SaaS 公司必须适应这一新现实和新常态，展示出自己不仅能够实现增长，而且能够创造利润的能力。只有将盈利能力作为核心目标，SaaS 公司才可以为长期成功做好准备，并在不断变化的环境中获得投资者的支持。

12.8.2　从成本入手扭转 SaaS"无利可图"的困境

大部分 SaaS 公司看起来都"无利可图"，是因为这个行业本身的持续高成本。其中有的成本可以压缩，而有的成本难以控制，要想从成本入手实现盈利，必须先搞清楚 SaaS 业务的成本构成。

1. 高初始成本

创立和发展 SaaS 公司需要大量的前期投资。在产生收入之前，从软件开发到建立基础设施和雇用人才，都会产生大量成本，这就是大部分公司较长时间处于负现金流的根本原因。

2. 高获客成本

获取和留住客户是 SaaS 公司面临的持续挑战。要想获取到足够多的客户，只能加大营销和销售的成本、即获客成本（CAC）。

3. 客户留存成本

由于 SaaS 订阅业务的性质，需要不断努力留住客户并实现增购，因此会持续产生客户留存成本（CRC）。

4. 基础设施成本

随着客户数的增长，基础设施成本也在增加，包括服务器、数据存储和带宽成本等。因为订阅业务的收入递延特点，平衡可扩展性需求和相关成本具有很大的挑战性，尤其是当收入增长与基础设施支出不成比例时。

5. 产品开发和维护费用

持续创新和增强功能，对保持市场竞争力至关重要。因此 SaaS 公司在产品开发和维护方面，存在持续的投资需求。

6. 激烈竞争导致的价格压力

市场竞争越来越激烈，即使你处于一个特定的利基市场，也会有越来越多的竞争者争夺市场份额。此外，参与价格战和激进的客户获取策略，会导致利润率进一步降低。如果客户要求以更低的价格获得更多价值，所有 SaaS 公司就都面临着提供有竞争力的价格的巨大压力，这进一步阻碍了盈利能力。

由此可见，SaaS 公司面临巨大的成本和收入增长的矛盾，如果不会"精打细算"的话，在看到盈利的曙光之前，公司就可能已经被现金流压垮了。

12.8.3 从增长到盈利

大部分 SaaS 公司都没有盈利，因为它们花在市场和销售上的钱太多了。不过从投资者的角度看，只要能增长，即使亏损也是合理的。也就是说，如果增长足够高，不盈利的 SaaS 公司也算是健康的。

但凡事都应该有一个度，如果片面追求增长，亏损就会扩大，现金流也会成为大问题。为了约束增长与利润的关系，就有了所谓的 R40 法则（Rule of 40）。它的基本意思是，只有收入增长率 + 经营利润率 >40% 的 SaaS 公司，才是健康增长的公司。虽然加入了经营利润率的要求，但 R40 法则本质上仍是奖励增长，只不过它允许管理层在一个限度内可以牺牲利润而追求增长。

除了增长与利润的 R40 法则，目前更多 SaaS 公司开始使用前面所述的 RAC 指标来衡量成本与增长率的关系。

$$RAC = 营销和销售花费的年收入百分比 / 年增长率$$

比如 RAC = 2，意味着年增长率为 1% 时，营销和销售花费的年收入百分比为 2%，所以 RAC 越低，意味着年增长率越高。而降低 RAC 无非两个方法：提高年增长率，而保持营销和销售成本不变；保持年增长率不变，而降低营销和销售成本。

无论是 R40 还是 RAC，它们只是一个衡量指标。你现在面临的问题是，如何把这些指标与经营活动紧密结合起来，或者说以指标约束或驱动行为。

12.8.4　与增长有关的 4 项能力

虽然在 SaaS 行业中不盈利的情况可能是司空见惯的，但在当前的形势下，这显然已经不能满足投资人的需求。现在是时候将增长的重点转移到可持续的盈利能力上来了。

为了实现健康的增长，SaaS 公司必须具备与增长有关的 4 项能力。

1. 盈利能力

盈利能力是决定公司长期可持续性的关键指标，如果不产生利润，SaaS 公司就难以吸引投资者，也难以获得足够的资金投入产品和服务研发。打造盈利能力，对确保经营的连续性和应对市场波动都至关重要。

2. 增强财务稳定性

盈利能力增强了财务稳定性，使 SaaS 公司能够建立坚实的财务基础，从而具有投资于人力资本、基础设施和营销计划的资金。也只有如此，才能构成竞争优势和实现增长，并为公司的扩张计划提供资金，以及为经济的不确定性创造缓冲。

3. 清晰的盈利计划

现在的投资者越来越关注 SaaS 公司的盈利能力。展示清晰的盈利计划，对于吸引资金、确保有利的估值，以及建立投资者的信心至关重要。

4. 创新能力

创新是 SaaS 企业持续盈利的催化剂，它允许公司通过投资研发、吸引人才和探索新市场，创造新的利润。创新型 SaaS 企业不仅可以满足其客户群的现有需求，还可以提供更好的解决方案。在当前市场趋于饱和的情况下，创新也有利于扩展新的市场，从而扩展盈利机会。

12.8.5 如何实现盈利

我们知道，在订阅业务中，只有当现有客户的贡献能够覆盖新客户的获取成本时，公司才会实现盈利，因为 ARR 的逐年累积效应，所以从理论上来讲，这并不难实现。不过现实中因为不可避免地存在着流失，所以盈利变得极其困难。流失不但会造成收入的下降，也严重制约了公司的增长。为了摆脱这种不利的局面，你就必须获取新客户来进行弥补。

这虽然可能会带来收入的增长，但不幸的是，还可能会使盈利变得遥遥无期，甚至最终化为泡影。一方面，要想获得更多新客户，必然导致客户获取成本增加；另一方面，客户数量的增长也会导致流失率的上升，流失造成的收入损失会进一步扩大，二者叠加的结果将会使公司越来越远离盈亏平衡点。从财务角度看，收入增长率越高，实现盈利所需的时间就越长。由此看来，增长与盈利真是一对矛盾体。

为了在经营中能够预测和化解这对矛盾，我们首先需要对两个财务指标做到心中有数：一个是从目前阶段到达盈亏平衡点的时间，另一个是盈利及其影响因素。

为了简化起见，在不考虑流失的条件下，达到盈亏平衡点时间的计算公式为

$$T = CAC / (ARR - ACS)$$

其中，CAC 是每个客户的平均获取成本；ARR 在此并不是指年度经常性收入，而是指每个客户的平均经常性收入（Average Recurring Revenue）；ACS 的英文全称是 Average recurring Cost of Service，即每个客户的平均经常性服务成本，既包括实施交付、支持、客户管理、客户服务等成本，也包括设施和运维等成本；T 是达到盈亏平衡点的时间。

举例来说，如果 ARR=1000 元，ACS=500 元，CAC=1500 元，那么达到盈

亏平衡点的时间 $T=1500/(1000-500)=3$ 年。如果考虑流失的话，达到盈亏平衡点的时间会更长。

同样在不考虑流失的条件下，利润的计算公式为
$$P=(ARR-ACS)\times C - CAC \times C_{new}$$
其中，C 为当前总客户数，C_{new} 为获取的新客户数，P 为所得利润。在盈亏平衡点处，P 应该等于 0，平衡点之后才是盈利部分。

回到本节的主题，如何在保持增长的前提下实现盈利？从两个计算公式中，至少可以看出 3 个可行的策略：

- 通过客户成功的留存，提升 ARR；
- 通过整体业务流程的优化，降低 ACS；
- 通过提升获客和转化效率，降低 CAC。

3 个策略同时改善，可以缩短盈利时间，提升盈利水平，并保持适当的增速。

12.9 收入运营驱动的增长与盈利

为了加速增长和实现盈利，SaaS 公司投入了足够多的资源，做了各种增长的准备，也尝试了各种方法。即便如此，大部分 SaaS 公司要么增长依然缓慢，要么虽然实现了快速增长，但盈利希望却更加渺茫。

之所以会产生这样的结果，本质的原因是 SaaS 公司普遍缺少收入运营的支持。

12.9.1 收入运营的概念

运营的概念对我们而言并不陌生，各行各业都有相应的运营模式，表现为不同的运营模型。运营模型是公司对内部人员（如员工、团队、管理者等）和外部客户（如客户和渠道伙伴）所能提供的价值的抽象和可视化的表达，所以有时也被称为价值链地图。依据运营模型，可以准确绘制每个业务部门必须经历的步骤，以满足其他业务部门的需求，并确保每个部门都能提供预期的价值，

从而确保公司整体价值的最大化。

一个企业的运营模式有很多种，而对于收入增长和盈利来说，最为关键的是收入运营（RevOps）。RevOps 是 Revenue Operations 的缩写，它表现为一个关于收入的运营框架，主要用于战略性地调整、运营和优化所有的创收活动。毫无疑问，SaaS 公司也必须有自己的 RevOps，以确保收入的增长和盈利的实现。

不过我们发现，现实中很多 SaaS 公司的现有收入运营模式都存在一个缺陷，即将收入运营等同于销售运营（SalesOps），这是一个非常大的误解。因为对于 SaaS 业务来说，并非所有的收入都来自销售，事实上绝大部分收入来自客户成功。对 RevOps 的这个错误理解，与收入增长以及实现盈利的目标相悖，所以我们需要重新定义 SaaS 业务的 RevOps。实际上，最大问题是营销、销售和客户成功等业务部门相互独立运营，如果不打破这些部门之间的运营孤岛，增长和盈利就不可能发生。

现在我们可以给 SaaS 业务的 RevOps 下一个定义：RevOps 就是协调 SaaS 公司的营销、销售和客户成功等部门的协作内容、流程和结构，使各个部门之间无缝运作或相互协作，最大限度地减少资源浪费，从而优化公司实现增长和创造利润的能力。

12.9.2 收入运营的框架

每个孤立的部门都有各自的目标和流程，其优先事项和激励措施各不一样。要想让各部门与整体收入目标对齐，并始终保持一致，就必须引入收入运营框架（RevOps Framework），重构各部门的协作内容与流程，开发新的 RevOps。

收入运营框架的结构和内容示例如图 12-4 所示。之所以要引入收入运营框架，是因为开发新的 RevOps 并不需要彻底改变原有业务流程，只需要在框架范围内分离出收入运营的过程、活动和数据。究竟需要从现有业务中分离出哪些维度的内容和数据？收入运营框架可以给出一个答案。具体而言，主要包括以下 4 个部分。

☐ 收入流程：包括端到端收入过程的设计、管理和追踪。

❑ 工作流：所有创造收入所需的工作流程，包括人工和自动化的工作流。
❑ 数据：所有管理和优化收入周期所需的数据。
❑ 分析：对各个收入周期的指标和绩效的测量和追踪。

收入流程	工作流
·客户生命周期设计 ·收入过程设计 ·里程碑定义 ·服务质量	·工作流设计 ·业务转交 ·过程接续 ·过程闭环
数据	分析
·数据分类 ·数据采集 ·数据共享 ·数据管理	·客户健康度分析 ·管道健康度分析 ·漏斗转化率分析 ·收入预测分析 ·测量和绩效报告

图 12-4　收入运营框架的结构和内容示例

按照收入运营框架所开发的 RevOps，形成了一个以收入为中心的新的运营逻辑，如图 12-5 所示。

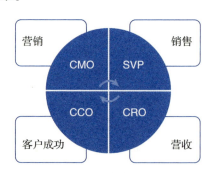

图 12-5　以收入为中心的运营逻辑

需要说明的是，虽然收入运营框架所包含的内容看起来并不复杂，但实际开发一个 RevOps 并不简单。因为 SaaS 业务的 4 个收入流——销售、续约、扩展和渠道都对应着复杂的收入过程，这些过程之间的衔接和业务转交是收入运营框架的关键，而这些之前可能从未考虑过。

虽然构建 RevOps 框架的过程既耗时又费力，但是非常值得，因为它对公司收入的增长和盈利的意义是巨大的。

12.9.3　收入运营的价值

一个 SaaS 在确定了业务领域之后，其增长乃至盈利的速度就完全取决于运营的能力和水平，此时一个合适的 RevOps 就显得尤为重要，其所起的作用主要表现为以下几个方面。

（1）整合运营孤岛

很多 SaaS 公司的职能运营是相互独立的，从而形成一个个运营孤岛。这会导致收入过程和业务流程的错位，不但使运营效率变得低下，还会导致收入周期的部分收入流失，从而阻碍公司收入最大化的目标实现。

RevOps 可以使整个公司的流程、工具和团队保持一致，以强化各个部门的收入责任制，最大限度地降低浪费，从而推动收入增长和盈利的实现。

（2）优化收入

很多 SaaS 公司都非常注重销售运营，而忽视了营销和客户成功的运营。利用 RevOps，不但可以优化每个部门的收入，而且通过各部门的协作，还可以优化整个组织的收入结构。

（3）基于全局收入的洞察来管理和决策

在运营孤岛状态下，每个部门只关注到自己的营收状况，这对公司整体营收结构的改善并没有太大帮助。而 RevOps 既可支持对全局收入的洞察，又可以对某一业务的收入进行深入的分析。这有助于了解哪些人或部门推动了收入增长，从而帮助他们有效地履行收入增长的职责。当收入过程出现阻碍时，CRO 可以及时地进行协调。

（4）提高运营效率

构建好 RevOps，也就相当于有了一个数字化的收入运营平台。从收入的预测到收入运营效率的分析，以及生成收入运营报告，都实现了数字化和智能化，这提高了收入运营效率。在目前竞争激烈的环境中，收入运营的效率在很大程度上决定了收入增长和盈利的水平。

12.9.4 收入运营的测量

RevOps 既然作为一种运营模式,那么它的运营绩效就必须是可测量和可评价的。通常 RevOps 的关键绩效衡量指标有以下 4 个。

（1）增长速度

影响 SaaS 业务增长的因素,除了销售收入,还有客户留存。因为单靠销售部门不足以维持增长,还需要客户成功组织这一主要创收者的支持。

因为流失的存在,导致收入损失,出现新客户销售与流失客户损失二者相抵的情况,这一定程度上反映了收入的增长速度。而 RevOps 通过对各个业务结果的追踪,可以准确测量收入的增长速度。

（2）收入效率

客户生命周期内的收入效率,取决于销售、续约和扩展的效率。销售的效率代表了销售管道内的推进速度,而续约和扩展的效率取决于续约的确定和扩展机会的发现。

从收入运营角度看待收入效率,与销售组织或客户成功组织内部视角是完全不同的。比如销售可以只顾成交而无视所获客户的质量,但这会影响 CSM 的留存,所以在收入运营中对销售与客户成功的交接必须加以规范,以维持客户生命周期内的高收入效率。

（3）收入预测

通常认为 SaaS 业务有很好的可预测性,但是实际的收入预测却常被片面地认为是销售预测。显然这不是收入预测的全部,因为 SaaS 业务的可预测性还包括整个客户生命周期内的续约和扩展。

而通过 RevOps,可以明确定义和追踪所有收入流的预测过程,因而让 SaaS 公司具有了更加全面和准确的收入预测能力。

（4）收入成本

所有收入都是有成本的。比如销售有获客成本,客户成功有留存成本,所以当考虑 SaaS 业务的增长和盈利时,就必须同时考虑和控制收入的成本。

一直以来,SaaS 被认为是"早期的获客投入越大,后期的收入也就越大"。这种观念导致很多 SaaS 公司养成了拼命烧钱的运营习惯,但终因没能取得预期收入而产生巨大亏损甚至导致失败。RevOps 在扩大收入的同时，强调对每一项成本的测量和控制，并减少不必要的成本支出，让尽快盈利成为可能。

12.10　SaaS CFO 的重要性

很多 SaaS 公司的首席财务官（CFO）也许是很称职的财务管理专家，却缺少 SaaS 行业的从业经历，也就是说不了解 SaaS。从公司的一般财务管理角度来看也许没什么问题，但对于一家 SaaS 公司来说是非常不利的。不懂 SaaS 的 CFO，除了会在业务投资上产生误判之外，还可能会失去增长的机会。

有一次，一家 SaaS 公司邀请我参加管理会议，会上公司 CFO 很紧张地报告说，公司亏损越来越严重，再这样下去恐怕公司经营将难以维系，这一番话搞得所有人都很紧张。

我请她把"亏损"问题先放到一边，先看一下获客数据、留存数据和增长数据。事实是 CAC 投资回收期已经稍好于业界平均水平，NRR 和 GRR 也并非低到无法弥补的程度，速动比率也在正常范围。通过简单计算这几个指标，就可以得出获客效率较高、留存率尚可、增长也在健康范围内的基本结论。所谓的亏损，主要是营销和销售费用较高产生的，这也是为了达到增长目标所必需的投入。关键是从目前指标趋势看，这些亏损会很快在后续年度内弥补回来，所以并不是目前的主要问题。相反公司还需要在客户成功上增加投入，通过提升留存率向盈利目标靠近。

从这个例子可以看出，对于"亏损"的误解，完全是不同的财务模型以及评价指标体系造成的。对于非专业的 SaaS CFO 来说，很难理解这些问题，也就很难做出正确的投资决定了。

实际上，SaaS CFO 的重要责任还有很多，比如：

❑ 预测和预算；

❑ 构建指标（历史指标和预测指标）；

❑ SaaS 指标的基准测量；

❑ SaaS 公司的财务战略；

- 业务投资决策；
- 决定什么时候可以招聘；
- 现金流的平衡；
- 年度 SaaS 财务和绩效报告；
- 年度结算审核；
- 对公司高管或创始人的财务辅导；
- 融资计划。

任何一家 SaaS 公司都需要有一位观察者，他站在足够的高度上，以全面的评价指标体系对增长进行全局性的测量、预测和洞察。这个人只能是 CFO。因为其他角色要么不掌握全面数据，要么只站在自身业务视角，现在大部分 SaaS 公司都是这种情况。所以，如果有条件的话，还是找一个专业的 SaaS CFO 为好。

12.11 增长的指标与测量

因为 SaaS 对增长的特殊要求，以及增长本身的复杂性，所以对于什么是高质量的增长必须给出可测量或可量化的指标。又因为 SaaS 的大部分财务指标并不属于公认会计准则（GAAP），所以很多关于增长的常规财务指标并不适合描述 SaaS 的增长。因此，我们需要使用 SaaS 行业特有的指标，对 SaaS 业务增长进行有效测量。

通过前文可以看出，SaaS 业务的增长来自多层面的收入流，所以要搞清楚增长，就必须了解这些收入流的层次结构。我们已经知道，影响 SaaS 业务的经常性收入的要素主要有 4 个：新销售、扩展、收缩和流失。测量增长可以帮助我们了解这些层面的业务内容和活动。比如，是什么推动了增长，是新业务获取还是现有客户扩展？收缩和流失是如何减缓增长速度的？这些内容都需要用指标来描述和表达。

一般来说，测量 SaaS 增长可以使用以下 6 个指标。

1. 新预订

我们知道，SaaS 的收入周期都始于预订。这里所说的预订（booking），并不是 GAAP 中的标准术语，它的含义是，你与客户签署了 SaaS 服务合同，其中包含版本、定价和付款条件等。常规的合同重点关注的是总合同额；而 SaaS 合同主要关注的是预订金额，它只包括首年的合同额，并不包括多年期合同额。这很容易理解，因为我们测量的是年度增长，所以不能把未履约的合同额也计算在内。

新预订收入就是指来自新客户业务的收入，包括经常性收入和单次服务的收入，所以它测量的是新业务获取的增长水平。

2. 扩展预订

预订除了来自新客户，还可以来自现有客户，所以还有一种扩展预订。扩展的意思是对现有客户的收入进行扩展，比如续费和增购，而不包括新客户预订。同样，扩展预订也是只测量首年的预订金额，而不包括多年期续费。

扩展预订测量的是从现有客户获得的收入的增长水平。

3. 可承诺 ARR

SaaS 业务的特点是收入的递延性和收入流失的可预测性。然而，这存在一些情况，比如已经签订合同，但收入周期还没有开始，或者虽然续费时间未到，但客户已经明确告知将不再续约，这些情况会影响收入增长测量的准确性。

为了准确预测和测量 SaaS 业务的收入增长，行业内制定了一个可承诺 ARR，从这个名字就可以知道，它是一个前瞻性的指标。如果给可承诺 ARR 下一个定义，那就是：将实际的 ARR 数据与已知的预订和流失数据相结合，即将现有的 ARR 加上已知的新预订，并减去已知的流失和收缩。

显然这一数据比基于实际 ARR 数据所做的增长预测和测量要更加准确。

4. 新客户数

这一点无须过多解释，就是所获新客户的数量。

5. 速动比率

一家 SaaS 公司通过不断努力，最终看到了收入的增长。不幸的是，它同时也看到流失和收缩产生了巨大的收入损失。在测量增长时，既不能只看收入增长的速度，也不能只盯着损失的大小。比如一家 SaaS 公司实现了 30% 的增长，并不能据此认为这是一家高质量增长的公司，因为巨大的流失可能会抵掉积累的留存。

为了解收入与损失之间的关系，引入了速动比率（Quick Ratio）概念。通常意义上的速动比率是指企业的速动资产与流动负债的比率，将这一概念引入 SaaS 业务，可以更清楚地表达增长与损失的关系，它的计算公式为

SaaS 速动比率 =（新销售 ARR+ 扩展 ARR）/（收缩 ARR+ 流失 ARR）

把你的数据代入公式，得到速动比率，可能有以下几种结果。

- 速动比率 <1。这代表着不但增长彻底失败，而且巨大的流失会使 SaaS 业务难以维系。
- 1< 速动比率 <4。这意味着会增长，但速度很慢，效率也很低。因为必须保持高水平的获客，才能弥补损失的预订。
- 速动比率 >4。这意味着每损失 1 元的投入，可以增加 4 元的收入。毫无疑问，你正在以较高的速度健康地增长，也更容易获得投资者的青睐。

上述这些指标并不足以测量一个 SaaS 业务的全貌，但它们却是测量 SaaS 业务增长的关键指标。目前关于 SaaS 的增长如何表述，即使在行业内也是众说纷纭，很多 SaaS 公司都从自身强项解读增长，而掩盖了一些负面的数据。

使用这些公开的增长测量指标的好处是，可以从一种公允的立场出发，客观合理地测量 SaaS 业务的增长。因为使用了统一的测量指标，所以更具有可比性，这对于引导整个行业的增长以及给投资者提供评价标准，都是非常有益的。

6. 投资于员工的回报

很多 SaaS 公司用"人效"来测量产出的效率，也就是人均产出。不过这个指标过于笼统，不能真实地反映出人这一重要资产的投入产出关系。为了更准确地测量组织的投资效率，我们需要定义另外一个更好的测量指标，即测量投资于员工的回报，用计算公式表达为

> 员工投资回报 = 经常性收入 / (员工数 × 员工成本)

从可预测的角度，收入只包括经常性收入，而不包括一次性的其他收入，比如实施费、培训费等。考虑到 SaaS 业务的流失和递延特点，这里使用可承诺 ARR 可能更符合事实。考虑人员变动频率，可以按月或者季度的时间口径进行统计。

与传统的计算人效不同，员工投资回报的重点在于测量投入产出的效率。比如，计算结果为 1.2，意味着在员工身上每投入 1 元，将产生 1.2 元的 ARR。这个测量指标可以被更广泛地应用，例如需要招聘哪些业务岗位，需要招聘多少人，哪些岗位可以减少，哪些岗位可以招聘更低成本的人员。这些问题都可以通过分析员工投资回报数据得出更为准确的结论。

投资于员工的回报这一指标虽然与增长并没有直接关系，但它可以用作控制增长的"油门"和"刹车"，使增长更具经济性。

12.12 本章小结

作为本书的终结，本章对 SaaS 所有业务的综合成果——增长，从理论到实践进行了全面阐述。特别是关于收入运营（RevOps）的理论和实践内容，为破解 SaaS 企业在增长与盈利方面的难题，提供了全新的思路。

本章首先明确了 SaaS 业务增长的真正含义，描述了其特点，并列举了 SaaS 业务增长所面临的诸多挑战。

在 SaaS 增长的原理部分，本章在 ALAER 业务框架的基础上，提出了 SaaS 业务增长框架，不仅深刻揭示了 SaaS 业务的增长机制，也揭示了 SaaS 增长的方法论。

在 SaaS 增长的实践中，本章提出了增长团队和 CRO 职责等新的相关概念，并提供了具体的增长实践方法。对于业界关于增长与盈利等有争议的问题，本章也进行了深入的商业探讨。

最后，关于增长的测量与评价，本章给出了业界通用的 6 个关键测量指标。

推荐阅读

推荐阅读